汽车底盘构造与检修

主　编　孙培峰
副主编　石锦芸　邹福星　吴双

ZHEJIANG UNIVERSITY PRESS
浙江大学出版社

内容摘要

本书为高职高专重点规划教材，全书共分4个单元、13个项目和39个任务，主要内容包括了汽车底盘四大系统，即传动系、行驶系、转向系和制动系的构造与检修。全书通过对现代汽车底盘典型实例的分析，系统地阐述了汽车底盘各系统的结构原理、拆装调整、故障诊断与检修方法等。

本书可作为普通高等教育、高职高专教育中汽车运用工程专业、汽车检测与维修专业、汽车电子技术专业、汽车技术服务与营销专业以及交通运输类等相近专业的通用教材，也可作为汽车制造、汽车营销、汽车运输、汽车维修、汽车检测等企事业单位的工程技术人员及管理人员的培训教材和参考用书。

图书在版编目（CIP）数据

汽车底盘构造与检修 / 孙培峰主编. —杭州：浙江大学出版社，2011.6(2021.7 重印)
ISBN 978-7-308-08788-9

Ⅰ.①汽… Ⅱ.①孙… Ⅲ.①汽车—底盘—结构—高等职业教育—教材②汽车—底盘—车辆修理—高等职业教育—教材 Ⅳ.①U463.1②U472.41

中国版本图书馆 CIP 数据核字（2011）第 114477 号

汽车底盘构造与检修(第二版)
孙培峰 主编

责任编辑 王 波
封面设计 十木米
出版发行 浙江大学出版社
(杭州市天目山路148号 邮政编码310007)
(网址：http://www.zjupress.com)
排　　版 杭州青翊图文设计有限公司
印　　刷 广东虎彩云印刷有限公司绍兴分公司
开　　本 787mm×1092mm 1/16
印　　张 21.5
字　　数 523千
版 印 次 2011年6月第2版 2021年7月第8次印刷
书　　号 ISBN 978-7-308-08788-9
定　　价 56.00元

前言

PREFACE

目前我国已跻身世界汽车生产和消费第一大国，随着汽车保有量的迅猛增长，社会对汽车专业人才的需求亦日益增强。当前汽车技术的发展日新月异，汽车新结构、新工艺、新技术等不断涌现，“汽车底盘构造与检修”作为高职高专汽车类专业必修的专业基础课程，迫切需要一本既紧密结合当前汽车服务行业需求，又适合于高职高专学生使用的教材。

本教材的编写以教育部高等职业教育汽车专业领域技能型紧缺人才培养指导方案为指导思想，强调知识性、实践性和实用性的统一，并在内容系统上进行了创新，采用“项目引领、任务驱动”的方式，以期充分体现职业教育的特色，并满足高职高专学生对岗位技能的需求。编写中尽可能采用常见车型、流行车型的结构及数据，并尽量采用示意图、结构图等来分析说明汽车底盘各部件和总成的结构、工作原理及其检修技术，做到图文并茂、通俗易懂。

本教材由浙江水利水电专科学校孙培峰担任主编，由杭州职业技术学院石锦芸、杭州万向职业技术学院邹福星、浙江经贸职业技术学院吴双担任副主编。其中单元 1 由孙培峰负责编写，单元 2 由吴双负责编写，单元 3 由邹福星负责编写，单元 4 由石锦芸负责编写。浙江经济职业技术学院骆美富、金华职业技术学院钱向明、嘉兴职业技术学院周永新、浙江宝通汽车有限公司周锦等也参加了本教材的编写。

本书在编写过程中得到了相关单位领导和技术人员的大力支持，参阅了相关的文献资料及汽车界同仁的一些著作，在此一并表示感谢。

由于编者水平有限和经验不足，书中难免出现不当甚至谬误之处，恳请广大读者及业内专家给予批评指正。

编者

2011 年 1 月

目录

CONTENTS

单元1

传动系

单元知识背景

应知目标：

1. 能掌握汽车传动系的组成与功用；
2. 能正确描述汽车传动系的各种布置形式及其特点。

1 汽车传动系的组成与功用

1.1 传动系的组成

汽车传动系是位于发动机和驱动轮之间的动力传递装置，其组成与传动系的类型、布置形式及汽车驱动形式等诸多因素有关。图1-1所示为一发动机前置、后轮驱动的传动系示意图，其动力传递过程为：发动机1输出的动力经飞轮2、离合器3传给变速器4，变速器变

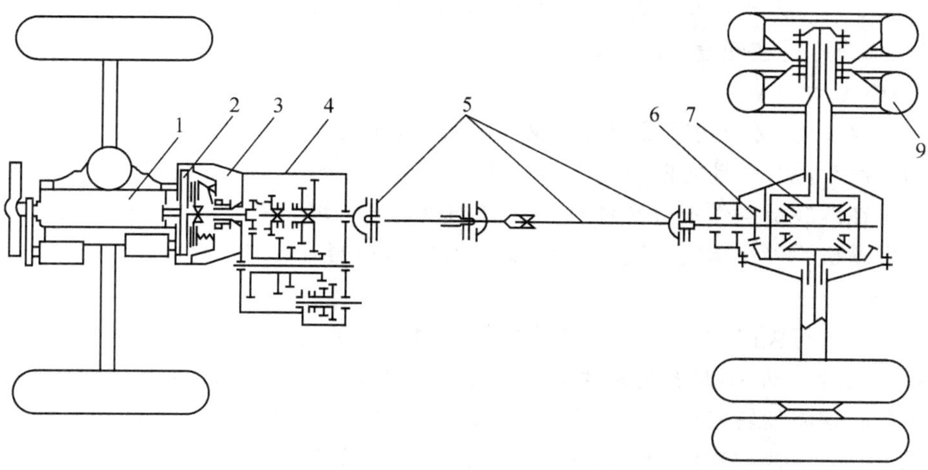

1—发动机；2—飞轮；3—离合器；4—变速器；5—万向传动装置；6—主减速器；7—差速器；8—半轴；9—驱动轮

图1-1 汽车传动系组成示意图

速（变矩）后经万向传动装置 5 传给主减速器 6，主减速器降速增矩并改变动力传递方向后，经差速器 7、半轴 8 最终将动力传递给驱动车轮 9。

1.2 传动系的功用

汽车传动系的基本功用，是将发动机发出的动力传递给驱动车轮。

传动系统的主要任务是与发动机协同工作，以保证汽车能在不同使用条件下正常行驶，并具有良好的动力性与经济性。因此，传动系统必须具备如下功能：

（1）减速与变速

当汽车驱动轮上的驱动力足以克服外界对汽车的阻力，包括滚动阻力、空气阻力等时，汽车方能起步并正常行驶。由试验得知，即使汽车在平直的沥青路面上以低速匀速行驶，也需要克服数值约相当于 1.5％汽车总重力的滚动阻力。通常汽车发动机发出的转矩很小，如果直接传递给驱动轮，则不能驱动汽车运动。另一方面，汽车发动机的转速较高，一般每分钟数千转，这一转速如果直接传到驱动轮上，车速将达每小时数百公里，这样的车速不实用，也不可能实现（因为相应的驱动力太小，汽车根本无法起步）。为解决上述矛盾，必须使传动系统具有减速增矩的作用，亦即使驱动轮的转速降低为发动机转速的若干分之一，相应地驱动轮所得到的转矩则增大到发动机转矩的若干倍。一般把驱动轮得到的转矩与发动机的转矩之比（即发动机转速与驱动轮转速之比）称为传动系统的传动比。

实际中汽车的使用条件，诸如汽车的装载质量、道路坡度、路面状况以及道路宽度和曲率、交通情况所允许的车速等等，都在很大范围内不断变化，这就要求汽车驱动力和速度也有相应的变化范围。另一方面，保证发动机功率较大而燃油消耗率较低的曲轴转速范围，即发动机有利转速范围是很窄的。为了使发动机能保持在有利转速范围内工作，而汽车驱动力和速度有足够大的变化空间，应当使传动系统传动比在最大值和最小值之间变化，即传动系统应具有变速作用。传动系统中的主减速器和变速器能满足上述要求。

（2）实现汽车倒驶

汽车除了前进以外，在许多情况下需要倒向行驶（如进入停车场或车库、在狭窄路面上调头时等），而汽车发动机是不能反向旋转的，因此传动系统必须能够改变驱动轮的转动方向，一般结构措施是在变速器内设置一个倒挡。

（3）中断传动

在汽车起步前，必须切断发动机到驱动轮的动力传递，以便起动发动机。在变换传动系统挡位和对汽车进行制动之前，也有必要暂时中断动力传递。为此，在发动机与变速器之间装设一个可在驾驶员操作下分离和接合动力的机构——离合器。此外，为使在汽车长时间停车或在发动机不停止运转情况下切断汽车的动力，在变速器中设有空挡。

（4）差速

当汽车转弯行驶时，左右两侧车轮在相同的时间内滚过的距离是不同的，如果两侧驱动轮用一根刚性轴驱动，则两者角速度必然相同，因而在汽车转弯时必然产生车轮相对于地面的滑动现象。这将使转向困难，汽车的动力消耗增加，传动系统内某些零件和轮胎加速磨损。所以，在驱动桥内装有差速器，使左右两驱动轮可以以不同的角速度旋转。动力由主减速器先传到差速器，再由差速器分配给左右半轴，最后传到两侧的驱动轮。

2　汽车传动系的布置形式

2.1　汽车的驱动形式

汽车的驱动形式通常用汽车车轮总数×驱动车轮数(车轮数按轮毂数计)来表示。普通汽车多装 4 个车轮,驱动形式有 4×2 和 4×4;重型货车多装 6 个车轮,驱动形式有 6×6、6×4 和 6×2。此外,汽车的驱动形式也可用汽车车桥总数×驱动车桥数来表示,如 2×1 和 2×2 等。

2.2　传动系的布置形式

(1)发动机前置、后轮驱动

图 1-1 所示为发动机前置、后轮驱动(FR 型)的传动系布置形式,是目前货车上广泛采用的一种传动系布置形式,如 CA1092、EQ1090E 等,它一般是将发动机、离合器和变速器连成一个整体安装在汽车前部,而主减速器、差速器和半轴则安装在汽车后部的后桥壳中,两者之间通过万向传动装置相连。这种布置形式,发动机散热条件好,操纵机构简单,维修方便,且后驱动轮的附着力大,易获得足够的牵引力。

(2)发动机前置、前轮驱动

图 1-2 所示为发动机前置、前轮驱动(FF 型)的传动系布置形式,它主要用于轿车,如桑塔纳、奥迪 100、本田雅阁等,其变速器、主减速器和差速器制为一体并同发动机、离合器一起集中安装在汽车前部。这种布置形式,发动机散热条件好,操纵方便,还省去了很长的传动轴,传动系结构紧凑,整车质心低,汽车高速行驶稳定性好。但上坡时前轮附着力减小,易打滑;下坡制动时前轮载荷过重,高速时易发生翻车现象。

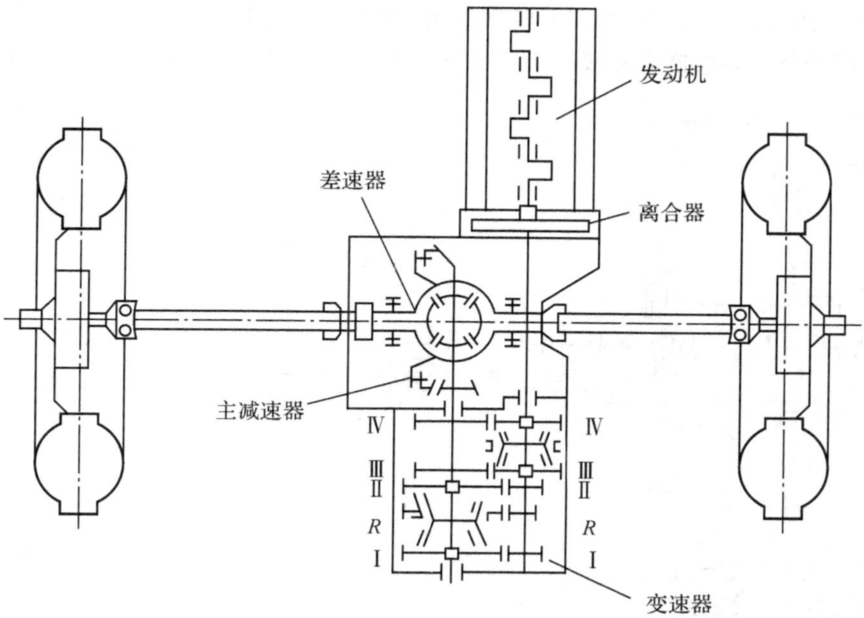

图 1-2　发动机前置、前轮驱动的传动系布置形式示意图

(3)发动机后置、后轮驱动

图 1-3 所示为发动机后置、后轮驱动(RR 型)的传动系布置形式,多用在大型客车上,如厦门金龙、VOLVO 客车等,某些微型或轻型轿车也采用这种布置形式。其发动机、离合器和变速器制为一体布置在驱动桥之后,这样大大缩短了传动轴的长度,使得传动系结构紧凑,前轴不易过载,后轮附着力大,并能更充分地利用车厢面积。但由于发动机后置,其散热条件差,操纵机构复杂,维修调整不便。

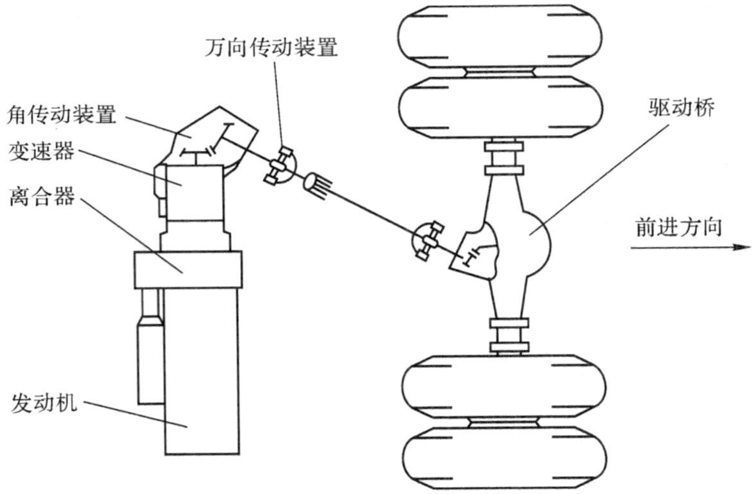

图 1-3　发动机后置、后轮驱动的传动系布置形式示意图

(4)越野汽车传动系布置形式

图 1-4 所示为 4×4 越野汽车的传动系布置形式,如北京切诺基、东风本田 CRV 汽车等。它充分利用所有车轮与地面之间的附着力,以获得尽可能大的牵引力。越野汽车必要时可采用全轮驱动,其前桥既是转向桥也是驱动桥。为了将变速器输出的动力分配给前后

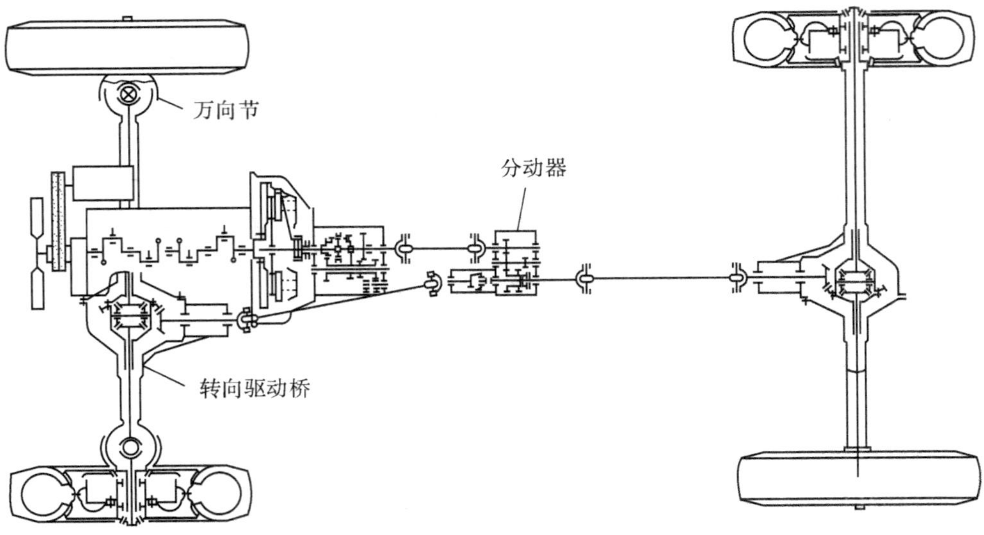

图 1-4　越野汽车的传动系布置形式示意图

驱动桥，在变速器后增设了分动器，并相应地增设了从变速器通向分动器、从分动器通向前后两驱动桥的万向传动装置。

复习思考题

1. 叙述汽车传动系组成与功用。
2. 汽车常见的驱动形式有哪几种？
3. 汽车传动系有哪几种布置形式？各有什么特点？分别列举其代表车型。

项目1　离合器的认知与检修

应知目标：

1. 能掌握离合器的功用与要求；
2. 能正确描述摩擦式离合器的工作原理；
3. 能正确描述典型离合器的结构特点；
4. 能正确描述离合器操纵机构的组成与工作原理。

应会目标：

1. 会进行离合器的检查、拆装与调整；
2. 会进行离合器的维护及检修。

任务1　离合器认知

1　离合器的功用与要求

1.1　离合器的功用

离合器是传动系中直接与发动机相联系的总成，其主动部分与发动机飞轮相连，从动部分与变速器相连。离合器的具体功用如下：

(1)实现汽车平稳起步

汽车由静止到行驶的过程，其速度应由零逐渐增大。如果没有离合器，而使传动系统与发动机之间刚性地连接，静止的汽车在起步时由于突然接上动力将会猛烈前冲，产生很大的惯性力。发动机在这一惯性力的作用下，转速急剧下降到最小稳定转速而熄火，汽车将不能起步。装有离合器后，则汽车在起步前，驾驶员先踏下离合器踏板，使发动机与传动系统分开，待挂上适当的挡位后，再慢慢抬起离合器踏板，同时，逐渐加大加速踏板开度增加发动机的输出转矩，这样发动机的转矩便可由小到大地逐渐传给传动系统，汽车便由静止开始缓慢地逐渐加速，实现了汽车的平稳起步。

(2)便于换挡

为了适应汽车不断变化的行驶条件，传动系统经常要换用不同挡位工作。实现齿轮式变速器的换挡，即将原挡位的某一齿轮副退出传动，再使另一挡位的齿轮副进入工作。在换挡前踩下离合器踏板，中断动力传递，便于使原挡位的齿轮副脱开，同时也可能使新挡位齿轮副啮合部位的速度逐渐趋向相等(同步)，这样，换入新挡位时的冲击也将大为减轻。

(3)防止传动系统过载

当汽车进行紧急制动时，若没有离合器，则发动机将因和传动系统刚性相连而急剧降低转速，导致其中所有的运动部件产生很大的惯性力矩，其数值可能大大超过发动机正常工作时所发出的最大转矩，给传动系统带来超过其承载能力的载荷，而使其机件损坏。有了离合器后，当惯性力矩超过离合器允许的最大摩擦力矩时，其主、从动部分便产生相对滑动，消除了这一危险，因此，离合器有防止传动系统过载的作用。

1.2 对离合器的要求

根据离合器的功用，它应满足以下主要要求：

(1)具有合适的转矩储备能力，既能保证传递发动机最大扭矩又能防止传动系过载。

(2)接合平顺柔和，以保证汽车平稳起步。

(3)分离迅速彻底，便于发动机起动和变速器换挡。

(4)具有良好的散热能力。离合器滑转产生的热量如不及时散出，会影响其使用寿命和工作的可靠性。

(5)从动部分转动惯量应尽可能小，以减轻换挡时的冲击。

(6)操作轻便，以减轻驾驶员的疲劳。

2 摩擦式离合器的工作原理

2.1 摩擦式离合器的组成

摩擦式离合器结构简单、性能可靠、维修方便，因而应用广泛。如图 1-5 所示，摩擦式离合器由主动部分、从动部分、压紧装置和操纵机构四大部分组成。

主动部分包括飞轮 4、离合器盖 6 和压盘 5。飞轮用螺栓和曲轴 1 固定在一起，离合器盖通过螺钉固定在飞轮后端面上，压盘沿圆周上的凸起伸入离合器盖的窗口中，并可沿窗口轴向移动，这样，发动机发出的动力便可经飞轮、离合器盖传至压盘，使它们一起旋转。

从动部分由装在压盘和飞轮之间的两面带摩擦衬片 17 的从动盘 3 和从动轴 2 组成。从动盘通过内花键孔与从动轴 2(即变速器的输入轴)滑动配合，从动轴 2 前端用轴承 18 支承在曲轴后端中心孔中。

离合器压紧装置是产生压紧力的部分。由若干根沿圆周均匀布置的螺旋弹簧 16 组成，它们装于压盘与离合器盖之间，用来对压盘产生轴向压紧力，将压盘压向飞轮，并将从动盘夹紧在压盘和飞轮中间。

离合器操纵机构由离合器踏板 12、拉杆 13 及拉杆调节叉 14、分离拨叉 11、分离套筒和分离轴承 9、分离杠杆 7、回位弹簧 10 和 15 等组成。分离杠杆中部支承在装于离合器盖上的支架上，外端与压盘铰接，内端处于自由状态。分离轴承压装在分离套筒上，分离套筒松套在从动轴的轴套上。分离拨叉是中部带支点的杠杆，内端与分离套筒接触，外端与拉杆铰接。离合器踏板中部铰接在车架(或车身)上，一端与拉杆铰接。分离杠杆、分离轴承、分离

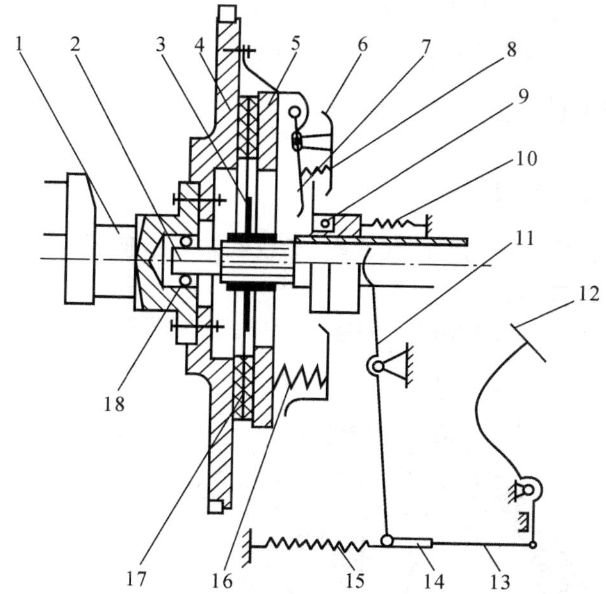

1—曲轴；2—从动轴；3—从动盘；4—飞轮；5—压盘；6—离合器盖；7—分离杠杆；8—弹簧；9—分离轴承；10、15—回位弹簧；11—分离拨叉；12—踏板；13—拉杆；14—拉杆调节叉；16—压紧弹簧；17—从动盘摩擦片；18—轴承

图1-5　离合器的基本组成及原理示意图

套筒、分离拨叉同离合器主、从动部分一起装在离合器壳内。

2.2　摩擦式离合器的工作原理

(1)接合状态

离合器接合状态时，弹簧将压盘、飞轮及从动盘互相压紧。发动机的转矩经飞轮及压盘通过摩擦面的摩擦力矩传至从动盘，再经从动轴向传动系输出。

(2)分离过程

离合器分离时，需踏下踏板，此时拉杆13拉动分离拨叉11外端向右(后)移动，分离拨叉内端则通过分离轴承9推动分离杠杆7的内端向前移动，分离杠杆外端便拉动压盘克服压紧弹簧的压力后向后移动，压盘和从动盘之间产生间隙，离合器主、从动部分分离，中断了动力传递。

(3)接合过程

当需要恢复动力的传递时，缓慢地抬起离合器踏板，压盘在压紧弹簧16作用下逐渐压紧从动盘3，并使所传递的转矩逐渐增大。压盘与从动盘刚接触时，摩擦力矩比较小，离合器主、从动部分不同步旋转，即存在着打滑现象。随着压紧力的逐步增大，主、从动部分的转速差逐渐减小，直到转速相等，打滑现象消失，则离合器接合过程结束。

2.3　离合器的自由间隙和离合器踏板的自由行程

离合器处于接合状态时，分离轴承与分离杠杆内端之间预留的间隙称为离合器的自由间隙。其作用是防止从动盘摩擦片磨损变薄后压盘不能向前移动而造成离合器打滑。

消除离合器的自由间隙和分离机构、操纵机构零件的弹性变形所需要的离合器踏板的行程称为离合器踏板的自由行程。其大小可以通过改变拉杆的工作长度调整。

3 典型离合器的构造

3.1 膜片弹簧式离合器

膜片弹簧式离合器广泛应用于现代汽车，不仅在轿车上使用，而且在轻型、中型货车，甚至在重型货车上也得到应用。

图 1-6 所示为红旗 CA7220 型轿车的膜片弹簧式离合器。

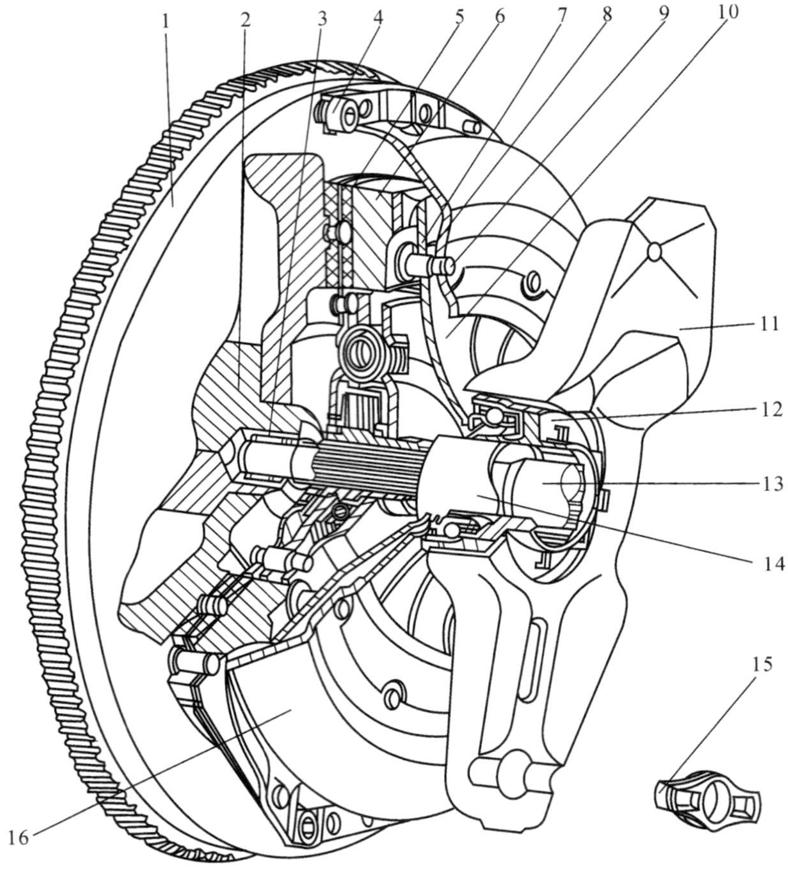

1—飞轮；2—曲轴；3—前支承轴承；4—内六角螺栓；5—离合器从动盘；6—离合器压盘；7—前支承环；8—后支承环；9—铆钉；10—膜片弹簧；11—离合器分离叉；12—离合器分离轴承；13—变速器输入轴；14—轴承导套；15—离合器分离叉座片；16—离合器盖

图 1-6 红旗 CA7220 型轿车的膜片弹簧式离合器

3.1.1 膜片弹簧式离合器的结构特点和弹性特性

(1)膜片弹簧式离合器的结构特点

膜片弹簧的轴向尺寸较小而径向尺寸很大，有利于在不提高离合器转矩容量的情况下减小离合器的轴向尺寸。膜片弹簧既能起压紧弹簧作用，又能起分离杠杆作用。因此膜片弹簧式离合器结构简化，零件数目减少，质量减轻，维修保养方便。膜片弹簧与压盘以整个圆周接触，因此压力分布均匀，摩擦片的接触良好，磨损均匀。另外，高速旋转时，膜片弹簧不会因离心力作用而变形，导致其弹力下降。

(2)膜片弹簧的弹性特性

图1-7所示为膜片弹簧和螺旋弹簧的弹性特性曲线。a 点表示两种弹簧离合器的接合状态，压紧力都为 F_a。当离合器分离时，两种弹簧虽然都附加同一变形量(ΔL_1)，然而膜片弹簧所需作用的力 F_b 小于螺旋弹簧所需作用的力 $F_{b'}$，且 $F_b < F_a$，即较接合时的力为小，故膜片弹簧式离合器具有操纵轻便的特点。

假设由于摩擦片磨损变薄而使弹簧都伸长 ΔL_2 时，膜片弹簧式离合器的压紧力几乎保持不变(由 F_a 变至 F_c)，而螺旋弹簧式离合器的压紧力则直线地下降(由 F_a 降为 $F_{c'}$)。因此，膜片弹簧离合器具有自动调节压紧力的特点。

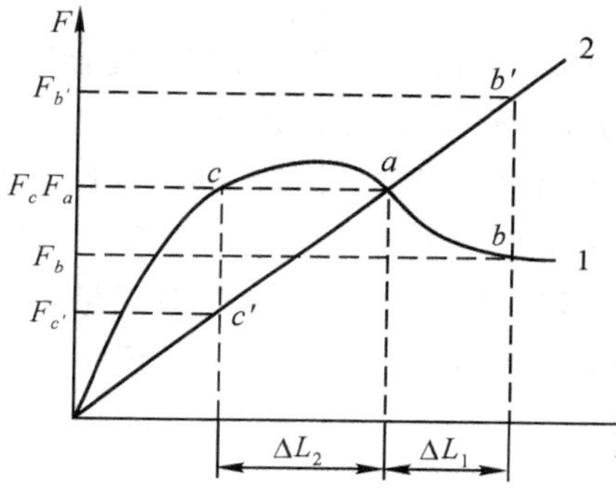

1—膜片弹簧；2—螺旋弹簧；ΔL_1—分离时弹簧变形量；ΔL_2—磨损后弹簧伸长量

图1-7　膜片弹簧与圆柱螺旋弹簧特性的比较

3.1.2　结构

膜片式弹簧离合器主要包括主动部分、从动部分、压紧装置和操作机构四大部分。如图1-8所示。

(1)主动部分

如图1-8所示，主动部分由飞轮1和离合器盖总成4组成，离合器盖固定在飞轮上，与发动机同步旋转。

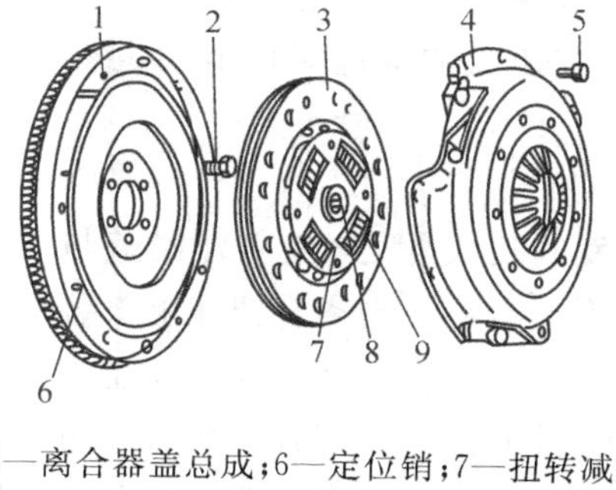

1—飞轮；2、5—螺栓；3—从动盘；4—离合器盖总成；6—定位销；7—扭转减振器；8—从动盘毂；9—减振弹簧

图1-8　膜片弹簧式离合器

离合器盖总成由压盘、离合器盖、膜片弹簧、铆钉等组成，如图 1-9 所示。其中膜片弹簧的形状类似一个碟子，芯部开有许多径向切口，形成弹性杠杆。

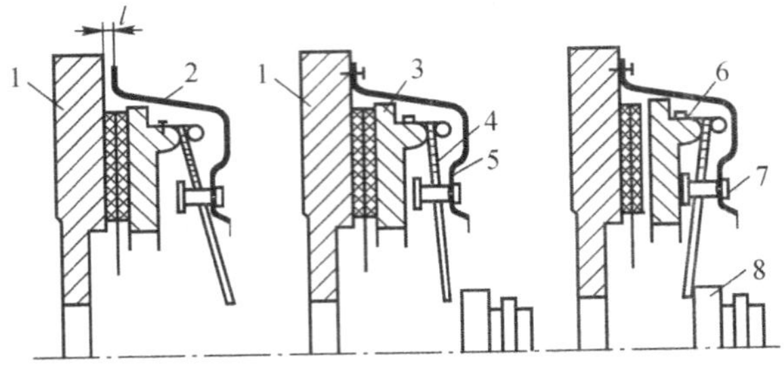

(a) 安装前位置　(b) 接合位置　(c) 分离位置

1—飞轮；2—离合器盖；3—压盘；4—膜片弹簧；5—钢丝支承环；6—分离钩；7—铆钉；8—分离轴承

图 1-9　离合器盖总成

膜片弹簧两侧有钢丝支承环 5，借铆钉 7 将其安装在离合器盖 2 上。在离合器盖没有固定到飞轮上时，膜片弹簧不受力，处于自由状态，如图 1-9(a)所示，此时离合器盖与飞轮安装面有一个距离 l。当将离合器盖用螺栓固定到飞轮上时，如图 1-9(b)所示，由于离合器盖靠向飞轮，钢丝支承环 5 压紧膜片弹簧 4，使之发生弹性变形。同时，膜片弹簧外端对压盘 3 产生压紧力，使离合器处于接合状态。当离合器分离时，分离轴承 8 左移，如图 1-9(c)所示，膜片弹簧被压在钢丝支承环 5 上，以钢丝支承环 5 为支点转动，于是其外端右移，并通过分离钩 6 拉动压盘使离合器分离。

(2)从动部分

离合器从动部分主要是从动盘。由于发动机传到系统的转速和转矩是周期性变化的，为了消除扭转振动和避免共振，多数汽车在从动盘中装有扭转减振器。

如图 1-10 所示，铆有摩擦片的从动盘钢片与带有花键的从动盘毂靠四周均布的减振弹簧弹性连接。当传递转矩时，由摩擦片传来的转矩首先传到从动盘钢片和减振器盘，再经减振弹簧传给从动盘毂，此时减振弹簧被压缩。这样，由发动机曲轴传来的扭转振动所产生的冲击即被弹簧所缓和以及摩擦片所吸收。

(3)压紧装置与分离机构

压紧装置由压盘、离合器盖、膜片弹簧、支承环、支承环定位铆钉、分离钩等组成，如图 1-9所示。通常情况下，上述各零件组成一个整体。支承环在膜片弹簧的中部，左右各一根，作为膜片弹簧变形时的支点。在压盘的周边对称地固定有多个分离钩，把膜片弹簧的外边缘和压盘钩在一起。

3.1.3　工作原理

在压紧装置没有固定到发动机飞轮之前，离合器盖与飞轮端面之间有一距离 l，如图 1-9(a)所示，此时膜片弹簧变形量最小。当离合器盖上安装螺栓被紧固之后，如图 1-9(b)所示，从动盘和压盘迫使膜片弹簧以右侧支承环为支点发生弹性变形，这样膜片弹簧的外缘对压盘和从动盘就产生了压紧力，此时离合器就处于接合状态。分离时，分离轴承推动膜片弹簧内端前移，膜片弹簧以左侧支点进一步变形，其外缘便通过分离钩将压盘向后拉动，使离合器分离，如图 1-9(c)所示。

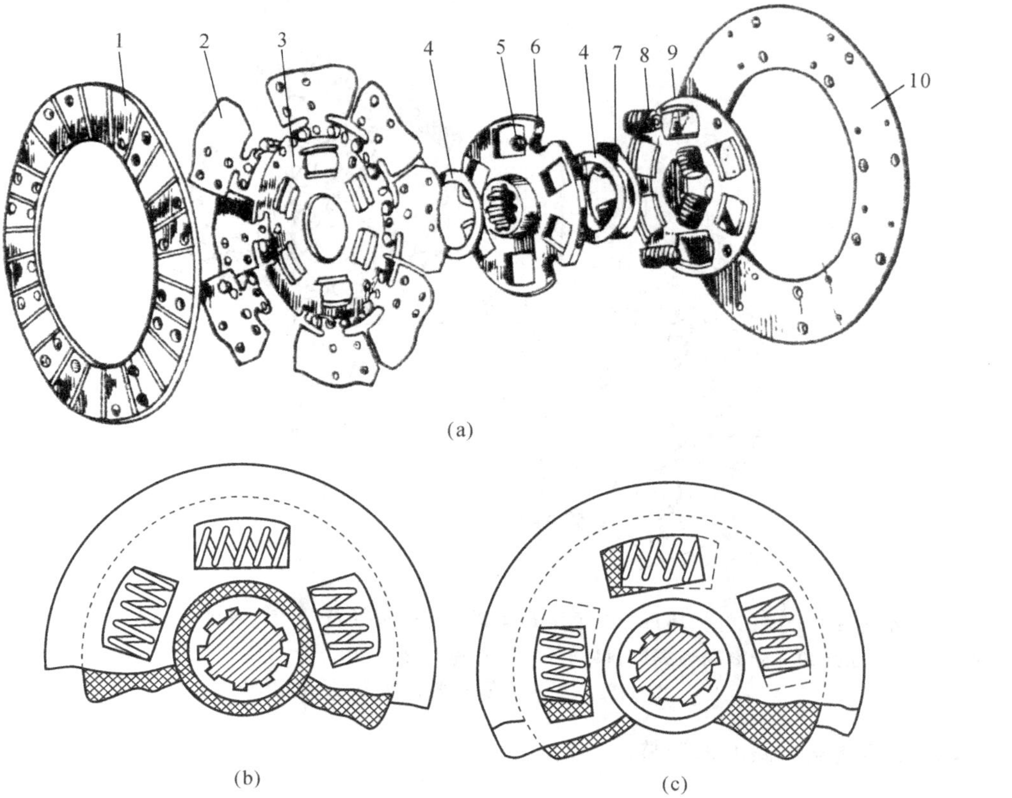

1、10—摩擦衬片；2—波浪形弹簧钢片；3—从动盘钢片；4—摩擦片；5—特种铆钉；6—从动盘毂；7—调整垫片；8—减振器弹簧；9—减振器盘

图 1-10　扭转减振器的组成及工作示意图

3.2　周布弹簧式离合器

(1)主动部分与从动部分

周布弹簧式离合器主动部分、从动部分的结构与膜片弹簧式离合器基本相同。

(2)压紧装置

压紧装置由若干根螺旋弹簧组成，螺旋弹簧沿压盘周向对称布置，装在压盘与离合器盖之间，如图 1-11 所示。为了减小压盘向弹簧传热，在压盘的弹簧处铸有十字形筋条，以减小接触面积，并在接触处装有隔热垫，避免引起弹簧受热退火造成弹力降低。

(3)分离机构

①分离叉：分离叉与其转轴制成一体，轴的两端靠衬套支承在离合器壳上。

②分离杠杆：图 1-11 所示的周布弹簧式离合器的分离杠杆，采用了支点移动、重点摆动的综合式防干涉机构，如图 1-12 所示，支承柱 7 前端松插入压盘 1 相应的孔中。分离杠杆 6 的中部通过浮动销 5 支承在方孔的平面 A 上，并用扭簧使它们靠紧。凹字形的摆动支承片 3 以刃口支承于分离杠杆外端和压盘凸块之间。这样就可利用浮动销在平面 A 上的滚动和摆动支承片的摆动来消除运动干涉。这种方式结构简单，且分离杠杆的工作高度可通过调

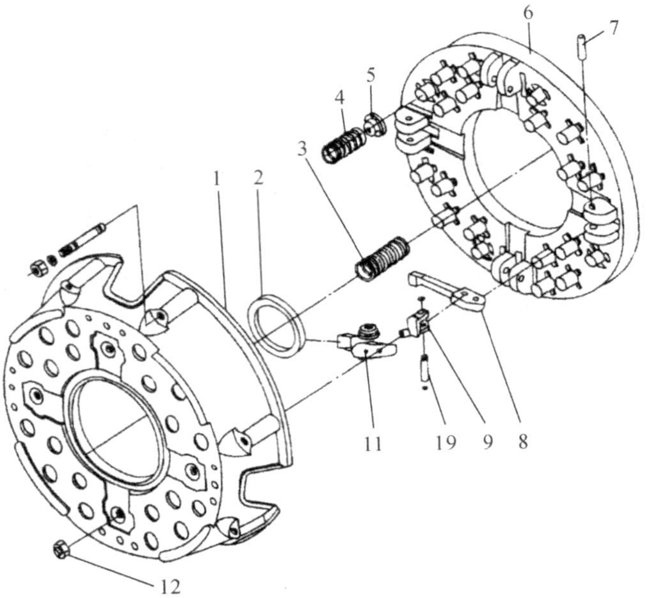

1—离合器盖;2—分离杠杆垫环;2—红色压紧弹簧;4—压紧弹簧;5—压紧弹簧座;6—压盘;7、10—圆柱销;8—分离杠杆;9—分离调整螺钉;11—分离杠杆弹簧总成;12—分离杠杆调整螺母

图 1-11　周布弹簧式离合器盖与压盘总成

整螺母 4 调整支点高度来调整。

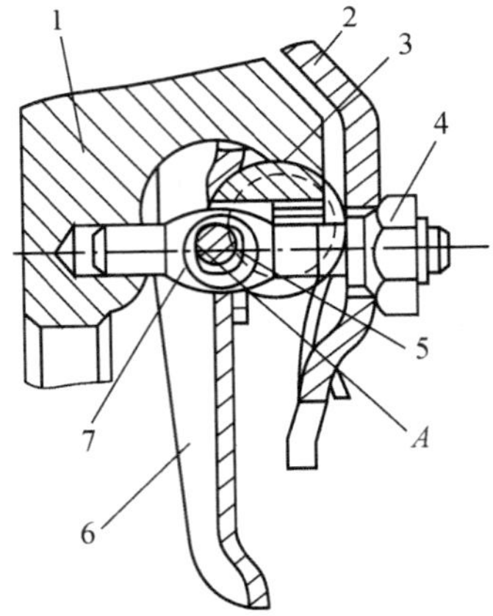

1—压盘;2—离合器盖;3—摆动支承片;4—调整螺母;5—浮动销;6—分离杠杆;7—支撑柱

图 1-12　分离杠杆的支承

3.3　中央弹簧式离合器

中央弹簧式离合器多用于重型车上,其压紧装置只有一根或轴线重合的两根张力较强的压紧弹簧,并布置于离合器的中央,如图 1-13 所示。

锥形压紧弹簧 11 大端作用于支承盘 9 上,小端作用于弹簧座 12 上,这样弹簧座 12 的前端向后拉动压紧杠杆 10 的内端,外侧则将放大数倍后的弹簧张力作用在压盘 5 上。因

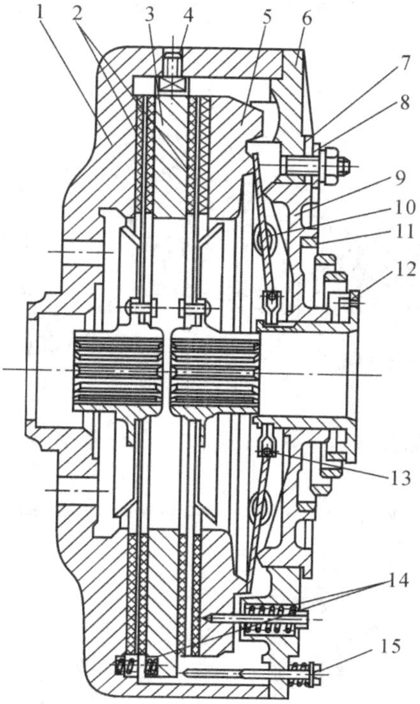

1—飞轮；2—从动盘；3—中央压盘；4—传动块；5—压盘；6—离合器盖；7—调整垫片；8—压板；9—支承盘；10—压紧杠杆；11—压紧弹簧；12—弹簧座；13—钢球及座圈；14—压盘分离弹簧；15—中间压盘限位螺钉

图 1-13　中央弹簧离合器

此，中央弹簧离合器可用较小的弹簧张力获得较大的压盘压力。

中央弹簧离合器的压紧力是可调的。在压板 8 和离合器盖之间有若干片厚度不等的调整垫片 7，当从动盘摩擦片磨损后，弹簧座 12 要向右移动，增大了它与支承盘 9 之间的距离，使弹簧伸长，压紧力下降。若要恢复原来的预紧力，可减薄调整垫片 7 的厚度，使支承盘 9 左移，其弹簧座则在压紧杠杆的作用下向左移动数倍于(压紧杠杆的杠杆比)支承盘的移动距离，从而使弹簧座与支承盘之间的距离恢复到规定值。由于弹簧座左移，增大了与分离轴承的间隙，需要调节踏板自由行程。

4. 离合器的操纵机构

4.1　机械式操纵机构

机械式操作机构分为杆式传动和绳索式传动两种。

图 1-14 所示为东风 EQ1090E 型汽车离合器所采用的杆式传动装置。图 1-15 所示为上海桑塔纳轿车离合器使用的绳索式操纵机构，操纵绳索一端与离合器踏板相连，一端与分离叉相连，当踩下离合器踏板时，绳索拉动分离叉把分离轴承压向膜片弹簧，使离合器分离。

杆式传动装置中节点较多，因而磨损大，对于后置发动机汽车离合器需要远距离操纵，合理布置杆系比较困难。绳索操纵可消除上述缺点，并可以采用便于驾驶员操纵的吊挂式踏板，故结构简单。但是，操纵绳索寿命较短，拉伸刚度较小。因此，只适用于轻型和微型汽车。

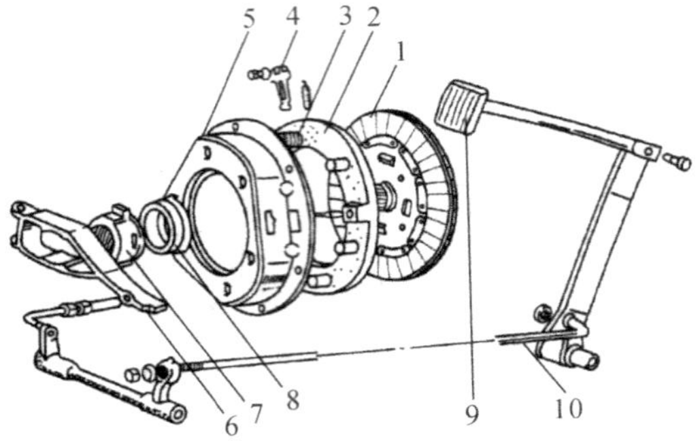

1—从动盘；2—压盘；3—压紧弹簧；4—分离杠杆；5—离合器盖；6—分离叉；7—套筒；8—分离轴承；9—踏板；10—拉杆

图 1-14　离合器操纵机构(杆系传动)

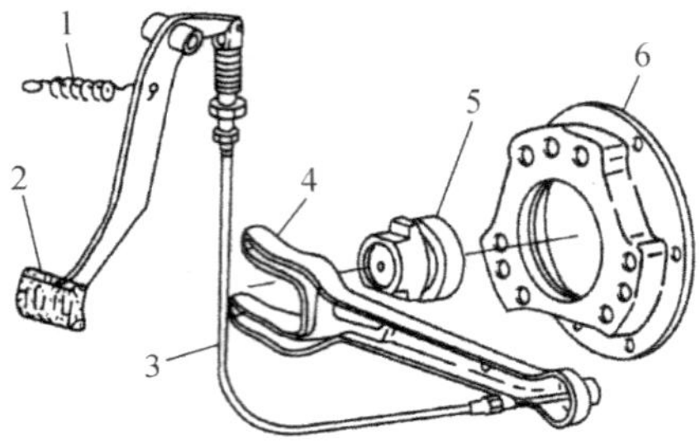

1—踏板回位弹簧；2—踏板；3—绳索；4—分离叉；5—分离轴承；6—离合器盖

图 1-15　离合器操纵机构(绳系传动)

4.2　液压式操纵机构

液压式操纵机构具有摩擦阻力小、质量轻、布置方便、接合柔和、不受车架或车身变形影响等特点，其应用日益广泛，桑塔纳 2000GSi、红旗 CA7220、奥迪 100、北京 2020 等汽车均采用这种操纵机构。

液压式操纵机构以油液作为传力介质。它主要由主缸、工作缸以及管路系统等组成。如图 1-16 所示，它一般由离合器踏板 8、储液罐 4、进油软管 5、主缸 10、工作缸 3、油管总成 9、分离叉 2、分离轴承 11 等组成。

储液罐有两个出油孔，用来把制动液分别供给制动总泵和离合器液压操纵系统。

(1)主缸的构造和工作情况

主缸的构造如图 1-17 上部所示。主缸上部是储油罐 13，并有孔与主缸相通，阀杆 8 后端穿在主缸活塞 5 的中心孔中，无配合关系。后弹簧座 7 紧套在活塞的前端并被轴向定位，它可单向拉动阀杆。在阀杆的前端装有橡胶密封圈的阀门 12，后端装有锥形的回位弹簧 10。前弹簧座 11 具有轴向中心孔和轴向径向的槽，回位弹簧 9 安装在前后弹簧座之间。

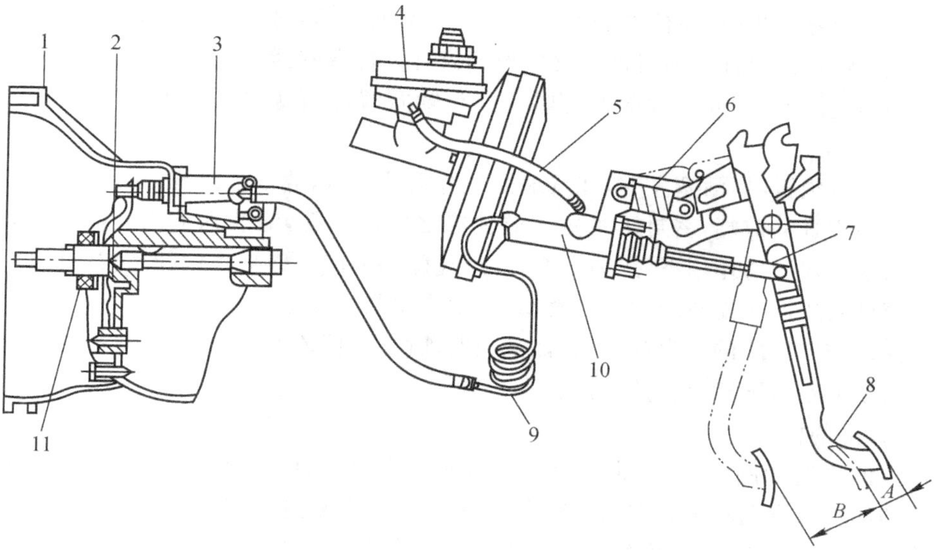

1—变速箱壳体；2—分离叉；3—工作缸；4—储液罐；5—进油软管；6—回位弹簧；7—推杆接头；8—离合器踏板；9—油管总成；10—主缸；11—分离轴承；A—踏板自由行程；B—踏板有效行程

图 1-16　离合器液压操纵系统

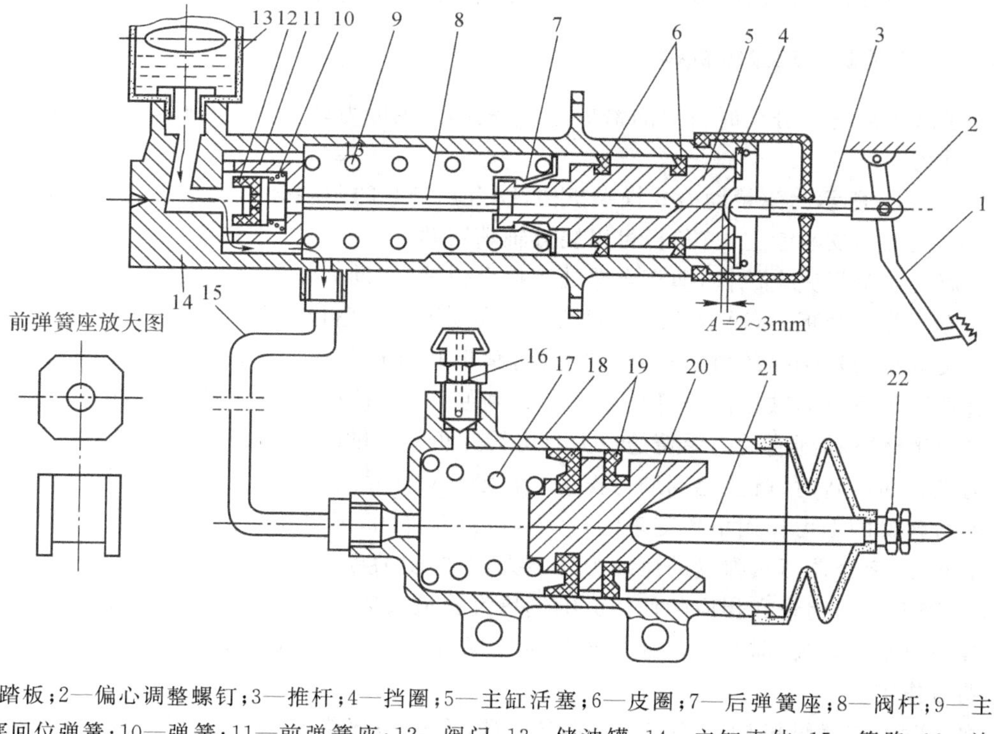

1—踏板；2—偏心调整螺钉；3—推杆；4—挡圈；5—主缸活塞；6—皮圈；7—后弹簧座；8—阀杆；9—主缸活塞回位弹簧；10—弹簧；11—前弹簧座；12—阀门；13—储油罐；14—主缸壳体；15—管路；16—放气阀；17—弹簧；18—工作缸壳体；19—皮圈；20—活塞；21—推杆；22—调整螺母

图 1-17　离合器液压式操纵机构的主缸与工作缸

当抬起离合器踏板时，回位弹簧的一端使主缸活塞后移，另一端使前弹簧座压在主缸缸体的前端，活塞后移到位时，通过后弹簧座拉动阀杆及杆端密封圈阀门，压缩锥形回位弹簧，打开储油罐与主缸通孔，并通过前弹簧座径向和轴向槽，使管路与工作缸相通，整个系统无压力。

踩下离合器踏板时，活塞左移，在压缩回位弹簧的同时，放松了阀杆，锥形回位弹簧使杆端阀门压紧在主缸的前端，密封了主缸与储油罐之间的通孔，继续踩下离合器踏板，则缸内油液就在活塞及皮圈的作用下，压力上升，并通过管路输向工作缸。这种结构的特点是：

①活塞密封皮圈在光滑的主缸内滑动，无刮伤皮圈的现象；

②由阀门控制回路的开启和关闭，油液通路断面大，回流通畅，离合器放松速度快；

③油路中的空气随时可自然排出。

(2)工作缸的构造

工作缸的构造如图 1-17 下部所示。工作缸内装活塞 20、两皮圈 19、推杆 21 和放气阀 16。两皮圈的刃口方向相反，其作用不同：左侧皮圈用来密封油液防止泄漏；右侧皮圈是防止迅速抬起离合器踏板时，工作缸内吸入空气。放气阀的作用是放净系统内的空气。推杆 21 的长度一般做成可调的，或采用偏心螺钉连接推杆与踏板，以便通过调整使推杆与活塞保持一定的间隙(不踩踏板时)，保证活塞彻底回位。此时分离轴承的自由间隙、阀门关闭间隙以及活塞与推杆之间的间隙三者之和反映到踏板上的行程即为踏板的自由行程。

4.3 弹簧助力式操纵机构

为了减小离合器分离时所需的踏板力，一般都采用助力装置。它可以是机械助力，也可以是气助力。

如图 1-18 所示为弹簧助力式操纵机构，助力弹簧 5 的两端分别固定在支架板 7 和可转三角板 3 上的两支承销上，三角板可以绕其轴销转动。

当离合器踏板完全放松，即离合器处于接合位置时，助力弹簧的轴线位于可转三角板销轴的下方。踩下踏板时，通过长度可调推杆 2 推动可转三角板绕其轴销逆时针转动。此时，助力弹簧的拉力对轴销的力矩实际上是阻碍踏板和可转三角板运动的反力矩，该反力矩随着离合器踏板下移而减小。当可转三角板转到使弹簧轴线通过销轴中心时，弹簧反力矩为零。踏板继续下移到使助力弹簧的拉力对可转三角板销轴的力矩方向转为与踏板力对踏板轴的力矩方向一致时，就能起到助力作用。在踏板处于最低位置时，这一助力作用最大。

助力弹簧的助力作用由负变正的过程是可以允许的，因为在踏板的前一段行程中，要消除自由间隙，离合器压紧弹簧的压缩力还不大，总的阻力也在允许范围内。在踏板后段行程中，压紧弹簧的压缩量和相应的作用力继续增大到最大值。在离合器彻底分离以后，为了变速器换挡或制动，往往需要将踏板在最低位置保持一段时间，由此导致驾驶员疲劳，因而最需要助力作用。

弹簧助力式操纵机构结构简单，工作可靠，但助力效果有限，一般只能降低踏板力的 25%～30%。因此，这种助力机构只应用在载重量较小的汽车上，重型载货汽车多采用气压助力式机械操纵机构。

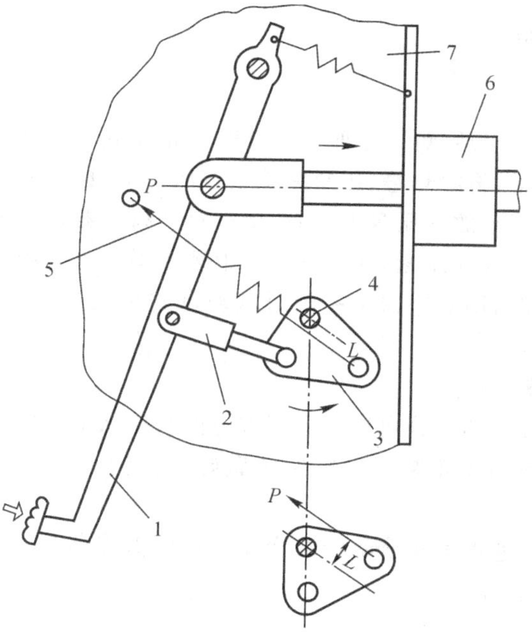

1—离合器踏板；2—长度可调推杆；3—可转三角板；4—销轴；5—助力弹簧；6—主缸；7—支架板

图1-18　离合器操纵机构弹簧助力装置

任务2　离合器的拆装与调整

1　离合器的拆装

1.1　离合器的解体

(1)离合器解体注意事项

①从飞轮上拆下离合器总成时，应首先检查有无拆装标记和平衡块，无拆装标记时应补作后再进行拆装，平衡块应原拆原装，以免组装后破坏原系统的平衡。

②离合器总成解体时，为防止离合器盖的变形和零件弹出，必须用专用拆装工具，并按对角线交替、均匀地拧松紧固螺栓。

(2)离合器的解体

如图1-19所示，专用工具压紧后，拧下连接螺栓或钻去铆钉，取下相关零件，放松专用工具即可拆下离合器。

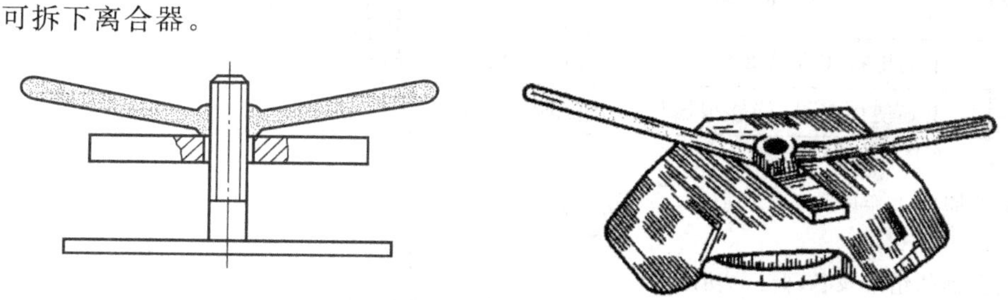

图1-19　离合器拆装工具

1.2　离合器的组装

(1)离合器的组装

离合器零部件检修无误后，可以按照与解体时的相反顺序进行组装。

①将压盘放在压具上，将隔热垫、压紧弹簧装在压盘上，穿上分离杠杆调整螺钉。

②将离合器盖对正标记放在压盘上，调整螺钉对准离合器盖上相应的孔，用专用压具在压具平台上将离合器的壳底面压紧，在调整螺钉上装上弹簧垫圈和调整螺母。

③安装离合器总成时，用变速器第一轴对从动盘进行径向定位，按记号安装离合器，并按规定力矩拧紧螺栓。

(2)离合器组装注意事项

①调整分离杠杆的高度时，分离杠杆内端着力面与后从动盘钢片距离应符合要求，如图1-20所示。压盘与盖、盖与飞轮装配时应按已做好的标记装配，平衡垫或平衡块位置不能变更。

②若实车训练，将变速器和离合器组装上车后还应做装车后的试验，对踏板自由行程以及离合器踏板高度进行调整。

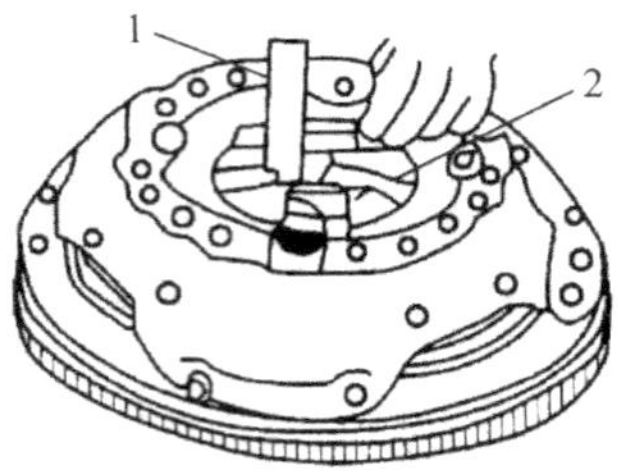

1—钢直尺；2—分离杠杆

图 1-20　分离杠杆内端施力面与后从动盘钢片距离

1.3　任务工单

学生依据实践指导材料的要求及操作步骤，在教师的指导下完成本工作任务，并填写任务工单。

离合器拆装任务工单

任务名称	离合器的拆装	实训设备	专用工具、组合工具、扭力扳手、套筒扳手、芯棒、螺丝刀
客户任务	某车辆更换离合器摩擦片并行驶几天后，出现离合器踏板沉重的故障，请进行正确的拆装。		
任务目的	能正确使用工具，能够根据规范正确拆装离合器。		
一、资讯 1.离合器的工作原理。 2.离合器的组成及各部分的功用。			

续 表

二、决策与计划 根据任务要求，确定所需要的设备、工具，并对小组成员进行合理分工，制定详细的工作计划。 1.讨论确定离合器的拆装所需要的设备、工具。 2.小组成员分工。 3.制订离合器拆装的操作步骤。 (1)________ (2)________ (3)________ (4)________
三、实施过程记录 1.分析你所实践用离合器的结构特点。 2.离合器的拆装，应该注意的问题。 3.记录你所实践用离合器的拆装顺序、规定扭矩。
四、检查与评估 1.检查离合器的拆装是否正确。 2.请根据任务完成的情况，对自己的工作进行自我评估，并提出改进意见。 3.教师对小组工作情况进行评估，并作出点评。

2 离合器的检查调整

2.1 机械式操纵机构

图1-21所示为机械式离合器操纵机构的分解图。

(1)检查

①离合器的自由行程是否符合要求。

②离合器操纵机构的各传力杆件和弹簧是否变形、失效。

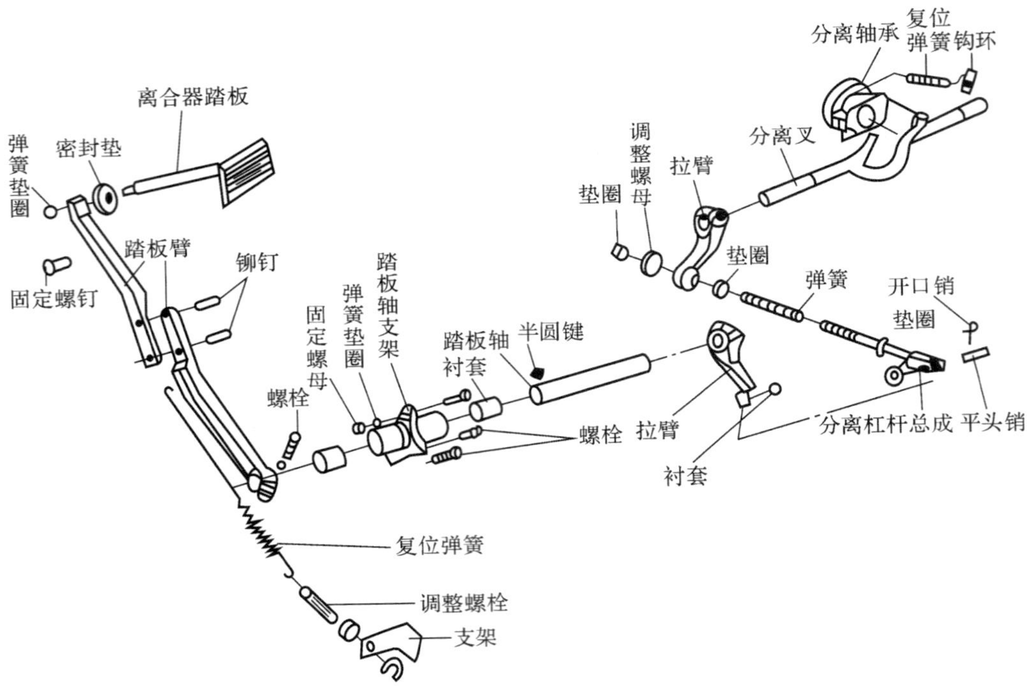

图 1-21　机械式离合器操纵机构分解图

③各运动件之间涂润滑是否良好。

④踏板轴和分离叉轴与衬套因磨损配合间隙是否过大。

⑤检查离合器分离杠杆高度是否一致。

⑥检查离合器的分离是否良好。

(2)调整

①离合器分离杠杆平面度的调整

分离杠杆内端高低不一,离合器接合时将发生抖动现象,汽车不能平稳起步。因此,装配维护时须查看各分离杠杆内端与分离轴承的接触情况,要求各分离杠杆内端位于同一平面,误差应符合原厂规定,一般不大于 0.25mm。如果不符合要求,就进行调整。方法是调整分离杠杆内端或在外端调整螺母。EQ1092 型汽车分离杠杆高度的调整方法是:用扳手松开锁紧螺母,顺时针旋转分离杠杆调整螺母,分离杠杆内端升高;反之,则分离杠杆内端降低。调整后应拧紧锁紧螺母。

膜片弹簧分离指在圆周上必须均匀排列,其极限偏差不大于 0.5mm。同时各弹簧分离指高度应处于同一水平面上,其误差应不大于 0.5mm。如弹簧分离指高低不平,将使汽车起步不稳、发抖,离合器也不能彻底分离。

②离合器踏板自由行程的调整

检查踏板自由行程的方法,如图 1-22 所示,用一个钢直尺立在驾驶室的地板上,先测量踏板完全放松时的高度,再用手轻按踏板,当感到压力增大时,表示分离轴承端面已与分离杠杆内端接触,即停止推踏板,再测量踏板高度。两次测量的高度差,即为踏板的自由行程。

机械操纵式离合器踏板自由行程的调整,一般是通过分离拉杆调整螺母调整拉杆或钢

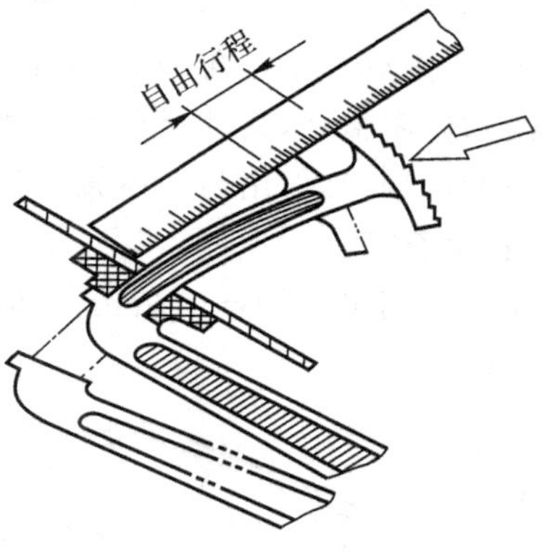

图1-22 用钢直尺检查踏板的自由行程

索长度。东风EQ1092、解放CA1092型汽车离合器踏板自由行程的调整方法是:用扳手松开分离拉杆上的锁紧螺母,顺时针旋转球形调整螺母,离合器踏板自由行程减小;反之,离合器踏板自由行程增大。调整后应拧紧锁紧螺母。东风EQ1092型汽车离合器踏板自由行程为30～40mm。

2.2 钢索式操纵机构

上海桑塔纳轿车离合器踏板自由行程为15～25mm。离合器踏板自由行程的调整可通过如图1-23所示的螺母进行。将螺母逆时针转动,踏板自由行程加大。另外,调整时应注意分离叉传动臂支架之间的距离为$\Omega=200\pm5$mm,如该距离不当,可将分离叉传动臂固定螺母松开,将传动臂从分离叉支撑上取下,转过一个角度后装好,直至该距离达到标准为止。

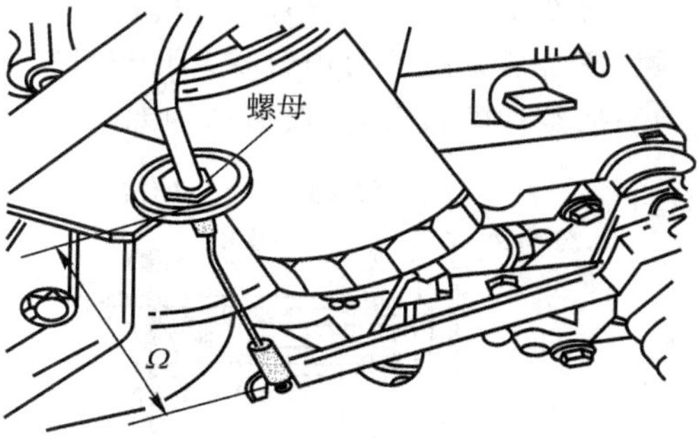

图1-23 上海桑塔纳轿车离合器踏板自由行程的调整

2.3 液压式操纵机构

离合器主缸及工作缸的皮碗和密封圈、防尘罩,如因磨损或老化而漏油,则应及时更换。如缸筒、活塞磨损出沟槽或台阶,也应及时更换。

液压式操纵离合器的踏板自由行程,是主缸推杆与活塞之间的间隙和分离杠杆与分离轴承之间的间隙在踏板上的总反映。因此,调整也应分两步进行。

(1)北京BJ2020汽车离合器踏板自由行程的检查与调整

首先应检查分离叉外端的移动量。检查时,将分离叉复位弹簧取下,来回扳动分离叉,其外端应有 3～4mm 移动量,此处间隙可通过调整工作缸推杆长度的方法进行调整;然后,轻压离合器踏板至稍有阻力为止,此段空行程应在 6mm 左右。否则可旋转踏板与主缸推杆的偏心连接螺栓来调整。上述两部位调整后,其踏板自由行程为 32～40mm。

有些车型离合器主缸推杆长度可调,其作用与上述偏心螺栓一样。

(2)北京切诺基汽车离合器自由行程

北京切诺基汽车离合器工作缸采用了较特殊的结构。如图 1-24 所示,其工作缸与分离轴承组合在一起装于变速器输入轴上。

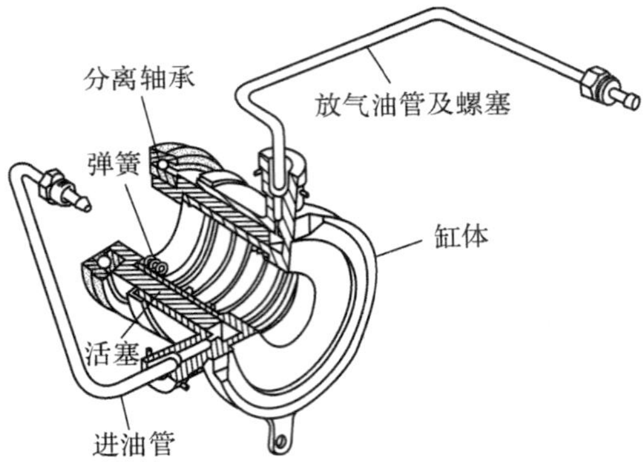

图 1-24　北京切诺基汽车离合器工作缸

工作缸的缸体与活塞均为空心尼龙制品,活塞前部固定着分离轴承。工作时,在油压和弹簧作用下活塞前移推动分离轴承使离合器分离。工作缸的缸体上装有两根金属油管。一根为放气油管,外端用支架装在飞轮壳右侧,放气螺钉伸出飞轮壳。另一根为进油管。这种工作缸的特点是弹簧力的方向与液压力方向一致,离合器接合后,分离轴承在弹簧作用下始终和分离杠杆接触,且无间隙,离合器踏板的自由行程只是主缸活塞与推杆间隙的反映。

进口轿车的离合器采用类似结构的很多,其典型结构如图 1-25 所示。

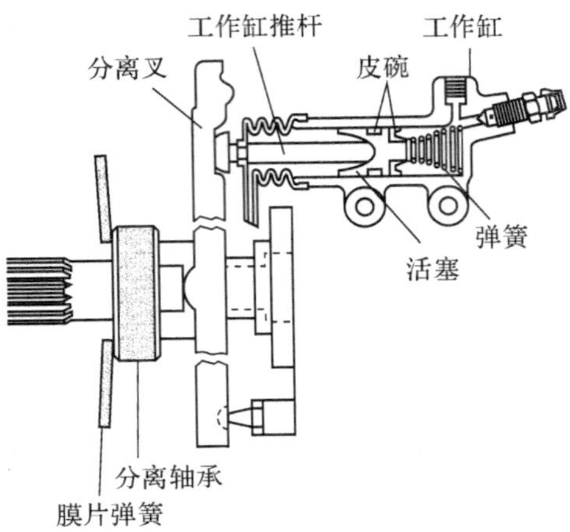

图 1-25　带自调的离合器工作缸

采取上述结构的目的在于:从动盘、压盘磨损后使分离轴承后移,通过分离叉推动工作缸推杆和活塞后移而压缩弹簧,由于弹簧被压缩而不会出现离合器打滑的现象;另一个明显的优点是减少了维护作业。当然，这种离合器工作时，会使分离轴承处发出轻微响声。

2.4 任务工单

学生依据实践指导材料的要求及操作步骤，在教师的指导下完成本工作任务，并填写任务工单。

离合器调整任务工单

任务名称	离合器的调整	实训设备	套筒扳手、扭力扳手、千分尺、组合工具
客户任务	桑塔纳轿车离合器分离不彻底，自由行程过大，请正确进行调整。		
任务目的	能正确使用工具，能够根据规范正确调整离合器。		

一、资讯

1. 离合器的调整部位。

2. 离合器的调整方法。

二、决策与计划

根据任务要求，确定所需要的设备、工具，并对小组成员进行合理分工，制定详细的工作计划。

1. 讨论确定离合器调整所需要的设备、工具。

2. 小组成员分工。

3. 制订离合器调整的操作步骤。

(1)________________

(2)________________

(3)________________

(4)________________

三、实施过程记录

1. 分析你所实践用离合器的结构特点。

2. 总结离合器调整时，应该注意的问题。

四、检查与评估

1. 检查离合器的调整是否正确。

2. 请根据任务完成的情况，对自己的工作进行自我评估，并提出改进意见。

3. 教师对小组工作情况进行评估，并作出点评。

任务3　离合器的故障诊断与检修

1　离合器的维护

对国产中型载货汽车的离合器，在每次一级维护时，应检查离合器的自由行程。在二级维护时，还要检查分离轴承和弹簧的弹力，如果有离合器打滑、分离不彻底、接合不平顺和分离时发响、发抖等故障发生，还要对离合器进行拆检，以及更换从动盘、中压盘、复位弹簧及分离轴承等附加作业项目。

对其他车型应根据用户手册推荐的行驶里程按离合器维护项目进行。

2　离合器主要部件的检修

(1)飞轮

飞轮的损伤有齿圈轮齿的磨损，飞轮后端面易出现磨损、沟槽、翘曲和裂纹等。当齿圈轮齿磨损时则更换或前后反面；当飞轮平面磨损沟槽深度超过 0.5mm、平面度误差超过 0.12mm 时应修平平面；当飞轮工作面摆差超过极限值时需更换飞轮，检查方法如图 1-26 所示。

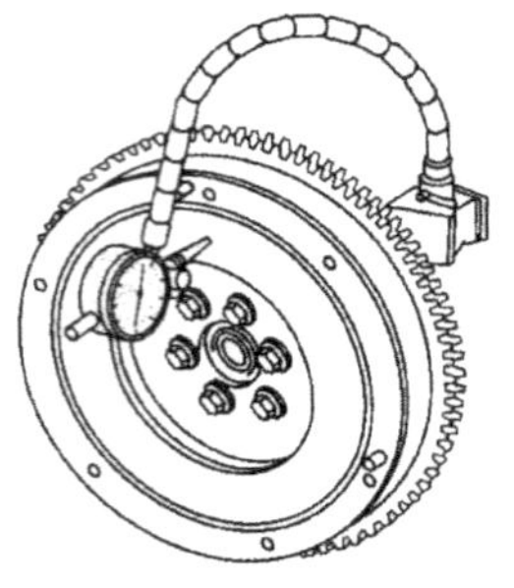

图 1-26　飞轮摆差的检查

(2)导向轴承

一般导向轴承通常是永久加以润滑而不需清洁或加注润滑油的，对它的检查是：一面用手转动轴承，一面向转动方向施加压力，如轴承卡住或阻力过大，则应更换导向轴承。更换导向轴承时，需用专用修理工具拆装(SST)，其方法如图 1-27 所示。

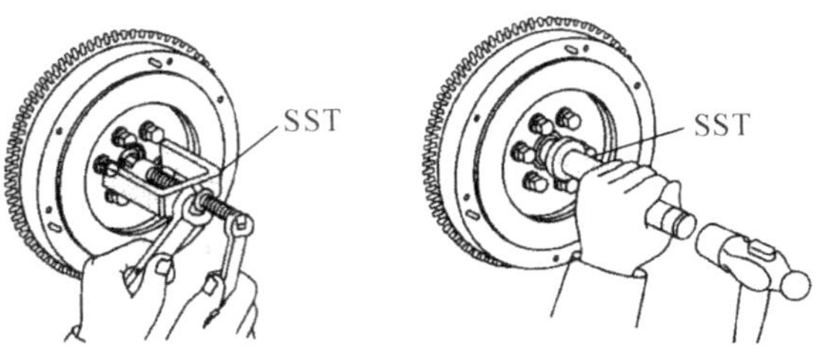

图 1-27　导向轴承的更换

(3)压盘和离合器盖

离合器压盘和中压盘的主要耗损是工作表面的磨损,严重时会出现磨损沟槽。使用不当时,甚至引起烧蚀、翘曲或破裂等现象。

工作表面的轻微磨损,可用油石修平。当磨损沟槽超过0.5mm时,应修平平面,压盘的极限减薄量不得大于1mm,修整后压盘的平面度误差不得大于0.10mm,而且应进行静平衡试验。当压盘有严重的磨损或变形,甚至出现裂纹,或磨削后厚度小于极限值时,应更换新件。目前一般采用换件法,较少进行修理。

离合器盖与飞轮的接合面的平面度公差为0.50mm。如有翘曲、裂纹或变形,应更换新件。

(4)从动盘

离合器从动盘的常见耗损有摩擦片的磨损、烧蚀、表面龟裂、硬化、油污、铆钉外露或松动;从动盘钢片翘曲、破裂,花键磨损。使用不当时,还会出现扭转减振器弹簧折断、钢片与花键毂铆钉松动等现象。

当从动盘摩擦衬片表面有烧焦、开裂时,应更换新片。

当从动摩擦衬片表面严重油污时,应更换新摩擦衬片并检查曲轴后油封、变速器一轴的密封情况及导向轴承的润滑脂是否过多。

当扭转减振器弹簧折断,或钢片高温退火,或花键磨损大时应更换。若铆钉松动可重新铆接或更换。

当从动盘摩擦表面严重磨损时,如图1-28所示,用卡尺测量铆钉头深度,铆钉头深度小于0.50mm,应更换新片。新的或经修复的从动盘装配前应按如图1-29所示方法检验其端面圆跳动,超过允许值应进行校正。

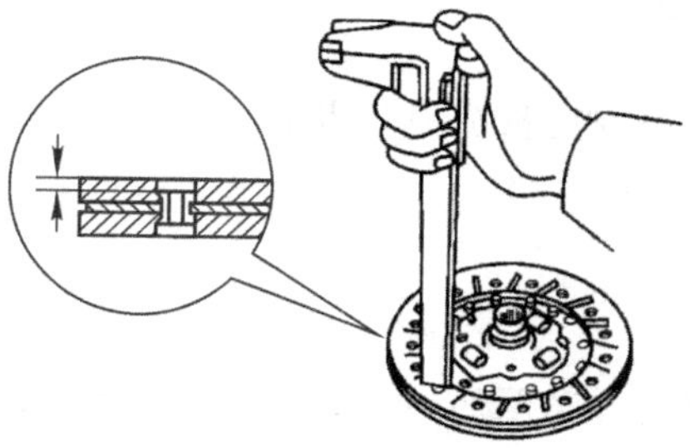

图1-28　离合器摩擦片磨损检查

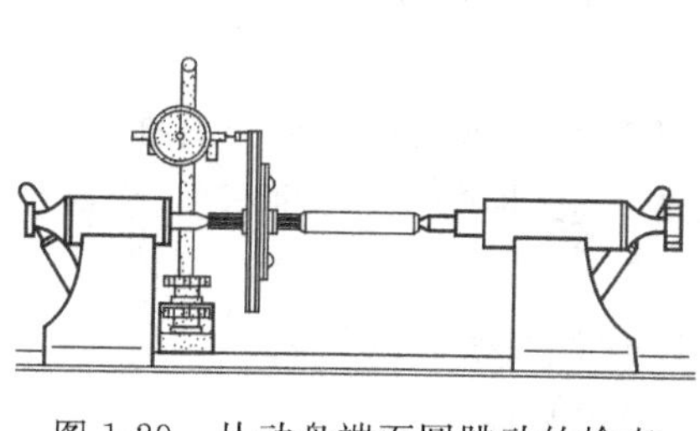

图1-29　从动盘端面圆跳动的检查

(5)膜片弹簧

膜片弹簧因长久负荷而疲劳,可能会弯曲、折断或弹力减弱而影响动力的传递。如弯曲则必须校正，折断应予更换，磨损时如图 1-30 所示，用卡尺测量膜片弹簧的深度、宽度和厚度。例如丰田海狮汽车的极限值为：深度 0.60mm，宽度 5.0mm，超过极限值应更换。

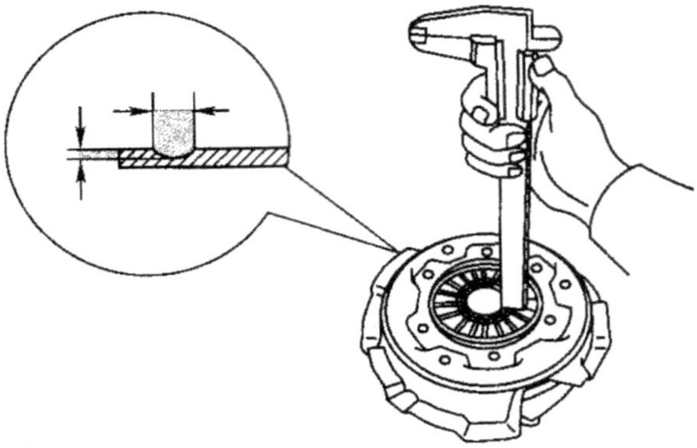

图 1-30　磨片弹簧的深度和宽度的测量

(6)螺旋压紧弹簧

螺旋压紧弹簧的主要损伤有断裂或裂纹、弯曲变形、弹力减弱。当自由长度减小值大于 2mm，在全长上的偏斜量超过 1mm，或出现裂纹时，应予更换。

(7)分离杠杆、分离轴承和分离叉

如果分离杠杆的端面磨损严重或变形、分离轴承运转不灵活或有噪声，则应更换。有些离合器分离叉采用尼龙衬套支撑，应检查其磨损情况，如松旷会使离合器操纵沉重，应更换新件。

3　离合器的故障诊断

离合器的常见故障有离合器打滑、分离不彻底、接合不平顺和异响等。

3.1　离合器打滑

(1)故障现象

汽车低挡起步时，离合器踏板抬起后，汽车不能起步或起步不灵敏；汽车加速行驶时，行驶速度不能随发动机转速的升高而升高，上坡动力不足，且伴有离合器发热、产生糊味，甚至有冒烟等现象。严重时起步困难，甚至不能起步。

(2)故障原因

①离合器分离轴承没有间隙，使分离轴承压在分离杠杆上。

②从动摩擦片上有油污、烧焦、磨损过多、表面不平、表面硬化或铆钉外露。

③压盘、飞轮变形。

④压力弹簧过软或折断，膜片弹簧疲劳或破裂。

⑤飞轮与离合器盖之间的固定螺钉松动。

⑥分离轴承运动发卡而复位。

⑦液压操纵机构或机械操纵机构的绳索黏滞。

⑧分离轴承座运动不灵活，与一轴套管发卡不能及时回位。

(3)故障诊断及排除

①经验诊断法

首先检查离合器踏板有无自由行程,一般分为以下两种情况:

a. 若有自由行程,则故障可能由从动片油污、烧焦、铆钉露头等原因引起。

b. 若没有自由行程,则检查分离轴承是否复位;检查压力弹簧(或膜片弹簧)是否断裂;如弹簧断裂,则故障由此引起;弹簧未断裂,则故障由从动片表面不平、表面硬化或弹簧疲劳引起。

具体试验方法:启动发动机,拉紧驻车制动,挂上低速挡(一般为二挡),慢慢抬起离合器踏板,逐渐加大油门起步,如果汽车不动,发动机也不熄火,这就基本可以判断离合器打滑。(例外情况:离合器从动盘花键被磨光、传动轴花键磨光也可能引起该种现象)。

②仪器诊断法

用离合器打滑频闪测定仪诊断。仪器由闪光灯、高压电极、电容器、电阻、蓄电池等组成,如图 1-31 所示。

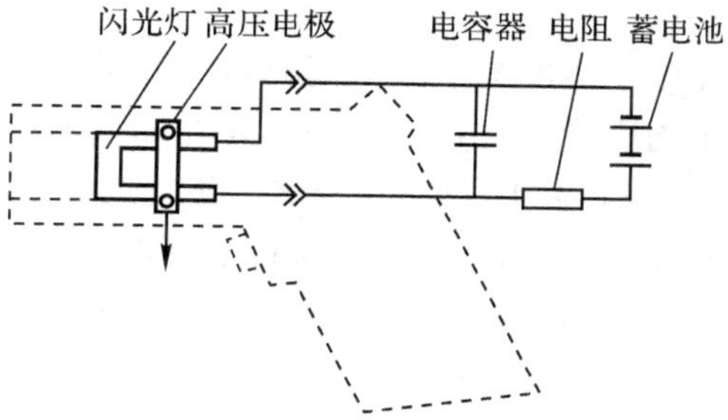

图 1-31　离合器摩擦片磨损检查

a. 诊断原理

诊断时发动机火花塞给仪器内高压电极输入电脉冲信号,火花塞跳火一次,闪光灯就亮一次,且闪光频率与发动机转速成正比。

b. 诊断方法

支起驱动桥或置驱动轮于滚筒式试验台上进行。汽车低挡起步,逐渐加挡于直接挡,使汽车驱动轮在原地运转。将闪光灯发出的光亮点投射到传动轴的某一点(可预先设置标记)上。若传动轴上某点与光亮不同步,则离合器打滑,且看到似乎传动轴相对于光亮点在缓慢转动;若传动轴上某点与光亮同步,则离合器不打滑。

若无频闪测定仪,可用发动机点火正时灯代替。

3.2　离合器分离不彻底

(1)故障现象

发动机怠速运转时,踩下离合器踏板挂挡困难,且伴随齿轮撞击声;勉强挂入挡位后,离合器未抬起汽车就起步或发动机熄火;行驶中,换挡困难,且仍伴随有齿轮撞击声。

(2)故障原因

①离合器自由行程过大。

②分离杠杆变形或某一分离杠杆折断。

③分离杠杆内端不在同一平面上或内端太低。

④从动盘正反装错。

⑤从动盘铆钉松脱、摩擦片破裂、钢片变形。

⑥双片离合器中间压盘支撑弹簧弹力不均或个别弹簧折断、中间压盘调整不当。

⑦从动盘在花键轴上轴向锈蚀,运动发卡。

⑧压紧弹力不均或个别弹簧折断。

⑨在踩下离合器时分离拨叉变形。

⑩液压系统漏油,包括离合器总泵内漏。

液压式离合器的液压系统油量不足(漏油)或有空气。

(3)故障诊断与排除

①检查液压系统是否漏油。

②检查离合器踏板自由行程。若自由行程太大,则故障由此引起;否则,应继续检查液压传动系统(对液压式离合器)。若油量不足(漏油)或管路中有空气,则故障由此引起;否则,拆下离合器下盖继续检查。

③检查分离杠杆内端高度。高度若是太低则故障由此引起;否则检查分离杠杆是否在同一平面内。若不在同一平面内,则故障由此引起;若在同一平面内,则检查从动盘是否正反装错,若装错,则故障由此引起;否则,踩下离合器踏板继续检查。

④检查从动盘钢片。从动钢片是否有变形、铆钉是否松脱。若有其中之一情况,则故障由此引起;否则,故障由从动盘轴向运动发卡引起。其原因是:从动盘在花键轴上移动卡滞;双片离合器中间压盘支撑弹簧弹力不均或个别弹簧折断。

3.3 离合器接合不平顺

(1)故障现象

汽车起步时,严格执行操作规程,离合器接合时产生振抖,严重时整车都产生振抖,甚至熄火等现象。

(2)故障原因

①分离杠杆内端高度不在同一平面内。

②压盘或从动片钢片翘曲变形。

③从动摩擦片表面不平,表面硬化、油污或烧焦,铆钉露头、松脱、折断。

④从动片上的减振弹簧疲劳或折断、缓冲片破裂。

⑤分离轴承发卡而不能复位。

⑥离合器压紧弹簧折断或弹力不均,膜片弹簧疲劳或破裂。

⑦踏板复位弹簧折断或脱落。

⑧飞轮工作端面圆跳动严重(翘曲变形)。

⑨飞轮、离合器壳或变速器固定螺钉松动。

⑩曲轴轴向间隙过大。

变速器油黏度过大。

(3)故障诊断与排除

①检查离合器踏板复位弹簧是否折断或脱落。如折断或脱落,则故障由此引起。

②检查分离轴承复位情况。不复位则故障由此引起；否则拆下离合器下盖继续检查。

③检查飞轮、离合器壳或变速器固定螺钉是否松动。如松动，则故障由此引起；否则继续检查。

④检查分离杠杆内端是否在同一平面内。如不在同一平面内，则故障由此引起；否则继续检查。

⑤检查压紧弹簧是否断裂。如断裂，则故障由此引起；否则继续检查。

⑥检查从动盘是否有油污、烧焦或铝质粉末物。若有，则故障由油污、烧焦或铆钉露头引起；否则继续检查。

⑦检查从动盘钢片、压盘或飞轮是否有翘曲变形。如有翘曲变形，则故障由此引起；否则故障在缓冲片（从动盘上）或缓冲弹簧疲劳或断裂、摩擦片表面不平、软化、铆钉松脱或折断。

⑧检查变速器油的黏度是否符合要求。

3.4　离合器异响

(1)故障现象

分离或接合时，发出不正常的声响。

(2)故障原因

①分离轴承损坏或润滑不良干摩擦。

②分离杠杆与离合器盖的连接松旷或分离杠杆支撑弹簧疲劳、折断或脱落。

③从动片花键孔与轴配合松旷。

④从动片铆钉松动或露头。

⑤从动片减振弹簧疲劳或折断。

⑥分离轴承与分离杠杆内端之间没有间隙。

⑦飞轮上的传动销与压盘上的传力孔或离合器盖上的驱动孔与压盘上的凸块配合间隙太大。

(3)故障诊断与排除

诊断前，调整离合器，使之分离彻底。

①轻轻踩下离合器踏板，使分离轴承与分离杠杆内端刚刚接触时察听：发出“沙沙”的响声，则故障由分离轴承缺油（润滑不良）引起；若无“沙沙”的响声，则拆下离合器下盖，将离合器踏板踩到底继续察听。

②离合器踩到底，若发出“哗哗”的金属滑磨声，甚至看到离合器下部有火星冒出，则故障由分离轴承损坏引起；若发出连续的“喀啦、喀啦”声，分离不彻底时尤为严重，放松踏板后响声消失，则故障由传动销与压盘孔配合松旷或离合器盖驱动窗孔与压盘凸块松旷引起。双片离合器特别容易产生此故障。否则，继续检查。

③在离合器处于刚接合或刚分离时察听，发出“喀哒”的碰声，则故障由摩擦片松动引起；若发出金属刮研声，则故障由从动片铆钉露头引起；若发出连续噪声或间断的碰击声，则故障由分离轴承与分离杠杆内端间隙太小或无间隙引起。否则继续检查。

④在汽车起步或行车中加、减速时，若发出“抗”或“喀”的响声，则故障原因为：减振弹簧疲劳或断裂；从动片花键孔与轴配合松旷。

4 任务工单

学生依据实践指导材料的要求及操作步骤，在教师的指导下完成本工作任务，并填写任务工单。

离合器检修任务工单

任务名称	离合器的检修	实训设备	专用工具、组合工具、千分尺、扭力扳手、套筒扳手、离合器
客户任务	离合器主、从动盘不能完全脱开，请用合理的方法进行检修。		
任务目的	能正确使用工具，能够根据规范正确检修。		

一、资讯

1. 离合器主要部件的检修。

2. 离合器各类故障的判定及其解决办法。

二、决策与计划

根据任务要求，确定所需要的设备、工具，并对小组成员进行合理分工，制定详细的工作计划。

1. 讨论确定离合器的检修与故障诊断所需要的设备、工具。

2. 小组成员分工。

3. 制订离合器检修的操作步骤。

(1)____________________

(2)____________________

(3)____________________

(4)____________________

三、实施过程记录

1. 分析你所实践用离合器的结构特点。

2. 离合器主要部件检修应该注意的问题。

3. 记录你所实践用离合器的故障诊断程序。

四、检查与评估

1. 检查离合器的检修是否正确。

2. 请根据任务完成的情况，对自己的工作进行自我评估，并提出改进意见。

3. 教师对小组工作情况进行评估，并作出点评。

复习思考题

1. 离合器的功用是什么？对离合器有哪些要求？
2. 叙述摩擦式离合器的基本组成和工作原理。
3. 什么是离合器踏板的自由行程？自由行程有何功用？
4. 膜片弹簧式离合器、周布弹簧式离合器和中央弹簧式离合器各有何特点？
5. 离合器的操纵机构有哪些类型？各有何特点？
6. 周布螺旋弹簧离合器在装车后要进行哪些项目的调整？

项目 2　变速器的认知与检修

应知目标：

1. 能掌握变速器的功用、类型与齿轮机构的变速传动原理；
2. 能简单叙述典型手动变速器的构造及变速器各挡的传动情况；
3. 能正确描述同步器的功用、类型、构造与工作原理；
4. 能正确描述手动变速器操纵机构的功用、要求、构造与工作原理；
5. 能正确描述分动器的功用、类型及工作原理；
6. 能简单描述自动变速器的分类、组成与工作原理；
7. 能简单描述液力变矩器的构造与工作原理。

应会目标：

1. 会进行变速器的维护及其主要零部件的检修；
2. 会进行变速器的拆卸、装配与调整；
3. 会进行变速器常见故障的诊断与排除。

任务 1　变速器认知

1　变速器的功用与类型

1.1　变速器的功用

现代汽车上广泛使用活塞式内燃机，其转矩变化范围小且转速较高，而复杂的使用条件则要求汽车的牵引力和车速能在相当大的范围内变化（转矩增大、转速降低），为解决这一矛盾，在传动系中设置了变速器。其具体功用是：

（1）改变传动比，扩大驱动轮转矩和转速的变化范围，以适应经常变化的行驶条件，同时使发动机在有利（功率较高而油耗较低）的工况下工作；

（2）在发动机旋转方向不变情况下，使汽车能倒车行驶；

（3）利用空挡，中断发动机向驱动轮的动力传递，以使发动机能够起动和怠速运转，满足汽车暂时停车和滑行的需要；

(4)利用变速器作为动力输出装置，以驱动其他机构，如自卸车的液压装置等。

1.2 变速器的类型

现代汽车所采用的变速器有多种结构形式，通常可作如下分类：

(1)按传动比变化方式来分，变速器可分为有级式、无级式和综合式三种。

①有级式变速器

有级式变速器采用齿轮传动，具有若干个定值传动比。按所用轮系型式不同，有轴线固定式变速器(普通变速器)和轴线旋转式变速器(行星齿轮变速器)两种。目前，轿车和轻、中型货车变速器的传动比通常有3～5个前进挡和一个倒挡，在重型货车用的组合式变速器中，则有更多挡位，有的还装有副变速器。所谓变速器挡数即指其前进挡个数。

②无级式变速器

无级变速器(Continuous Variable Transmission，简称CVT)传动比的变化是连续的。目前CVT一般都采用金属带传递动力，通过主、从动轮直径的变化实现无级变速。CVT最大限度地发挥了发动机的性能，具有操作简单、油耗小、动力损失小、加速快等优点，已成为车用变速器发展的方向，在中、高级轿车上应用越来越多。

③综合式变速器

综合式变速器是指由液力变矩器和行星齿轮式有级变速器组成的液力机械式变速器，一般都由电脑来自动实现换挡，所以也称这种变速器为自动变速器。这种变速器的传动比可在最大值与最小值之间的几个间断的范围内作无级变化，目前应用较多。

(2)按操纵方式来分，变速器可分为手动变速器、自动变速器和手自一体变速器三种。

①手动变速器

手动变速器(Manual Transmission，简称MT)是通过驾驶员用手直接操纵变速杆选定挡位，并直接操纵变速器的换挡机构进行挡位变换。齿轮式有级变速器大多都采用此种操纵方式。

②自动变速器

自动变速器(Automatic Transmission，简称AT)，其传动比选择和换挡是自动进行的。这里所谓“自动”，是在某一传动范围内(一般是前进挡范围内)，变速器的自动控制系统根据发动机负荷和车速的信号变化情况来自动地选定挡位，并进行挡位变换。驾驶员只需操纵加速踏板以控制车速。

③手动自动一体变速器

手动自动一体变速器这种变速器是目前在高档轿车上普遍采用的变速器。它的挡位设计与自动挡相仿，只不过将前进挡D挡往旁边一拨，可以通过前推后拉，实现自动的挡位切换，驾驶者可以享受到把握换挡时机的操控感。

2 普通齿轮变速器的工作原理

普通齿轮变速器也叫定轴式变速器，它由外壳、轴线固定的几根轴和若干个齿轮组成，以实现变速、变矩和改变旋转方向。

(1)变速原理

根据机械原理可以知道，当一对齿数不同的齿轮啮合传动时，若从动齿轮齿数 Z_2 大于主动齿轮的齿数 Z_1，则从动齿轮转速 n_2 小于主动齿轮的转速 n_1，从动齿轮的转矩 M_2 大于主动齿轮的转矩 M_1，且与传动比 i 有如下关系：

$$i=\frac{n_1}{n_2}=\frac{z_2}{z_1}=\frac{M_2}{M_1}$$

若有多对齿轮传动，则总传动比 i 为：

$$i=\frac{\text{所有从动齿轮齿数的连乘积}}{\text{所有主动齿轮齿数的连乘积}}=\text{各级齿轮传动比的乘积}$$

例如，汽车变速器某一挡位的传动比就是这一挡位各级齿轮传动比的乘积。

因此，传动比既是变速比，又是变矩比。降速增矩，增速则降矩。汽车变速器就是根据这一关系，通过改变传动比来适应汽车行驶阻力变化的需要。如普通齿轮变速器就设置了多组大小不同的齿轮传动副，构成了多个不同的挡位，对不同的挡位，均有不同的传动比，从而可得到不同的输出转速与转矩。

(2)换挡原理

变速器的换挡通常采用接合套、滑移齿轮或同步器等装置，使齿轮或齿圈实现啮合或脱开。如将图1-32中的齿轮3与4脱开，再将齿轮6与5啮合，传动比变化，输出轴Ⅱ的转速、转矩也发生变化，即挡位改变。当齿轮4和6都不与中间轴上的齿轮3和5啮合时，动力不能传输到输出轴，这就是变速器的空挡状态。

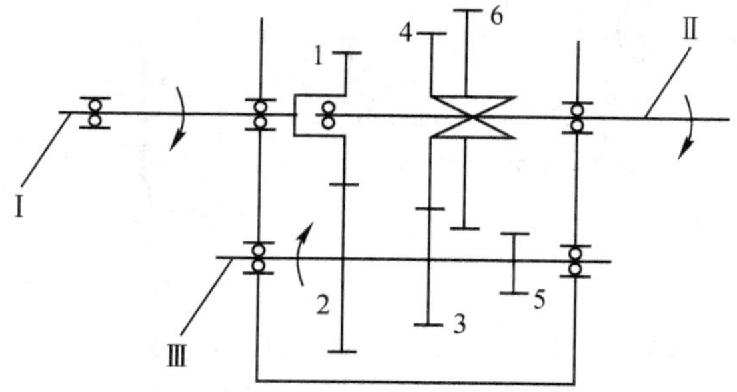

Ⅰ—输入轴；Ⅱ—输出轴；Ⅲ—中间轴；1—第一轴主动齿轮；
2—中间轴从动齿轮；3、5—中间轴主动齿轮；4、6—第二轴从动齿轮

图1-32　双级齿轮传动式变速器示意图

(3)变向原理

由齿轮传动原理可知，一对外啮合齿轮传动时，两齿轮转向相反；每经一对齿轮传动副，其转向改变一次。因此，两轴式变速器在输入轴与输出轴之间、三轴式变速器在中间轴与输出轴之间均加装了一倒挡轴与倒挡齿轮(亦称惰轮)，就使输出轴与输入轴的转向相反，从而可使汽车倒车行驶。

3　普通齿轮变速器的变速传动机构

普通齿轮变速器由变速传动机构和操纵机构两大部分组成。其中，变速传动机构是变速器的主体部分，主要由一系列相互啮合的齿轮副及其支承轴以及作为基础的壳体组成，其主要作用是改变传动比和旋转方向；操纵机构的作用是实现换挡。

普通齿轮变速器按工作轴(不包括倒挡轴)的数量可分为三轴式变速器和两轴式变速器两种。

3.1 三轴式变速器

在发动机前置后轮驱动(FR型)的汽车上,常采用三轴式变速器。下面以东风EQ1090E型汽车变速器为例进行介绍,如图1-33所示,其结构简图如图1-34所示。

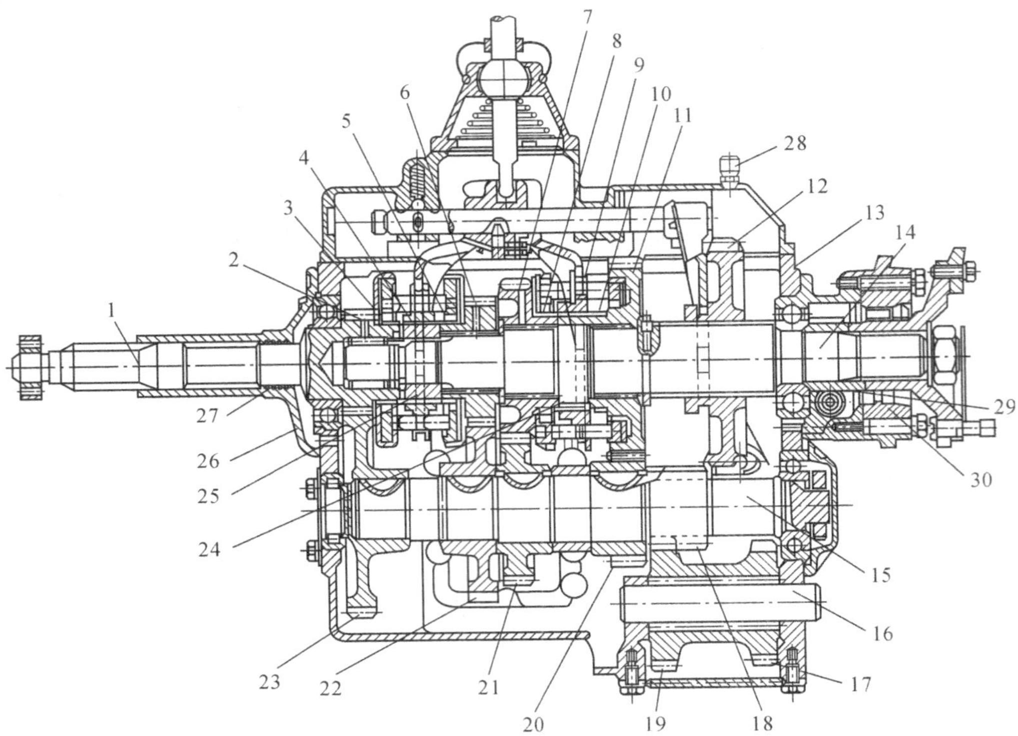

1—第一轴;2—第一轴常啮合齿轮;3—第一轴接合齿圈;4、9—接合套;5—四挡接合齿圈;6—第二轴四挡齿轮;7—第二轴三挡齿轮;8—三挡齿轮接合齿圈;10—二挡齿轮接合齿圈;11—第二轴二挡齿轮;12—第二轴一挡、倒挡滑动齿轮;13—变速器壳体;14—第二轴;15—中间轴;16—倒挡轴;17、19—倒挡中间齿轮;18—中间轴一挡、倒挡齿轮;20—中间轴二挡齿轮;21—中间轴三挡齿轮;22—中间轴四挡齿轮;23—中间轴常啮合齿轮;24、25—花键毂;26—第一轴轴承盖;27—轴承盖回油螺纹;28—通气孔;29—里程表传动齿轮;30—驻车制动器底座

图1-33 东风EQ1090E型汽车变速器

3.1.1 基本构造

东风EQ1090E型汽车变速器有5个前进挡、1个倒挡,其中五挡为直接挡。在二、三挡和四、五挡之间装有锁销式惯性同步器。同步器可以方便换挡,同时避免换挡时结合齿的齿端冲击,从而延长其使用寿命。变速器由壳体、齿轮传动机构和操纵机构三部分组成。

变速器壳体的主要作用是安装、保护齿轮传动机构和容纳润滑油;齿轮传动机构主要由第一轴、第二轴、中间轴、倒挡轴及若干齿轮和轴承等组成,其作用是传递、改变转矩和转速的数值和方向;操纵机构的作用是实现变速器传动比的变换,即换挡。

第一轴(输入轴)的前、后端分别以轴承支承在曲轴后端和变速器壳前壁的轴承孔内,利用轴承外圈上的弹性挡圈及轴承盖上的止口进行轴向定位，并与曲轴的轴线重合。第一轴的后端制有常啮合齿轮。

中间轴两端均由轴承支承在变速器壳体上，轴上制有齿轮 18，并有通过半圆键固定的齿轮 23、22、21、20，作为一个整体而转动。齿轮 23 与第一轴齿轮 2 相啮合，称为中间轴常啮合齿轮。从离合器输入第一轴的动力经这一对常啮合齿轮传到中间轴各齿轮上。只要第一轴转动，中间轴及其上所有其他齿轮也必然转动。

第二轴(输出轴)前后端分别用轴承支承于第一轴后端内孔和壳体上，并通过后端凸缘与万向传动装置相连，将动力输出。同时，后端轴承外圈也装有弹性挡圈，进行轴向定位，并与第一轴轴线重合。由于与中间轴上相应齿轮常啮合的第二轴上二、三、四挡齿轮 11、7、6 只是通过衬套或滚针轴承空套在轴上，所以这些齿轮只是跟随中间轴转动，而不影响第二轴的旋转。为了使这些齿轮在挂挡后与第二轴连接起来传递动力，在各齿轮的一侧均制有接合齿圈，并在第二轴上相应地装有花键毂和接合套或同步器等换挡装置。为防止各齿轮的轴向移动，在第二轴与齿轮端面之间均装有卡环，对齿轮进行轴向定位。另外，第二轴后轴承盖内还装有车速里程表驱动蜗杆及其蜗轮。

倒挡轴是固定式轴，其轴端与壳体上的轴承孔为过盈配合，以防止漏油，并通过锁片进行轴向定位。倒挡齿轮 17、19 制成一体，以滚针轴承空套在倒挡轴上，其中齿轮 19 与中间轴上一挡、倒挡齿轮 18 前段齿常啮合，所以倒挡中间齿轮也跟随转动。

为了减少内摩擦引起的零件损坏和功率损失，须在壳体内注入齿轮油，采用飞溅方式润滑各齿轮副、轴与轴承等零件的工作表面。油面高度控制在加油口位置。第一轴主动齿轮及第二轴上二、三、四挡常啮合齿轮都钻有径向油孔，以便润滑油通过，以润滑所在部位的滚针轴承。

3.1.2　各挡传动情况(参阅图 1-34)

(1)空挡：发动机旋转时，其动力由第一轴经第一级常啮合齿轮和传至中间轴。但在空挡位置时，第二轴上的同步器接合套都处于中间位置(非接合)，第二轴上的齿轮都在中间轴齿轮的带动下空转，动力不能传给第二轴。

(2)一挡：前移一挡、倒挡滑动齿轮 12 与中间轴一挡齿轮 18 相啮合，动力便从第一轴依次经过常啮合齿轮 2 和 23、中间轴 15、一挡齿轮 18、第二轴一挡、倒挡齿轮 12，传到第二轴(与第一轴同向旋转)。

(3)二挡：后移二、三挡同步器的接合套 9，使之与二挡齿轮 11 的接合齿圈 10 啮合，变速器便挂入二挡。此时动力由第一轴依次经常啮合齿轮 2 和 23、中间轴 15、二挡齿轮 20 和 11、齿圈 10、接合套 9、花键毂 24，最终传给第二轴输出。

(4)三挡：前移接合套 9，使之与三挡齿轮 7 的接合齿圈 8 啮合，变速器便挂入三挡。此时动力传递路径为：第一轴 1、齿轮 2

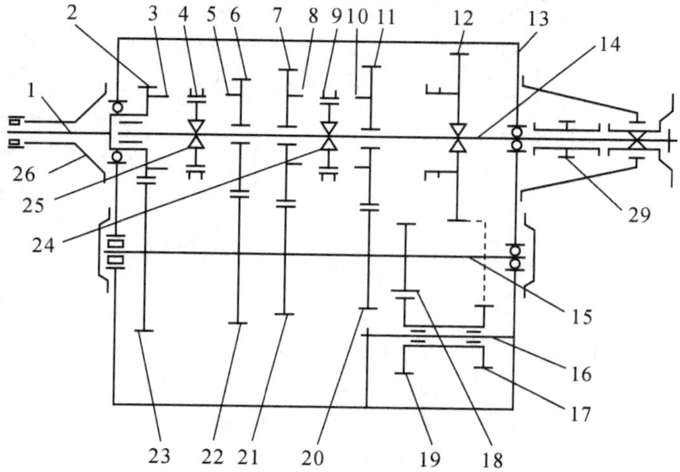

图 1-34　东风 EQ1090E 型汽车变速器传动示意图(图注同图 1-33)

和 23、中间轴 15、齿轮 21 和 7、齿圈 8、接合套 9、花键毂 24、第二轴 14。

(5)四挡:后移四、五挡同步器接合套 4,使之与四挡齿轮 6 的接合齿圈 5 啮合,变速器便挂入四挡。此时动力传递路径为:第一轴 1、齿轮 2 和 23、中间轴 15、齿轮 22 和 6、齿圈 5、接合套 4、花键毂 25、第二轴 14。

(6)五挡:前移同步器接合套 4,使之与第一轴后端主动齿轮 2 的接合齿圈 3 啮合,这时动力则由第一轴依次经过齿轮 2 及接合齿圈 3、同步器接合套 4、花键毂 25,传给第二轴。由于动力没有经过中间轴传递,而由第一轴直接传给第二轴,所以称这种挡位为直接挡,其输出轴的转速与输入轴的转速相同,其传动比为 1。

(7)倒挡:当把一挡、倒挡 12 后移,使之与倒挡齿轮 17 啮合,动力便由第一轴依次经过齿轮 2 和 23、中间轴 15、齿轮 18、倒挡惰轮 19 和 17、齿轮 12,传到第二轴。由于增加了中间惰轮,所以第二轴的旋向与第一轴相反,汽车便可以倒向行驶。

3.2 两轴式变速器

两轴式齿轮变速器主要应用于发动机前置、前轮驱动(FF 型)和发动机后置、后轮驱动(RR 型)的中、轻型轿车上,以便于汽车的总体布置。目前,轿车上采用发动机前置、前轮驱动的布置型式越来越广泛,其中前置发动机又有纵向布置和横向布置两种型式,与其配用的两轴式变速器也有两种不同的结构型式。

3.2.1 发动机前置纵向布置的二轴式变速器

图 1-35 所示为奥迪 100 型轿车变速器的结构图。它有五个前进挡和一个倒挡,并采用同步器换挡。主减速器、差速器与变速器装在同一个壳体内。因发动机前置、纵向布置,曲轴旋转方向与车轮旋转方向相垂直,所以主减速齿轮为一对圆锥齿轮。

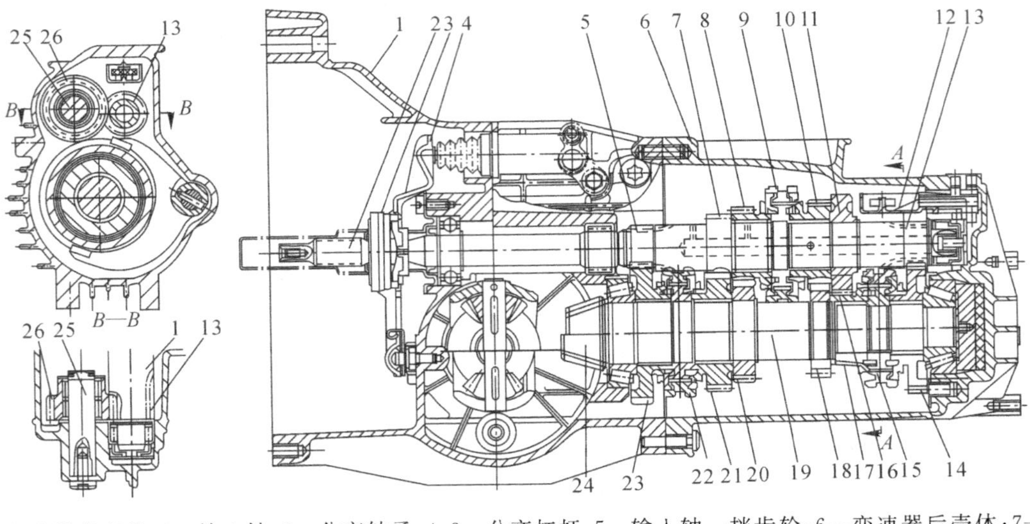

1—变速器前壳体;2—输入轴;3—分离轴承;4、9—分离杠杆;5—输入轴一挡齿轮;6—变速器后壳体;7—输入轴二挡齿轮;8—输入轴三挡齿轮;9、15、22—接合套;10—输入轴四挡齿轮;11—输入轴五挡齿轮;12—集油器;13—输入轴倒挡齿轮;14—输出轴倒挡齿轮;16—输出轴五挡齿轮;17—隔离套;18—输出轴四挡齿轮;19—输出轴;20—输出轴三挡齿轮;21—输出轴二挡齿轮;23—输出轴一挡齿轮;24—主减速器主动齿轮;25—倒挡中间轴;26—倒挡中间齿轮

图 1-35 奥迪 100 变速器

该型变速器壳体为铝合金材料，由前壳体和后壳体（变速器盖）两部分组成。

输入轴由球轴承和两个滚针轴承支承。一挡、二挡和倒挡主动齿轮直接在输入轴上加工而成；三、四挡主动齿轮分别用滚针轴承空套在输入轴上，而五挡主动齿轮压装在输入轴上，输入轴花键上套有三、四挡同步器的花键毂。输入轴的油封装在离合器分离轴承的定位套筒上。

输出轴与主减速器主动锥齿轮制成一体，两端用圆锥滚子轴承支承在壳体上，且在后端轴承处有控制轴承热膨胀的调节器。一、二、五、倒挡从动齿轮分别用滚针轴承空套在输出轴上，并分别装有承受轴向力的卡环。一、二挡和五、倒挡同步器花键毂分别用花键与输出轴相连，并用卡环轴向定位。集油器将飞溅的润滑油收集起来，并通过孔道流至输入轴和输出轴的轴承处，以保证其充分润滑。

该变速器的传动示意图如图1-36所示，其各挡传动情况如下：

（1）空挡　各挡同步器接合套处于中间位置，此时动力不会传给输出轴。

（2）一挡　将接合套22前移，动力由输入轴依次经齿轮5和23、同步器花键毂传给输出轴。

（3）二挡　将接合套22后移，动力由输入轴依次经齿轮7和21、同步器花键毂传给输出轴。

（4）三挡　将接合套9前移，动力由输入轴依次经同步器花键毂、齿轮8和20传给输出轴。

（5）四挡　将接合套9后移，动力由输入轴依次经同步器花键毂、齿轮10和18传给输出轴。

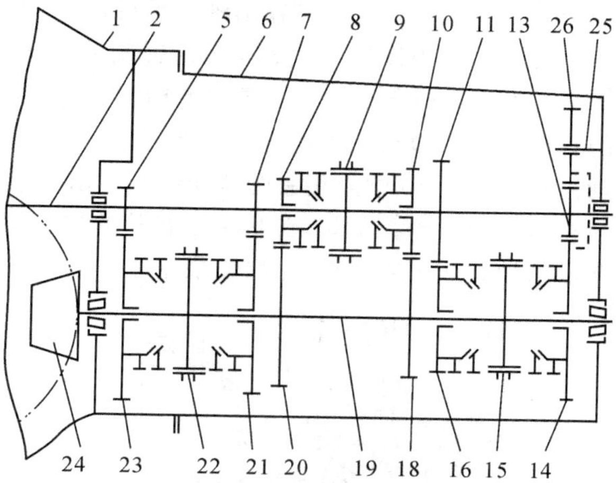

图1-36　奥迪100变速器传动示意图

（6）五挡　将接合套15前移，动力由输入轴依次经齿轮11和16、同步器花键毂传给输出轴。

（7）倒挡　将接合套15后移，动力由输入轴依次经倒挡齿轮13、倒挡中间齿轮26、输出轴倒挡齿轮14、同步器花键毂传给输出轴。

由上述分析可知，两轴式变速器挂前进挡时，从输入轴到输出轴只经过一对齿轮传动，而倒挡传动也只加一个中间齿轮，因此机械传动效率较三轴式高，噪声小。

上海桑塔纳轿车手动变速器与此类似，也是两轴式，主要有四挡（普通型）与五挡（2000型）两个系列，结构与传动原理与奥迪100型轿车变速器相似，此不再赘述。其传动示意图如图1-37所示。

3.2.2　发动机前置横向布置的二轴式变速器

与纵置式变速器相比，发动机前置横向布置的两轴式变速器输出轴与驱动桥轴线平行，故主减速器采用一对圆柱齿轮传动。横置式变速器受布置空间的限制，传递功率有限，只适合在中、低级轿车上使用，捷达、富康、夏利等轿车采用这种布置形式。

如图1-38所示捷达王轿车的两轴五挡变速器。它有五个前进挡和一个倒挡，全部采用

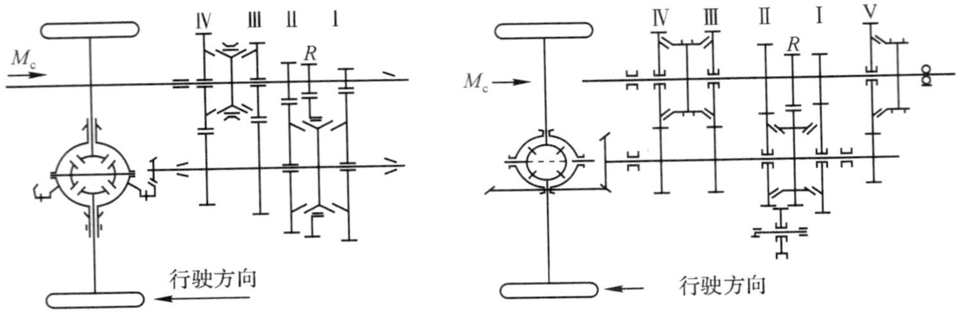

(a) 四挡变速器　　(b) 五挡变速器

图 1-37　桑塔纳轿车变速器传动示意图

同步器换挡。输入轴 5 与输出轴 3 平行，每挡齿轮均由一对常啮合齿轮组成。在输入轴上，一挡、倒挡、二挡齿轮 6、7、8 与输入轴制成一体，三挡、四挡、五挡齿轮 9、11、12 则是通过轴承活套在输入轴上的。在三挡、四挡齿轮之间和五挡齿轮之后，都有通过花键与输入轴固装的花键毂。在输出轴上，一挡、二挡齿轮 4、18 通过轴承活套在输出轴上，三挡、四挡、五挡从动齿轮 17、16、15 则采用紧配合花键与输出轴连成一体。在一挡、二挡齿轮之间有通过花键与输出轴固装的花键毂，在此花键毂外的接合套上制有倒挡从动齿轮。主减速器主动齿轮与输出轴做成一体，位于输出轴最左端。

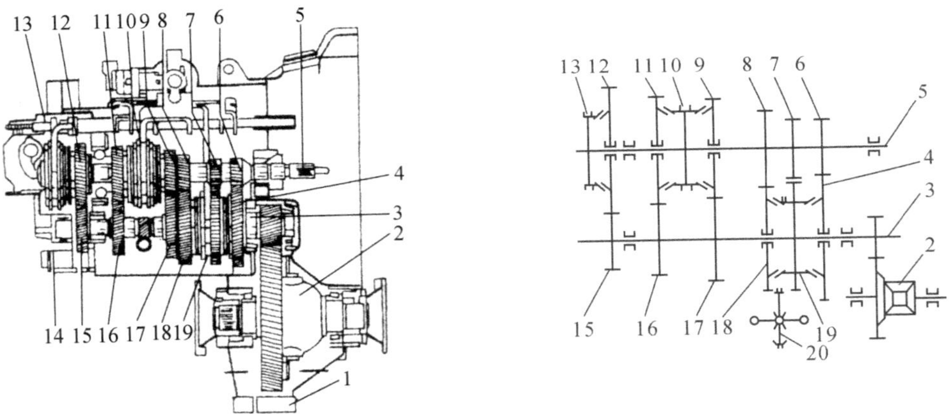

(a) 捷达王轿车五挡变速器　　(b) 传动示意图

1—离合器壳体；2—差速器；3—输出轴；4—一挡从动齿轮；5—输入轴；6—一挡主动齿轮；7—倒挡主动齿轮；8—二挡主动齿轮；9—三挡主动齿轮；10—三、四挡同步器；11—四挡主动齿轮；12—五挡主动齿轮；13—五挡同步器；14—变速器壳体盖；15—五挡从动齿轮；16—四挡从动齿轮；17—三挡从动齿轮；18—二挡从动齿轮；19—一、二挡同步器；20—倒挡轴倒挡齿轮

图 1-38　捷达王轿车五挡变速器及其传动示意图

该变速器的各挡传动情况如下：

(1)空挡　各挡同步器接合套处于中间位置，此时动力不会传给输出轴。

(2)一挡　将同步器 19 接合套右移，动力由输入轴依次经齿轮 6 和 4、同步器 19 花键毂传给输出轴。

(3)二挡　将同步器19接合套左移，动力由输入轴依次经齿轮8和18、同步器19花键毂传给输出轴。

(4)三挡　将同步器10接合套右移，动力由输入轴依次经同步器10花键毂、齿轮9和17传给输出轴。

(5)四挡　将同步器10接合套左移，动力由输入轴依次经同步器花键毂、齿轮11和16传给输出轴。

(6)五挡　将同步器13接合套右移，动力由输入轴依次经同步器13花键毂、齿轮12和15传给输出轴。

(7)倒挡　将倒挡轴上的倒挡齿轮20右移，动力由输入轴依次经倒挡齿轮7和20、同步器19接合套、花键毂传给输出轴。

3.3 同步器

3.3.1 无同步器的换挡过程

如图1-39所示为五挡变速器的四、五挡示意图(并假设在换挡机构中只有接合套而无锁环)。下面以此为例说明其换挡过程。

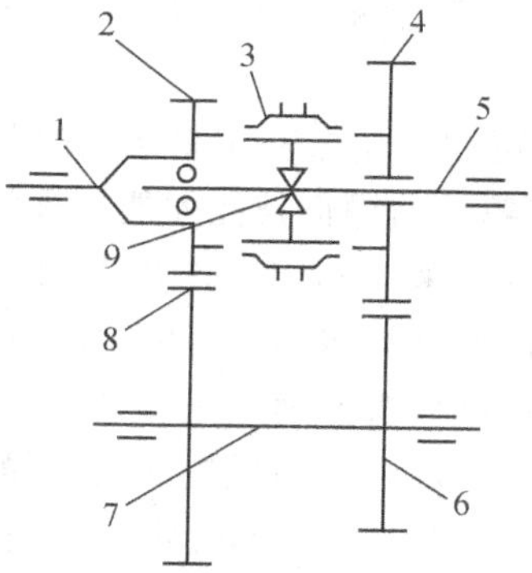

1—第一轴；2—第一轴常啮合齿轮；3—接合套；4—第二轴四挡齿轮；5—第二轴；6—中间轴四挡齿轮；7—中间轴；8—中间轴常啮合齿轮；9—花键毂

图1-39　五挡变速器的四、五挡示意图

(1)低挡换高挡(四挡换五挡)

如图1-40(a)所示。变速器在四挡工作时，接合套3与齿轮4上的接合齿圈接合中，两者接合齿圆周速度相等，即$v_3=v_4$。欲换入五挡时，驾驶员先踩下离合器踏板，使离合器分离，再通过变速器操纵机构将接合套左移，使接合套3与齿轮4齿圈脱离接合，变速器处于空挡位置。因四挡齿轮4的转速低于齿轮2的转速，圆周速度$v_4<v_2$。所以在换入空挡瞬间，$v_3<v_2$，为避免齿轮的冲击，不应立即换入五挡，应先在空挡停留片刻。在空挡位置时，变速器输入端各零件已与发动机中断了动力传递，且转动惯量较小，再加上中间轴齿轮有搅油阻力，所以v_2下降较快。而整个汽车的转动惯量大，导致接合套3(与第二轴转速相同)的圆周速度v_3下降慢，因图1-40(a)中两直线v_3、v_2的斜率不同而相交于同步点($v_3=v_2$)。此时将接合套左移与齿轮2上的齿圈相啮合，即挂入五挡，不会产生冲击。但自然减速出现同步的时刻太慢，应在摘下四挡后立即抬起油门踏板，利用发动机怠速工况迫使第一轴更快地

减速，使 v_2 下降较快（如图中虚线所示），同步点出现快，可缩短换挡时间。

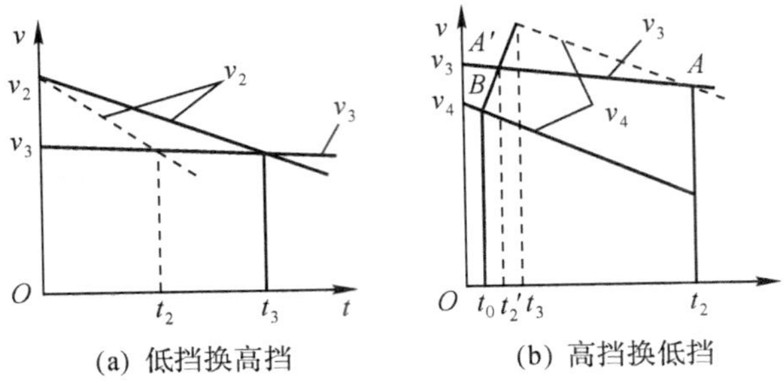

图 1-40　无同步器的换挡过程

（2）高挡换低挡（五挡换四挡）

如图 1-40(b)所示。变速器在五挡工作时及由五挡换入空挡的瞬间，接合套 3 与齿轮 2 接合齿圈的圆周速度相同，即 $v_3=v_2$。因 $v_2>v_4$，$v_3>v_4$。但在空挡时 v_4 下降比 v_3 快，即 v_4 与 v_3 不会出现相交点，不可能达到同步状态。所以驾驶员应在变速器退回空挡后，立即抬起离合器踏板，踩下加速踏板，使发动机同离合器从动盘和第一轴都从 B 点开始升速，让 $v_4>v_3$，如图中虚线所示，再踩下离合器踏板稍等片刻，待 $v_3=v_4$，即达到同步点 A 即可换入四挡。

图中还有一次同步时刻 A'，可利用此点来缩短换挡时间。但由于此点是踩加速踏板过程中出现的，因此，驾驶员需要有熟练的操作技能才能把握好时机。

上述相邻挡位相互转换时，应该采取不同操作步骤的道理同样适用于移动齿轮换挡的情况，只是前者的待接合齿圈与接合套的转动角速度要求一致，而后者的待接合齿轮啮合点的线速度要求一致，但所依据的速度分析原理是一样的。

以上变速器的换挡操作，尤其是从高挡向低挡的换挡操作比较复杂，不仅很容易产生轮齿或花键齿间的冲击，降低齿轮的使用寿命，而且易使驾驶员产生疲劳。为了简化操作，保证换挡迅速、平顺，目前汽车变速器在换挡装置中基本上都设置有同步器。

3.3.2　同步器的构造与工作原理

同步器的功用是使接合套与待接合的齿圈两者之间迅速达到同步，并阻止两者在同步前进入啮合；消除换挡时的冲击，缩短换挡时间；简化换挡过程，使换挡操作简便。

同步器有多种结构形式，但都由同步装置（包括推动件和摩擦件）、锁止装置和接合装置三部分组成。目前所用的同步器几乎都采用依靠摩擦作用实现同步的惯性式同步装置。根据锁止装置的不同，可分为锁环式惯性同步器和锁销式惯性同步器两种。

（1）锁环式惯性同步器

①构造

锁环式惯性同步器的结构如图 1-41 所示。花键毂 7 与第二轴用花键连接，并用垫圈和卡环作轴向定位。在花键毂两端与齿轮 1 和 4 之间，各有一个青铜制成的锁环（也称同步环）9 和 5。锁环上有短花键齿圈，花键齿的断面轮廓尺寸与齿轮 1 和 4 及花键毂 7 上的外花键齿均相同。在两个锁环上，花键齿对着接合套 8 的一端都有倒角（称锁止角），且与接合套齿端的倒角相同。

锁环具有与齿轮 1 和 4 上的摩擦面锥度相同的内锥面，内锥面上制出细牙的螺旋槽，以便两锥面接触后破坏油膜，增加锥面间的摩擦。三个滑块2分别嵌合在花键毂的三个轴向槽11内，并可沿槽轴向滑动。在两个弹簧圈6的作用下，滑块压向接合套，使滑块中部的凸起部分正好嵌在接合套中部的凹槽10中，起到空挡定位作用。滑块2的两端伸入锁环9和5的三个缺口12中，但滑块的宽度较缺口的宽度小，两者之差等于锁环的花键齿宽。只有当滑块位于缺口12的中央时，接合套与锁环的齿才可能接合。

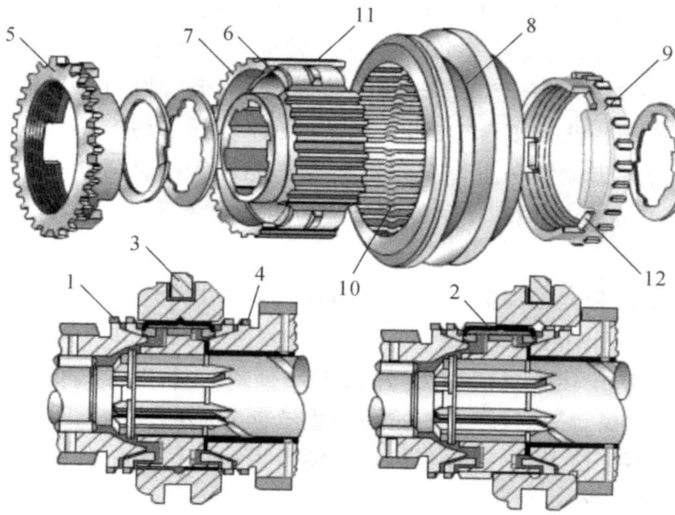

1—第一轴齿轮；2—滑块；3—拨叉；4—第二轴齿轮；5、9—锁环；6—弹簧圈；7—花键毂；8—接合套；10—环槽；11—3个轴向槽；12—缺口

图1-41 锁环式惯性同步器

②工作原理

以二挡换三挡为例，如图1-42所示。

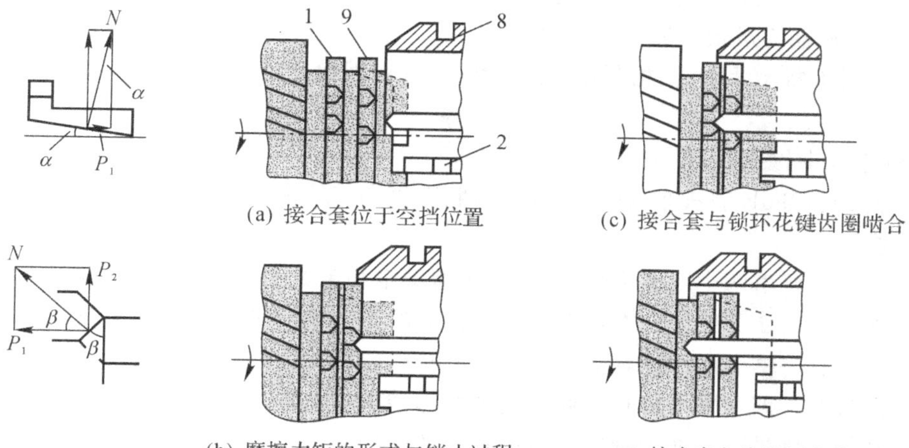

(a) 接合套位于空挡位置

(c) 接合套与锁环花键齿圈啮合

(b) 摩擦力矩的形式与锁止过程

(d) 接合套与齿轮同步啮合

图1-42 锁环式惯性同步器工作过程示意图

a. 空挡位置

当接合套8刚从二挡退到空挡时，如图1-42(a)所示，待啮合齿轮1和接合套8、锁环9

都在其自身及所连接的一系列运动件的惯性作用下，继续沿原方向（如图中箭头所示）旋转。设它们的转速分别为 n_1、n_8 和 n_9。因接合套通过滑块推动锁环一起旋转，所以 $n_8=n_9$，因为 $n_1>n_8$，即 $n_1>n_9$。此时锁环 9 的轴向是自由的，故其内锥面与待啮合轮 1 的外锥面不接触。

b. 挂挡

欲挂入三挡时，驾驶员通过变速杆拨叉推动接合套 8 连同滑块 2 一起向左移动，如图 1-42(b)所示。滑块 2 又推动锁环 9 移向齿轮 1，使其锥面接触。由于接合齿圈 1 与锁环 9 转速不相等，即 $n_1>n_9$，所以两者一经接触便在其锥面之间产生摩擦力矩 M_1。通过摩擦作用，齿轮 1 带动锁环相对于接合套超前转过一个角度，直至滑块与锁环缺口侧壁接触时，锁环便和接合套同步转动。此时接合套的齿与锁环的齿错开了约半个齿厚，从而使接合套的齿端倒角与锁环相应的齿端倒角正好互相抵触而不能进入啮合。显然，若要使接合套的齿圈与锁环的齿圈接合，必须使锁环相对于接合套后退一个角度。

c. 锁止

由驾驶员始终给接合套施加的一个轴向力使接合套齿端倒角压紧锁环齿端倒角，于是在锁环的锁止角斜面上作用有法向力 N。力 N 可分解为轴向力和切向力。切向力所形成的力矩力图使锁环相对于接合套向后退转，此力矩称为拨环力矩。同步器的结构参数可以保证在同步前（存在摩擦力矩）拨环力矩始终小于摩擦力矩，所以，在同步之前无论驾驶员施加多大的操纵力，都不会挂上挡（接合套齿端与锁环齿端总是相互抵触而不能啮合），即产生锁止作用，如图 1-42(c)所示。

d. 同步啮合

只要驾驶员继续施力于接合套上，摩擦作用就迅速使待啮合齿轮 1 转速降到与锁环 9 的转速相同，而后两者保持同步旋转，于是惯性力矩消失。此时，两个摩擦锥面还是紧密接合着。在拨环力矩的作用下，锁环 9、齿轮 1 及与之相联的所有零件一起相对于接合套向后退转一个角度，使锁环缺口又移到滑块位于缺口中央处，两个花键齿圈不再抵触，锁环的锁止作用即行消失。此时接合套压下滑块 2 继续左移，与锁环的花键齿圈进入啮合（如图 1-42(d)所示），变速器完成换入四挡的全过程。

锁环式同步器尺寸小，结构紧凑、摩擦力矩也小，因而广泛应用于轿车和轻型货车的变速器中。

(2)锁销式惯性同步器

以东风 EQ1090E 型汽车变速器中的四挡、五挡同步器为例进行说明，如图 1-43 所示。

①构造

该同步器主要由两个摩擦锥环、三个均布的锁销和定位销、接合套及花键毂等组成。两个有内锥面的锥盘 2 分别固定在带有外花键齿圈的第一轴齿轮 1 和四挡齿轮 6 上。与之相对应的是两个有外锥面的摩擦环 3。其上有均布的三个锁销 8、三个定位销 4 与接合套 5 装在一起。定位销 4 两端伸入锥环内侧面的弧线形浅坑中，弧形坑使得锥环 3 能相对定位销 4 作小幅的转动。锁销 8 的两端固定在摩擦环 3 的孔中。锁销 8 的中部与接合套 5 凸缘相对处比较细，在其直径变化处和接合套 5 上相应的销孔两端有角度相同的倒角——锁止角。只有在锁销与接合套孔对中时，接合套方能沿锁销轴向移动。在接合套上定位销孔中部钻有斜孔，内装弹簧 11，把钢球 10 顶向定位销中部的环槽（见 $A-A$ 剖面图），以保证同步器处于正确的空挡位置。

②工作原理

锁销式惯性同步器工作原理与锁环式惯性同步器类似。当接合套受到换挡拨叉轴向推力作用，通过钢球10、定位销4推动摩擦锥环3向左移动，使之与左侧摩擦锥盘2相接触。由于摩擦锥面间的摩擦力矩作用，使锥环3连同锁销8一起相对于接合套5转过一个角度，锁销与接合套上相应孔的中心线相对偏移，锁销中部倒角与接合套孔端的锥面相抵触。在同步前，作用在摩擦面的摩擦力矩总大于拨销力矩，因而阻止接合套与齿圈在同步之前进入啮合，即产生锁止作用。同步后摩擦力矩消失，拨销力矩使锁销、摩擦锥盘和相应的齿轮相对于接合套转过一个角度，锁销与接合套的相应孔对中，接合套克服弹簧11的张力压下钢球10并沿锁销向左移动，从而完成换挡。

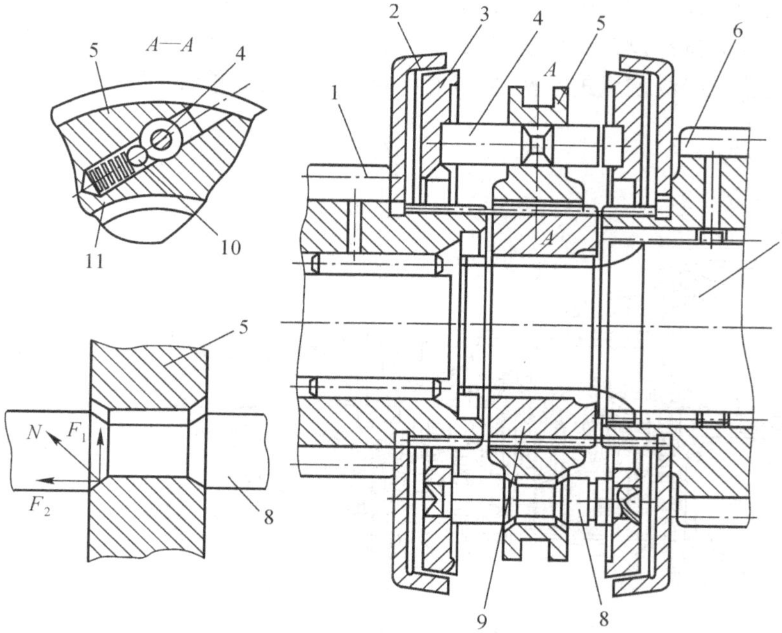

1—第一轴齿轮；2—摩擦锥盘；3—摩擦锥环；4—定位销；5—接合套；6—第二轴四挡齿轮；7—第二轴；8—锁销；9—花键毂；10—钢球；11—弹簧

图1-43　锁销式惯性同步器

锁销式惯性同步器由于其摩擦锥面的摩擦半径大，摩擦力矩也就大，因而同步容量大，在大、中型货车变速器中应用广泛。

4　变速器的操纵机构

4.1　功用、要求与类型

4.1.1　变速器操纵机构的功用

变速器操纵机构的功用是保证驾驶员根据使用条件，准确可靠地将变速器换入所需要的挡位。

4.1.2　对变速器操纵机构的要求

为了保证变速器可靠工作，变速器操纵机构应能满足以下要求：

(1)挂挡后应保证结合套与结合齿圈的全部套合(或滑动齿轮换挡时,全齿长都进入啮合)。在振动等条件影响下,操纵机构应保证变速器不自行挂挡或自行脱挡。为此在操纵机构中设有自锁装置。

(2)为了防止同时挂上两个挡而使变速器卡死或损坏,在操纵机构中设有互锁装置。

(3)为了防止在汽车前进时误挂倒挡,导致零件损坏,在操纵机构中设有倒挡锁装置。

4.1.3 变速器操纵机构的类型

根据变速操纵杆(变速杆)与变速器的相互位置不同,可分为直接操纵式和远距离操纵式两种类型。

(1)直接操纵式

直接操纵式通常用于发动机前置、后轮驱动的汽车变速器,因距离驾驶员座位较近,变速杆及所有换挡操纵装置都设置在变速器盖上,如图 1-44 所示。驾驶员可直接操纵变速杆来拨动变速器盖内的换挡操纵装置进行换挡,具有换挡装置结构简单、换挡快、换挡平稳等优点。

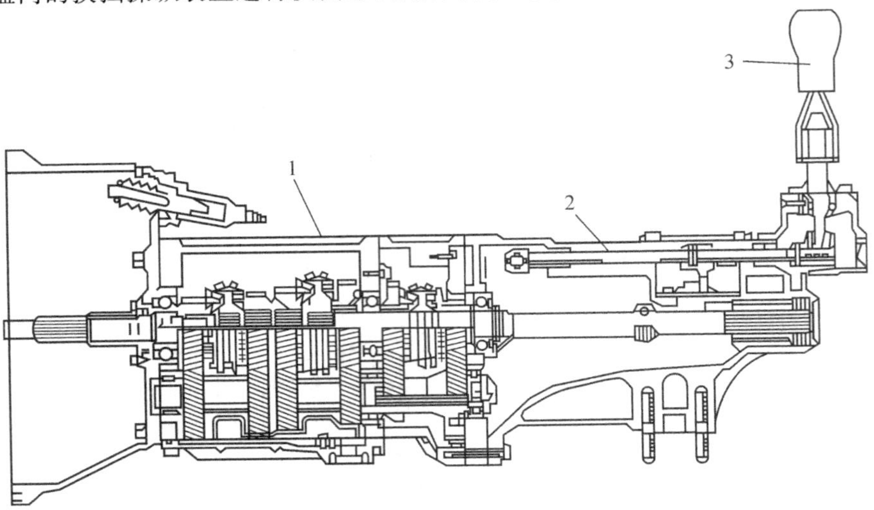

1—变速器壳体;2—变速连动杆;3—变速杆

图 1-44 直接操纵式的操纵机构

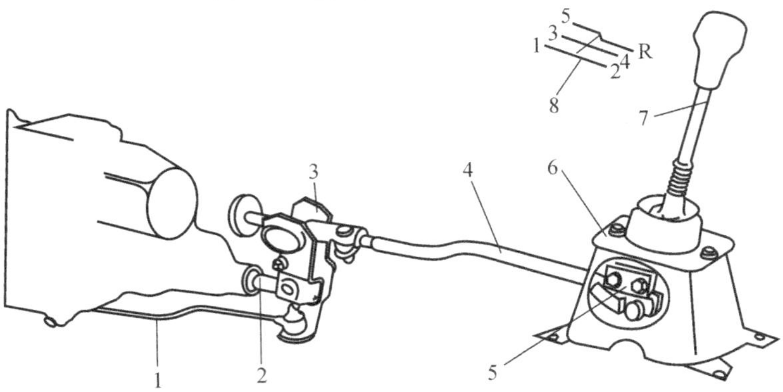

1—支撑杆;2—内换挡杆;3—换挡杆接合器;4—外换挡杆;5—倒挡保险挡块;6—换挡手柄座;7—操纵杆;8—换挡标记

图 1-45 桑塔纳 2000 型轿车五挡变速器远距离操纵机构

(2)远距离操纵式

对于平头汽车及发动机后置的汽车，由于汽车总体布置的需要，变速器的安装位置与驾驶员座位较远，因而需要在变速杆与拨叉之间加装一些辅助杠杆或一套传动机构，构成远距离操纵，具有变速杆占据的驾驶室空间小、驾驶室乘坐方便等优点，但其换挡操作的准确性和可靠性稍差。如图1-45所示。

4.2 变速器操纵机构的构造与工作原理

变速器的操纵机构通常由换挡拨叉机构和换挡锁止装置两部分组成。

4.2.1 换挡拨叉机构

换挡拨叉机构主要由变速杆、叉形拨杆、换挡轴、各挡拨块、拨叉轴及拨叉等组成。各种变速器由于挡位及其排列位置不同，故而其拨叉和拨叉轴的数量及排列位置也不相同。图1-46所示的6挡变速器的6个前进挡用了3根拨叉轴，倒挡独立用了一根拨叉轴，共4根拨叉轴；而一般5挡变速器通常用3根拨叉轴，二、三挡与四、五挡各用一根拨叉轴，倒挡和一挡共用一根拨叉轴。

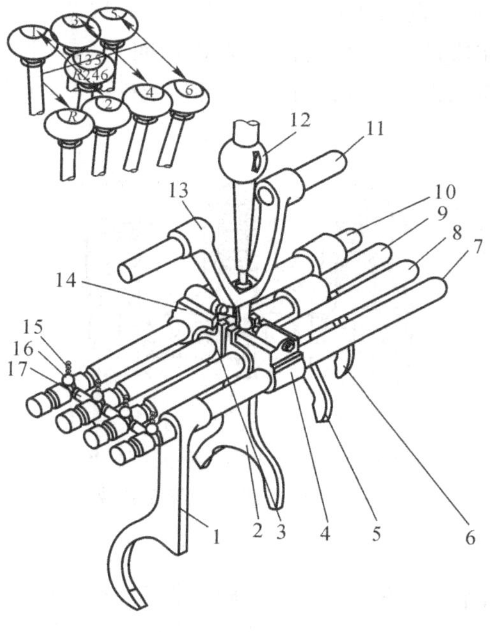

1—五、六挡拨叉；2—三、四挡拨叉；3—一、二挡拨块；4—五、六挡拨块；5—一、二挡拨叉；6—倒挡拨叉；7—五、六挡拨叉轴；8—三、四挡拨叉轴；9—一、二挡拨叉轴；10—倒挡拨叉轴；11—换挡轴；12—变速杆；13—叉形拨杆；14—倒挡拨块；15—自锁弹簧；16—自锁钢球；17—互锁柱销

图1-46 6挡变速器操纵机构图

图1-46所示为解放CA1091型汽车变速器换挡拨叉机构。拨叉轴7、8、9、10的两端均支承于变速器盖的相应孔中，并可轴向移动。而所有拨叉和拨块均固定于相应拨叉轴上。三、四挡拨叉2的上端具有拨块。拨叉2和拨块3、4、14的顶部制有凹槽。变速器处于空挡时，各凹槽在横向平面内对齐，叉形拨杆13下端的球头则伸入到这些凹槽中。选挡时，驾驶员首先操纵变速杆，使其绕中部球形支点横向摆动，则其下端推动叉形拨杆绕换挡轴11的

轴线转动，使叉形拨杆下端对准所选挡位的拨块凹槽，然后操纵变速杆纵向摆动，带动拨叉轴及拨叉向前或向后移动，即可实现换挡。

4.2.2 换挡锁止装置

为保证变速器在任何情况下都能准确、可靠地工作，变速器操纵机构一般都具有换挡锁止装置，包括自锁装置、互锁装置和倒挡锁装置。

(1)自锁装置

自锁装置对各挡拨叉轴进行轴向定位锁止，用于防止变速器自动脱挡或挂挡，并保证相互啮合的轮齿以全齿宽啮合。大多数变速器的自锁装置都采用定位钢球对拨叉轴进行轴向定位进行锁止。如图 1-47 所示的自锁装置是在变速器盖中钻有三个深孔，孔中装入自锁弹簧与自锁钢球，其位置正处于拨叉轴的正上方，每根拨叉轴对着钢球和表面沿轴向设有三个凹槽，槽深小于钢球半径。中间的凹槽对正钢球时为空挡位置，前面或后面凹槽对正钢球时则处于某一工作挡位置，相邻凹槽之间的距离保证齿轮处于全齿长啮合或是完全退出啮合。凹槽对正钢球时，钢球便在自锁弹簧的压力作用下嵌入该凹槽内，拨叉轴的轴向位置便被固定，不能自行挂挡或脱挡。当需要换挡时，驾驶员通过变速杆给拨叉施加一定的轴向力，克服自锁弹簧的压力而将钢球从拨叉轴凹槽中挤出并推回到孔中，拨叉轴便可滑过钢球进行轴向移动，并带动拨叉及相应的接合套或滑动齿轮轴向移动。当拨叉轴移至其另一凹槽与钢球相对正时，钢球又被压入凹槽。此时拨叉所带动的接合套或滑动齿轮便被拨入空挡或另一工作挡位。

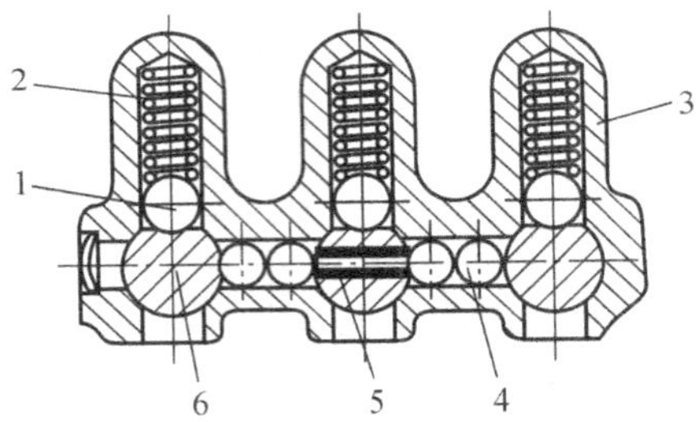

1—自锁钢球；2—自锁弹簧；3—变速器盖；4—互锁钢球；5—互锁销；6—拨叉轴

图 1-47 变速器自锁与互锁装置

(2)互锁装置

互锁装置用于阻止两个拨叉轴同时移动，即当拨动一根拨叉轴轴向移动时，其他拨叉轴都被锁止，从而防止同时挂上两个挡位。常用的互锁装置的结构型式有锁球(销)式和转动钳口式两种。

①锁球(销)式互锁装置

如图 1-48 所示，互锁装置由互锁钢球(销)与互锁顶销组成。在变速器盖前端三根拨叉轴之间的孔道中装有两个互锁钢球(一个互锁销)，每根拨叉轴朝向互锁钢球的一侧面上都制有一个深度相等的凹槽。任一个拨叉轴处于空挡位置时，其侧面凹槽正好对准互锁钢球(互锁销)。两个钢球的直径之和(互锁销的长度)等于相邻两拨叉轴圆柱表面之间的距离加上一个凹槽的深度。中间拨叉轴上的两个凹槽之间有通孔，孔中有一根能横向移动的顶销。顶销的长度等于拨叉轴的直径减去一个凹槽的深度。

当变速器处于空挡时，所有拨叉轴的侧面凹槽同互锁钢球、互锁顶销都在一条直线上。

当移动中间换挡拨叉轴 3 挂挡时，轴 3 两侧的钢球从其凹槽中被挤出，而两侧钢球则分别嵌入其他拨叉轴(轴 1、5)的侧面凹槽中，因而将其他轴(轴 1 和 5)锁止在空挡位置，不能进行轴向移动。如果需挂其他挡位，即需拨动另一拨叉轴时，则必须先将前一轴退回空挡位置。

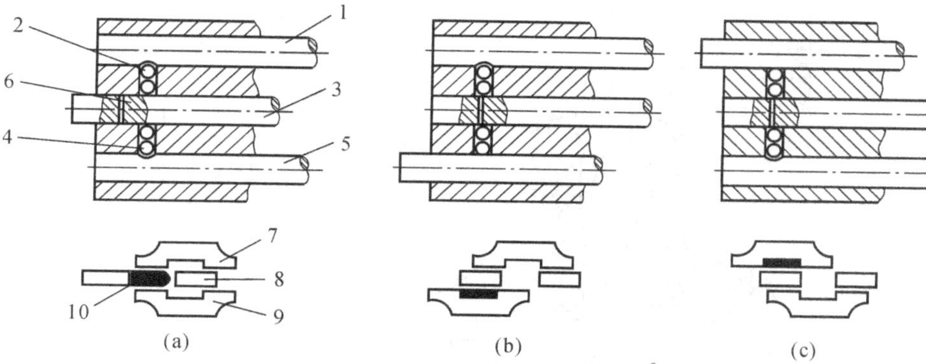

1、3、5—拨叉轴；2、4—互锁钢球；6—互锁销；7、8、9—拨叉；10—变速杆下端球头

图 1-48　互锁装置工作示意图

有的三挡变速器中，自锁和互锁装置合二为一，如图 1-49 所示为北京 BJ2020 型汽车变速器位于空挡时的自锁与互锁装置。两根空心锁销内装有自锁弹簧，由于 $a=b$，所以不可能同时拨动两根拨叉轴，且自锁弹簧的预压力和锁销对拨叉轴起到自锁作用。

②转动钳口式互锁装置

如图 1-50 所示。变速器下端球头置于钳口中，钳形板可绕 A 轴摆动。换挡时，变速杆先拨动钳形板处于某一拨叉轴的拨叉凹槽中，然后换入需要的挡位。此时其余两个拨叉凹槽被钳形板挡住，将这两个换挡轴锁止在空挡位置，从而起到互锁作用。

(3)倒挡锁装置

倒挡锁的功用是防止汽车在前进中误挂倒挡而造成极大的冲击而使零件损坏，并防止汽车在起步时误挂倒挡而造成安全事故。因此，需挂倒挡时，驾驶员必须对变速杆施加较大的力，才能挂入倒挡，起到提醒的作用，防止误挂倒挡，提高安全性。

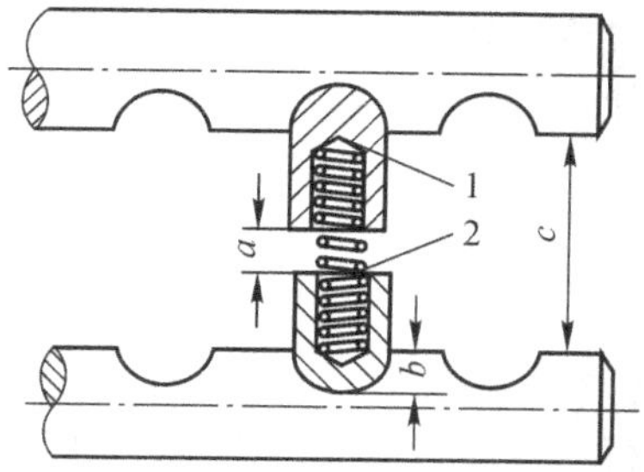

1—锁销；2—锁止弹簧

图 1-49　合二为一的自锁与互锁装置

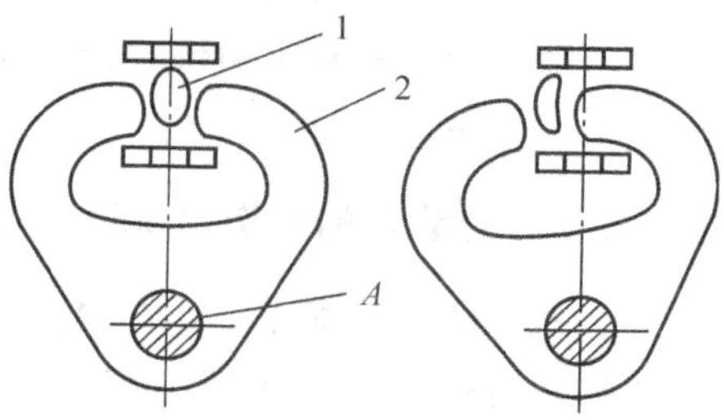

1—变速杆；2—钳形板

图 1-50　转动钳口式互锁装置

倒挡锁也有多种类型，多数汽车都采用结构简单的弹簧锁销式倒挡锁。如图 1-51 所示。它一般由倒挡锁销 1、倒挡锁弹簧 2 组成，并安装于一挡、倒挡拨块相应的孔中。锁销内端与拨块的侧面平齐，锁销可以在变速杆下端球头推压下，克服倒挡锁弹簧压力而轴向移

动。因此，驾驶员必须用较大的力才能完成挂入倒挡(或一挡)。

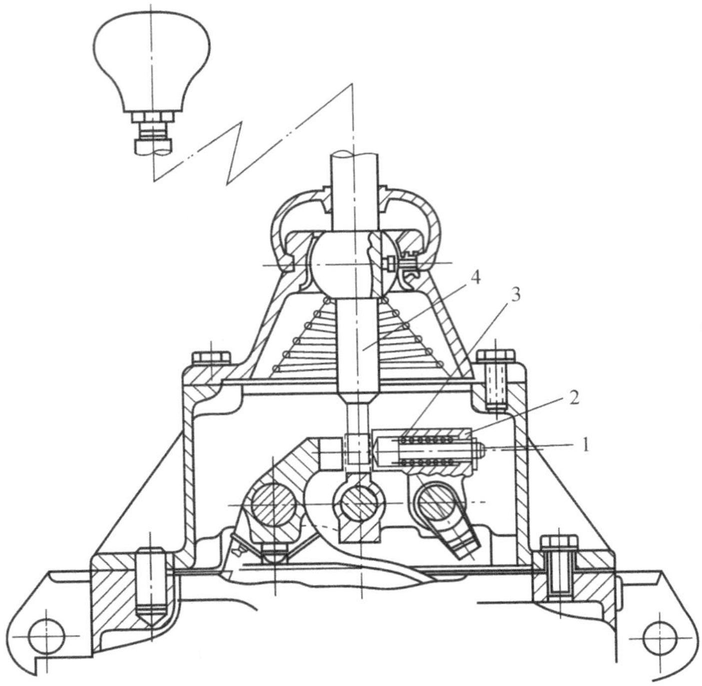

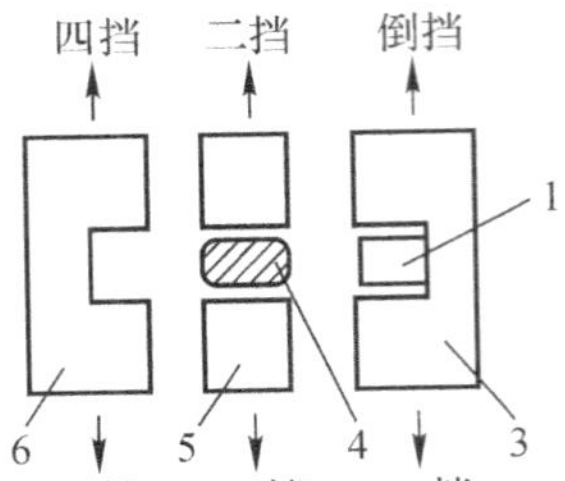

换挡拨块工作位置图

1—倒挡锁销；2—倒挡锁弹簧；3—一挡、倒挡拨块；4—变速杆；5—二挡、三挡拨块；6—四挡、五挡拨块

图 1-51　变速器倒挡锁装置

5　分动器

5.1　分动器的功用

越野车经常需要在坏路和无路的情况下行驶，尤其是军用汽车的行驶条件更为恶劣，这就要求增加汽车驱动轮的数目。因此，越野汽车装有分动器。分动器的功用就是将变速器输出的动力分配到各驱动桥；同时，大多数分动器都有两个挡位，兼起副变速器的作用，以进一步增大扭矩。

5.2　分动器的构造与原理

分动器单独固定在车架上，其输入轴与变速器的输出轴直接或用万向传动装置连接，分动器的输出轴有若干根，分别经万向传动装置与各驱动桥相连。大多数分动器由于要起到降速增矩的作用而比变速箱的负荷大，所以分动器中的常啮齿轮均为斜齿轮，轴承也采用圆锥滚子轴承支承。

分动器与变速器一样，也由齿轮传动机构和操纵机构两部分组成。

(1)齿轮传动机构

①3 个输出轴式分动器

如图 1-52 所示为东风 EQ2080 型 3 个输出轴式两挡分动器，其结构示意图如图 1-53 所示。输入轴1的前、后端通过锥轴承分别支撑在壳体和与轴8制成一体的齿轮6的中心孔内。齿轮5与轴1制成一体。齿轮9、15之间装有接合套4,用以控制分动器高、低挡的变换;前桥输出轴17的后端装有接合套16,用以控制前桥的接合与摘除。为了调整轴承预紧度,在轴8的两锥轴承之间(除装有里程表驱动齿轮和隔圈外)装有调整垫片;轴1前端、轴11两端、轴12后端和轴17前端的轴承盖处均装有垫片,用以密封,亦可调整轴承预紧度。另外,轴11和12两端轴承盖处的垫片可调整轴及齿轮的轴向位置,保证常啮合齿轮能全齿长啮合。

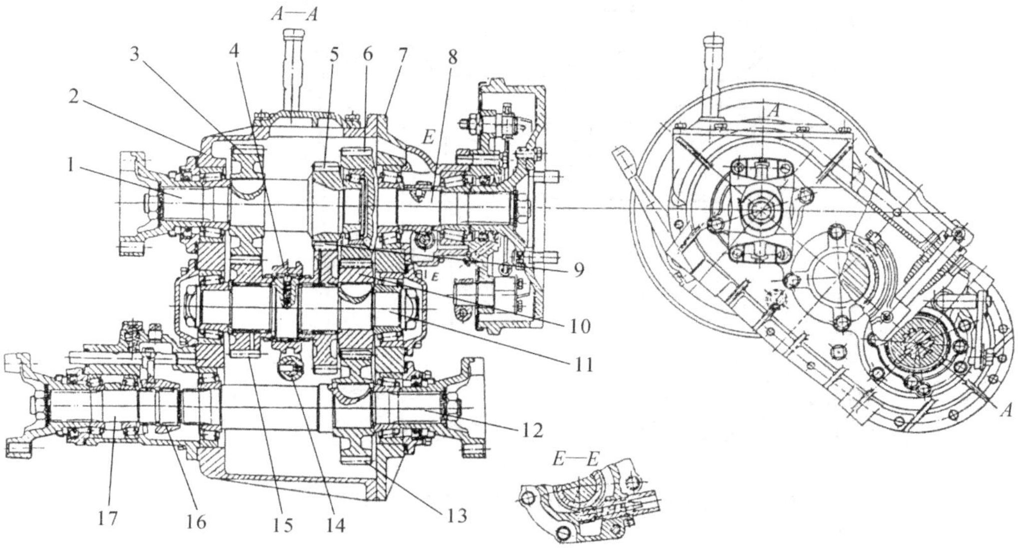

1—输入轴;2—分动器壳;3、5、6、9、10、13、15—齿轮;4—换挡接合套;7—分动器盖;8—后桥输出轴;11—中间轴;12—中桥输出轴;14—换挡拨叉轴;16—前桥接合套;17—前桥输出轴

图1-52　3个输出轴式分动器

图1-53所示为分动器的空挡位置。当接合套4左移与齿轮15的齿圈接合时为高速挡。动力经输出轴1、齿轮3和15和中间轴11传到齿轮10,再分别经齿轮6和13传到输出轴8(后桥)和12(中桥)。因齿轮6和13的齿数相等,所以轴8和12的转速相等。当要挂入低速挡时,须先将接合套16右移,轴17和12相连接,使前桥参与驱动后,再将接合套4右移与齿轮9的齿圈接合,动力由输入轴1经齿轮5和9、中间轴11、齿轮10,再分别传到输出轴8、12和17(前桥),并使三轴以相同的转速输出。

②2个输出轴式分动器

2个输出轴式分动器用于轻型越野汽车,即前、后桥都为驱动桥。齿轮传动机构常采用普通齿轮式和行星齿轮式两种。普通齿轮式的构造及工作原理与前述3个输出轴式分动器相似,现只介绍行星齿轮式分动器。

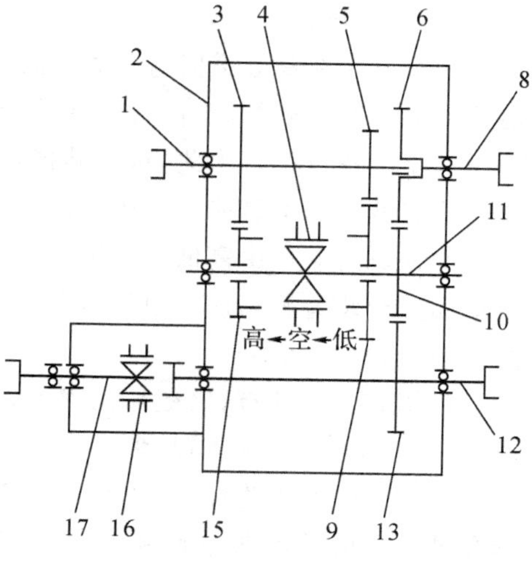

图1-53　3个输出轴式分动器的结构简图

图 1-54 所示为典型两轴式分动器的结构示意图。它由齿圈 4(固定在壳体 2 上)、行星齿轮 3(通常为 3～4 个)及行星架 5、太阳轮 6 组成行星齿轮机构。换挡齿毂 7 左移与太阳轮 6 的内齿接合为高速挡(传动比为 1)。动力由输入轴经太阳轮 6、齿毂 7 传到后桥输出轴 10。此时行星轮 3 及行星架 5 空转(不传力)。上述过程称为两轮驱动高挡(2H)。将接合套 8 与齿轮 9 接合,此分动器亦可实现四轮驱动高挡(4H)。

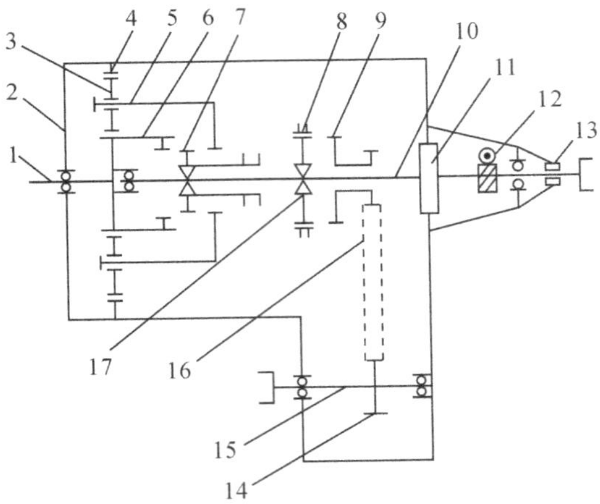

1—输入轴;2—分动器壳;3—行星轮;4—齿圈;5—行星架;6—太阳轮;7—换挡齿毂;8—接合套;9、14—齿轮;10—后桥输出轴;11—转子式机油泵;12—里程表驱动齿轮;13—油封;15—前桥输出轴;16—锯齿式链条;17—花键毂

图 1-54 典型两轴式分动器的结构示意图

当接合套 8 右移与齿轮 9 接合,齿毂 7 与行星架 5 接合。分动器处于四轮驱动低挡(4L)。此时动力由输入轴 1 经太阳轮 6、行星轮 3、行星架 5、换挡齿毂 7、输出轴 10(后桥)、后桥花键毂 17、接合套 8、齿轮 9、链条 16、齿轮 14 传到输出轴 15(前桥)。

另外,分动器的行星齿轮机构及后桥输出轴 10 所有零件采用压力润滑,油泵 11 的结构、工作原理与发动机润滑系的转子式机油泵相似。

(2)操纵机构

越野汽车在良好道路行驶时,为减小功率消耗及传动系机件和轮胎磨损,一般要切断通前桥动力。在越野行驶时,若需低速挡动力,则为了防止后桥和中桥超载,应使低速挡动力由所有驱动桥分担。为此,对分动器操纵机构有如下要求:非先接上前桥不得挂上低速挡,非先退出低速挡不得摘下前桥。同时,应能防止自动换挡与脱挡,故须有自锁装置。

操纵机构主要由高低挡操纵杆、前桥摘接操纵杆、拨叉、拨叉轴和一系列传动杆件以及自锁和互锁装置等组成。自锁装置的结构、工作原理与变速器自锁装置相同。在此重点介绍互锁装置。

互锁装置通常有钉(板)式、球销式和摆板滑槽凸面式。

①钉(板)式互锁装置:多用于两拨叉轴距离较远的操纵机构,如图 1-55 所示。两个支承臂固定在变速器壳体上,轴与前桥操纵杆固定在一起可在支承臂上转动。换挡操纵杆松套在轴上。前桥操纵杆下端有互锁螺钉,其头部顶靠在换挡操纵杆的下部,与换挡操纵杆互相锁止。只有当前桥操纵杆向前移动接上前桥后,换挡操纵杆才能换低挡。同理,先退出低

挡，才能摘下前桥驱动，以保证避免中、后桥超载。

②球销式互锁装置：球销式互锁装置多用在两拨叉轴距离较近的情况，如图 1-56 所示。两拨叉轴之间装有互锁销，与轴上的凹槽对准（即接上前桥驱动）时，轴才能向左移动换入低挡。同理，只能先退出低挡才能摘下前桥驱动。

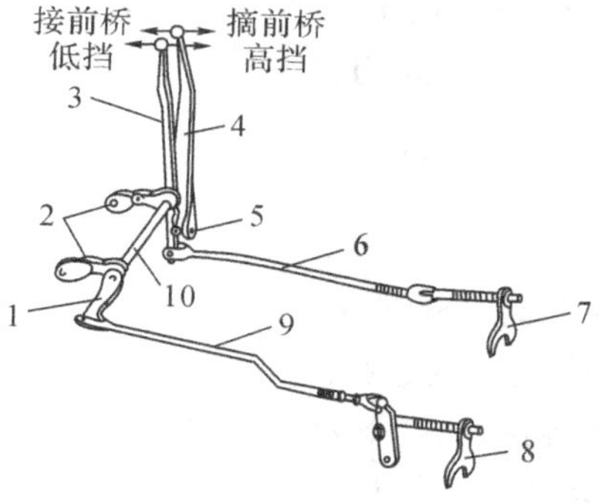

1—摇臂；2—支承臂；3—换挡操纵杆；4—前桥操纵杆；5—螺钉；6、9—传动杆；7—换挡拨叉；8—前桥接合套拨叉；10—轴

图 1-55　螺钉式互锁装置

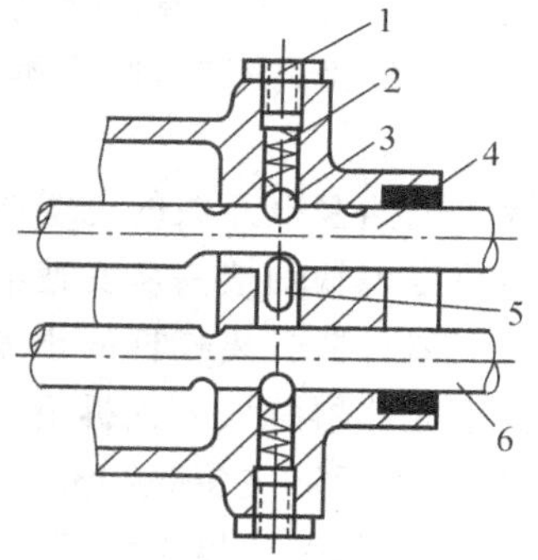

1—螺塞；2—弹簧；3—自锁钢球；4—高、低挡高速叉轴；5—互锁销；6—前桥接合叉轴

图 1-56　球销式互锁装置

③摆板滑槽凸面式互锁装置：如图 1-57 所示。摆板绕转轴的中心线转动，转轴与操纵杆（只有一根）相连；滑槽驱动高低挡拨叉，凸面驱动接、摘前桥驱动拨叉，两拨叉在同一根轴上前后移动，其中拨叉被一弹簧压靠在凸面上。各挡位两拨叉的相对位置已在图中表明，两运动关系是相互对应的，由摆板兼起互锁作用。

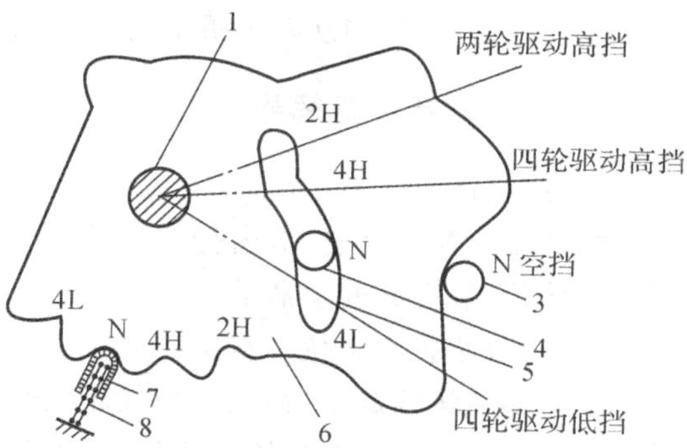

1—轴轴；2—凸面；3—接、摘前桥驱动拨叉；4—高、低挡拨叉；5—四轮驱动低挡；6—摆板；7—自锁销；8—自锁弹簧

图 1-57　摆板滑槽凸面式互锁

总之，接上前桥驱动时，前、中、后桥的车轮同步转动。若前后轮胎磨损不同、气压不等或路面情况不同，则易产生滑转或滑移。故在好路上使用高速挡行驶时，应不接前桥，以免增加功率消耗、轮胎和传动系零件的磨损；在路况较差的条件下行驶时，为使汽车具备足够的牵引力，应接上前桥驱动行驶。

任务 2　变速器的拆装与调整

1　变速器的拆装

1.1　变速器的拆装

以解放 CA1091 型六挡变速器为例。

(1)从车上拆下变速器

①将变速器外壳擦洗干净,拧出放油螺塞,放净变速器内的齿轮油,然后将放油螺塞拧好。

②拆下传动轴。拆卸前应在传动轴凸缘和变速器第二轴凸缘上刻一装配标记,然后拧下 4 只螺栓,取下弹簧垫圈,并向后推压传动轴,使凸缘叉从第二轴凸缘的螺栓中退出。如果凸缘叉退出的距离不够,则应拆下传动轴中间支承的支架与横梁的固定螺栓,将传动轴拆下。

③拆下倒挡警报开关的电线接头。

④将速度表软轴接头从变速器后端拆下。

⑤拆下离合器分离杠杆的锁紧及调整螺母,使分离杠杆与分离叉杆臂分开。

⑥拆下变速器总成。先拆下飞轮壳与离合器壳之间的连接螺栓,用专用支承器将变速器托住;然后再拆下飞轮壳和离合器壳之间其他连接螺栓;拆下驾驶室底板上的变速器盖板的连接螺栓,并从变速器操作杆上取下盖板;将变速器第一轴从离合器中拉出。

⑦拆下离合器及手制动机构。先摘掉离合器分离轴承座的回位弹簧,从第一轴轴承盖上取下分离轴承座总成,然后拆下 6 只 M18 螺栓,从变速器壳体上拆下离合器壳,拆除驻车制动操纵杆及有关拉臂;拧下手制动鼓的 6 只固定螺母,卸下制动鼓。

(2)装配变速器

经过调配后,按与从车上拆下的相反顺序装上变速器。

1.2 变速器的拆解要求

(1)挂挡试验

拆卸变速器盖之前,应进行挂挡试验,检查操纵机构的自锁、互锁性能。然后将变速器置于空挡位置,拆卸变速器盖。

(2)检查是否正确位于空挡

变速器盖螺栓卸下后,应缓慢提起变速器盖,检视变速器各挡接合套或直齿轮所处位置是否正确位于空挡。若位置不正确,应检视操纵机构的拨叉是否变形或严重磨损。

(3)检查各种间隙

卸下变速器盖后,在空挡位置用经验法检查齿轮啮合间隙、轴承径向间隙、齿轮和轴的轴向间隙及零件有无异常损伤。

(4)使用专用工具

拆卸变速器输入轴或输出轴,应采用专用工具,如拉器等。若利用冲击法拆卸,应垫铜棒等较零件硬度低的软金属。不得直接锤击零件表面,以避免损伤零部件。

2 变速器的装配与调整

变速器装配、调整的好坏,对变速器的工作影响很大。仅有零件的修理质量而无装配质量,变速器仍无法保证正常工作。在变速器装配时应注意以下几个方面:

(1)装配前,必须对零件进行认真的清洗,除去污物、毛刺和铁屑等。尤其要注意第二轴齿轮上的径向润滑油孔的畅通。

(2)装配轴承时,应涂质量优良的润滑油进行预润滑。总成修理时,应更换所有的滚针轴承。

(3)对零件的工作表面不能用硬金属直接锤击，避免齿轮轮齿出现运转噪声。

(4)注意同步器锁环或锥环的装置位置。装配过程中，如有旧件时应原位装复，以保证两元件的接触面积。因此，在变速器解体时，应对同步器各元件做好装配记号，以免装错。

(5)组装中间轴和第二轴时，应注意各挡齿轮、同步器花键毂、止推垫圈的方向及位置，以保证齿轮的正确啮合。

(6)安装轴承时，只允许用压套垂直压在轴承的内圈上，禁止施加冲击载荷，轴承内圈圆角最大的一侧必须朝向齿轮。

(7)装入油封前，需在油封的刃口涂少量的润滑脂，要垂直压入，并注意安装方向。

(8)变速器装配后，要检查各齿轮的轴向间隙和各齿轮副的啮合间隙及啮合印痕。常啮合齿轮的啮合间隙为0.15～0.40mm；滑动齿轮的啮合间隙为0.15～0.50mm。第一轴的轴向间隙≤0.15mm，其余各轴的轴向间隙≤0.3mm，各齿轮的轴向间隙≤0.40mm。

(9)装配密封衬垫时，应在密封衬垫的两侧涂以密封胶，确保密封效果。

(10)安装变速器盖时，各齿轮和拨叉均应处于空挡位置。必要时，可分别检查各个常用挡的齿轮副是否处于全长啮合。

(11)按规定的力矩拧紧各部位的螺栓。

3 变速器的磨合试验

根据国标GB5372-85《汽车变速器修理技术条件》，变速器装配后，应在专用的试验台上进行磨合试验。其目的是磨合改善各齿轮及其各运动副表面，检查变速器修理装配质量。

变速器装合后，应在试验台上磨合并进行无负荷、有负荷试验。负荷为传递最大扭矩的30%左右，严禁加入各种磨料进行磨合。运转前，选用并按规定容量加注清洁的润滑油。各挡运转时间的总和一般不少于1h。

运转中，第一轴转速在1000～2000r/min、油温在15～65℃时，不允许有自动脱挡、跳挡现象。操纵机构和同步器换挡应轻便、灵活、迅速、可靠。运转和换挡时均不得有异常响声。变速杆不允许有明显的抖动现象。所有密封装置不得有漏油现象。

磨合与试验结束后，应进行清洗。其清洁度应符合原设计规定。非结合外露表面应涂漆或银粉。按原设计规定加注润滑油。

4 任务工单

学生依据实践指导材料的要求及操作步骤，在教师的指导下完成本工作任务，并填写任务工单。

变速器拆装与调整任务工单

任务名称	变速器的拆装与调整	实训设备	套筒扳手、扭力扳手、专用工具、组合工具、变速箱等
客户任务	桑塔纳轿车大修后行驶2500公里即产生异响，请正确进行拆解。		
任务目的	能正确使用工具，能够根据规范正确找出异响所在的位置。		
一、资讯 1.变速器的组成及各部件的功用。			

续　表

2. 变速器的拆装顺序及调整要求。

二、决策与计划

根据任务要求，确定所需要的设备、工具，并对小组成员进行合理分工，制定详细的工作计划。

1. 讨论确定变速器拆装所需要的设备、工具。

2. 小组成员分工。

3. 制订变速器拆装及调整的操作步骤。

(1)____

(2)____

(3)____

(4)____

三、实施过程记录

1. 分析你所实践用变速器的结构特点。

2. 总结变速器拆装及调整时，应该注意的问题。

四、检查与评估

1. 检查变速器的拆装顺序是否正确，调整是否符合要求。

2. 请根据任务完成的情况，对自己的工作进行自我评估，并提出改进意见。

3. 教师对小组工作情况进行评估，并作出点评。

任务3　变速器的故障诊断与检修

1　变速器的维护

手动变速器大多为四挡或五挡有级式齿轮传动变速器，并且通常带同步器，换挡方便，噪音小。一般行驶20万～30万公里后，变速器才可能发生一些故障，但如果使用维护不当的话，则会造成早期损坏。因此，手动变速器应进行定期保养与维护。

(1)按规定的时间间隔对变速器进行检查和维护。

(2)认真仔细地检查变速器壳体各结合面的衬垫及油封有无损坏、变质或泄漏现象。

(3)检查变速器壳内的润滑油油位,必要时按规定要求进行加注。

(4)按规定的时间间隔进行变速器润滑油的更换。

(5)定期检查变速器换挡传动机构的各种定位锁止机构、换挡摇臂及摇臂衬套的状态,必要时予以调整、修理和更换。

2　变速器主要零部件的检修

国产机械式手动变速器壳体、各轴、各传动齿轮修理的具体要求,应按国标 GB5372-85《汽车变速器修理技术条件》执行。这里仅介绍检修要点。

2.1　齿轮与花键的检修

变速器齿轮的主要损坏形式有:齿面的斑点和剥落;齿轮的断裂、齿端的磨损、齿面的磨损等。

(1)当出现明显的疲劳斑点、划痕或阶梯形磨损时,应更换。斑点、剥落或者边缘有轻微的损坏,在不影响质量的情况下可用油石修磨。

(2)齿轮端面的磨损长度不允许超过齿长的15%,否则应更换。

(3)齿轮的啮合面应在齿高的中部,接触面积不得小于齿轮工作面的60%。

(4)齿轮与齿轮、齿轮与轴及花键的啮合间隙要符合原厂的规定。

2.2　轴的检修

轴的损伤通常表现为轴颈、花键齿的磨损、轴的变形或裂纹等。

(1)用百分表检查轴的变形,超过标准时应校正或更换。

(2)轴齿、花键齿损伤达到前述齿轮损伤的程度时应更换。

(3)用千分尺查检各轴颈的磨损,超过规定值时,可堆焊、镀铬后修复或更换。

(4)检查轴上定位凹槽的磨损,超过规定值时应更换。

(5)轴上不应有任何性质的裂纹,否则应更换。

2.3　同步器的检修

(1)锁环式同步器的检修

锁环式同步器的主要损伤有锁环内锥面、齿圈键齿及与滑块配合的三个缺口的磨损。

将同步环压靠到相应换挡齿轮的锥面上时,用手转动同步环应稍有阻力感。若很轻松便可转动,表明其锥面磨损严重,已失去摩擦制动作用,应更换锁环;用厚薄规沿周长多点测量,同步环与齿轮端面之间的间隙应不小于规定值(检查方法如图1-58所示)。不符合上述要求的,应更换同步器同步环。同步器齿圈锁止面磨损严重、滑块磨损严重、滑块弹簧弹力减弱或折断、键齿磨损使接合套与花键毂键齿的配合间隙超过规定值等,均应换用新件。

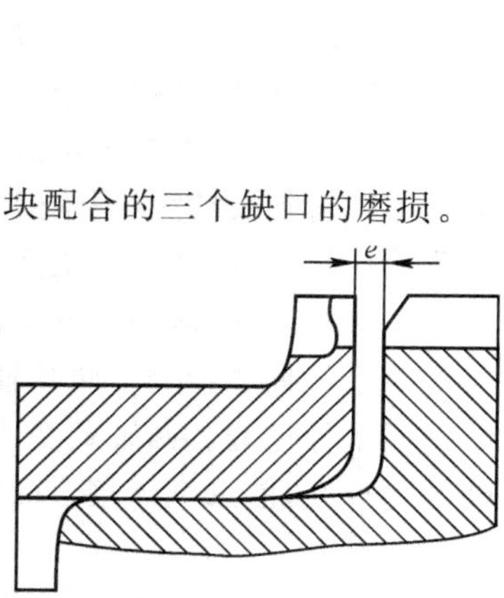

图1-58　锁环的检验

(2)锁销式同步器的检修

锁销式同步器零件的主要损伤有锥盘的变形、锥环锥面、锁销、传动销磨损等。

锥盘的变形是由于换挡操作不当、冲击过大，使锥盘外张，摩擦角变大造成同步效能降低。锥环锥面上的螺纹槽的磨损严重，使摩擦系数过低，甚至两者端面接触，使同步器失效。同步器的锁销、传动销松动或有散架，锁止角异常磨损，亦会使同步器失效，应换用新同步器。

2.4 轴承的检修

轴承的主要损伤形式有磨损、疲劳点蚀和破裂等。

(1)变速传动轴所有滚动轴承应转动灵活，滚动体与内外圈不得有麻点、麻面、斑疤和烧灼等，否则应更换。

(2)轴承的径向间隙不得超过规定值，滚动轴承与轴承孔、轴颈或齿轮的配合应符合技术条件的要求，否则应更换。

2.5 变速器盖的检修

变速器盖的主要损伤形式有裂纹、变形及轴承的磨损等。

变速器盖应无裂纹，其与变速器壳体结合面的平面度公差超限时，可采用铲、刨、锉、铣等方法修复；拨叉轴与轴承孔的间隙超限时，应更换。

2.6 操纵机构的检修

操纵机构工作频繁，其主要损伤形式有磨损、变形、连接松动、弹簧失效等。

(1)检查各零件间的连接情况，如有松动则应紧固。

(2)检查变速传动杆、拨叉轴、拨叉等，若发现明显变形，则应进行校正或更换。

(3)检查拨叉与接合套、拨叉与拨叉轴、换挡轴等处的磨损，若磨损严重则应更换。

(4)检查定位钢球(销)、复位弹簧、锁止弹簧，若磨损严重或弹簧失效，则应更换。

2.7 壳体及油封的检修

变速器壳体的主要损伤是变形、裂纹、定位销孔与轴承孔磨损、螺纹孔损坏等。油封是易损部件，在拆检过程中一般需要更换。

(1)变速器壳裂纹的检修：可用检视法或敲击法检查。如有未延伸到轴承座孔的裂纹，可用环氧树脂胶粘法(用于受力不大的部位)、螺钉填补法或焊修法修复；裂纹已延伸到轴承座孔或安装固定孔时，应更换。

(2)变速器壳体的变形将破坏齿轮的正常啮合，引起变速器的故障。三轴式变速器壳体需用专用量具进行上下两孔轴线间的距离及平行度、上孔线与上平面间的距离、前后两端面的平面度等检查。两轴式变速器壳体由前后两部分组成，其变形主要是检查输入轴与输出轴的平行度、前后壳体接合面的平面度(可扣在平板上用厚薄规检查)。超过规定时要进行修复。

当变速器轴承孔磨损超限、变形时，可采用镶套、刷镀的方法修复或更换；当壳体平面度超限时，可采用铲、刨、锉、铣等方法修复。

(3)变速器壳体上所有连接螺孔的螺纹损伤不得多于 2 处，螺纹孔的损伤可用更换加粗螺栓或焊补后重新钻孔方法修复。

3 变速器常见故障诊断

手动变速器常见的故障主要有跳挡、乱挡、挂挡困难、异响、漏油等。

3.1 跳挡

(1)故障现象

汽车在行驶时,变速器换挡杆自动跳回空挡位置,一般发生在中、高速或负荷突然变化(如加速、减速、爬坡等工况)以及剧烈振动时。

(2)故障原因

①自锁装置的钢球或凹槽磨损严重,自锁弹簧疲劳致使弹力过软或折断等引起自锁装置失效。

②齿轮或齿套沿齿长方向磨损成锥形。

③操纵机构变形松旷,使齿轮未能全齿长啮合或啮合不足。

④变速器轴、轴承磨损松旷或轴向间隙过大,使轴转动时齿轮啮合不好,发生跳动和轴向窜动。

⑤同步器磨损或损坏,换挡叉弯曲,换挡杆磨损严重。

(3)故障诊断与排除

先热车采用连续加、减速的方法逐挡进行路试,确知跳挡挡位。然后将变速杆挂入该跳挡挡位,发动机熄火,小心拆下变速器盖进行以下检查:

①看齿轮啮合情况,如啮合良好,应检查变速器轴锁止机构。

②用手推动变速杆,如无阻力或阻力过小,说明自锁装置失效,应检查自锁钢球和变速叉轴上的凹槽是否磨损严重,自锁弹簧是否过软或折断,如是则更换。

③检查齿轮的啮合情况,如齿轮未完全啮合,用手推动跳挡的齿轮或齿套能正确啮合,应检查变速叉是否弯曲或磨损过甚,以及变速叉固定螺钉是否松动。若变速叉弯曲应校正;如因变速叉下端磨损与滑动齿轮槽过度松旷时应拆下修理。

④如变速机构良好,而齿轮或齿套又能正确啮合,则应检查齿轮是否磨损成锥形,如是应更换。

⑤检查轴承和轴的磨损情况,如轴磨损严重,轴承松旷或变速轴沿轴向窜动时,应拆下修理或更换。

⑥检查同步器工作情况,如有故障应修理或更换。

⑦检查变速器固定螺栓,如松动应紧固。

3.2 乱挡

(1)故障现象

变速杆不能挂入所需要的挡位、一次挂入两个挡位或者挂挡后不能退回空挡。

(2)故障原因

①变速杆定位销折断或球孔、球头磨损松旷。

②互锁销磨损严重而失去互锁作用。

③变速杆下端拨头的工作面或拨叉轴上拨块的凹槽磨损过大。

(3)故障诊断与排除

①挂需要挡位时，结果挂入别的挡位：摇动变速杆，检查其摆动角度，若超出正常范围，则故障由变速杆下端球头定位销与定位槽配合松旷或球头、球孔磨损过大引起。若变速杆能摆转360°，则为定位销折断。

②如摆转角度正常而仍挂不上挡或摘不下挡，则故障多为变速杆下端弧形工作面磨损或凹槽磨损而导致下端从凹槽中脱出引起。

③同时挂入两个挡：互锁装置失效引起。

3.3 挂挡困难

(1)故障现象

汽车起步或在行驶中换挡时，变速器齿轮撞击发响或不能顺利挂入所需的挡位。

(2)故障原因

①离合器分离不彻底。

②变速器轴弯曲变形或花键损坏。

③拨叉或拨叉轴磨损变形或磨损。

④自锁钢球损坏。

⑤同步器磨损或损坏。

⑥变速器的变速操纵机构调整不当(多为远程控制式)。

另外，齿轮油不足或过量、齿轮油不符合规定规格，也会造成挂挡困难。

(3)故障诊断与排除

①首先应检查离合器是否分离不彻底，如是，排除离合器故障。

②检查变速叉是否弯曲变形，自锁和互锁钢球是否损坏，弹簧是否过硬。

③检查同步器是否散架，锥环内锥面螺旋槽是否磨损，滑块是否磨损，弹簧弹力是否过软。

④如上述均正常，则需分解变速器，检查各轴承、花键、齿轮等的工作情况。如轴承、花键过度磨损或齿轮不清洁有毛刺，则应进行修理或更换。

3.4 异响

(1)故障现象

变速器齿轮的啮合声或轴承的运转声等噪声过大；变速器发出干磨或撞击等不正常的响声。

(2)故障原因

①变速器齿轮油不足或变质，轴承磨损松旷、疲劳剥落或轴承滚动体破裂。

②齿轮副不匹配或磨损严重，齿侧间隙过大，齿面有疲劳剥落或个别齿轮损坏折断等。

③某些坚固螺栓、变速器操纵机构各连接处松动，拨叉变形或磨损松旷。

④变速器轴的各轴线不平行，破坏了齿轮的正常啮合而发出不正常的响声。

⑤变速器轴弯曲或花键与滑动花键毂磨损松旷、齿轮的轴向间隙过大等。

(3)故障诊断与排除

①若变速器有金属干摩擦声，用手触摸变速器外壳时有烫手的感觉，即为缺油或油的质

量不好，应按规定加注或更换齿轮油。

②若空挡时有响声，但踏下离合器踏板后异响消失，一般为第一轴后轴承磨损松旷或常啮合齿轮啮合不良所致；若变速器挂入各个挡位都有响声，多为第二轴的后轴承响，此时应更换松旷的轴承。

③若行驶时换入某挡响声明显，即为该挡齿轮磨损；若发生周期性的响声，则齿轮个别轮齿损坏。

④汽车在行驶中若听到变速器内有连续而均匀的响声时，一般为变速器齿轮磨损使啮合间隙增大造成，如果响声轻微，可继续使用。但若听到有敲击声说明轮齿折断或磨损严重，应更换齿轮。

⑤汽车在行驶中，若某挡位出现无节奏而沉闷的“咯唧”声，多半为该挡变速拨叉槽磨损所致，应拆检修理，必要时更换损坏部件。

3.5　漏油

(1)故障现象

变速器齿轮油从上壳、前后轴承盖或其他部位渗漏，变速箱齿轮油减少。

(2)故障原因

①变速器密封衬垫磨损、变形或损坏，或紧固螺栓松动。

②变速器壳体破裂。

③放油螺塞松动，通气孔堵塞。

④齿轮油过多。

(3)故障诊断与排除

变速器有漏油现象时，应按迹对漏油部位进行检查，并查明原因予以排除。

①检查调整变速器油量并检查其质量，进行相应加注、放油或更换。

②如果连接部位的螺栓松动，应予拧紧。

③若油封磨损或损坏，应予更换。

④若加油或放油螺塞处有渗漏，应将螺塞拧紧。

⑤若壳体有裂纹，应更换壳体。

4　任务工单

学生依据实践指导材料的要求及操作步骤，在教师的指导下完成本工作任务，并填写任务工单。

手动变速器检修任务工单

任务名称	手动变速器的检修	实训设备	套筒扳手、扭力扳手、千分尺、组合工具
客户任务	桑塔纳轿车行驶4万公里，挂二挡时有异响，请正确进行检修。		
任务目的	能正确使用工具，能够根据规范正确检修离合器。		
一、资讯 1.手动变速器的检修部位及方法。			

续 表

2. 手动变速器各零部件的维修。

二、决策与计划

根据任务要求，确定所需要的设备、工具，并对小组成员进行合理分工，制定详细的工作计划。

1. 讨论确定变速器检修所需要的设备、工具。

2. 小组成员分工。

3. 制订变速器检修的操作步骤。

(1)______________________________

(2)______________________________

(3)______________________________

(4)______________________________

三、实施过程记录

1. 分析你所实践用的变速器的检修方法。

2. 总结变速器检修时，应该注意的问题。

四、检查与评估

1. 检查变速器的检修是否正确。

2. 请根据任务完成的情况，对自己的工作进行自我评估，并提出改进意见。

3. 教师对小组工作情况进行评估，并作出点评。

任务4 自动变速器认知与检修简介

1 自动变速器认知

1.1 自动变速器的发展及应用

车用自动变速器作为一种新型的传动器，是汽车发展自动化的一个新的阶段，发展也极为迅速。最早具有现代意义的自动变速器是由1939年通用公司奥兹莫比尔部开发的，它是由液力耦合器和行星齿轮机构组成的4个挡位的自动变速器。1948年，别克汽车上采用了全自动变速器。与此同时，英国、原联邦德国等国家生产的汽车也相继采用了自动变速器。

经历了半个多世纪的发展，世界各大汽车生产国都成立了一批自动变速器的专业化生产公司和专业厂，结构和性能也在不断完善，特别是近年来随着电子技术和自动控制技术在汽车上的应用，出现了电子控制自动变速器，可以实现与发动机的最佳匹配，并可获得最佳的经济性、动力性、安全性，以及达到降低发动机排气污染的目的。

1.2 自动变速器的结构分类

(1)按变速方式的不同，自动变速器可分为有级自动变速器和无级变速器(CVT)两种。

在现代轿车上，常见的是有级自动变速器，它能够根据油门的开度和车速的变化等汽车运行工况参数变化情况，采用电子控制或全液压控制的方式，自动地进行换挡。与无级变速器相比，有级自动变速器还是有挡位的，其所能实现的是在两挡之间的无级变速。而无级变速器(CVT)则是两组变速轮盘和一条传动带组成的，因此，它比传统自动变速器结构简单，体积更小。另外，它可以自由改变传动比，从而实现全程无级变速，使汽车的车速变化平稳，没有传统变速器换挡时那种“顿”的感觉。

目前国内汽车自动变速器基本上全是液力自动变速器，只有奥迪 A6、本田飞度等车型采用了无级变速器。因此，本节只对液力自动变速器作简要介绍。

(2)按照汽车驱动方式的不同，可分为后驱动自动变速器和前驱动自动变速器即自动驱动桥。后驱动自动变速器的变矩器和齿轮变速器的输入轴及输出轴在同一轴线上，发动机的动力经变矩器、变速器、传动轴、后驱动桥的主减速器、差速器和半轴传给左右两个后轮。

前驱动自动变速器在自动变速器的壳体内还装有主减速器和差速器。纵置发动机前驱动变速器的结构和布置与后驱动自动变速器基本相同；横置发动机前驱动变速器由于汽车横向尺寸的限制，要求有较小的轴向尺寸，通常将输入轴和输出轴设计成两个轴线的方式，变矩器和齿轮变速器输入轴布置在上方，输出轴布置在下方，减少了变速器总体的轴向尺寸，但增加了它的高度。

(3)按前进挡的挡位数不同，可分为 2 个前进挡、3 个前进挡、4 个前进挡、5 个前进挡。新型轿车装用的自动变速器基本上都是 3 或 4 个前进挡，没有超速挡。如本田车系的操纵手柄有 7 个位置，分别为 P、R、N、D_4、D_3、2、1；丰田车系操纵手柄的位置为 P、R、N、D、2、L；日产车系操纵手柄的位置为 P、R、N、D、2、1；欧美车系操纵手柄的位置为 P、R、N、D、S、L 和 P、R、N、D、3、2、1 等。目前已经开发出装有 5 个前进挡自动变速器的轿车。

(4)按齿轮变速器的类型，自动变速器可分为行星齿轮式自动变速器和定轴式自动变速器两种。

(5)按控制方式的不同，自动变速器可分为全液压控制自动变速器和电子控制自动变速器两种。全液压控制自动变速器是通过机械手段将节气门开度和车速参数转化为控制信号，使阀体中各控制阀按照设定的换挡规律控制换挡执行机构动作，实现自动换挡；而电子控制自动变速器是通过各种传感器将发动机转速、节气门开度、车速、发动机水温、自动变速器液压油温度等参数转变为电信号，输入控制电脑并由其根据设定的程序输出换挡信号，使有关的换挡执行机构动作来实现自动换挡的。

1.3 自动变速器的特点

自动变速器能进行频繁的加速、减速变速器换挡等功能，具有变速平滑、驾驶轻便等特点，具体如下：

(1)整车具有更好的驾驶性能。自动变速器能通过系统设计，自动地完成换挡需求，以获得最佳的燃油经济性和动力性，使得驾驶性能与驾驶员的技术水平关系不大，因而特别适用于非职业驾驶。

(2)良好的传动比转换性能。自动变速装置的挡位变换不但快而且平稳，提高了汽车的乘坐舒适性。通过液体传动和微电脑控制换挡，可以消除或降低动力传递系统中的冲击和动载，且能大幅度延长发动机和传动系零部件的寿命。

(3)高行车安全性。自动变速的车辆，取消了离合器踏板和变速操纵杆，只要控制油门踏板，就能自动变速，从而简化了操作过程，减轻了驾驶员的疲劳强度，使行车事故率降低，平均车速提高。

(4)改善了车辆的动力性和通过性。由于自动变速器实现自动换挡(或无级变速)，使汽车的起步、加速性能大大提高，并可显著改善车辆的通过性，使汽车能以较高的速度通过雪地、松软路面；自动换挡过程中传动系功率不中断，且可在最佳换挡时刻进行换挡，提高了车辆的加速性能和平均行驶速度。

(5)降低废气排放。自动变速器的应用，可使发动机经常处于经济转速区域内运转，也就是在较小污染排放的转速范围内工作，从而降低了排气污染。

自动变速器也存在一些缺点，主要是：与手动变速器相比，其结构较复杂，零件加工难度大，生产成本较高，修理也较麻烦。另外自动变速器的传动效率不够高，当然，通过与发动机的匹配优化、液力变矩器锁止、增加挡位数等措施，可使自动变速器的传动效率接近手动变速器的水平。

1.4 自动变速器的组成与工作原理

自动变速器一般由变矩器、齿轮传动机构、液压控制系统(及电子控制系统)等组成。

如图 1-59 所示为一个典型的液压控制自动变速器结构示意图。液压控制装置根据节气门(油门)开度和变速器输出轴上输送来的车速信号来控制升降挡。根据节气门开度变化，液压控制装置中的调节阀产生与加速踏板踏下量成正比的液压，该液压作为节气门开度信号加到液压控制装置；另外有装配在输出轴上的速控液压阀可产生与转速(车速)成正比的液压，作为车速信号加到液压控制装置。因此，就有节气门开度信号和车速信号，液压控制装置根据这两个信号自动调节变速器油量，并控制行星齿轮系统的离合器和制动器，以改

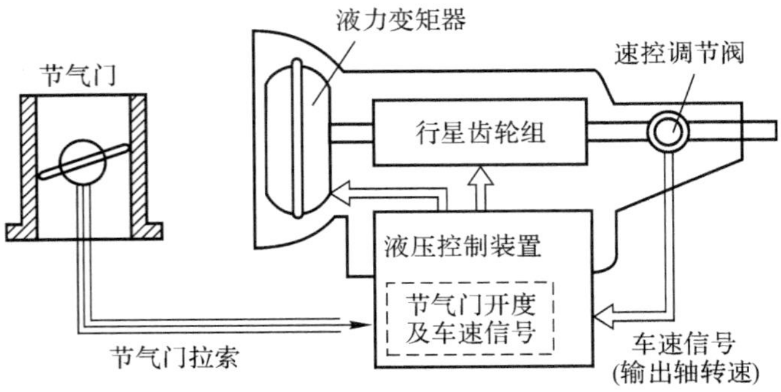

图 1-59 典型的自动变速器结构示意图

变行星齿轮的传动状态及离合器和制动器的结合与分离，从而实现自动换挡。

如果是电子控制自动变速器，就要在上述基础上增加电了控制单元(ECU)及各种传感器、电磁阀，ECU 根据传感器信号，通过电磁阀控制自动变速器工作过程，可使换挡和锁止时间准确，令汽车运行更加平稳和节省燃油。

1.5　变矩器

1.5.1　构造

液力变矩器结构简图如图 1-60(a)所示，由三个工作轮，即泵轮、涡轮和固定不变的液流导向装置——导轮组成。为了保证液力变矩器的性能及液流很好地循环，与液力耦合器的叶片不同，三个工作轮的叶片都弯成一个角度。泵轮和涡轮为冲压件，导轮为铝合金精密铸造件。泵轮与变速器壳体连成一体，固定于发动机曲轴后端的凸缘上。导轮位于泵轮和涡轮之间，安装在导轮轴上，通过单向离合器固定于导轮的固定套管上。涡轮通过轮毂的花键孔与从动轮连接。涡轮与壳体装有聚甲醛塑料垫片。变矩器壳体的外面装有供起动机起动的齿圈。三个工作轮在液力变矩器装配好之后形成环形的内腔。其纵向端面称为变矩器的循环圆。

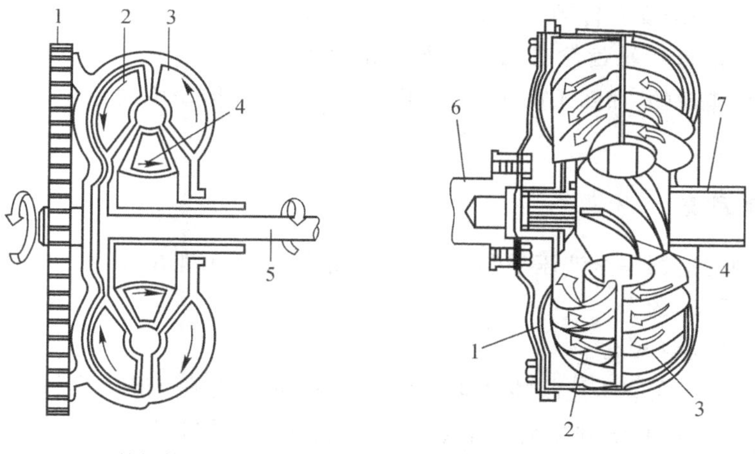

(a) 结构简图　　(b) 工作示意图

1—飞轮；2—涡轮；3—泵轮；4—导轮；5—变矩器输出轴；6—曲轴；7—导轮固定套管

图 1-60　变矩器示意图

1.5.2　工作原理

液力变矩器的基本工作原理就像两台电风扇对置时，一台电风扇不接通电源而另一台接通。当后者转动时，产生的气流可以吹动前者的叶片使其转动。液力变矩器的泵轮相当于接通电源的电风扇，变矩器的涡轮相当于不接通电源的电风扇，变矩器内的 ATF 油相当于空气。发动机带动泵轮，泵轮转动把发动机的机械能转换成 ATF 油的液体动能。当 ATF 油高速进入涡轮，推动涡轮转动，又把 ATF 油的液体动能转换成机械能，由输出轴输出动力，其工作示意图如图 1-60(b)所示。

当液体离开泵轮冲击涡轮时，把液体能量传递给涡轮并使其转动，与此同时流经涡轮的液体从中间流出，撞击导轮叶片的正面(此时单向离合器锁止)，液体受到导轮正面叶片的阻挡而产生液体折射，具有方向性的液体返回到泵轮叶片上，而这种具有方向性的液体起到了帮助发动机转动泵轮的作用。流动的液体对导轮产生的作用力矩，可以使变矩器的输出扭矩提高。

1.6 齿轮传动机构

液力变矩器虽然能在一定范围内无级地改变扭矩比，但由于它存在着变扭能力与效率之间的矛盾，目前应用的液力变矩器一般变扭系数都不够大，难以满足汽车使用要求，故在汽车上广泛采用的是液力变矩器与齿轮式变速器联合组成的液力机械式无级变速器。

与液力变矩器配合使用的齿轮式变速器有行星齿轮式变速器和固定轴线式齿轮变速器两种。行星齿轮式自动变速器紧凑，能获得较大的传动比，为绝大多数轿车采用。定轴式自动变速器体积较大，最大传动比较小，只有少数几种车型使用。单排的行星齿轮机构是由太阳轮、行星齿轮架、两个以上的行星齿轮和齿圈组成，它可以产生三个正向传动比（降速、超速和直接传动）和一个反向传动比（倒转）。这些传动比的实现是通过约束行星齿轮机构中的某一部件而驱动其他部件来实现的，如图 1-61 所示。而定轴齿轮机构传动比的变化与手动变速器的工作原理相类似。

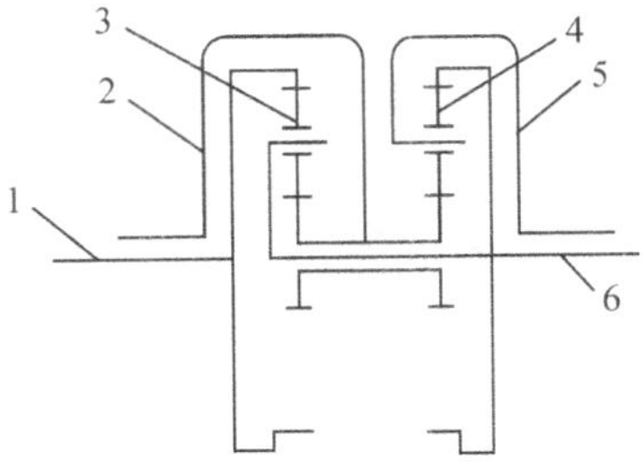

图 1-61　辛普森式行星齿轮机构啮合方式

1.7 控制系统

早期的自动变速器是全液压控制（液压控制系统）的，而现在许多自动变速器是计算机控制（电子控制系统）的。

1.7.1 液压控制系统

如图 1-62 所示，在液压控制的自动变速器中，挡位变换是由液压控制装置自动进行的。也就是说在汽车驾驶中，驾驶员踏下加速踏板（油门踏板），控制节气门开度和汽车的行驶速度（变速器输出轴转速），就能自动控制变速器内的液压控制装置，液压控制装置会利用液力去控制行星齿轮系统的离合器和制动器，以改变行星齿轮的传动状态。

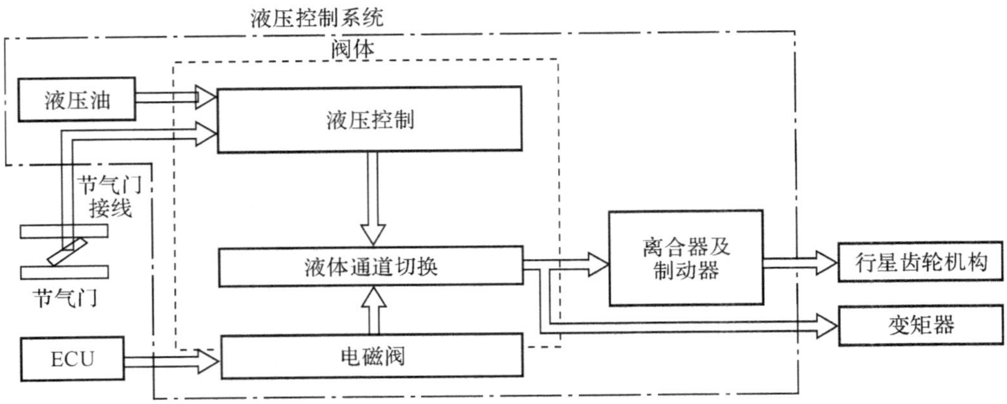

图 1-62　液压控制系统

1.7.2　电子控制系统

现代自动变速器大多是电子控制自动变速器。其原理就是在液压控制自动变速器基础上加装电子控制单元(ECU)、各种传感器、各种执行器等组成,如图1-63所示。ECU借助电磁阀控制自动变速器的工作过程:ECU输入电路接受传感器和其他装置输入的信号,对信号进行过滤处理和放大,然后转换成电信号驱动被控的电磁阀工作。因此,电子控制自动变速器就要增加节气门位置传感器、车速传感器、水温传感器、液压温度传感器、发动机转速传感器、挡位开关、刹车灯开关等数字信号汇入ECU,从而使得ECU精确控制电磁阀,使换挡和锁止时间准确,令汽车运行更加平稳和节省燃油。

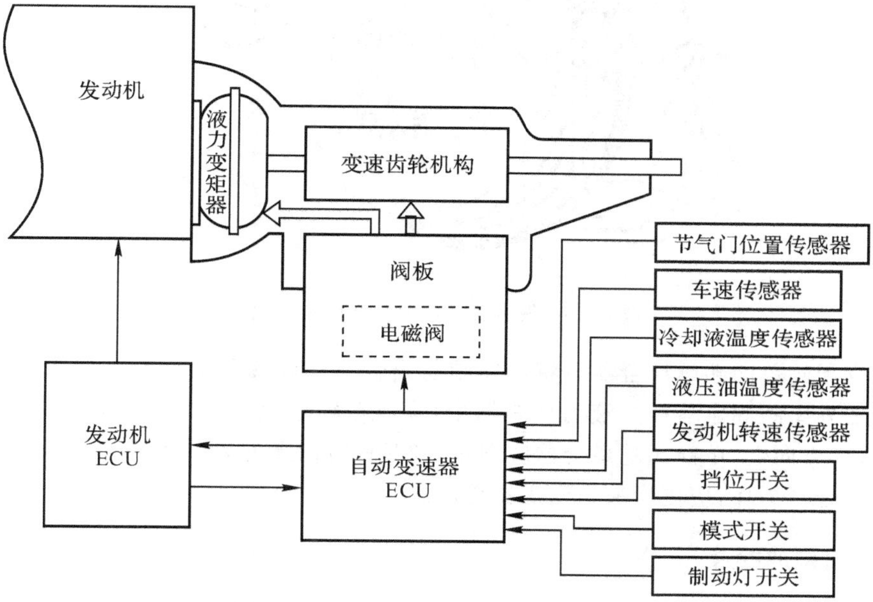

图1-63　电子控制系统

2　自动变速器的检修

2.1　液力变矩器的维修

液力变矩器内部,除了导轮的单向超越离合器和锁止离合器压盘之外,没有互相接触的零件,因此在使用中基本上不会出现故障。液力变矩器的维修工作主要是清洗和检查。

(1)液力变矩器的清洗

①倒出变矩器中残留的液压油。

②向变矩器内加入干净的液压油,以清洗其内部,然后将液压油倒出。

③再次向变矩器内加入干净的液压油,清洗后倒出。

④用清洗液清洗变矩器零部件,只能用压缩空气吹干,不要用车间纸巾或棉丝擦干。

⑤用压缩空气吹所有的油孔或油道,确保清洁。

(2)液力变矩器的检查

①检查液力变矩器外部有无损坏和裂纹,轴套外径有无磨损,驱动油泵的轴套缺口有无损伤。如有异常,就应更换液力变矩器总成。

②将液力变矩器安装在发动机飞轮上，用千分表检查液力变矩器轴套的偏摆量，如图1-64所示。如在飞轮转动一周的过程中，千分表指针偏摆大于0.03mm，应采用转换角度重新安装的方法予以校正，并在校正后的位置上作一记号，以保证安装正确。若无法校正，应更换液力变矩器总成。

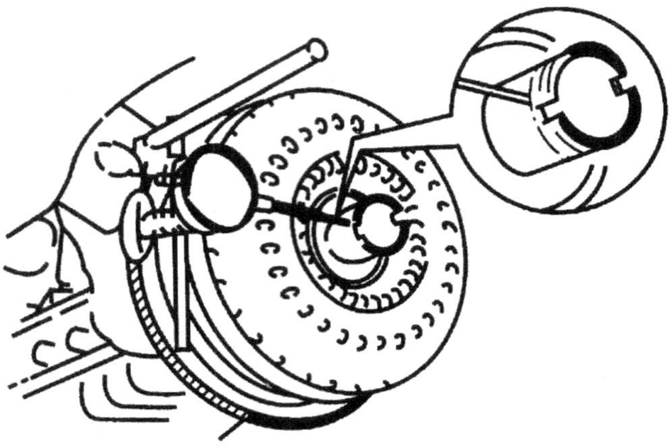

图 1-64　液力变矩器轴套偏摆量的检查

③检查导轮单向超越离合器。将单向超越离合器内座圈驱动杆插入液力变矩器中，将单向离合器外座圈固定器插入液力变矩器中，并卡在轴套上的油泵驱动缺口内。转动驱动杆，在逆时针方向上，单向超越离合器应锁止，顺时针方向上应能自由转动。如有异常，说明单向超越离合器损坏，应更换液力变矩器总成。

2.2　油泵的检修

在分解油泵时应注意，不要损伤铝合金的油泵前端盖，不可用冲子在油泵齿轮和油泵壳上作记号。

①用厚薄规分别测量油泵内齿轮外圆与油泵壳体之间的间隙、外齿轮及内齿轮的齿顶与月牙板之间的间隙、外齿轮及内齿轮端面与泵壳平面的端隙。

②检查油泵外齿轮、内齿轮、泵壳端面有无肉眼可见的磨损痕迹，否则应更换新件。

③用量缸表或内径千分表，测量泵体衬套内径。如衬套直径大于规定值，要更换油泵体。

④测量转子轴衬套内径，如衬套内径超出规定值，更换转子轴。

⑤轴瓦磨损的检查。首先要检查一下液力变矩器驱动油泵的轴颈，如发现有磨损或伤痕，轻者可用细砂纸打磨，重者则需要更换。在检查完轴颈后，可将带有轴瓦的油泵盖套入并用双手晃动，检查间隙是否过大，如间隙过大，则需更换新的轴瓦。

2.3　行星齿轮变速机构的检修

①测量离合器活塞行程。把千分表安装在离合器上，把其顶杆放置到离合器活塞上，通过供油孔施加压缩空气，观察活塞的行程。

②对于离合器的摩擦片，应检查摩擦衬片上印有的标记是否被磨掉，若被磨掉，应更换新的离合器片。对摩擦片两侧的衬片，应检查是否有破损、剥落或粘接不实等。另外，摩擦

片上的花键槽口在工作过程中，会产生磨损，检查时应予以注意。衬片上布有的沟槽容易沉淀上油泥和其他杂质，如果不清洗干净，脱落下来会造成离合器早期打滑或烧蚀，如遇此现象，也应及时予以更换。经检查后，能继续使用的摩擦片一定要清洗干净并晾干，安装时，将最里面的一片和最外面的一片调换位置。

对于离合器的钢片，轻微的生锈或损伤可用细砂纸打磨，严重的应予以更换。同样，对摩擦片上的花键槽口也应进行检查，看是否有磨损烧蚀等现象。变速器液压油的污染和颜色变黑，多是由于离合器片间出现高温、烧结等造成的，在检查从动片时还应注意其工作表面有无伤痕、烧结和变色等。

对于离合器的推力盘，拆检时，将推力盘的外圆置于平台上并转动，用卡尺测量内圆各处高度的变化，检测推力盘工作面是否为同一平面，若出现过大扭曲时，应予以更换。

③测量带有弹簧座的活塞回位弹簧的自由长度。若弹簧自由长度过小或有变形，应更换新弹簧。

④检查离合器活塞单向球阀。该球阀有的装在活塞上，有的装在离合器毂上。检查时，先振动活塞，判断能否听到球阀的动作声，观察球阀是否自由移动，然后将压缩空气对准球阀的进口吹气，检查球阀的密封状况，空气通过球阀时，不能泄漏。

⑤检查太阳轮、行星轮、齿圈的齿面，如有磨损或疲劳剥落，应更换整个行星排。

⑥检查行星轮与行星架之间的间隙，其标准间隙为 0.2～0.6mm，最大不得超过 1.0mm，否则应更换止推垫片或组件。

⑦检查太阳轮、行星轮、齿圈等零件的轴颈或滑动轴承处有无磨损，如有异常磨损，应更换新件。

⑧在分解行星排上单向离合器之前，应先清楚单向离合器的锁止方向，其方法是：用手握住与单向离合器内外圈连接的零件，分别朝不同方向作相对转动，检查并记下内外圈的相对锁止方向。检查单向离合器，如滚动体破裂、滚动体保持架断裂或内外圈滚道磨损起槽，应更换。如在锁止方向上有打滑或在自由转动方向上有卡滞，也应更换。

3　任务工单

学生依据实践指导材料的要求及操作步骤，在教师的指导下完成本工作任务，并填写任务工单。

自动变速器拆装与检修任务工单

<table>
<tr><td>任务名称</td><td>自动变速器的拆装与检修</td><td>实训设备</td><td>套筒扳手、扭力扳手、千分尺、组合工具、专用工具等</td></tr>
<tr><td>客户任务</td><td colspan="3">丰田佳美汽车起步或行驶中踩下加速踏板，发动机转速很快升高，而车速升高缓慢。结合自动变速器的拆装，掌握自动变速器各元件的检修原理及方法。</td></tr>
<tr><td>任务目的</td><td colspan="3">能正确使用工具，能够根据规范正确拆装、检修自动变速器。</td></tr>
<tr><td colspan="4">一、资讯
1. 自动变速器的组成及各部件的功用。

2. 自动变速器的拆装顺序。</td></tr>
</table>

续　表

3.自动变速器的检修。

二、决策与计划

根据任务要求,确定所需要的设备、工具,并对小组成员进行合理分工,制定详细的工作计划。

1.讨论确定自动变速器拆装、检修所需要的设备、工具。

2.小组成员分工。

3.制订自动变速器拆装与检修的操作步骤。

(1)________________

(2)________________

(3)________________

(4)________________

三、实施过程记录

1.分析你所实践用自动变速器的结构特点。

2.总结自动变速器拆装、检修时,应该注意的问题。

四、检查与评估

1.检查自动变速器的拆装顺序和检修方法是否正确。

2.请根据任务完成的情况,对自己的工作进行自我评估,并提出改进意见。

3.教师对小组工作情况进行评估,并作出点评。

复习思考题

1.变速器有何功用?分别有哪些类型?

2.两轴式和三轴式变速器分别有何特点?分别用于什么场合?

3.同步器有何功用?有哪些类型?由哪些部分组成?

4.变速器操纵机构有哪些定位锁止机构?分别有何作用?

5.分动器的作用是什么?其操作时有何要求?

6.自动变速器有何特点?分别有哪些类型?

7. 变速器拆装时应注意哪些问题?
8. 变速器修理后为什么要进行磨合试验? 试验时应注意什么?
9. 变速器常见的故障有哪些? 分别由哪些原因引起?
10. 简述液力变矩器的清洗及检查方法。
11. 简述行星齿轮变速机构的检修方法。

项目 3　万向传动装置的认知与检修

应知目标:

1. 能简单叙述万向传动装置的功用与组成;
2. 能正确描述普通万向节、准等角速万向节和等角速万向节的结构与特点;
3. 能简单叙述传动轴和中间支承的结构特点。

应会目标:

1. 会对万向传动装置进行正确维护和拆装;
2. 会进行万向传动装置主要组成部件的检修;
3. 会对万向传动系统的常见故障进行诊断与排除。

任务 1　万向传动装置认知

1　万向传动装置的功用与组成

(1)功用

万向传动装置的功用是在相对位置经常发生变化的两根转轴之间传递动力。

(2)组成

万向传动装置一般由万向节和传动轴等组成。但部分汽车的发动机与驱动桥之间距离较远,需将传动轴分为两段,在其中部必须加装中间支承,如图 1-65 所示。

2　万向传动装置在汽车上的应用

(1)变速器(或分动器)与驱动桥之间

发动机前置后轮驱动汽车的变速器(或越野车的分动器),其输出轴常与驱动桥的输入轴不在同一轴线上,且在汽车行驶过程中,由于路面不平等原因,造成车轮及驱动桥上下跳动,使得两轴线之间的夹角和距离经常发生变化。因此,必须在两轴之间设置万向传动装置,以适应动力传递的需要,如图 1-65 所示。

(2)变速器与离合器或与分动器之间

变速器、离合器及分动器等,虽然都支承在车架上,且轴线也可以设计成重合,但为了消除制造、装配误差以及车架变形对传动的影响,在其间也常设置万向传动装置。

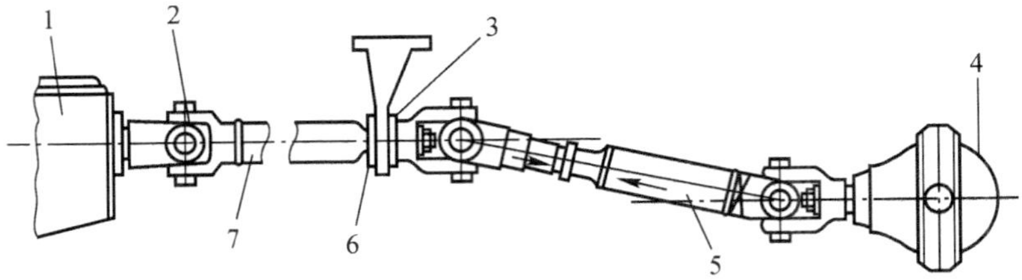

1—变速器;2—万向节;3—中间支承;4—驱动桥;5、7—传动轴;6—球轴承

图 1-65 变速器与驱动桥之间的万向传动装置

(3)断开式驱动桥或转向驱动桥之间

在与独立悬架配合使用的断开式驱动桥中,由于左右驱动轮存在相对跳动,需在差速器与车轮之间装有万向传动装置;在转向驱动桥中,前轮在偏转的过程中均需传递动力。因此,对非独立悬架的转向驱动桥,往往将一侧的半轴再分为内、外两段,用万向节连接。

(4)转向操纵机构

某些汽车的转向操纵机构,由于受整体布置的限制,转向盘轴线与转向器输入轴轴线不能重合,也常设置万向传动装置。

3 万向节

万向节是万向传动装置中实现变角度动力传递的主要部件。按其速度特性可分为普通万向节、准等角速万向节和等角速万向节;按其刚度大小可分为刚性万向节和柔性万向节。

3.1 普通万向节

普通万向节又称十字轴式刚性万向节,是目前汽车上应用最为广泛的一种万向节,它允许相邻两轴在最大交角为 15°～20°的情况下传递动力。

(1)十字轴式万向节的构造

如图 1-66 所示,它一般由一个十字轴、两个万向节叉和四个滚针轴承等组成。两个万向节的两对孔通过四个滚针轴承(由滚针 8 和套筒 9 组成)分别与十字轴 4 的两对轴颈相铰接。这样,当主动轴转动时,从动轴既可随之转动,又可绕十字轴中心在任意方向摆动。

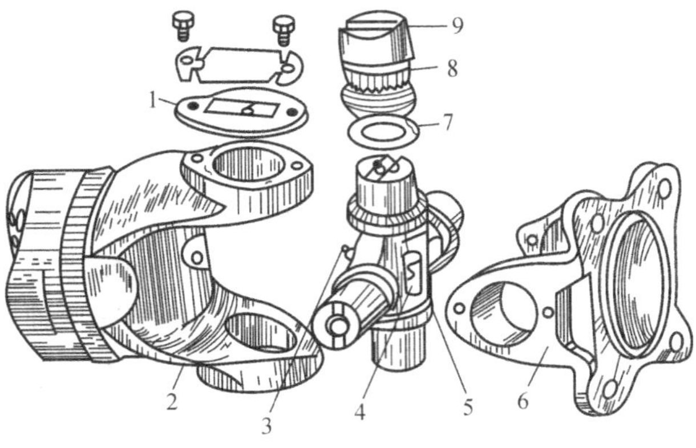

1—轴承盖;2、6—万向节叉;3—润滑脂嘴;4—十字轴;5—溢流阀;7—油封;8—滚针;9—套筒

图 1-66 十字轴式刚性万向节

为了润滑轴承，十字轴做成中空的，并开有润滑油道通向轴颈。在十字轴的轴颈上套着装在金属座圈内的毛毡油封7，以防止润滑油流失或灰尘进入轴承。溢流阀5起着防止油压过高而使密封损坏的作用。现代汽车多采用橡胶油封，多余的润滑油从油封内圆表面与十字轴轴颈接触处溢出，故无需安装溢流阀。

为了防止轴承在离心力的作用下从万向节叉内脱出，轴承应进行轴线定位。常见的定位方式除上述的盖板式外，还有瓦盖式、U型螺栓式、弹性卡圈固定式等。

十字轴式万向节结构简单，传动可靠，效率高，因此应用较广泛。其不足之处是对于单个万向节在输入轴和输出轴之间有夹角的情况下，其两轴的角速度不相等，这就是单个万向节的不等速性。

(2)十字轴式万向节的不等速性及其等角速排列

十字轴式万向节传动具有不等速度性，即当其主动叉是等速转动时，从动叉是不等速转动的，其运动情况可以用图1-67来分析。

设主动叉轴1为水平布置且以等角速 ω_1 旋转，从动叉轴2与主动叉轴1有一夹角 α，其角速度为 ω_2，十字轴旋转半径 $OA=OB=r$。

当万向节转动到图1-67(a)所示位置，即主动叉处于垂直位置，十字轴平面与主动叉轴相垂直时，十字轴上 A 点的线速度 v_A 可以从叉轴1和叉轴2两方面求出，即：

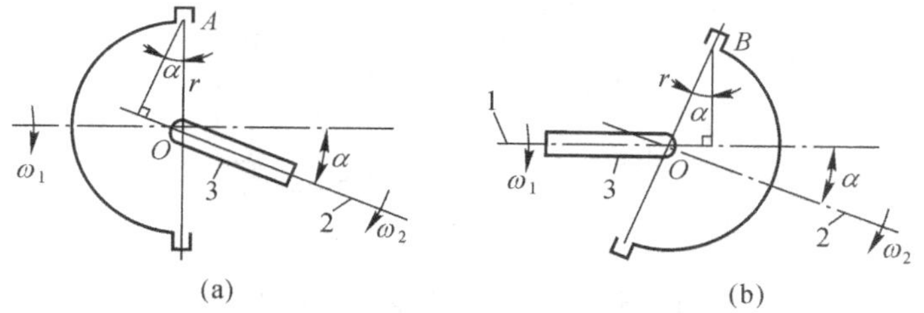

1—主动叉轴；2—从动叉轴；3—十字轴

图1-67　十字轴刚性万向节传动的角速度分析

$$v_A=\omega_1 r=\omega_2 r\cos\alpha$$

$$\omega_2=\omega_1/\cos\alpha \qquad \text{此时：}\omega_2>\omega_1$$

当万向节再转动90°，到图1-67(b)所示位置，即主动叉处于水平位置，十字轴平面与从动叉轴2相垂直时，十字轴上 B 点的线速度 v_B 也可以从叉轴1和叉轴2两方面求出，即：

$$v_B=\omega_2 r=\omega_1 r\cos\alpha$$

$$\omega_2=\omega_1\cos\alpha \qquad \text{此时：}\omega_2<\omega_1$$

通过上述两个特殊位置分析可以看出，当主动叉轴1以等角速转动时，从动叉轴2是不等角速转动的，即主动轴与从动轴的瞬时角速度不相等，这就是十字轴式刚性万向节的不等速性。

主动轴从图1-67(a)位置到图1-67(b)位置转动了90°，从动轴2的角速度由最大值 $\omega_1/\cos\alpha$ 变为最小值 $\omega_1\cos\alpha$。主动叉再转90°，又回到图1-67(a)位置，从动轴的角速度又由最小值变为最大值。可见，从动轴角速度的变化以180°为一个周期，在180°内时快时慢，且不等速程度随轴间夹角 α 的增大而增大，但两轴的平均速度相等。所谓的不等速性是指从动轴在转动一周内其角速度不均匀而言。

单个万向节传动的不等速性，使从动轴及与其相连的传动部件产生扭转振动，产生附加的交变载荷及振动噪声，影响部件寿命。为避免这一问题，在汽车上均采用两个普通万向节，且中间以传动轴相连，使第一个万向节的不等速效应被第二个万向节所抵消，从而实现两轴间的等速传动。但要达到这一目的，必须满足以下两个条件：

①第一万向节两轴间夹角 α_1 与第二万向节两轴间夹角 α_2 相等。

②第一万向节的从动叉与第二万向节的主动叉处于同一平面内。

满足上述两条件的等速传动有两种排列方式：平行排列，如图 1-68(a)所示；等腰三角形排列，如图 1-68(b)所示。

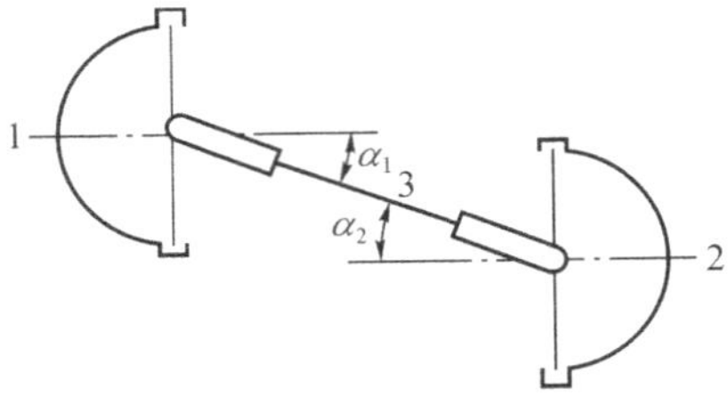

(a) 平行排列

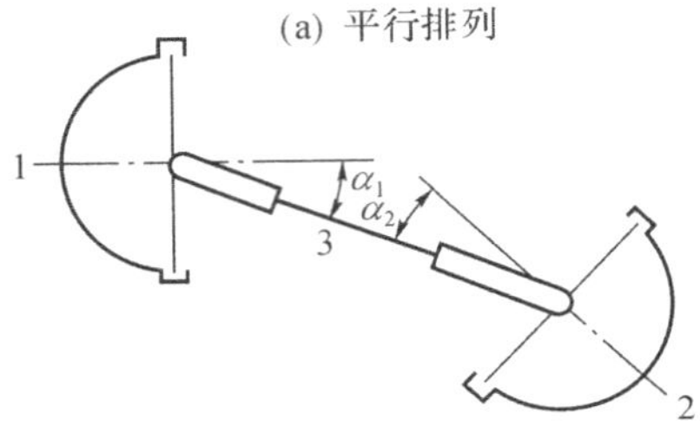

(b) 等腰三角形排列

1—输入轴；2—输出轴；3—传动轴

图 1-68　双十字轴刚性万向节等速传动布置示意图

通过正确的装配工艺可以保证与传动轴两端相连接的万向节叉在同一平面内。但条件 $\alpha_1=\alpha_2$ 只有采用驱动轮独立悬架时，才有可能通过整车的总体布置来实现。若驱动轮采用非独立悬架时，由于弹性悬架的振动，主减速器输入轴与变速器输出轴的相对位置不断变化，不可能在任何情况下都保证 $\alpha_1=\alpha_2$，此时万向传动装置只能做到使传动的不等速尽可能小。

所谓等速传动是对传动轴两端的输入轴和输出轴而言。对传动轴来说，只要传动轴两端的输入轴和输出轴的夹角不为零，它就是不等角速转动，与传动轴的排列方式无关。

3.2　准等角速万向节

准等速万向节是根据上述双万向节实现等速传动的原理，在结构上使中间轴缩短，从而实现或基本实现等角速传动。准等速万向节结构型式很多，常见的有双联式和三销轴式等。

(1)双联式万向节

双联式万向节实际上是一套传动轴长度减缩至最小的双万向节等速传动装置。图 1-69 所示的双联叉 3 相当于两个在同一平面上的万向节叉。要万向节叉的角速度相等，应保证 $\alpha_1=\alpha_2$，为此在有的双联式万向节的结构中，装有分度机构(多为球销之类零件组成)，使双联叉的对称线平分所连两轴的夹角。

在双联式万向节用于转向驱动桥时，为使结构简化，省去了分度机构。但必须在结构上保证双联式万向节中心点位于主销轴线与半轴轴线的交点，以保证准等速传动。

双联式万向节结构简单，允许有较大的轴间夹角，工作可靠，效率高，故在转向驱动桥中的应用逐渐增多。

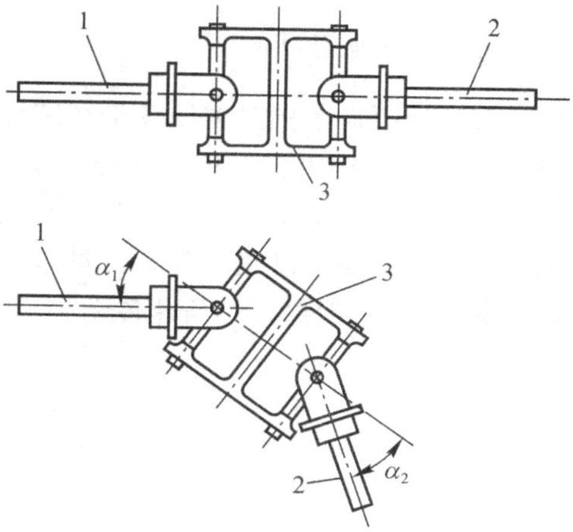

1、2—轴；3—双联叉

图 1-69　双联式万向节示意图

(2)三销轴式万向节

三销轴式万向节是由双联式万向节演变而来的准等速万向节，如图 1-70 所示。它主要由两个偏心轴叉 1 和 3、两个三销轴 2 和 4、六个轴承和密封件等组成。装合时每一偏心轴叉的两叉孔通过轴承和一个三销轴大端的两轴颈配合，而后两个三销轴的小端轴互相插入对方的大端轴承孔内，形成了 Q_1-Q_1'、Q_2-Q_2'、$R-R'$三根轴线。与主动偏心轴叉 1 相连的三销轴 4 的两个轴颈端面和轴承座 6 之间装有推力垫片 10。其余轴颈端面均无推力垫片，且端面与轴承座之间留有较大的空隙，保证转向时三销轴式万向节无运动干涉现象。传动时，转矩由主动偏心轴叉 1 经轴 Q_1-Q_1'、$R-R'$、Q_2-Q_2'传到从动偏心轴叉 3。

三销轴式万向节虽然形状复杂，但制造工艺并不复杂，它的最大特点是允许相邻两轴有较大的交角，最大可达 45°。采用此万向节的转向驱动桥可使汽车获得较小的转弯半径，提高了汽车的通过性，故在越野汽车上得到广泛应用。其缺点是所占空间较大。

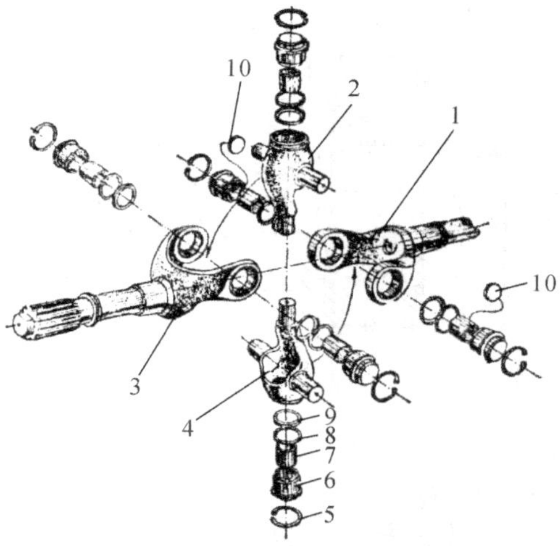

(a) 零件形状

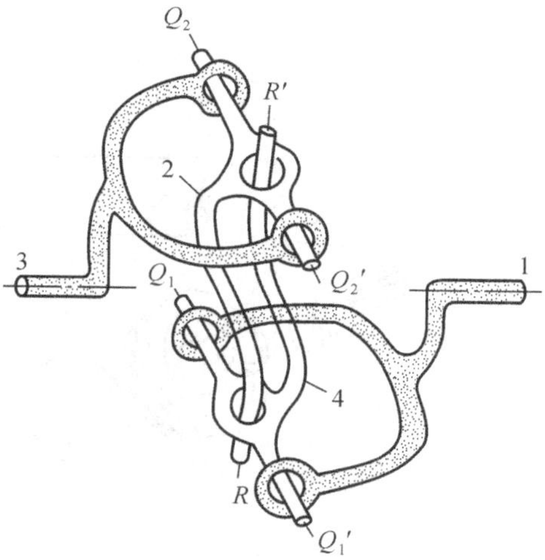

(b) 装配示意图

1—主动偏心轴叉；2、4—三销轴；3—从动偏心轴叉；5—卡环；6—轴承座；7—衬套；8—毛毡圈；9—密封罩；10—推力垫片

图 1-70　三销轴式准等速万向节

3.3 等角速万向节

等角速万向节的基本原理是在结构上保证传力点永远位于两轴交点的平分面上。图 1-71 所示为等角速万向节的工作原理图。两个大小相同的锥齿轮的接触点 P 位于两齿轮轴线交角 α 的平分面上，由 P 点到两轴的垂直距离都等于 r。P 点处两齿轮的圆周速度相等，因此两齿轮的角速度也相等。可见，若万向节的传力点在其交角变化时，始终位于两轴夹角的平分面上，就能保证等角速传动。

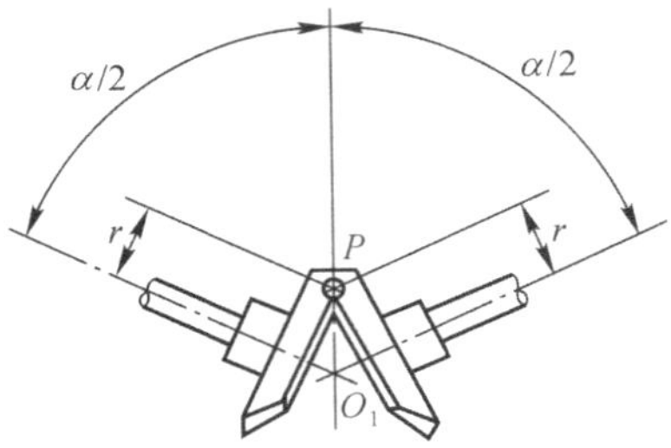

图 1-71　等角速万向节的工作原理

等角速万向节的常见结构形式有球笼式和组合式等。

(1)球笼式等角速万向节

如图 1-72 所示，星形套 7 与主动轴 1 用花键固接在一起，星形套外表面有六条弧形凹槽滚道，球形壳 8 的内表面有相应的六条凹槽，六个钢球分别装在各条凹槽中，由球笼 4 使其保持在同一平面内。动力由主动轴 1、钢球 6、球形壳 8 输出。等角速传动原理见图 1-73。

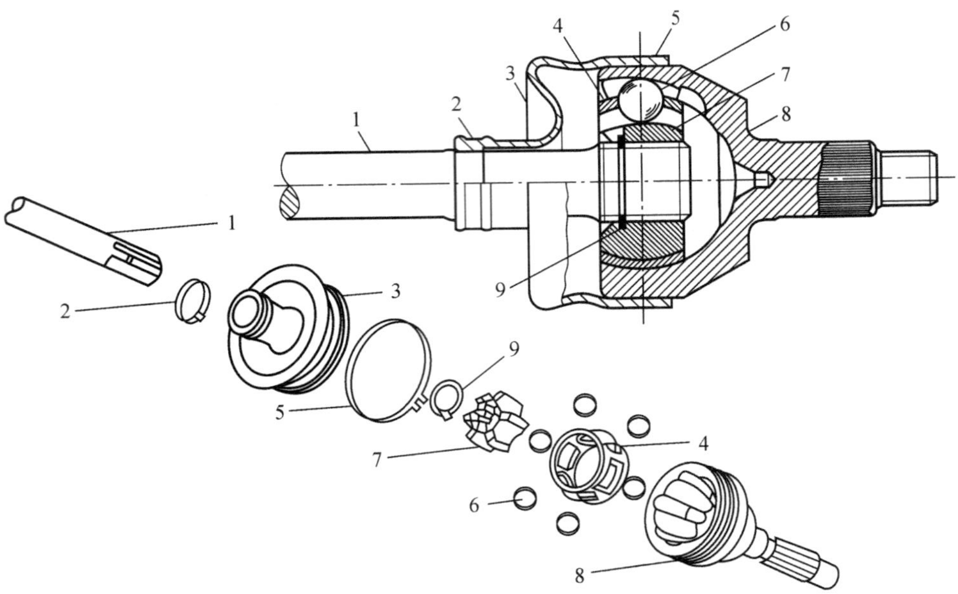

1—主动轴；2、5—钢带箍；3—外罩；4—保持架(球笼)；6—钢球；7—星形套(内滚道)；8—球形壳(外滚道)；9—卡环

图 1-72　球笼式等角速万向节

有的万向节采用直槽滚道，使万向节本身可轴向伸缩，省去其他万向节传动中的滑动花键，且滚动阻力小，适合于断开式驱动桥。

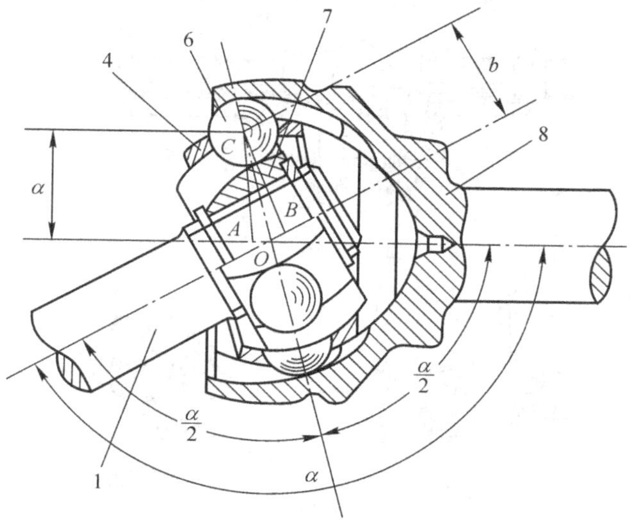

A—外滚道中心；B—内滚道中心；C—钢球中心(余注同图1-72)

图1-73　球笼式万向节等角速传动的结构原理

球笼式万向节工作时6个钢球全部参与传力，因而磨损小、寿命长、承载能力强。它被广泛应用于各种型号的转向驱动桥和独立悬架的驱动桥。

(2)组合式等角速万向节

如图1-74所示，球叉3上的三个直槽与三个传力球4配合传力；三个球销5制成一体，并分别定位在球笼上；连接卡簧7上的三个爪分别卡入球叉3的三个菱形槽内，以防止球笼脱离球叉。中心球座1在弹簧作用下，始终与球叉内凹面接触，起到定心作用。

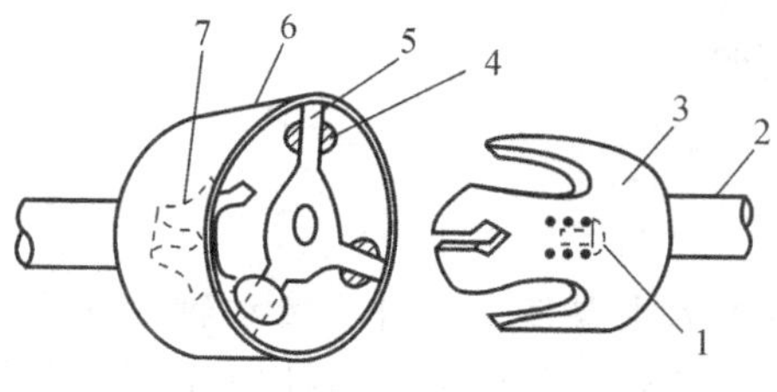

1—中心球座；2—半轴；3—球叉；4—传力球；5—球销；6—球笼；7—卡簧

图1-74　组合式等角速万向节

该万向节结构紧凑，多为一次性使用。其传力路线为：半轴→球叉3→传力球4→球销5→球笼6→输出。

3.4　柔性万向节

柔性万向节是依靠弹性元件的弹性变形以适应变交角两轴间的传动。由于弹性元件的弹性变形量有限，故柔性万向节一般用于两轴交角不大于3°～5°和微量轴间位移的万向传动中，通常用于连接都安装在车架或车身上的两个部件，以消除安装误差和变形的影响。

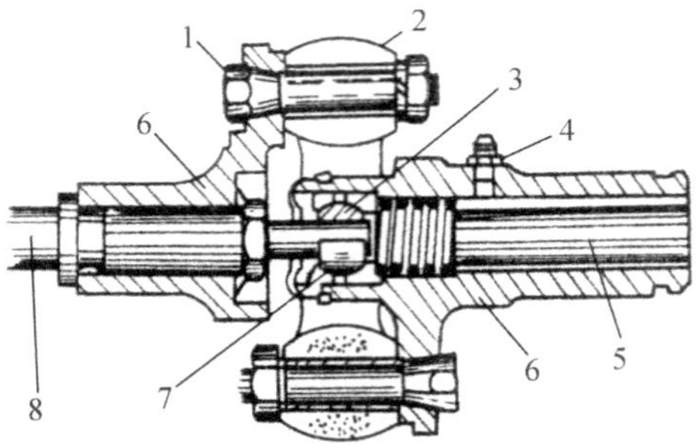

(a) 结构图

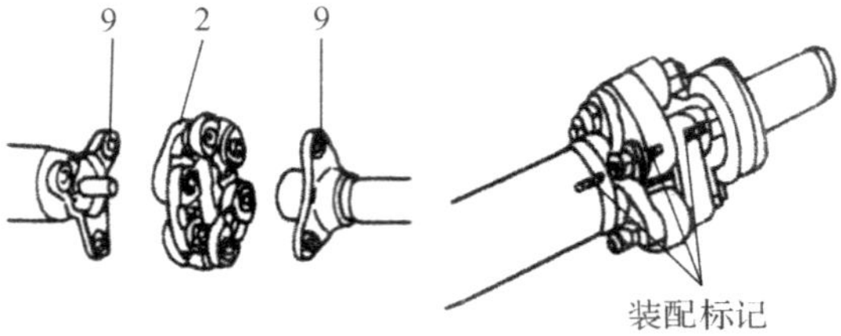

(b) 立体图

1—连接螺栓；2—橡胶件；3—定心钢球；4—润滑脂加注孔；5—主动轴；6—传动凸缘；7—球座；8—从动轴；9—万向节叉（传动凸缘叉）

图 1-75　柔性万向节

在 LS400 轿车、部分皇冠轿车等转向操纵机构中采用了柔性万向节（如图 1-75 所示）。六个弹性件 2 交错地用六个螺栓 1 分别与主、从动轴 5、8 上的万向节叉 9 相连。在主、从动件之间装有定心装置，即在主动轴叉的轴心孔中装有球座定心钢球 3、锁止卡环、油封，从动叉轴通过油封内孔，定心钢球起定心作用。

柔性万向节不仅结构简单、无需润滑，而且具有缓冲和减振的作用。

4　传动轴与中间支承

4.1　传动轴

传动轴是万向传动装置中的主要传力部件。传动轴的功用是用来连接变速器（或分动器）和驱动桥，在转向驱动桥和断开式驱动桥中，则用来连接差速器和驱动桥。

汽车在行驶过程中，由万向传动装置连接的部件在位置上经常发生变化，为了避免运动干涉，往往在传动轴上设置有可以轴向伸缩滑动的花键，以适应传动轴改变长度的需要。花键由花键轴和滑动套配合而成，为了减小两者轴向滑动阻力和磨损，提高使用寿命，在结构上设有加注润滑脂的油嘴，以及密封用的油封、堵盖和防尘套等。

传动轴在高速旋转时，由于离心力的作用将产生剧烈振动。因此，当传动轴与万向节装配后，必须满足动平衡要求。如图 1-76 所示，中间传动轴 4 上的平衡片 3 即为平衡用的零件。平衡后，在万向节滑动叉 13 与主传动轴 16 上刻有装配位置标记 21，以便拆卸后重新安装时保持两者的相对角位置不变。

传动轴有实心轴和空心轴之分。为了减轻传动轴的质量，节省材料，提高轴的强度、刚度及临界转速，传动轴多为空心轴，一般用厚度为1.5～3.0mm且厚薄均匀的钢板卷焊而成，超重型货车则直接采用无缝钢管。而转向驱动桥、断开式驱动桥及微型汽车的传动轴通常制成实心轴。

传动轴过长时，自振频率较低，易产生共振。通常将传动轴分成两段并加中间支承。前段称中间传动轴4，后段称主传动轴16。

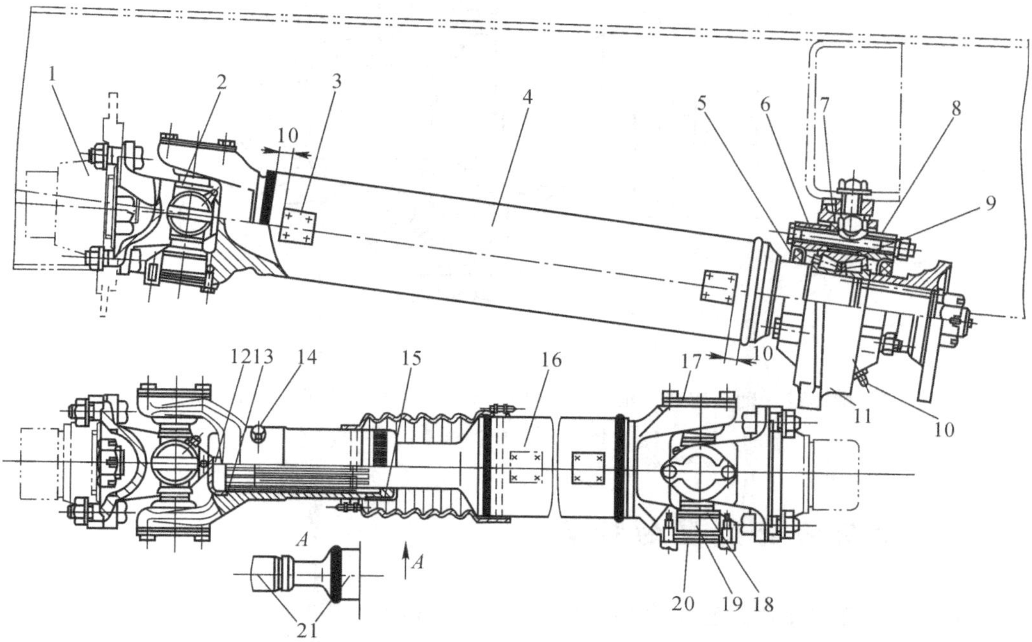

1—凸缘叉；2—万向节十字轴；3—平衡片；4—中间传动轴；5、15—油封；6—中间支承前盖；7—橡胶垫环；8—中间支承后盖；9—双列圆锥滚子轴承；10、14—注油嘴；11—支架；12—堵盖；13—万向节滑动叉；16—主传动轴；17—锁片；18—滚针轴承油封；19—万向节滚针轴承；20—滚针轴承轴承盖；21—装配位置标记

图1-76 解放CA1091型汽车传动轴

4.2 中间支承

传动轴分段时须加中间支承。通常将其安装在车架横梁上。中间支承除对传动轴起支撑作用外，还应能补偿传动轴轴向和角度方向的安装误差，以及车辆行驶过程中由于发动机窜动或车架等变形所引起的位移。

图1-77所示为应用较为广泛的蜂窝软垫式中间支承。其特点是结构简单，效果良好，并可吸收振动，减小噪声。如图所示，轴承3可在轴承座2内滑动，由于蜂窝软垫5的弹性作用，能适应安装误差和行驶中出现的位移。有的汽车上还采用摆动式中间支承，当发动机轴向窜动时，中间支承可绕支承轴摆动，改善了轴承的受力状况。

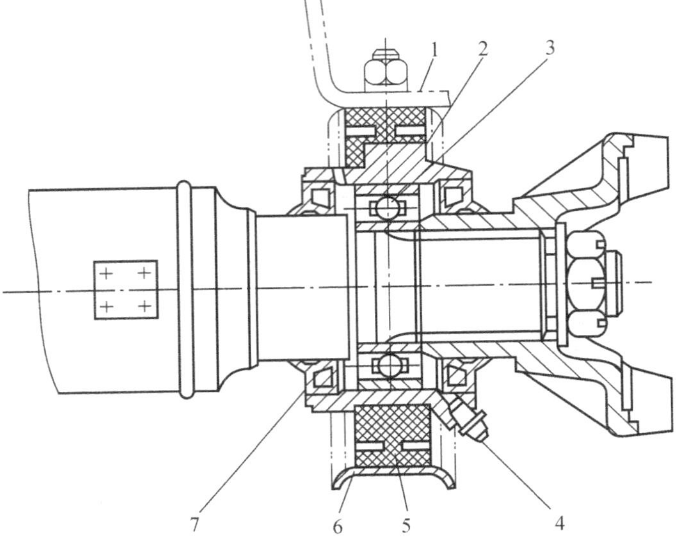

1—车架横梁;2—轴承座;3—轴承;4—注油嘴;5—蜂窝软垫;6—U形支架;7—油封

图 1-77　中间支承

任务2　万向传动装置的拆装

万向传动装置在使用过程中会出现各种损伤,尤其是那些传动轴管长度大、工作条件恶劣、润滑条件极差、行驶在不良的道路上的汽车,冲击载荷的峰值往往会超过正常值的一倍以上,以致造成万向传动装置的弯曲、扭转和磨损极限,产生振动异响等故障,破坏万向传动装置的动平衡特性、速度特性,使万向传动装置技术状况变差,传动效率降低,从而影响汽车的动力性和经济性。

本任务主要介绍普通十字轴万向节传动装置的拆装。

1　万向传动装置的拆卸

(1)将汽车的前后轮支住,避免溜滑。

(2)检查总成上的装配标记,必要时重做记号,如图 1-78 所示。

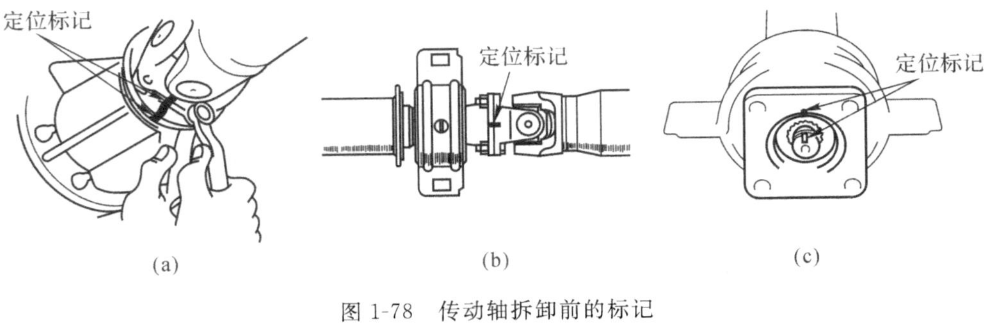

(a)　　(b)　　(c)

图 1-78　传动轴拆卸前的标记

(3)拆下后传动轴和主减速器凸缘相连的螺栓,拆下后传动轴总成。

(4)拆下前传动轴与驻车制动鼓连接螺母,拆下中间支撑支架与车架横梁的连接螺栓,取下前传动轴总成。

(5)分解滑动叉。拧开滑动叉油封盖即可以把花键轴从滑动叉中抽出来,取下油封、油封垫和油封盖。

(6)分解万向节。用卡钳取出凸缘叉孔内的卡环,手托传动轴一端,用手锤敲击凸缘叉外侧,将滚针轴承及轴承座振出,如图1-79(a)所示。将传动轴转过180°,用同样方法将凸缘叉上另一滚针轴承振出,并将凸缘叉取下,如图1-79(b)所示,左手抓住十字轴,将传动轴一端抬起,右手用手锤敲击凸缘叉耳根部,将滚针轴承、轴承座及十字轴振出。

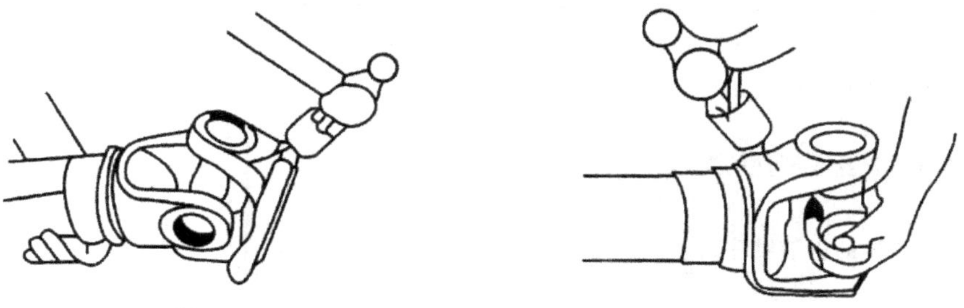

(a) (b)

图1-79 分解万向节

(7)分解中间支承。拔下开口销,旋下槽形螺母,取下垫圈,用手锤轻敲凸缘背面边缘,松动后把凸缘从中间轴花键轴上拔出来,在轴承座前端放置一垫板,用手锤轻敲垫板,将整个中间支承从中间花键轴上敲出,把橡胶垫环从轴承座上压出来,把轴承座夹在台钳上,用铜棒、手锤把两边的油封敲出,再取出轴承。

2 万向传动装置的装配

万向传动装置装配时,应注意装配位置对其传动速度特性的影响。

(1)清洁零件。待装零件应彻底清洗,特别是十字轴的油道、轴颈和滚针轴承,最好用清洁的煤油清洗后,再用压缩空气吹干。装配时,在轴颈和轴承上涂适量的润滑脂;应避免磕碰,并注意传动轴管两端点焊的平衡片是否脱落。

(2)核对零件的装配标记。应认真校对十字轴及万向节叉、十字轴及短传动轴和滑动叉及花键轴管等的装配标记,按原标记装配。在安装滑动叉时,特别要保证传动轴两端万向节叉的轴承孔轴线位于同一平面上,其位置误差应符合原厂规定。

(3)十字轴的安装。十字轴上的润滑脂嘴要朝向传动轴以便注油;两偏置油嘴应间隔180°,以保持传动轴的平衡。剖分式承孔的U形固定螺栓的力矩严格执行原厂规定。

(4)中间支承的安装。将中间支承轴承对正后压入中间传动轴的花键突缘内。压入时,不允许用手锤敲打轴承,以防止轴承内圈挡边破裂。紧固中间支承的前后轴盖上的三个紧固螺栓时,应支起后轮,边转动驱动轮边紧固,以便自动找正中心;也可以先不拧紧到规定力矩,待走合一段时间,自动找正中心后再按规定力矩拧紧。但在走合中,一定要注意紧固螺栓的松脱。

(5)加注润滑脂。用油枪加注汽车通用的锂基2号或二硫化钼锂基脂。注油时,既要充分又不过量，以从油封刃口处或中间支承的气孔能看到有少量新润滑脂被挤出为宜。

3 任务工单

学生依据实践指导材料的要求及操作步骤，在教师的指导下完成本工作任务，并填写任务工单。

万向传动装置拆装任务工单

任务名称	万向传动装置的拆装	实训设备	套筒扳手、扭力扳手、螺丝刀、钳子、组合工具
客户任务	汽车在行驶中万向传动装置发出周期性的响声，请进行正确的拆装。		
任务目的	能正确使用工具，能够根据规范正确拆装万向传动装置。		

一、资讯

1.万向传动装置的组成。

2.万向传动装置各零部件的功用。

3.万向传动装置的拆装顺序。

二、决策与计划

根据任务要求，确定所需要的设备、工具，并对小组成员进行合理分工，制定详细的工作计划。

1.讨论万向传动装置拆装所需要的设备、工具。

2.小组成员分工。

3.制订万向传动装置拆装的操作步骤。

(1)____________________

(2)____________________

(3)____________________

(4)____________________

三、实施过程记录

1.分析你所拆装的万向传动装置结构的结构特点。

2.总结万向传动装置拆装时，应该注意的问题。

四、检查与评估

1.检查万向传动装置的拆装顺序是否正确。

2.请根据任务完成的情况，对自己的工作进行自我评估，并提出改进意见。

3.教师对小组工作情况进行评估，并作出点评。

任务3　万向传动装置的故障诊断与检修

1　万向传动装置的维护

一级维护时，应进行润滑和紧固作业。对万向节的十字轴、传动轴滑动叉、中间支承轴承等加注润滑脂(通常为锂基2号润滑脂)；检查传动轴各部螺栓和螺母的紧固情况，特别是万向节叉突缘连接螺栓和中间支承支架的固定螺栓等，应按规定的力矩拧紧。

二级维护时，应按如图1-80中间支承所示的方法检查十字轴轴承的间隙。十字轴轴承的配合应用手不能感觉出轴向移动量。对传动轴中间支承轴承，应检查其是否松旷及运转中有无异响，当其径向松旷超过规定或拆检轴承出现黏着磨损时，应更换中间支承轴承。

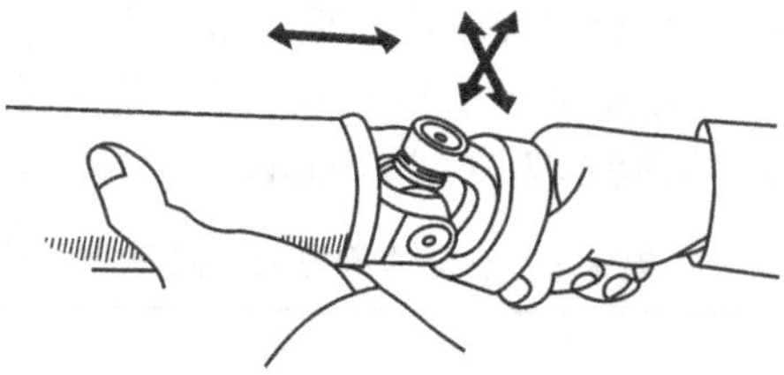

图1-80　中间支承十字轴轴承配合间隙的检查

2　万向传动装置的检修

国产汽车的万向传动装置的修理应执行GB8824—88《汽车传动轴修理技术条件》的规定。万向传动装置主要零部件检修情况如下：

2.1　传动轴

传动轴的主要损伤形式有弯曲、凹陷或裂纹等，主要检修以下几个方面：

(1)传动轴轴管不得有裂纹及严重的凹瘪，否则应更换传动轴。

(2)检查传动轴弯曲程度，如图1-81所示用V形铁架起传动轴，使其水平，而后旋转，用百分表在轴的中间部位测量。径向全跳动公差应符合表1-1的规定，否则应更换或校正传动轴(轿车传动轴径向全跳动公差应比表1-1相应减小0.2mm)。

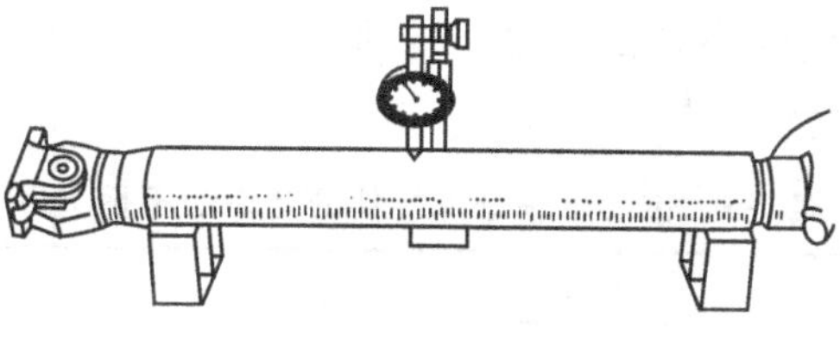

图1-81　传动轴弯曲程度检查

(3)检查中间传动轴支承轴颈的径向圆跳动公差不应超过0.10mm，否则应更换或镀铬修复或予以更换。

(4)检查传动轴花键与滑动叉花键、突缘叉与所配合花键的间隙：轿车应不大于

0.15mm,其他类型的汽车应不大于0.30mm,装配后应能滑动自如。若超过限值,则应更换传动轴或滑动叉。

表 1-1　传动轴轴管的径向全跳动公差　(单位:mm)

轴　长	≤600	600～1000	>1000
径向全跳动公差	0.6	0.8	1.0

2.2　万向节叉、十字轴及轴承

(1)检查万向节叉和十字轴不得有裂纹,否则应更换。

(2)检查十字轴颈表面,若有疲劳剥落,磨损沟槽或滚针压痕深度在0.10mm以上时,应换新。

(3)检查出滚针轴承的油封失效、滚针断裂、轴承内圈有疲劳剥落时,应换新。

(4)检查十字轴与轴承的最小配合间隙应符合原厂规定,最大配合间隙应符合表1-2的规定。

(5)检查十字轴及轴承装入万向节叉后的轴向间隙,剖分式轴承孔为0.10～0.50mm,整体式轴承孔为0.02～0.25mm,轿车为0～0.05mm。

表 1-2　十字轴承的配合间隙　(单位:mm)

十字轴轴颈直径	≤18	18～23	>23
最大配合间隙	符合原厂规定	0.10	0.14

2.3　中间支承

中间支承的常见故障是橡胶老化和轴承磨损所引起的振动和异响等。

(1)检查中间支承轴承的旋转是否灵活,油封和橡胶衬垫是否损坏,否则应更换。

(2)拆下中间支承前,可以在中间支承周围摇动传动轴,检查中间支承轴承的松旷程度,分解后可进一步检查轴承的轴向和径向间隙是否符合原厂规定。

中间支承经使用磨损后,需及时检查和调整,以恢复其良好的技术状况。

2.4　传动轴管焊接组合件

传动轴管焊接组合件经修理后,原有的动平衡已不复存在。因此,传动轴管焊接组合件(包括滑动套)应重新进行动平衡试验,传动轴两端任一端的动不平衡量:轿车应不大于10g·cm,其他车型应不大于表1-3的规定。传动轴管焊接组合件的平衡可在轴管的两端加焊平衡片,每端最多不得多于3片。

表 1-3　传动轴轴管焊接件的允许动不平衡量　(单位:g·cm)

传动轴轴管外径	≤58	58～80	>80
允许动不平衡量	30	50	100

3　万向传动装置常见故障诊断

万向传动装置由于经常受汽车在复杂道路上行驶的影响,使传动轴在其角度和长度不断变化的情况下传递转矩，因此常出现传动轴动不平衡、万向节与中间支承松旷、发响甚至会引起飞轮壳的破裂等故障。

3.1 传动轴动不平衡与异响

(1)故障现象

在万向节和伸缩叉技术状况良好时，汽车行驶中发出周期性的响声；速度越高响声越大，甚至伴随有车身振动，握转向盘的手感觉麻木。

(2)故障原因

①传动轴上的平衡块脱落。

②传动轴弯曲或传动轴管凹陷。

③传动轴管与万向节叉焊接不正或传动轴未进行过动平衡试验和校准。

④伸缩叉安装错位，造成传动轴两端的万向节叉不在同一平面内，不满足等角速传动条件。

⑤中间支承吊架固定螺栓松动或万向节凸缘盘连接螺栓松动，使传动轴偏斜。

(3)故障诊断与排除

①检查传动轴管是否凹陷，有凹陷，则故障由此引起；无凹陷，则继续检查。

②检查传动轴管上的平衡片是否脱落，如脱落，则故障由此引起；否则继续检查。

③检查伸缩叉安装是否正确，不正确，则故障由此引起；否则继续检查。

④拆下传动轴进行动平衡试验，动不平衡，则应校准以消除故障。弯曲应校直。

⑤检查中间支承吊架固定螺栓和万向节凸缘盘连接螺栓是否松动，若有松动，则异响由此引起，应紧固。

3.2 万向节、伸缩叉松旷及异响

(1)故障现象

在汽车起步和突然改变车速时，传动轴发出“吭”的响声；在汽车缓行时，发出“咣当、咣当”的响声。

(2)故障原因

①万向节凸缘盘连接螺栓松动。

②万向节主、从动部分游动角度太大。

③万向节轴承、十字轴磨损严重。

④万向节、伸缩叉磨损松旷。

(3)故障诊断与排除

①用榔头轻轻敲击各万向节凸缘盘连接处，检查其松紧度。太松旷则故障由连接螺栓松动引起，否则继续检查。

②用双手分别握住万向节、伸缩叉的主、从动部分转动，检查游动角度。万向节游动角度太大，则异响由此引起；伸缩叉游动角度太大，则异响由此引起。

3.3 中间支承松旷

(1)故障现象

汽车运行中出现一种连续的“呜呜”响声，车速越高响声越大。

(2)故障原因

①滚动轴承缺油烧蚀或磨损严重。

②中间支承安装方法不当，造成附加载荷而产生异常磨损。

③橡胶圆环损坏。

④车架变形，造成前后连接部分的轴线在水平面内的投影不同线而产生异常磨损。

(3)故障诊断与排除

①给中间支承轴承加注润滑脂，响声消失，则故障由缺油引起；否则继续检查。

②松开夹紧橡胶圆环的所有螺钉，待传动轴转动数圈后再拧紧，若响声消失，则故障由中间支承安装方法不当引起。否则故障可能是：橡胶圆环损坏，或滚动轴承技术状况不佳，或车架变形等引起。

4 任务工单

学生依据实践指导材料的要求及操作步骤，在教师的指导下完成本工作任务，并填写任务工单。

万向传动装置检修任务工单

<table>
<tr><td>任务名称</td><td>万向传动装置的检修</td><td>实训设备</td><td>套筒扳手、扭力扳手、螺丝刀、钳子、组合工具</td></tr>
<tr><td>客户任务</td><td colspan="3">汽车起步或突然改变车速时，传动轴发出“砰”的响声，请正确进行检修。</td></tr>
<tr><td>任务目的</td><td colspan="3">能正确使用工具，能够根据规范正确检修万向传动装置。</td></tr>
<tr><td colspan="4">一、资讯
1. 万向传动装置的检修部位及方法。

2. 万向传动装置各零部件的维修。

二、决策与计划
根据任务要求，确定所需要的设备、工具，并对小组成员进行合理分工，制定详细的工作计划。
1. 讨论确定万向传动装置检修所需要的设备、工具。

2. 小组成员分工。

3. 制订万向传动装置检修的操作步骤。
(1)________________
(2)________________
(3)________________
(4)________________
三、实施过程记录
1. 分析你所实践用万向传动装置的检修方法。</td></tr>
</table>

续　表

2. 总结万向传动装置检修时，应该注意的问题。 四、检查与评估 1. 检查万向传动装置的检修是否正确。 2. 请根据任务完成的情况，对自己的工作进行自我评估，并提出改进意见。 3. 教师对小组工作情况进行评估，并作出点评。

复习思考题

1. 万向传动装置的功用是什么？它主要应用于哪些地方？
2. 十字轴式万向节有何传动特点？如何实现其等角速传动？
3. 准等角速万向节和等角速万向节有哪些结构形式？各有何特点？
4. 万向传动装置在装配时应注意哪些问题？
5. 中间支承松旷有何故障现象，如何诊断排除？

项目4　驱动桥的认知与检修

应知目标：

1. 能掌握驱动桥各主要部件的功用与类型；
2. 能正确描述单级、双级主减速器的结构和工作原理；
3. 能正确描述齿轮式差速器的结构和工作原理；
4. 能正确描述典型防滑差速器的结构与工作原理；
5. 能简单叙述半轴与桥壳的结构特点。

应会目标：

1. 会进行驱动桥的拆装与调整；
2. 会进行驱动桥及其主要组成部件的维护与检修；
3. 会对驱动桥常见的故障进行分析判断并进行故障排除。

任务1　驱动桥认知

1　驱动桥的功用与类型

驱动桥是传动系中的最后一个总成，主要由驱动桥壳、主减速器、差速器和半轴等组成。

其功用是将万向传动装置传来的发动机转矩经减速、增扭并改变旋转方向后传到左右驱动轮，使左右驱动轮以相同的转速直线行驶或以不同的转速转弯行驶。

一般汽车的驱动桥总体构造如图 1-82 所示。转矩从变速器或分动器经万向传动装置输入驱动桥，首先传到主减速器 2，在此增大转矩并相应降低转速后，经差速器 3 分配给左右两半轴 4，最后通过半轴外端的凸缘盘传至驱动车轮的轮毂 5。驱动桥壳 1 由主减速器壳和半轴套管组成。轮毂 5 借助轴承支承在半轴套管上。

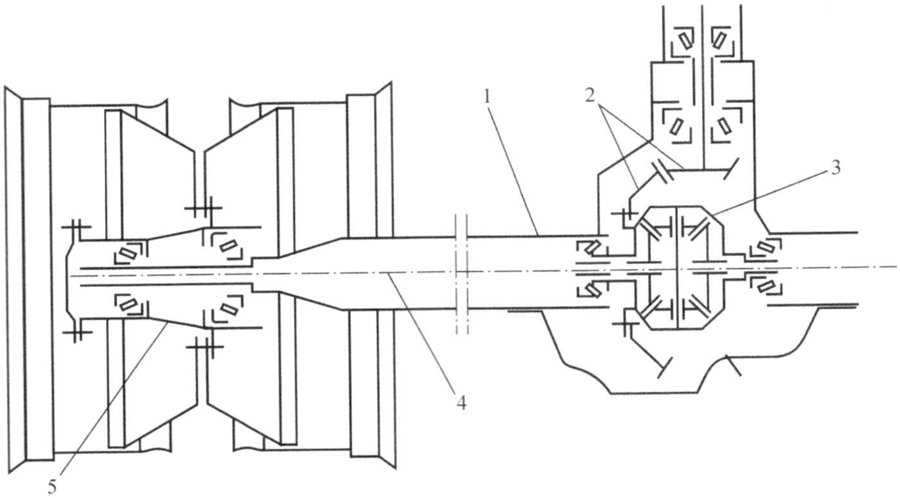

1—驱动桥壳；2—主减速器；3—差速器；4—半轴；5—轮毂

图 1-82　非断开式驱动桥示意图

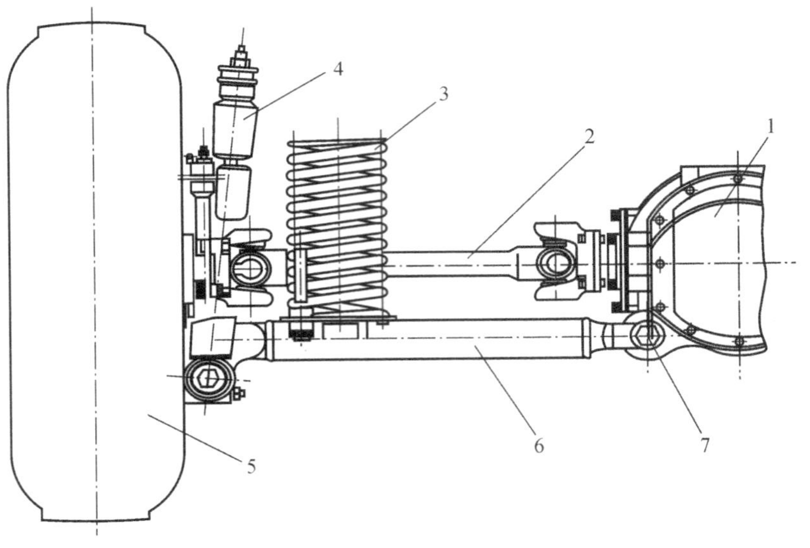

1—主减速器；2—半轴；3—弹性元件；4—减振器；5—车轮；6—摆臂；7—摆臂轴

图 1-83　断开式驱动桥示意图

驱动桥的类型有断开式驱动桥和非断开式驱动桥两种。

非断开式驱动桥如图1-82所示，亦称为整体式驱动桥，是指整个驱动桥通过弹性悬架与车架连接，半轴套管与主减速器壳是刚性连成一体的驱动桥。其特点是两侧的半轴和驱动轮不可能在横向平面内作相对运动。

断开式驱动桥是指主减速器壳固定在车架上，两侧的驱动轮分别用弹性悬架与车架相联系，驱动桥壳制成分段并通过铰链连接的驱动桥，如图1-83所示。主减速器1固定在车架或车身上，两侧车轮5分别通过各自的弹性元件3、减振器4和摆臂6组成的弹性悬架与车架相连。为适应车轮绕摆臂轴7上下跳动的需要，差速器与轮毂之间的半轴2两端用万向节连接。其特点是两侧车轮可彼此独立地相对于车架上下跳动，提高了汽车的行驶平顺性和通过性。

2 主减速器

2.1 主减速器的功用与类型

主减速器的功用是将输入的转矩增大并相应降低转速，以及当发动机纵置时还具有改变转矩旋转方向的作用。

为满足不同的使用要求，主减速器的结构形式也是不同的。其分类及结构特点见表1-4。

表1-4 主减速器分类及结构特点

<table>
<tr><th>分类方法</th><th colspan="2">类别</th><th>特点及应用</th></tr>
<tr><td rowspan="2">按齿轮副数目分</td><td colspan="2">单级式</td><td>小型汽车</td></tr>
<tr><td colspan="2">双级式[①]</td><td>重型汽车、越野汽车、大型客车</td></tr>
<tr><td rowspan="2">按主减速器传动比挡数分</td><td colspan="2">单速式</td><td>传动比是固定</td></tr>
<tr><td colspan="2">双速式</td><td>两个传动比供选择</td></tr>
<tr><td rowspan="3">按齿轮副结构形式分</td><td colspan="2">圆柱齿轮式</td><td>发动机横置前轮驱动的汽车</td></tr>
<tr><td rowspan="2">圆锥齿轮式</td><td>曲线锥齿轮式</td><td rowspan="2">发动机纵置的汽车</td></tr>
<tr><td>准双曲面齿轮式</td></tr>
</table>

注：①在双级式主减速器中，若第二级减速器齿轮有两副，并分置于两侧车轮附近，实际上成为独立部件，则称为轮边减速器。

2.2 主减速器的构造与工作原理

(1)单级主减速器

单级主减速器具有结构简单、体积小、质量轻和传动效率高等优点，所以轿车和一般轻、中型货车均采用单级主减速器。

图1-84(a)所示为东风EQ1090E型汽车驱动桥单级主减速器及差速器总成剖面图，图1-84(b)所示为该总成的零件分解图。主减速器的减速传动机构为一对准双曲面齿轮18和7。主动齿轮18有6个齿，从动齿轮7有38个齿，故主传动比$i_0=6.33$。

为保证主动锥齿轮有足够的支承刚度，主动锥齿轮18与轴制成一体，前端支承在互相贴近而小端相向的两个圆锥滚子轴承13和17上，后端支承在圆柱滚子轴承19上，形成跨置式支承。环状的从动锥齿轮7连接在差速器壳5上，而差速器壳则用两个圆锥滚子轴承3支承在主减速器壳4的座孔中。在从动锥齿轮的背面，装有支承螺栓6，以限制从动锥齿轮过度变形而影响齿轮的正常工作。装配时，支承螺栓与从动锥齿轮端面之间的间隙为0.3～0.5mm。

装配主减速器时，圆锥滚子轴承应有一定的装配预紧度，即在消除轴承间隙的基础上，再给予一定的压紧力。其目的是为了减小在锥齿轮传动过程中产生的轴向力所引起的齿轮轴的轴向位移，以提高轴的支承刚度，保证锥齿轮副的正常啮合。但也不能过紧，若过紧则传动效率低，且加速轴承磨损。为调整圆锥滚子轴承13和17的预紧度，在两轴承内座圈之间的隔离套的一端装有一组厚度不同的调整垫片14。如发现过紧则增加垫片14的总厚度；反之，减小垫片的总厚度。工程上常用预紧力矩表示预紧度的大小。在本例中，调整到能以1.0～1.5N·m的力矩转动叉形凸缘11，即为合适。

近年来，准双曲面齿轮在广泛应用于轿车的基础上，愈来愈多地在中型、重型货车上得到采用。这是因为它与曲线齿锥齿轮相比，不仅齿轮的工作平稳性更好，轮齿的弯曲强度和接触强度更高，还具有主动齿轮的轴线可相对从动齿轮轴线偏移的特点。如图1-85(a)所示，曲线齿锥齿轮传动时，其主、从动锥齿轮轴线是相交的。而采用准双曲面齿轮传动时，如图1-85(b)所示，其主、从动锥齿轮轴线不相交。当主动锥齿轴线向下偏移时，在保证一定离地间隙情况下，可降低主动锥齿轮和传动轴的位置，因而使车身和整个重心降低，有利于汽车行驶稳定性的提高。东风EQ1090E型汽车主减速器即采用了这种偏移的准双曲面齿轮，

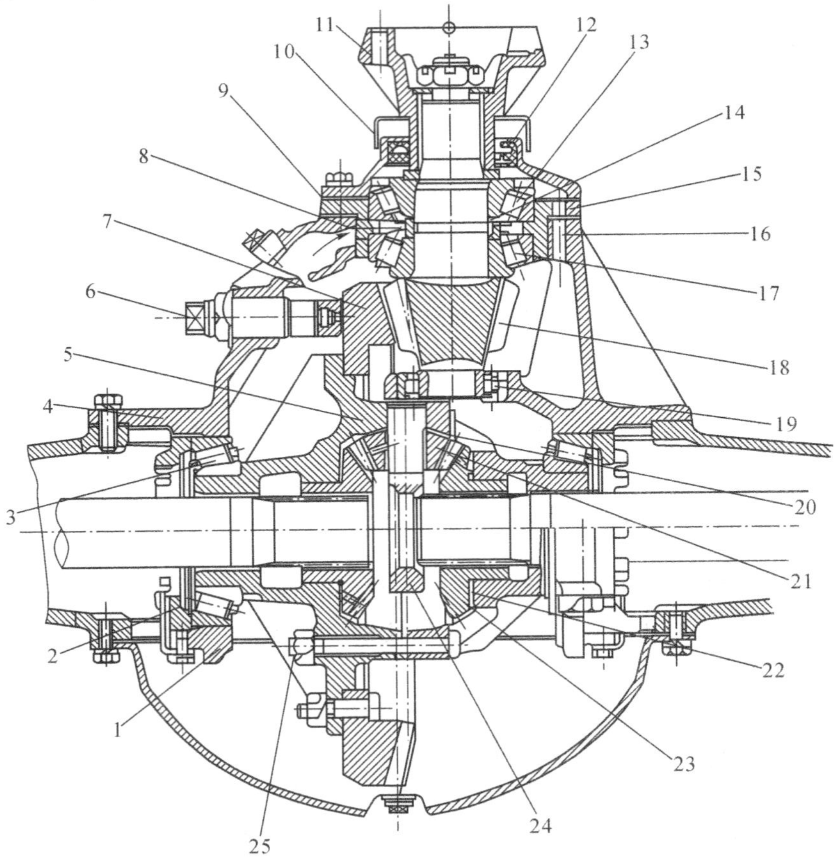

(a) 主减速器及差速器剖面图

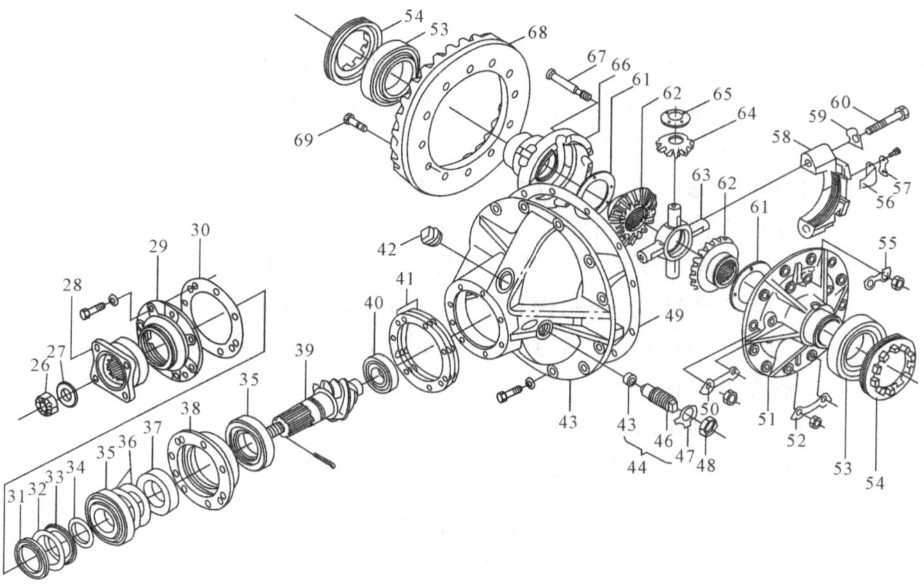

(b) 主减速器及差速器零件分解图

1—差速器轴承盖;2—轴承调整螺母;3、13、17—圆锥滚子轴承;4、43—主减速器壳;5—差速器壳;6—支承螺栓;7、68—从动准双曲面锥齿轮;8—进油道;9、14—调整垫片;10—防尘罩;11—叉形凸缘;12—油封;15—轴承座;16—回油道;18、39—主动准双曲面锥齿轮;19—圆柱滚子轴承;20、65—行星齿轮垫片;21—行星齿轮;22—半轴齿轮推力垫片;23、62—半轴齿轮;24—行星齿轮轴(十字轴);25、60—螺栓;26—槽形扁螺母;27、59—垫圈;28—主动锥齿轮叉形凸缘;29—油封座;30—油封座衬垫;31—主动锥齿轮外油封;32—油封导向环;33—主动锥齿轮内油封;34—推力垫圈;35—主动锥齿轮前轴承;36—轴承调整垫片;37—隔套;38—前轴承座;40—主动锥齿轮后轴承;41—主动锥齿轮调整垫片;42—螺塞;44—从动齿轮支承套总成;45—支承套;46—支承螺栓;47—锁片;48—螺母;49—主减速器壳垫片;50、52、55—锁止垫片;51—差速器左壳;53—差速器轴承;54—调整螺母;56—轴承盖锁片;57—垫片;58—主减速器轴承盖;61—半轴齿轮垫片;63—十字轴;64—行星齿轮;66—差速器右壳;67—差速器连接螺栓;69—从动锥齿轮连接螺栓

图 1-84　东风 EQ1090E 型汽车主减速器和差速器

其偏移距为 38mm。但准双曲面齿轮工作时,齿面间有较大的相对滑动;且齿面间压力很大,齿面油膜易被破坏。为减少摩擦,提高效率,必须用含防刮伤添加剂的双曲面齿轮油,绝不允许用普通齿轮油代替,否则将使齿面迅速擦伤和磨损,大大降低使用寿命。

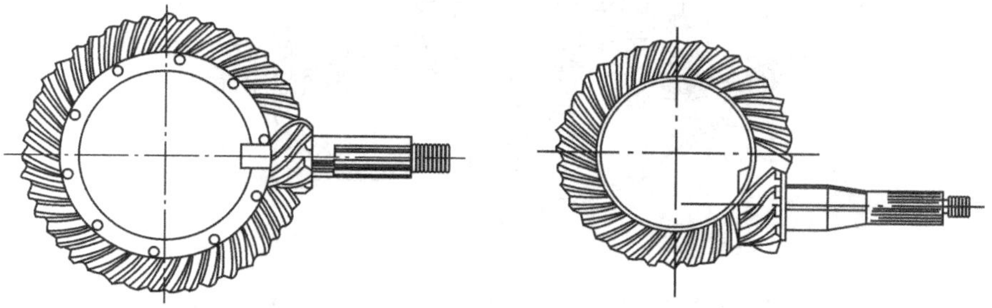

(a) 曲线齿锥齿轮传动　　(b) 准双曲面齿轮传动

图 1-85　主动和从动锥齿轮轴线位置

(2)双级主减速器

根据发动机特性和汽车使用条件,要求主减速器具有较大的主传动比时,由一对锥齿轮构成的单级主减速器已不能保证足够的最小离地间隙,这时则需要采用两对齿轮实现降速的双级主减速器。

解放 CA1091 型汽车驱动桥即为双级主减速器,其构造见图 1-86。解放 CA1091 型汽车主减速器的第一级为曲线齿锥齿轮传动,其传动比由一对锥齿轮副 11 和 16 所决定;第二级为圆柱斜齿轮传动,其传动比由一对斜齿圆柱齿轮副 5 和 1 所决定。第一级从动锥齿轮加热后套在中间轴 14 的凸缘上,并用铆钉铆紧。第二级主动圆柱齿轮与中间轴制成一体。中间轴两端通过圆锥滚子轴承支承在主减速器壳上。圆柱从动齿轮夹在两半差速器壳之间,用螺栓与差速器壳紧固在一起。主动锥齿轮与轴制成一体,采用悬臂式支承。主动锥齿轮轴轴承的预紧度,可借助增减调整垫片 8 的厚度来调整,中间轴圆锥滚子轴承预紧度则借助改变两边侧向轴承盖 4、15 和主减速器壳 12 间的调整垫片 6 和 13 的总厚度来调整。支

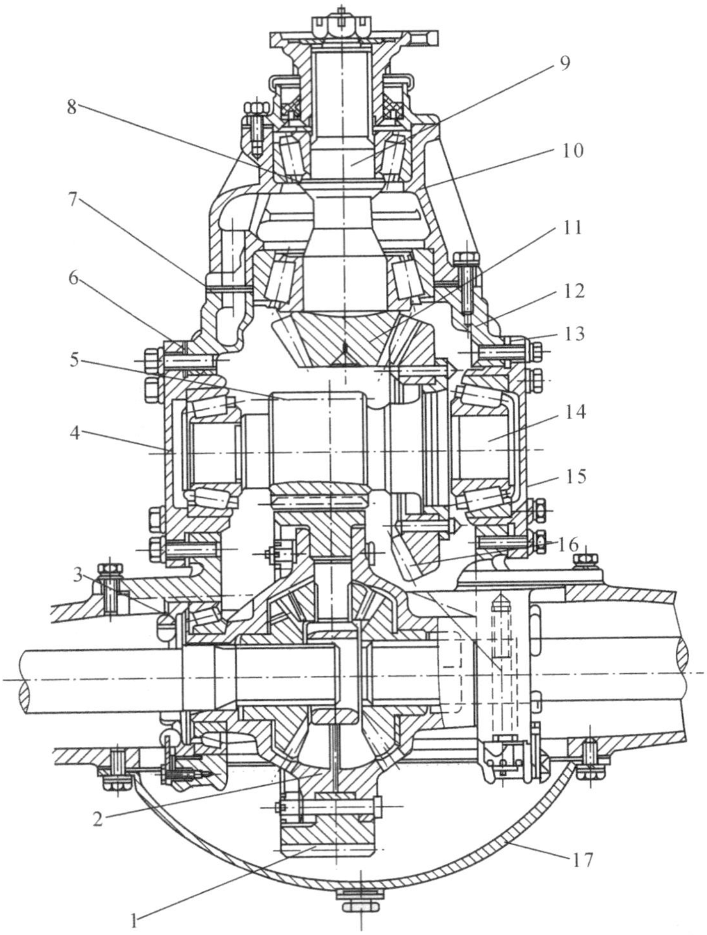

1—第二级从动齿轮;2—差速器壳;3—调整螺母;4、15—轴承盖;5—第二级主动齿轮;6、7、8、13—调整垫片;9—第一级主动锥齿轮轴;10—轴承座;11—第一级主动锥齿轮;12—主减速器壳;14—中间轴;16—第一级从动锥齿轮;17—后盖

图 1-86　解放 CA1091 型汽车双级主减速器及差速器剖面图

承差速器壳的滚子轴承的预紧度是靠旋动调整螺母 3 调整的。为便于进行锥齿轮副的啮合调整,主动和从动锥齿轮的轴向位置都可以略加移动。增加轴承座 10 和主减速器壳 12 间的调整垫片 7 的厚度,第一级主动锥齿轮 11 则沿轴向离开从动锥齿轮;反之则靠近。若减小左轴承盖 4 处的调整垫片 6,同时将这些卸下来的垫片都加到右轴承盖 15 处,则从动锥齿轮 16 右移;反之则左移。若两组垫片 6 和 13 的总厚度的减量和增量不相等,则将破坏已调整好的中间轴轴承预紧度。

3　差速器

3.1　差速器的功用与类型

(1)功用

汽车行驶过程中,车轮对路面的相对运动有两种状态——滚动和滑动。如图 1-87 所示,当汽车转弯行驶时,内外两侧车轮中心在同一时间内移过的曲线距离不同,外侧车轮移过的距离大于内侧车轮,若两侧车轮都固定在同一刚性转轴上,两轮角速度相等,则此时外轮必然是边滚动边滑移,内轮必然是边滚动边滑转。同样,汽车在不平路面上直线行驶时,两侧车轮实际移过曲线距离也不相等。即使路面非常平直,但由于轮胎制造尺寸误差,磨损程度不同,承受的载荷不同或充气压力不等,各个轮胎的滚动半径实际上不可能相等。因此,只要各车轮角速度相等,车轮对路面的滑动就必然存在。车轮对路面的滑动不仅会加速轮胎磨损,增加汽车的动力消耗,而且可能导致转向和制动性能的恶化。所以,在正常行驶条件下,应使车轮尽可能不发生滑动。为此,在汽车结构上装有差速器。

差速器的功用是当汽车转弯行驶或在不平路面上行驶时,使左右驱动车轮能以不同的转速滚动,即保证两侧驱动车轮作纯滚动运动。

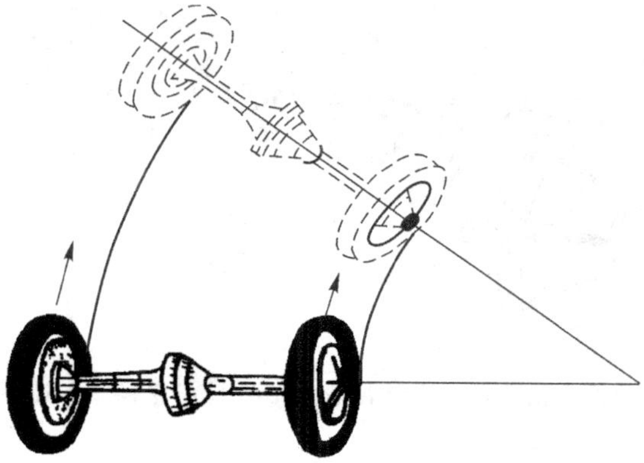

图 1-87　汽车转向时驱动轮运动示意图

(2)类型

①按用途分类,可分为轮间差速器和轴间差速器两大类。

轮间差速器是指装在同一驱动桥两侧驱动轮之间的差速器,使两侧驱动轮可用不同角速度旋转,以保证其纯滚动状态。

轴间差速器是指装在各驱动桥之间的差速器。使各驱动桥有可能具有不同的输入角速度,以消除各桥驱动轮的滑动现象。

②按工作特性分类,可分为普通差速器和防滑差速器两大类。

3.2　普通齿轮式差速器

普通齿轮式差速器按齿轮副结构形式分,有圆锥齿轮式(图 1-88(a)、(b)所示)和圆柱齿轮式(图 1-88(c)所示)两种。按两侧的输出转矩是否相等,齿轮差速器有对称式(等转矩式)和不对称式(不等转矩式)两类。对称式(图 1-88(b)所示)用做轮间差速器或由平衡悬架联系的两驱动桥(6×6 或 6×4 汽车的中、后驱动桥)之间的轴间差速器。不对称式(图 1-88(a)和图 1-88(c)所示)用做前、后驱动桥之间(4×4 汽车)或前驱动桥与中、后驱动桥之间(6×6 汽车)的轴间差速器。

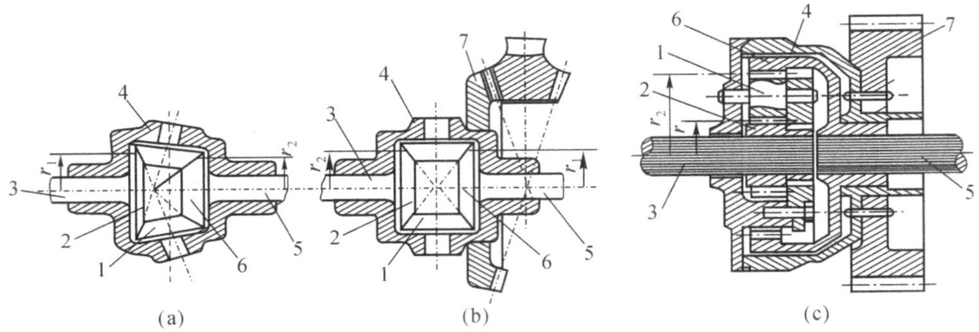

1—行星齿轮;2、6—半轴齿轮;3、5—半轴;4—差速器壳(行星架);7—动力输入齿轮

图 1-88　齿轮式差速器

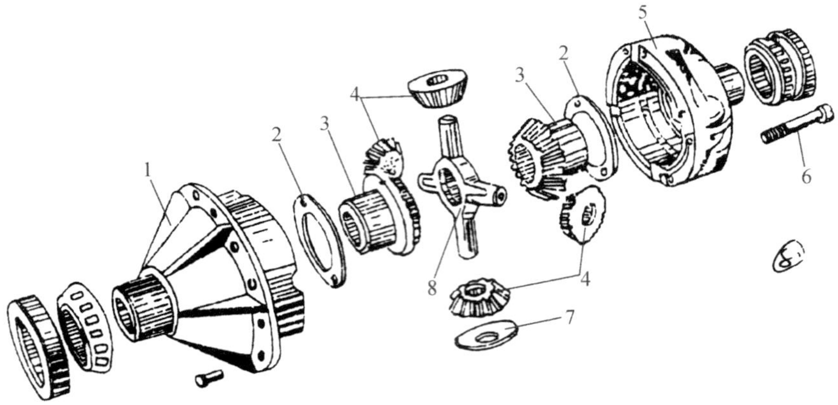

1—差速器左壳;2—半轴齿轮推力垫片;3—半轴齿轮;4—行星齿轮;5—差速器右壳;6—螺栓;7—行星齿轮球面垫片;8—行星齿轮轴(十字轴)

图 1-89　对称式锥齿轮差速器零件分解图

目前,汽车上广泛应用的是对称式锥齿轮差速器。

(1)构造

如图 1-89 所示为一普通对称式锥齿轮差速器,主要由圆锥行星齿轮、行星齿轮轴(十字轴)、圆锥半轴齿轮和差速器壳等组成。其差速器壳由左壳 1 和右壳 5 组成,用螺栓固紧在一起。主减速器的从动齿轮用铆钉或螺栓固定在差速器左壳 1 的凸缘上。装合时,十字形的行星齿轮轴 8 的四个轴颈装在两半差速器壳形成的孔内。每个轴颈上松套着一个直齿圆锥行星齿轮4，它们均与两个直齿圆锥半轴齿轮3啮合。半轴齿轮用其轴颈分别支承在差速器壳相应的座孔中，通过花键与半轴相连。行星齿轮的背面大都做成凸球面与差速器壳的凹球面相配合，确保与半轴齿轮的正确啮合。差速器靠主减速器壳体中的润滑油润滑。在差速器壳体上开有窗口，供润滑油进出。为保证行星齿轮和十字轴轴颈之间有良好的润滑，在十字轴轴颈上铣出一平面，有时在行星齿轮的齿间钻有油孔。某些轻型车，因传递的转矩较小，只用两个行星齿轮，行星齿轮轴也相应制成为一根直销轴，差速器壳制成整体式的。奥迪100型轿车差速器即为此种结构，如图1-90所示。差速器壳5为一整体式壳体，从动锥齿轮4通过螺栓6和差速器壳体5连接，在行星齿轮轴14上装有两个行星齿轮13，通过弹性圆柱销12固定齿轮轴于差速器壳体中。两个半轴齿轮15的背面也是球面。因此，两半轴齿轮和两个行星齿轮背面的垫片制成一整体球形耐磨垫片11，装配于差速器壳体中。左右轴承3和7通过调整垫片1和9来调整轴承预紧力和齿轮的正确啮合。

差速器的动力传递关系是：由主减速器传来的转矩自从动齿轮依次经差速器壳、行星齿轮轴、行星齿轮、半轴齿轮及半轴输出给驱动车轮。

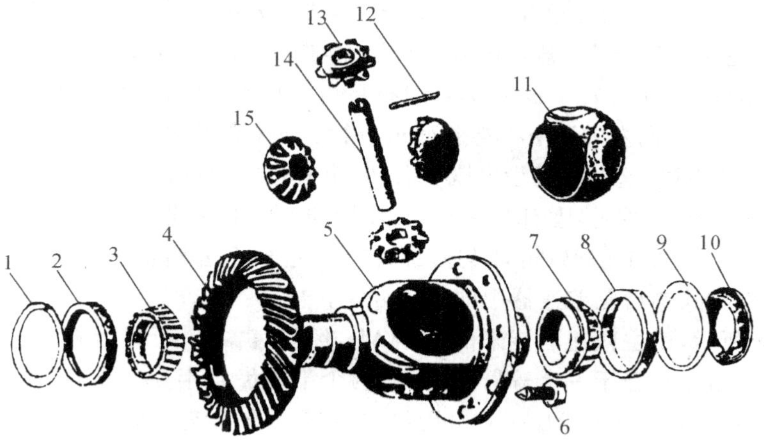

1、9—左右调整垫片；2、8—左右轴承外座圈；3、7—左右轴承架及内圈；4—从动锥齿轮；5—差速器壳；6—从动锥齿轮螺栓；10—速度表圆磁铁；11—球形耐磨垫片；12—弹性圆柱销；13—行星锥齿轮；14—行星齿轮轴；15—半轴锥齿轮

图1-90 奥迪100型轿车轮间差速器

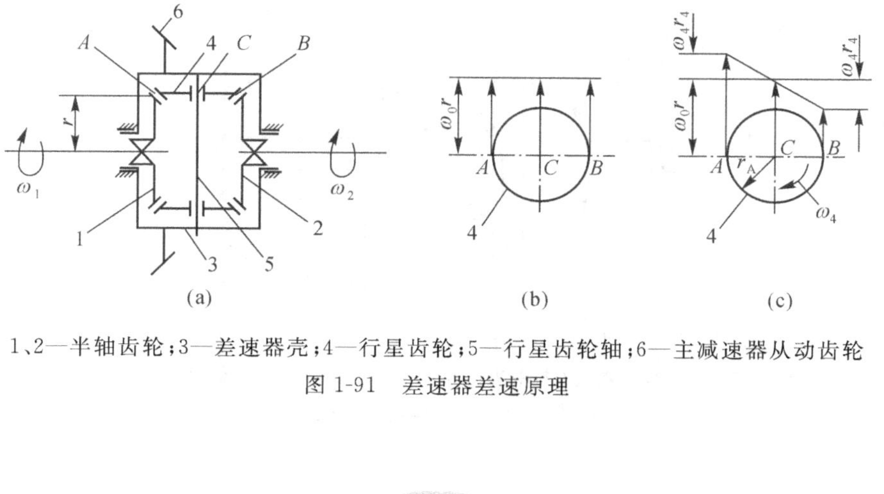

1、2—半轴齿轮；3—差速器壳；4—行星齿轮；5—行星齿轮轴；6—主减速器从动齿轮

图1-91 差速器差速原理

(2)工作原理

图 1-91 所示为差速器运动原理示意图。差速器壳 3 与行星齿轮轴 5 连成一体，形成行星架，并与主减速器的从动齿轮 6 固连在一起，故为主动件，设其角速度角为 ω_0；半轴齿轮 1 和 2 为从动件，其角速度分别为 ω_1 和 ω_2。A、B 两点分别为行星齿轮 4 与半轴齿轮 1 和 2 的啮合点。行星齿轮的中心点为 C，A、B、C 三点到差速器旋转轴线的距离均为 r。

当行星齿轮只是随同行星架绕差速器旋转轴线公转而没有自转时，处在同一半径 r 上的 A、B、C 三点的圆周速度都相等(图 1-91(b)所示)。于是 $\omega_1=\omega_2=\omega_0$，即差速器不起差速作用，其半轴角速度等于差速器壳 3 的角速度。

当行星齿轮 4 除公转外，还绕本身的轴 5 以角速度 ω_4 自转时(图 1-91(c)所示)，啮合点 A 的圆周速度为 $\omega_1 r=\omega_0 r+\omega_4 r_4$，啮合点 B 的圆周速度为 $\omega_2 r=\omega_0 r-\omega_4 r_4$。

于是 $\omega_1 r+\omega_2 r=(\omega_0 r+\omega_4 r_4)+(\omega_0 r-\omega_4 r_4)$即 $\omega_1+\omega_2=2\omega_0$

若角速度以每分钟转数 n 表示，则

$$n_1+n_2=2n_0 \tag{1-1}$$

式(1-1)为两半轴齿轮直径相等的对称式锥齿轮差速器的运动特性方程式。它表明左右两侧半轴齿轮的转速之和等于差速器壳转速的两倍，而与行星齿轮速无关。由式(1-1)还可得知：

①当汽车直线行驶时，$n_{左}=n_{右}=n$，这时行星齿轮只有公转，没有自转。

②当汽车转弯时，向左转则 $n_{左}$ 减小而 $n_{右}$ 增大，向右转则相反。但无论哪种情况，都符合 $n_1+n_2=2n_0$ 的规律，这时行星齿轮既有公转，也有相应的自转。

③当差速器壳转速为零(例如用中央制动器制动传动轴时)，若一侧半轴齿轮受其他外来力矩而转动，则另一侧半轴齿轮即以相同转速反向转动。这时，行星齿轮没有公转，只有自转。

下面分析对称式锥齿轮差速器中的转矩分配。

如图 1-92 所示，由主减速器传来的转矩 M_0，经差速器壳、行星齿轮轴和行星齿轮传给半轴齿轮。行星齿轮相当于一个等臂杠杆，而两个半轴齿轮半径也是相等的。因此当行星齿轮没有自转时，总是将转矩 M_0 平均分配给左、右两半轴齿轮，即 $M_1=M_2=1/2M_0$。当两半轴齿轮以不同转速朝相同方向转动，即行星齿轮有自转时，行星齿轮孔与其轴颈间及齿轮背部与差速器壳之间都有摩擦，并产生摩擦力矩 M_R，但这个内摩擦力矩对行星齿轮差速器来说是很小的。实际上可认为无论左右驱动轮转速是否相等，其转矩基本上总是平均分配的。这样的分配比例对于汽车在好路面上直线或转弯行驶时，都是满意的。但当汽车在坏

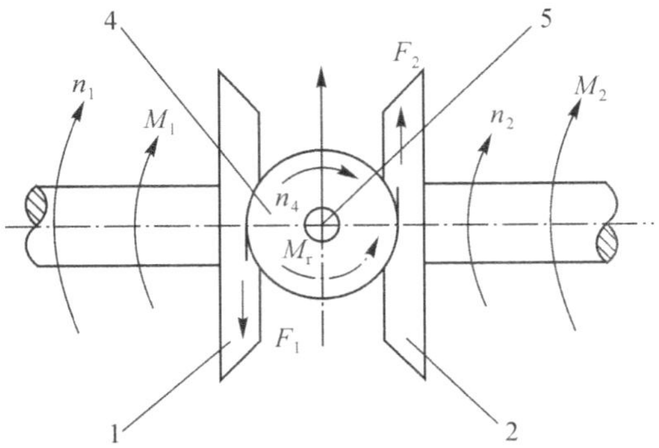

1、2—半轴齿轮；3—差速器壳(图中未画出)；4—行星齿轮；5—行星齿轮轴

图 1-92　差速器转矩分配

路面上行驶时，却严重影响通过能力。例如，当汽车的一个驱动车轮接触到泥泞或冰雪路面时，此时在泥泞路面上的车轮会原地滑转，而在好路面上的车轮则静止不动。这是因为在泥泞路面上车轮与路面之间附着力很小，路面只能对半轴作用很小的反作用转矩，虽然另一车轮与好路面间的附着力较大，但因对称式锥齿轮差速器具有转矩平均分配的特性，使在好路面上的车轮分配到的转矩只能与传到滑转的驱动轮上的很小的转矩相等，致使总的牵引力不足以克服行驶阻力，汽车便不能前进。

3.3 防滑差速器

普通差速器不仅使汽车通过不好路面的能力变差，而且在高速转弯时，内侧车轮由于附着力减小会产生滑转，不仅使汽车动力不足，而且影响操纵的稳定性。为了提高汽车在坏路上的通过能力，在某些越野汽车、高级轿车上装用了防滑差速器。其工作原理是在一个驱动轮滑转时，设法使大部分转矩甚至全部转矩传给不滑转的驱动轮，以便充分利用这一侧驱动轮的附着力而产生足够的牵引力，使汽车能继续行驶。常用的防滑差速器可分为强制锁止式和高摩擦自锁式两大类。

(1)强制锁止式差速器

强制锁止式差速器的实质是在普通的差速器加了一个差速锁。当需要时，由驾驶员操纵差速锁，使两半轴成为一个整体，与差速器壳一同旋转。当一侧驱动轮滑转而无牵引力时，从主减器传来的转矩全部分配到另一侧驱动轮上，使汽车得以正常行驶。当汽车通过坏路后驶上好路时驾驶员便摘下差速锁。锁止式差速锁结构简单，易于制造。但操纵不便，一般要在停车时进行。而且如果过早接上或过晚摘下差速锁，亦即在好路段上左、右车轮仍刚性连接，则将产生前已述及的在无差速器情况下出现的一系列问题。

因此，有些越野汽车采用了在行驶过程中，能根据路面情况自动改变驱动轮间转矩分配的高摩擦自锁式差速器。

(2)高摩擦自锁式差速器

高摩擦自锁式差速器有摩擦片式、滑块凸轮式等结构形式。其特点是在两驱动轮或两驱动桥转速不同时，不需人工操纵，会自动向转速慢的车轮多分配一些转矩，从而提高汽车的通过性和操纵稳定性。如图1-93所示为摩擦片式差速器，是在对称式锥齿轮差速器的基础上发展而成的。为增加差速器内摩擦力矩，在半轴齿轮与差速器壳1之间装有摩擦片组2。十字轴由两根互相垂直的行星齿轮轴组成，其端部均切出凸V形斜面6，相应地差速器壳孔上与之相配的孔较大，有凹V形斜面，两根行星齿轮轴的V形面是反向安装的。每个半轴齿轮的背面有压盘3和主、从动摩擦片组2。主、从动摩擦片上均加工出许多油槽(两面均有)，但主、从动摩擦片上油槽(线)形状是不一样的，以利于增大摩擦减小噪声和有利润滑。压盘以内花键与半轴相连，在轴颈处用外花键与从动摩擦片连接。主动摩擦片则用花键与差速器壳1内键槽相配。压盘和主、从动摩擦片均可作微小的轴向移动。

当汽车直线行驶，两半轴无转速差时，转矩平均分配给两半轴，由于差速器壳通过V形斜面驱动行星齿轮轴，斜面上产生的轴向力迫使两行星齿轮轴分别向左、右方向(向外)略微移动，通过行星齿轮使推力压盘压紧摩擦片。此时转矩经两条路线传给半轴：一路经行星齿轮轴、行星齿轮和半轴齿轮将大部分转矩传给半轴；另一路则由差速器壳经主、从动摩擦片、压盘传给半轴。

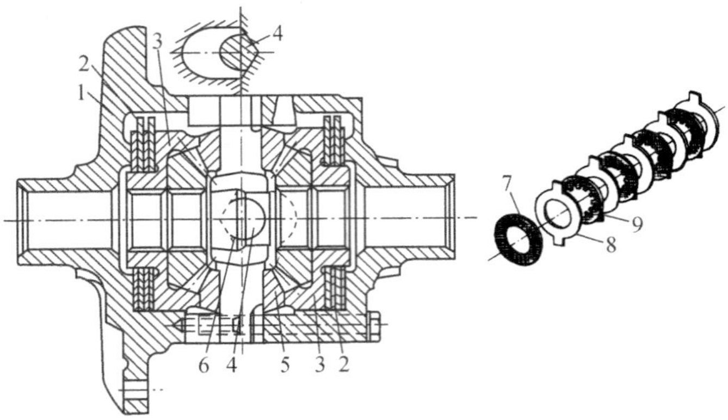

(a) 结构剖面图 (b) 摩擦片组

1—差速器壳；2—主、从动摩擦片组；3—推力压盘；4—十字轴；5—行星齿轮；6—V 形斜面 7—弹簧钢片；8—主动摩擦片；9—从动摩擦片

图 1-93 摩擦片式差速器

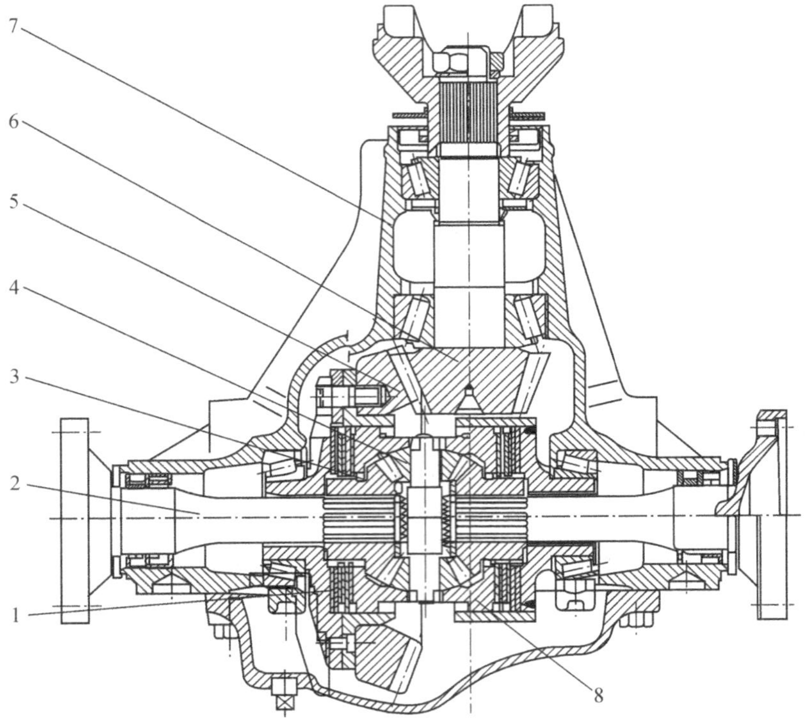

1—摩擦片自锁装置；2—半轴；3—半轴齿轮；4—差速器行星齿轮；5—主减速器从动齿轮；6—主减速器主动齿轮；7—主减速器壳；8—推力压盘

图 1-94 大众高尔夫(Golf)轿车摩擦片式自锁差速器

当汽车转弯或一侧车轮在路面上滑转时，行星齿轮自转，起差速作用，左、右半轴齿轮的转速不等。由于转速差的存在和轴向力的作用，主、从动摩擦片间在滑转的同时产生摩擦力矩。其摩擦力矩的方向与快转半轴的旋向相反，与慢转半轴的旋向相同，从而使慢转半轴传递的转矩明显增加。

摩擦片式差速器结构简单，工作平稳，锁紧系数 K 可达 0.6～0.7 或更高，常用于轿车和轻型汽车上。大众高尔夫(Golf)轿车即采用摩擦片式自锁差速器。如图 1-94 所示，1 为摩擦片自锁装置，由主、从动摩擦片组和推力压盘 8 组成。

4 半轴与桥壳

4.1 半轴

半轴是连接差速器与驱动轮之间的传动件(如图 1-95 所示)，一般都是实心轴。其功用是将差速器输出的转矩传给驱动轮。其内端用花键槽与差速器的半轴齿轮连接，而外端则用凸缘 4 与驱动轮的轮毂相连，半轴齿轮的轴颈支承于差速器壳两侧轴颈的孔内，而差速器壳又以其两侧轴颈借助轴承直接支承在主减速器壳上。半轴与驱动轮的轮毂在桥壳上的支承形式，决定了半轴的受力状况。根据支承与受力情况，半轴可分为全浮式半轴支承和半浮式半轴支承两种支承形式。

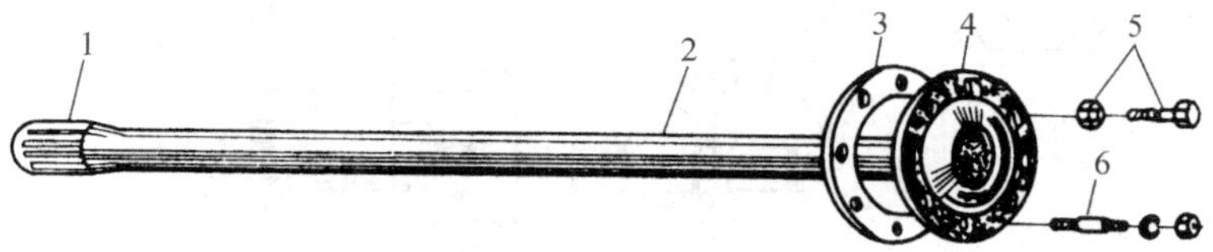

1—花键；2—杆部；3—垫圈；4—凸缘；5—半轴起拔螺栓；6—半轴紧固螺栓

图 1-95 半轴

(1)全浮式半轴支承

图 1-96 所示为东风 EQ1090E 型汽车半轴外端与轮毂及桥壳的连接装配图。半轴 6 外端锻出凸缘，借助螺栓 7 和轮毂 9 连接。轮毂通过两个相距较远的圆锥滚子轴承 8 和 10 支承在半轴套管 1 上。半轴套管与驱动桥壳 12 压配成一体，组成驱动桥壳总成。采用这样的支承形式，半轴与桥壳没有直接联系。

上述半轴支承形式的驱动桥的全浮式半轴受力示意图如图 1-97(a)所示。路面对驱动轮的作用力有：垂直反力 F_z、切向反力 F_x 和侧向反力 F_y。垂直反力 F_z 和侧向反力 F_y 将造成力图使驱动桥在横向平面(垂直于汽车纵轴线的平面)内弯曲的力矩(弯矩)；切向反力 F_x，一方面造成对半轴的反转矩，另一方面也造成力图使驱动桥在水平面内弯曲的弯矩。反转矩直接由半轴承受。而 F_x、F_y、F_z 三个反力以及由它们形成的弯矩，便由轮毂 4 通过两个轴承 5 传给桥壳 1，完全不经半轴 2 传递。因此，半轴只承受半轴齿轮传来的转矩及制动减速时车轮传来的制动转矩，而两端均不承受任何反力和弯矩，故称为全浮式支承形式。所谓“浮”即指卸除半轴的弯曲载荷而言。全浮式支承的半轴也称为全浮式半轴，它易于拆装，只需拧下半轴凸缘上的螺钉，即可将半轴从半轴套管中抽出，而车轮与桥壳照样能支承住汽车。全浮式半轴支承广泛应用于各种类型载货汽车上。

(2)半浮式半轴支承

图 1-98 所示为红旗 CA7560 型轿车的驱动桥。其半轴 2 内端的支承方法与上述相同，即半轴内端不受力及弯矩。半轴外端是锥形的，锥面上切有纵向键槽，最外端有螺纹。轮毂 6 有相应的锥形孔与半轴配合，用键 5 连接，并用螺母 4 固紧。半轴 2 用圆锥滚子轴承 3 直

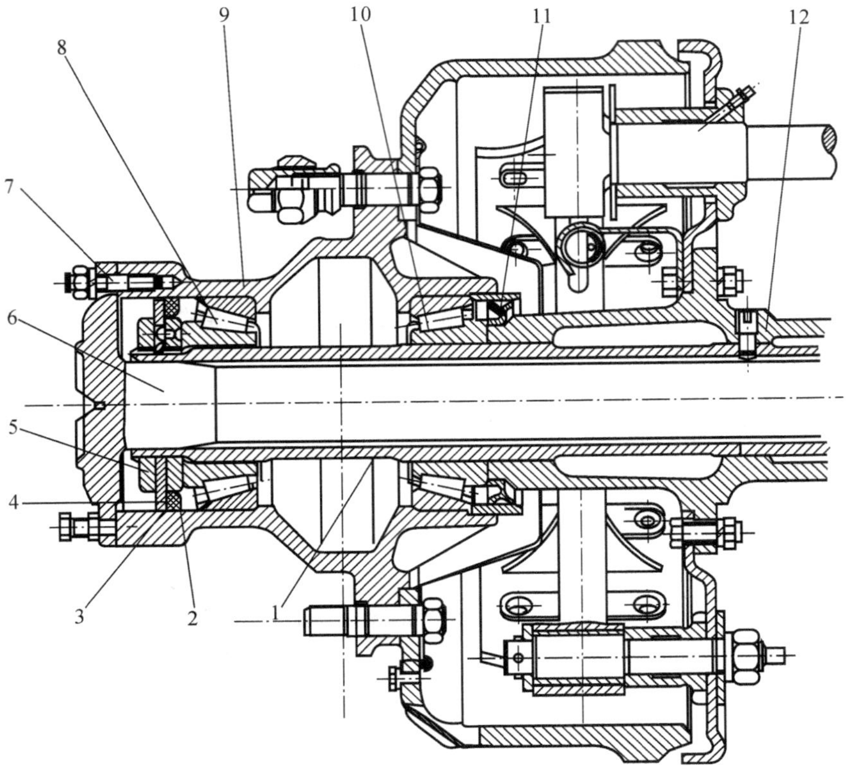

1—半轴套管；2—调整螺母；3、11—油封；4—锁紧垫圈；5—锁紧螺母；6—半轴；7—轮毂螺栓；8、10—圆锥滚子轴承；9—轮毂；12—驱动桥壳

图 1-96　东风 EQ1090E 型汽车全浮式半轴支承

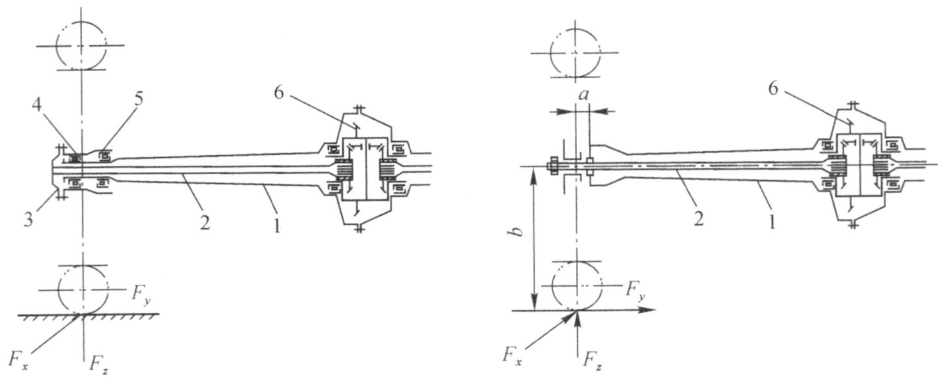

(a) 全浮式支承　　(b) 半浮式支承

1—桥壳；2—半轴；3—半轴凸缘；4—轮毂；5—轴承；6—主减速器从动锥齿轮

图 1-97　半轴的全浮式支承和半浮式支承受力图

接支承在桥壳凸缘 7 内。显然，此时作用在车轮上的各反力都必须经过半轴传给驱动桥壳。因这种支承形式，半轴内端不受弯矩，而外端却承受全部弯矩，故称为半浮式。

在半浮式支承中，半轴与桥壳间的轴承一般只用一个。为了使半轴和车轮不致被向外

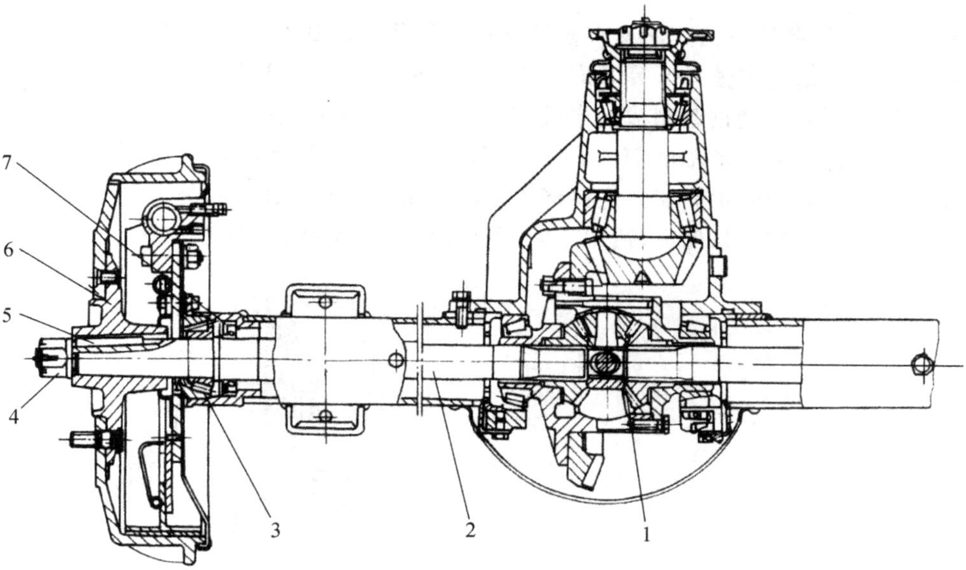

1—推力块；2—半轴；3—圆锥滚子轴承；4—锁紧螺母；5—键；6—轮毂；7—桥壳凸缘

图 1-98　红旗 CA7560 型轿车驱动桥及半浮式支承半轴

的侧向力拉出，该轴承必须能承受向外的轴向力。另外，在差速器行星齿轮轴的中部浮套着推力块 1，半轴内端正好能顶靠在推力块 1 的平面上，因而不致在朝内的侧向力作用下向内窜动。

半浮式支承半轴又称为半浮式半轴，其受力分析见图 1-97(b)所示。由于它结构简单，因此广泛应用于反力和弯矩较小的各类轿车上。

半轴本身的结构除上述两种最常见的形式外，还受到驱动桥结构形式的影响。在转向驱动桥中，半轴应断开并用等角速万向节连接。在断开式驱动桥中，半轴也应分段并用万向节和滑动花键或伸缩型等角速万向节连接。

4.2　桥壳

驱动桥壳的功用是支承并保护主减速器、差速器和半轴等，使左右驱动车轮的轴向相对位置固定；同从动桥一起支承车架及其上的各总成质量；汽车行驶时，承受由车轮传来的路面反作用力和力矩，并经悬架传给车架。

驱动桥壳从结构上可分为整体式桥壳和分段式桥壳两类。

(1)整体式桥壳

图 1-99 所示为解放 CA1091 型汽车的整体式桥壳。中部是一个环形空心梁 7，两端压入钢制的半轴套管 8，并用止动螺钉 2 限定位置。半轴套管外端用以安装轮毂轴承。凸缘盘 1 用来固定制动底板。主减速器和差速器预先装合在主减速器壳 3 内，然后用螺钉 4 将其固定在空心梁的中部前端面上。空心梁中部后端面的大孔，供检查驱动桥内主减速器和差速器的工作情况用。后盖 6 上装有检查油面用的螺塞 5。主减速器壳上有加油孔和放油孔。

整体式桥壳具有较大的强度和刚度，且便于主减速器的装配、调整和维修。因此普遍应用于各类汽车上。

整体式桥壳因制造方法不同又有多种形式。常见的有整体铸造、钢板冲压焊接、中段铸造两端压入钢管、钢管扩张成形等形式。整体铸造桥壳如图1-99和图1-100所示，为增加强度和刚度，两端压入无缝钢管制成的半轴套管。图1-100所示为东风EQ1090E型汽车的桥壳，也为整体铸造桥壳。半轴套管1压入后桥壳2中。桥壳上有通气塞，保证高温下的通气，保持润滑油品质和使用周期。这种整体铸造桥壳刚度大、强度高、易铸成等强度梁形状，但因质量大，铸造品质不易保证，适用于中、重型汽车，更多的用于重型汽车上。

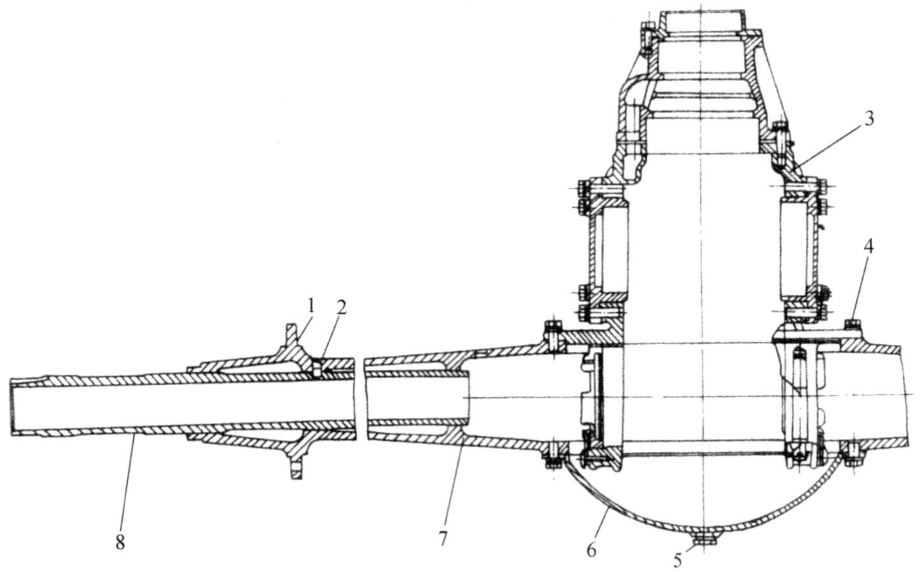

1—凸缘盘；2—止动螺钉；3—主减速器壳；4—固定螺钉；5—螺塞；6—后盖；7—空心梁；8—半轴套管

图1-99 解放CA1091型汽车驱动桥壳

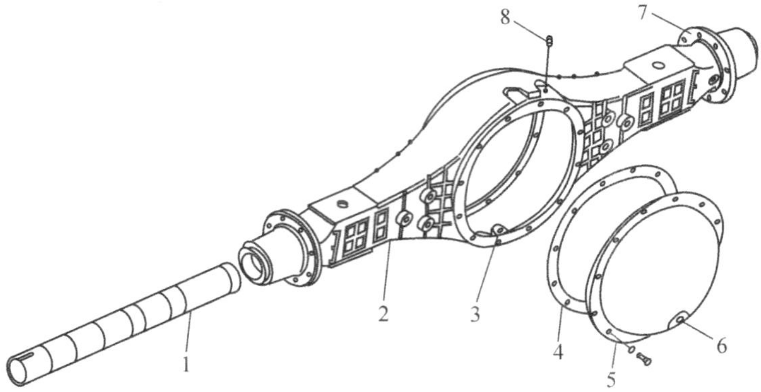

1—半轴套管；2—后桥壳；3—放油孔；4—后桥壳垫片；5—后盖；6—油面孔；7—凸缘盘；8—通气塞

图1-100 东风EQ1090E型汽车驱动桥壳

中段铸造两端压入钢管的桥壳，质量较小，工艺简单且便于变形，但刚度较差。

钢板冲压焊接式桥壳具有质量小、制造工艺简单、材料利用率高、抗冲击性能好、成本低等优点，并适于大量生产。目前，在轻型货车和轿车上得到广泛采用。

图 1-101 所示为北京 BJ1040 型汽车的钢板冲压焊接驱动桥壳。它主要由冲压成形的上下两个桥壳主件 1 和 8、四块三角形镶块 2、前后两个加强环 5 和 6、一个后盖 7 以及两端两个半轴套管 4 组焊而成。为了防止桥壳内润滑油外溢，有的汽车在桥壳轴管处焊有挡油环或加装油封。

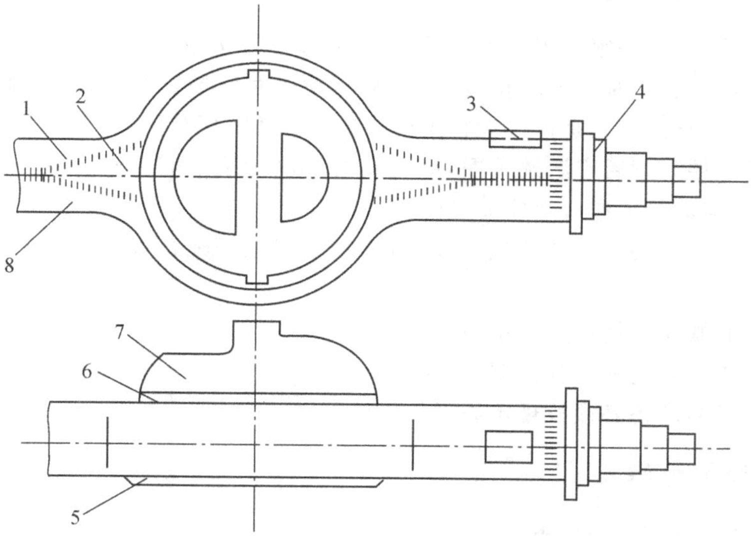

1、8—壳体主件；2—三角镶块；3—钢板弹簧座；4—半轴套管；5—前加强环；6—后加强环；7—后盖

图 1-101　北京 BJ1040 型汽车冲压焊接驱动桥壳

用钢管扩张成形方法加工的桥壳，称为钢管扩张成形桥壳。它广泛应用于轿车和轻型货车。其优点是材料利用率好，质量小，强度和刚度高，制造成本低，适于大量生产。

(2)分段式桥壳

如图 1-102 所示，分段式桥壳一般分为两段，由螺栓 1 将两段连成一体。它由主减速器壳 10、盖 14 和两个半轴套管 4 及凸缘盘 8 等组成。

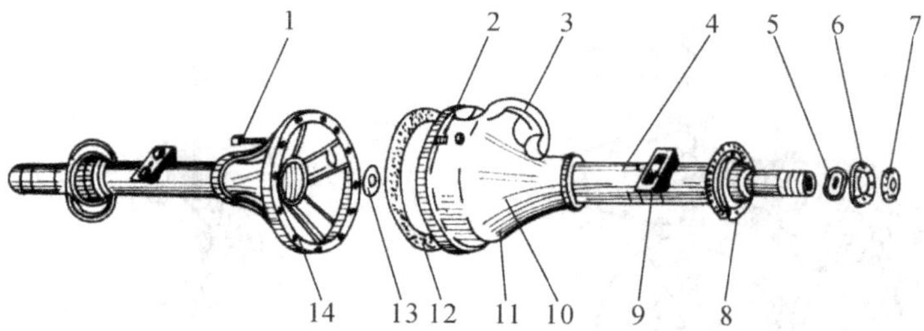

1—螺栓；2—注油孔；3—主减速器壳颈部；4—半轴套管；5—调整螺母；6—止动垫片；7—锁紧螺母；8—凸缘盘；9—弹簧座；10—主减速器壳；11—放油孔；12—垫片；13—油封；14—盖

图 1-102　分段式驱动桥壳

分段式桥壳比整体式桥壳易于铸造，加工简便，但维修不便。当拆检主减速器时，必须把整个驱动桥从汽车上拆卸下来，目前已很少采用。

任务2 驱动桥的拆装与调整

1 驱动桥拆装注意事项

(1)拆卸轴承、齿轮必须使用专用工具,不得用锤子直接敲击进行拆卸。

(2)为保证再次装配时的装配精度,在拆解驱动桥时应检查装配标记,如标记不清应重新做好标记。特别要注意的是行星齿轮止推垫片不得随意更换。

(3)驱动桥零件分解后应清洗干净,涂上润滑油以防装配前生锈,并将零件按照装配关系整齐地摆放在清洁的工作台上或油盘中。

(4)严格按照技术要求对轴承预紧度、齿轮啮合印记等配合尺寸进行调整,不得随意改变技术要求。

(5)对各紧固螺栓严格按照规定力矩拧紧。

(6)支撑轴承不能随意用其他型号代替。

(7)装配后的驱动桥必须按规定添加齿轮油。

2 差速器的分解

普通差速器的分解步骤如下:

(1)先放出主减速器壳中的齿轮油。

(2)对于组合形式或整体式的桥壳,它的主减速器内的主动小齿轮是由两个圆锥滚子轴承装在减速器壳内,从动齿轮装在差速器壳上,差速器壳两侧用轴承支承起来,并且主减速器的主、从动齿轮处于啮合状态。分解时,首先把桥壳后盖和密封纸垫一起拆下。

(3)拆下差速器支承轴调整螺母的止动装置,把调整螺母和垫片一起拆下,然后拆下轴承座盖(如图1-103所示)。

(4)按图1-104所示的方法取出差速器总成。

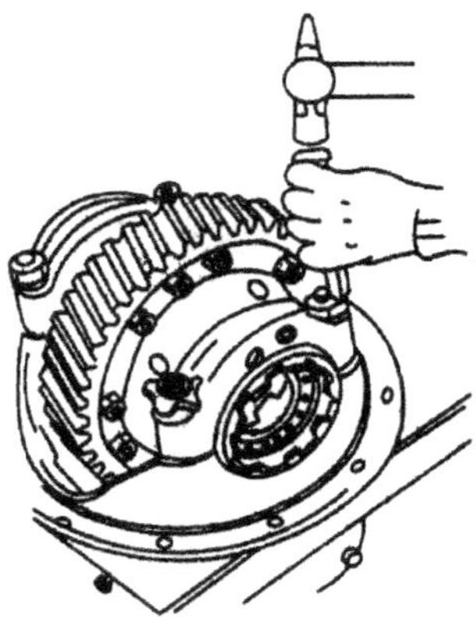

图1-103 松开锁片

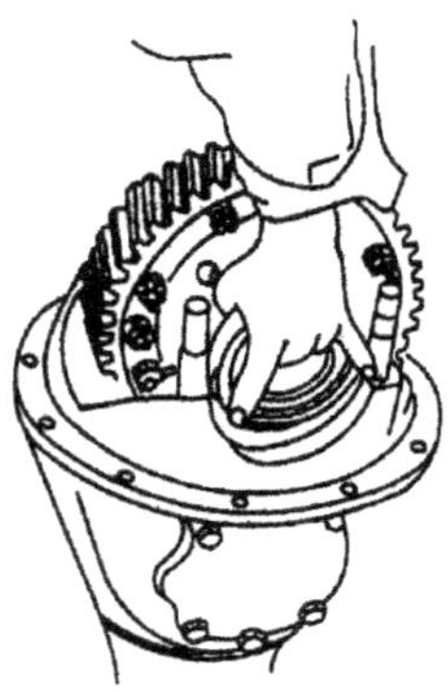

图1-104 取出差速器总成

(5)分解差速器时,应于分解前在差速器壳的分割面上打上标记。

(6)采用整体式桥壳时,鼓形桥壳、差速器和减速器主、从动齿轮等,是作为一个整体安装在减速器支座上的，这个减速器总成是用螺钉安装在桥壳上（通常用在载货汽车上）。因此，对于这种结构形式，在卸下传动轴从后桥中抽出半轴之后，可在差速器总成与减速器支座仍然连接着的状态下，把减速器总成卸下。分解方法与前面相同。

（7）在减速器从动齿轮上有止推销时，预先要松开锁止螺母，把螺塞和止推销一起拿掉。

3　主减速器的分解

（1）打开主减速器输入轴锁紧螺母的锁片，拆下锁紧螺母，取下凸缘盘。

（2）用油封拉拔器或螺钉旋具取出油封，用木槌轻轻敲击将主减速器输入轴打出，取出输入轴时后支承轴承一起被取出。

（3）取出输入轴的前支承轴承、止推套筒、调整垫片，记录输入轴调整垫片的厚度后放好。

（4）用专用拉器拉出输入轴后支承轴承。

（5）用压力器将前、后支承轴承的外座圈压出。

4　差速器的装配与调整

4.1　差速器的装配

差速器装配如图1-89所示，把垫片、齿轮的工作面及轴颈、轴孔处涂以润滑油。再用压力机或专用工具把轴承的内座圈压入左右差速器壳的轴颈上，然后把差速器右外壳放在工作台上（注意：装轴承的轴颈向下），再把半轴齿轮止推垫片和半轴齿轮一起装入（止推垫片有油槽的一面应朝向齿轮），接着把已装好行星齿轮的十字轴装入差速器壳的十字槽中。注意：行星齿轮与十字轴要按原装配记号进行装复，十字轴与十字槽也要按原位置装复。并使行星齿轮与半轴齿轮啮合。最后在行星齿轮上装上半轴齿轮、止推垫圈，再把差速器左外壳扣合到右外壳上。这时要注意校对记号，并按规定方向穿入螺栓，装上锁片，按规定扭力大小拧紧螺母并用锁片锁好。最后按原位装上轴承盖，注意左右不能换错。

4.2　差速器的调整

差速器的调整包括行星齿轮与半轴齿轮啮合间隙的调整和差速器轴承预紧度的调整。

（1）行星齿轮与半轴齿轮啮合间隙的调整

行星齿轮与半轴齿轮啮合间隙的调整通过增加或减少行星齿轮背面球形垫片与半轴齿轮止推垫片的厚度来进行。齿隙一般为0.2～0.3mm，当间隙大小合适时，半轴齿轮轮齿大端面的弧面与四个行星齿轮的背面的弧面相吻合，并在同一球面上。当间隙不合适时，调整行星齿轮背面的球形垫片，改变其厚度即可。调整后，还要重新检查半轴齿轮转动是否灵活及啮合间隙值是否符合标准。

（2）差速器轴承预紧度的调整

差速器轴承预紧度的调整有两种方法：一种是利用差速器左右轴承环形调整螺母来进行的。如图1-84所示的东风EQ1090型汽车，其差速器轴承预紧度的调整是在未装入主动锥齿轮之前并在差速器轴承盖紧固螺栓（用200～240N·m的力矩）拧紧后进行。调整时利用拧紧或拧松左右两端的调整螺母来进行，边调整边用手转动从动锥齿轮，使轴承滚子处于正确位置。调好后用 1.50～2.50N·m 的力矩应能转动差速器总成，用弹簧秤测量时拉力应为 11.3～18.6N。另一种是利用增加或减少差速器轴承内侧的调整垫片来进行的。如图 1-105 所示，当奥迪 100 型轿车的差速器轴承紧度较大时，可减少调整垫片 S_1 或 S_2 的厚度，当轴承紧度小时，可增加调整垫片 S_1 或 S_2 的厚度。

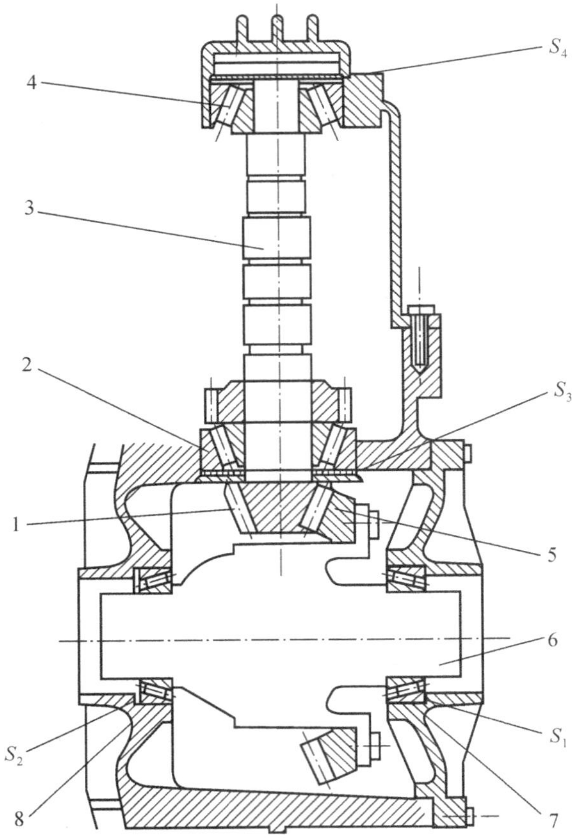

1—主动锥齿轮；2、4—主动锥齿轮轴承；3—主减速器主动轴；5—从动锥齿轮；6—差速器壳；7、8—差速器壳锥轴承；S_1、S_2、S_3、S_4 调整垫片

图 1-105　奥迪 100 型轿车主减速器调整垫片的位置

5　主减速器的装配与调整

主动和从动齿轮之间必须有正确的相对位置，方能使两齿轮啮合传动时冲击噪声较小，而且轮齿沿其长度方向磨损较均匀。为此，在结构上一方面要使主动和从动锥齿轮有足够的支承刚度，使其在传动过程中不至于发生较大变形而影响正常啮合；另一方面应有必要的啮合调整装置。一般的装配与调整顺序：单级主减速器，应先进行差速器的装配和调整，然后调整主、从动锥齿轮的轴承预紧度，最后调整主、从动锥齿轮的接触印痕和啮合间隙。双级主减速器，应先调整主、从动锥齿轮的装配和轴承预紧度，然后调整齿轮接触印痕和啮合间隙。差速器的装配调整可在最后进行。

5.1　主动锥齿轮轴承预紧度的调整

主动锥齿轮轴承预紧度多用调整垫片调整，若两锥轴承外圈距离一定，就可通过增减两轴承内圈之间的距离来调整。如图 1-106(a)所示在隔套 2 和如图 1-106(b)所示在主动齿轮前面装有调整垫片 3，可调整两锥轴承内圈压紧后的距离，即调整轴承预紧度。有的两锥轴承内圈距离已定，如图 1-106(c)所示，在主减速器油封盖后面装有调整垫片 3，可调整两轴承外圈之间的距离，即调整轴承预紧度。也有的汽车通过精选隔套长度来调整。近年来有的汽车用弹性波形隔套长度来调整轴承预紧度，当轴承预紧后，波形套便超过弹性极限进入塑性变形范围，能在较宽的变形范围内保持轴向力基本不变，从而使轴承预紧度保持在规定范围内。故弹性波形隔套是一种调整迅速、精确有效的装置。但因为是塑性变形，波形隔套拆装一次就缩短一次，只能靠加垫片来弥补。一个新套一般只能用 3～4 次就会报废。类似的，如北京切诺基吉普车，将轴肩前的垫片制成弹性件。

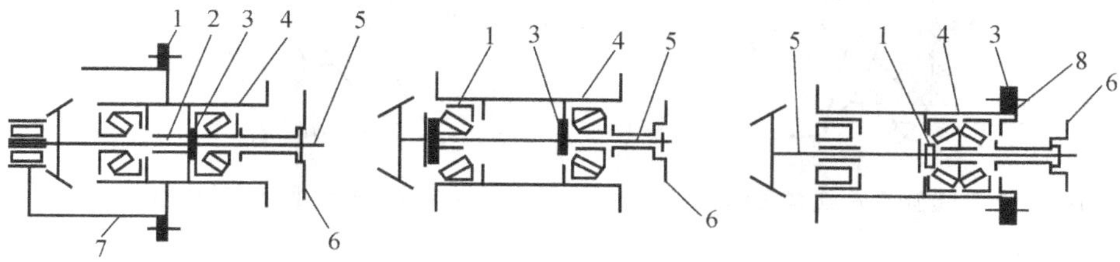

(a) 跨置式　　(b) 悬臂式　　(c) 悬臂式

1—主动锥齿轮啮合状况调整垫片；2—隔套；3—轴承预紧度调整垫片；4—主动锥齿轮轴承座；5—主动锥齿轮；6—凸缘叉；7—主减速器壳；8—油封盖

图 1-106　主动锥齿轮的支承型式及调整装置

5.2　主、从动锥齿轮的接触印痕和啮合间隙的调整

主、从动锥齿轮啮合印痕和啮合间隙都是利用改变两齿轮装配中心距 A 和 B 来实现的，即通过两齿轮作轴向移动来调整，如图 1-107 所示。啮合印痕与啮合间隙既互相联系，又互相矛盾。当改变啮合印痕，啮合间隙也随之变化，而改变啮合间隙，啮合印痕又随之变

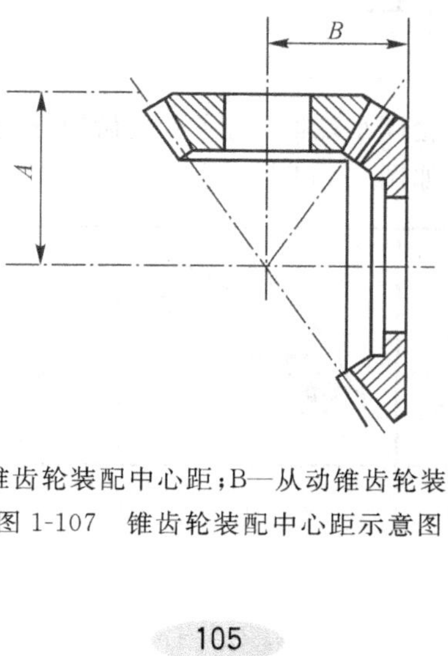

A—主动锥齿轮装配中心距；B—从动锥齿轮装配中心距

图 1-107　锥齿轮装配中心距示意图

化。由此可见，它们在调整中，往往难以使两者同时达到理想状态。应尽量保证啮合印痕，啮合间隙可适当大一点。但最大不能超过啮合间隙的极限值，否则应重新选配齿轮。

（1）啮合印痕的检查

在从动锥齿轮相隔 120°的三处，每处取 2～3 个轮齿，用在轮齿的正反面薄而均匀地涂上红丹油或氧化铅与机油的混合液，然后对从动锥齿轮略施压力转动数圈，观察齿面上所压的红色印痕是否正确。圆弧螺旋齿轮啮合印痕如图 1-108 所示，准双曲面齿轮啮合印痕如图 1-109 所示。

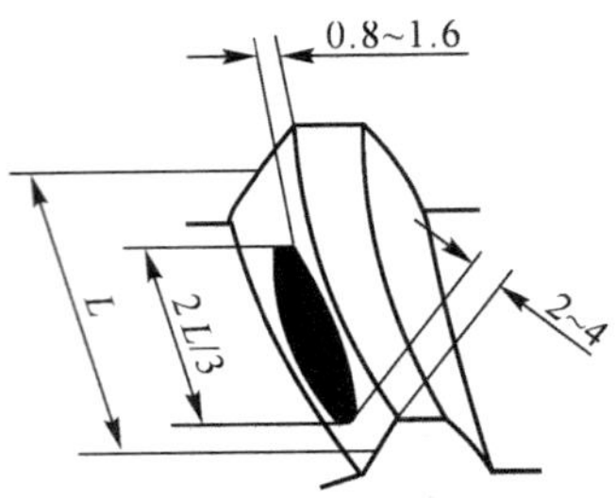

图 1-108　圆弧螺旋齿轮啮合印痕

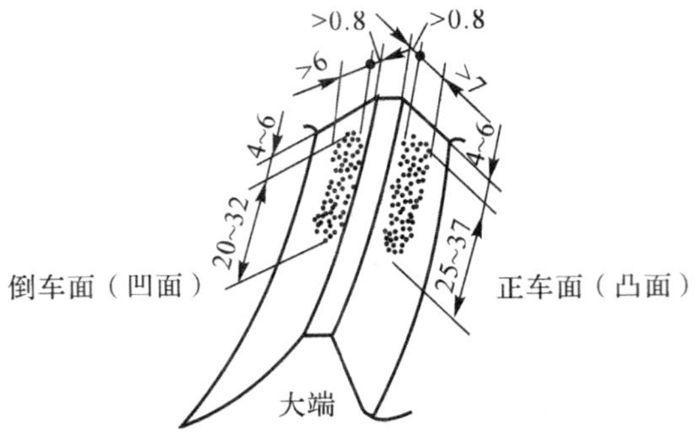

图 1-109　准双曲面齿轮啮合印痕

（2）啮合间隙的检查

把百分表抵在从动锥齿轮轮齿大端的凸面，对圆周均匀分布的不少于 4 个齿进行测量。或将一细保险丝（铅丝）放在从动锥齿轮齿面上，转动齿轮挤压保险丝，保险丝的厚度值即为啮合间隙值。

（3）啮合印痕和啮合间隙的调整应同时进行

①当接触印痕在从动齿轮轮齿大端时，应将从动齿轮向主动齿轮靠拢，假如因此而使齿隙过小，可将主动齿轮向外移开，如图 1-110 所示。

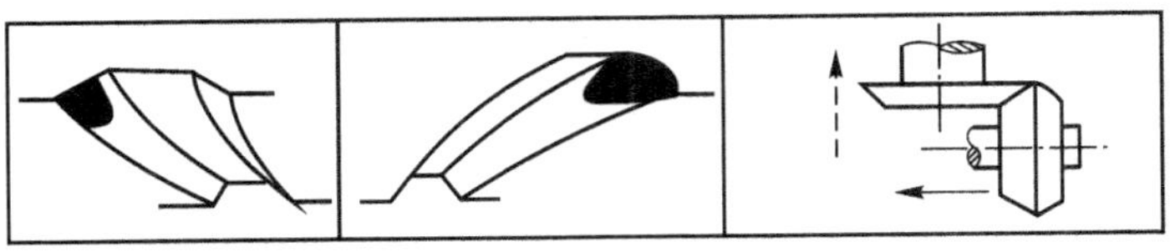

图 1-110

②当接触印痕在从动齿轮轮齿小端时，应将从动齿轮移离主动齿轮，假如因此而使齿隙过大，可将主动齿轮向内移拢，如图 1-111 所示。

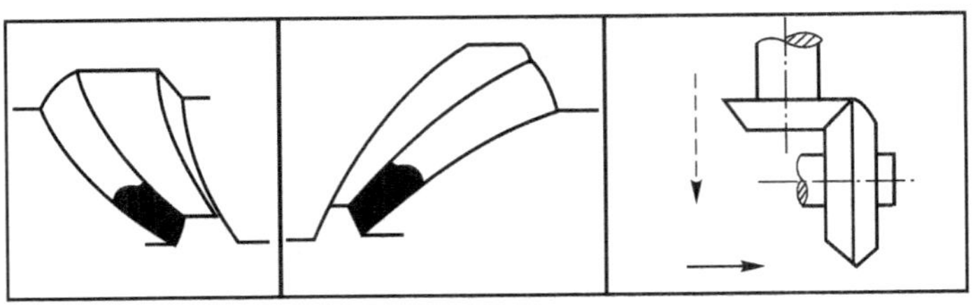

图 1-111

③当接触印痕在从动齿轮轮齿顶端时，应将主动齿轮向从动齿轮靠拢，假如因此而使齿隙过小，可将从动齿轮向外移开，如图 1-112 所示。

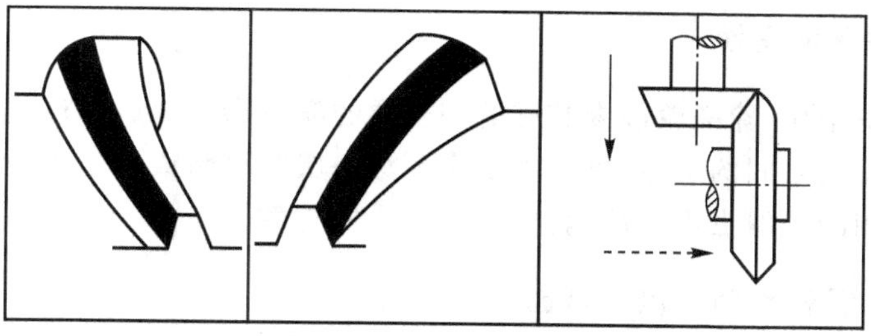

图 1-112

④当接触印痕在从动齿轮轮齿根部时，应将主动齿轮移离从动齿轮，假如因此而使齿隙过大，可将从动齿轮向内移拢，如图 1-113 所示。

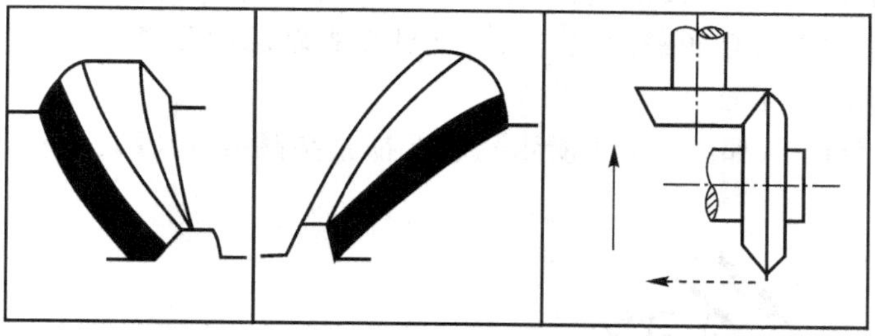

图 1-113

(4)主、从动锥齿轮啮合间隙的调整

通过移动从动齿轮的位置可以调整啮合间隙，当啮合间隙过大时，应使从动齿轮靠近主动齿轮，反之则相反移动。如东风 EQ1090E，移动差速器轴承调整螺母可调整从动齿轮的位置，为保持差速器轴承的预紧度不变，一端调整螺母拧松(或拧紧)多少，另一端调整螺母则相应拧紧(或拧松)多少。齿隙的数值可用百分表在从动齿轮轮齿大端上测量，并应测量沿圆周均布的三个以上的齿。

6　驱动桥的磨合试验

主减速器和差速器经修理装配后，为了改善各配合副工作状况及检查修理质量，还应进行磨合试验。驱动桥的修理与装配质量，主要从齿轮工作时啮合印痕位置、噪声大小、轴承的温度和有无漏油等情况来判断。试验前加注规定的润滑油，试验转速(一般为 1400～1500r/min)达到要求后。进行正转、反转试验，各项试验的运转时间不小于 10min。运转中检查轴承温升、有无漏油及噪声(允许有正常的齿轮啮合声)。轴承温升一般要求不超过 25℃。用手摸外壳及轴颈处，不应有过热的感觉。试验合格后应用煤油和柴油各 50%的清洗油清洗干净后加注规定的齿轮油。

7 轮毂轴承的润滑与调整

7.1 轮毂轴承的润滑

先将轴承清洗干净，除去轮毂内腔脏的和变质的润滑脂。其后加注润滑脂，润滑脂应充满轴承内圈和保持架之间的空隙，仅在轴承表面涂一层润滑脂或只填满轮毂内腔，是不能起到良好的润滑作用的。但也不可注满，应留有 1/4 的空隙。

7.2 后轮轮毂轴承预紧度的调整

轮毂轴承预紧度过紧，转动阻力及摩擦阻力增大，滑行性能变差，轴承容易过热而造成润滑脂外溢，加速轴承非正常磨损，燃料消耗增加。严重时轴承外圈与轮毂间会发生相对转动，使轮毂损坏，轮毂轴承预紧度过松，车轮发生歪斜，前轮定位失准，受到侧向力作用时，车辆将产生横向摇摆，车轮制动效能变差，车轮制动蹄摩擦片和制动鼓产生非正常磨损，燃料消耗增加。汽车使用中发现轮毂发热应及时调整轮毂轴承的预紧度，调整方法如下：

(1)顶起后轮，取下半轴。

(2)拧下锁紧螺母 5(如图 1-114 所示)，取下锁紧垫圈 4，然后取出轮毂外油封 3 和油封外壳 2。

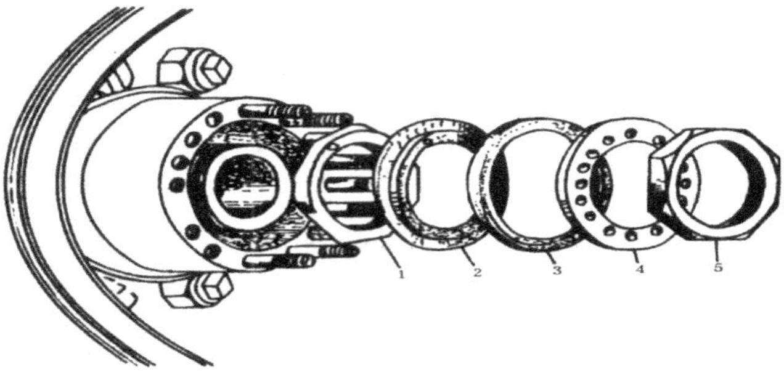

1—调整螺母；2—油封外壳；3—轮毂外油封；4—锁紧垫圈；5—锁紧螺母

图 1-114 后轮轮毂轴承的检查与调整

(3)按规定力矩拧紧轮毂轴承调整螺母，在拧紧调整螺母的同时，向前、向后转动轮毂，使轮毂轴承滚子处于正确位置。例如 EQ1092 的轴承调整螺母拧紧力矩为 200～250 N·m。

(4)松开调整螺母，再用手拧紧，此时轴承的轴向间隙接近为零，再将调整螺母松退 2 个锁紧垫圈孔位(如东风 EQ1092 汽车)。

(5)按顺序装上油封外壳 2、外壳油封 3，锁紧垫圈 4，旋上锁紧螺母 5，按规定力矩拧紧锁紧螺母。

(6)此时，轮毂应能自由转动而感觉不出有轴向间隙。最后装回半轴。

调整后的汽车，在开始行驶的头 10km，应注意轮毂温度。用手摸，如果发热，说明轴承过紧，必须重新调整。

8　任务工单

学生依据实践指导材料的要求及操作步骤，在教师的指导下完成本工作任务，并填写任务工单。

8.1　驱动桥的拆装

驱动桥拆装任务工单

任务名称	驱动桥的拆装	实训设备	套筒扳手、扭力扳手、螺丝刀、钳子、组合工具
客户任务	桑塔纳汽车在直线行驶时有嗡嗡声，转弯有咔咔的异响声，请进行正确的拆装。		
任务目的	能正确使用工具，能够根据规范拆装驱动桥。		

一、资讯

1. 驱动桥的结构特点。

2. 驱动桥的组成及各部分的功用。

3. 驱动桥的拆装步骤。

二、决策与计划

根据任务要求，确定所需要的设备、工具，并对小组成员进行合理分工，制定详细的工作计划。

1. 讨论确定拆装驱动桥所需要的设备、工具。

2. 小组成员分工。

3. 制订驱动桥拆装的操作步骤。

(1)________________

(2)________________

(3)________________

(4)________________

三、实施过程记录

1. 分析你所实践用驱动桥的结构及形式。

2. 总结驱动桥拆装时，应该注意的问题。

四、检查与评估

1. 检查驱动桥的拆装是否正确。

2. 请根据任务完成的情况，对自己的工作进行自我评估，并提出改进意见。

3. 教师对小组工作情况进行评估，并作出点评。

8.2 驱动桥的调整

驱动桥调整任务工单

任务名称	驱动桥的调整	实训设备	套筒扳手、扭力扳手、螺丝刀、钳子、组合工具
客户任务	桑塔纳轿车行驶一段路程后,用手摸驱动桥壳时,有烫手感觉,请正确进行调整。		
任务目的	能正确使用工具,能够根据规范正确进行驱动桥的调整。		

一、资讯

1. 驱动桥的调整部位。

2. 驱动桥的调整方法。

二、决策与计划

根据任务要求,确定所需要的设备、工具,并对小组成员进行合理分工,制定详细的工作计划。

1. 讨论确定驱动桥调整所需要的设备、工具。

2. 小组成员分工。

3. 制订驱动桥的调整部位及操作步骤。

(1)______________________________

(2)______________________________

(3)______________________________

(4)______________________________

三、实施过程记录

1. 分析你所实践用驱动桥的调整部位。

2. 总结驱动桥调整时,应该注意的问题。

四、检查与评估

1. 检查驱动桥的调整是否正确。

2. 请根据任务完成的情况,对自己的工作进行自我评估,并提出改进意见。

3. 教师对小组工作情况进行评估,并作出点评。

任务3　驱动桥的故障诊断与检修

1　驱动桥的维护

驱动桥的主要维护作业项目包括外部清洁和检查紧固。

1.1　外部清洁

(1)检视驱动桥是否漏油或有漏油痕迹,根据油迹部位来诊断漏油原因,并予以排除。

(2)清洁驱动桥外部,注意通气塞的清洁,使通气塞保持畅通。

1.2　检查紧固

(1)拆下驱动桥放油螺塞,放尽润滑油,拆下后盖。或拆下圆锥主动齿轮凸缘连接螺栓,拆下主减速器总成。

(2)将变速器置于空挡位置,松开驻车制动器。

(3)转动主减速器齿轮,检视齿轮表面有无损伤和不正常的腐蚀、从动圆锥齿轮是否松动。主、从动圆锥齿轮的疲劳剥落总面积应不得大于齿面的25%;牙齿的损坏不得超过齿长的1/5和齿高的1/3,且数量不多于三个,也不相邻。

(4)用百分表检查齿轮的啮合间隙。

①不解体检查

如图1-115所示,将百分表固定在减速器盖上,用百分表量头抵在主动齿轮凸缘的边上,左右转动凸缘,测出其自由摆动量即为其齿隙。也可用厚薄规片插入啮合齿轮之间测量,或以直径为0.5～1.0mm的软铅丝夹在齿间,经齿轮转动挤出后,测出软铅丝的厚度,即为齿隙。主、从动锥齿轮的啮合间隙应符合规定。

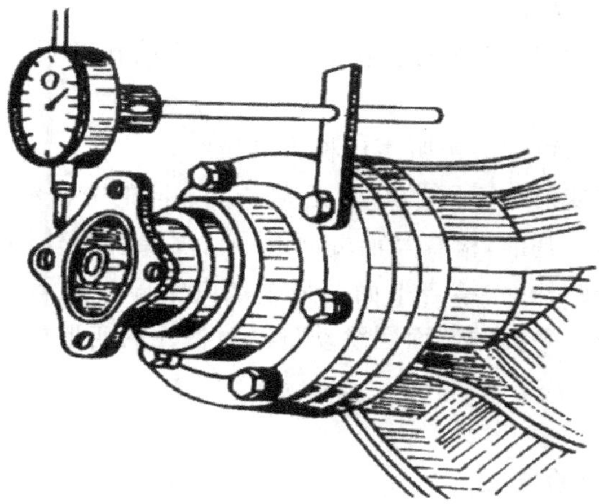

图1-115

②后桥解体后检查

如图1-116所示,将百分表用磁性底座吸附在减速器壳上,用百分表量头垂直抵在从动齿轮齿的大端凸出面上，测出其自由跳动量即为其齿隙。

(5)用百分表检查从动锥齿轮背面的端面跳动量应符合规定，否则应成对更换。

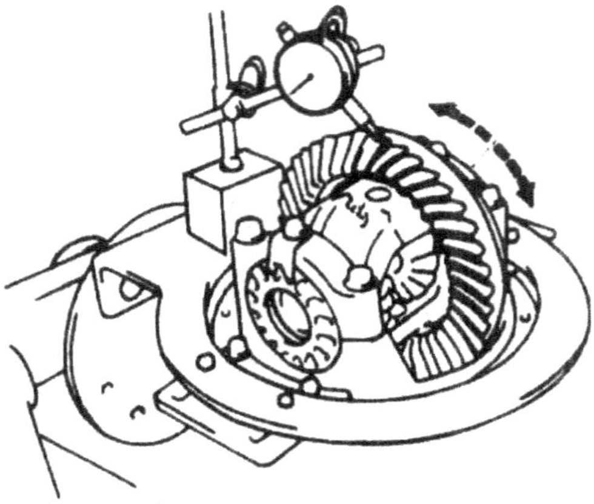

图 1-116

(6)检查差速器壳固定螺栓是否齐全有效、锁止装置是否有效，然后按规定力矩拧紧。如 NJ1066 为 60N·m；CA1092 为 100～180N·m；EQ1092 为 120～140N·m。

(7)检查差速器轴承盖紧固螺母是否齐全有效，按规定力矩拧紧。如 EQ1092 为 200～240N·m。

(8)检查、紧固主减速器壳的固定螺栓和主动圆锥齿轮油封座固定螺栓。

2 驱动桥的检修

2.1 桥壳与半轴套管

常见的耗损形式及检验方法：

(1)半轴套管轴颈、镶半轴套管的后桥壳座孔、定位销孔磨损。可用量具测量，应符合规定。

(2)桥壳裂纹或断裂。可用敲击听声法检查其裂纹。

(3)桥壳弯曲或扭转变形。不同类型桥壳应采用不同的方法检查。整体式桥壳变形检查，是以桥壳两端内轴颈为基准，检查其前端面的平行度误差及外轴颈径向圆跳动量。断开式桥壳，可以桥壳的结合圆柱面、结合平面及另一端内锥面为支承，检查其内外轴颈的径向跳动量、桥壳与减速器结合平面的端面圆跳动量。对桥壳的变形可用压力校正或火焰校正。

2.2 主减速器壳

常见的耗损形式及检验方法：

(1)各螺纹孔的损坏。

(2)轴承座孔的磨损。用量具测量，应符合原设计规定。

(3)壳体的变形和裂纹。用半轴套管同轴度仪检查差速器左、右轴承承孔的同轴度，减速器壳各横轴支承孔轴线对前端面的平行度误差。超过规定，则更换或镶套修复。

2.3 半轴

常见的耗损形式及检验方法：

(1)半轴花键磨损。

(2)半轴的裂纹和折断。可用探伤法检查半轴，若有裂纹应报废。

(3)半轴的弯曲和扭曲。用百分表检查半轴中部未加工面的径向圆跳动、花键外圆柱面的径向圆跳动，以及半轴凸缘内侧的端面圆跳动误差。超过规定时，可用压力校正和端面车削修复。

3 驱动桥常见故障诊断

3.1 驱动桥发响

(1)故障现象

汽车行驶时，在驱动桥处发出一种不正常响声，且车速越高响声越大；当滑行或低速时，响声减小或消失。

(2)故障原因

①齿轮或轴承严重磨损或破坏。

②主、从动齿轮配合间隙过大。

③从动齿轮铆钉或螺栓松动。

④差速器齿轮磨损严重，半轴内端和半轴齿轮花键槽磨损松旷。

(3)故障的判断与排除

①发现驱动桥有不正常响声时，可将驱动车轮悬空，起动发动机并挂上挡，然后急剧改变车速，察听驱动桥内响声来源，以判断故障部位。随即熄火并放入空挡，在传动轴停止转动后，用手转动主动齿轮凸缘盘，若齿轮间隙过大，则有松旷感觉；如感到一点活动量都没有，则说明啮合间隙过小。应调整齿轮啮合间隙。

②汽车在行驶中如车速越高响声越大，而滑行时却减小或消失，一般是轴承磨损松旷或齿轮间隙失常。如急剧改变车速或上坡时发响，则为齿轮啮合间隙过大，应予调整。

③在行驶中听到驱动桥突然有响声，多为齿轮损坏，应立即停车检查排除。

④如汽车转弯时发响，多是差速器行星齿轮啮合间隙过大或半轴齿轮及花键槽磨损，严重时应拆下修理。

3.2 驱动桥发热

(1)故障现象

汽车行驶一段路程后，用手触摸后桥时，有烫手感觉。

(2)故障原因

①轴承装配过紧。

②齿轮啮合间隙过小。

③缺少齿轮油或齿轮油黏度太小。

(3)故障的判断与排除

驱动桥发热应结合发热部位逐次检查,予以排除。

①手摸各轴承部位,感到烫手,说明轴承装配过紧,应重新调整。

②如果普遍过热,则先检查桥壳内油平面是否符合规定,不足时应加注;若油量足够,则说明齿轮啮合间隙过小,应调整。

③对于准双曲面齿轮主减速器,其润滑油中有较多的金属屑时,应进一步检查。若齿轮轮齿磨损成尖顶状,说明润滑油的型号不符合要求。

3.3 驱动桥漏油

(1)故障现象

齿轮油经后桥主减速器向外渗漏。

(2)故障原因

①主减速器油封损坏,密封不良。

②半轴油封损坏。

③与油封接触的轴颈磨损,其表面有沟槽。

④衬垫损坏或紧固螺栓松动。

⑤齿轮油加注过多。

(3)故障的判断与排除

①齿轮油自半轴凸缘周围渗漏,系半轴油封不良。

②主减速器主动齿轮凸缘处漏油,说明该处油封不良或凸缘轴颈磨损,表面产生沟槽,应更换或修理。

③其他部位漏油,可根据油迹查明原因并修复。

4 任务工单

学生依据实践指导材料的要求及操作步骤,在教师的指导下完成本工作任务,并填写任务工单。

任务名称	驱动桥的检修	实训设备	套筒扳手、扭力扳手、螺丝刀、钳子、组合工具
客户任务	某载货汽车大修几天后,驱动桥出现响声,而且越来越严重,请正确进行检修。		
任务目的	能正确使用工具,能够根据规范正确判断故障并检修驱动桥。		

一、资讯

1.驱动桥的检修部位及方法。

2.驱动桥常见故障诊断及驱动桥各零部件的维修方法。

二、决策与计划

根据任务要求,确定所需要的设备、工具,并对小组成员进行合理分工,制定详细的工作计划。

1.讨论确定驱动桥检修所需要的设备、工具。

续　表

2. 小组成员分工。

3. 制订驱动桥故障诊断及其检修的操作步骤及方法。

(1)________________

(2)________________

(3)________________

(4)________________

三、实施过程记录

1. 分析你所实践用驱动桥的检修部位及方法。

2. 总结驱动桥故障检修时，应该注意的问题。

四、检查与评估

1. 检查驱动桥的检修是否正确。

2. 请根据任务完成的情况，对自己的工作进行自我评估，并提出改进意见。

3. 教师对小组工作情况进行评估，并作出点评。

复习思考题

1. 汽车驱动桥的功用是什么？由哪些部件组成？

2. 试以东风EQ1090E型汽车驱动桥为例，具体指出动力从叉形凸缘输入一直到驱动车轮为止的传动路线(依次写出动力传递零件名称)。

3. 准双曲面齿轮传动的主减速器有什么特点？

4. 驱动桥中为什么设置差速器？简述差速器的构造和工作原理？

5. 全浮式半轴和半浮式半轴结构上各有什么特点？

6. 驱动桥常见的故障有哪些？产生的主要原因是什么？

7. 怎样调整主、从动锥齿轮的啮合印痕和啮合间隙？

8. 试述差速器装配与调整的方法。

单元 2 行驶系

单元知识背景

应知目标：

1. 能掌握汽车行驶系的功用与组成；
2. 能简单描述汽车行驶系的受力情况。

1　汽车行驶系的组成

行驶系一般由车架(或承载式车身)、车桥(前后车桥)、车轮和悬架(前后悬架)等组成，如图 2-1 所示。车架 1 是全车装配与支承的基础，它将汽车的各相关总成连接成一个整体，并与行驶系共同支承汽车的质量。车轮 4 与 5 分别安装在前桥 6 和后桥 3 上，支承着车桥和汽车。为了减少汽车在行驶中受到的各种冲击与振动，车桥与车架之间通过弹性系统——悬架 2 和 7 进行连接。在一些轿车中，为了提高其舒适性，采用断开式车桥，两侧车轮的心轴分别通过各自的弹性元件与车架连接，受力作用时互不干扰，故称为独立悬架系统。

2　汽车行驶系的受力情况

汽车行驶系的受力情况如图 2-1 所示。汽车的总质量 G_a 通过车架、悬架、车桥和车轮传到地面，同时引起的地面垂直反力 Z_1 和 Z_2，分别作用于前后车轮上。在水平方向，当驱动车轮 4 受到驱动转矩 M_k 作用时，通过车轮与路面的附着作用，产生推动汽车前进的纵向反力——牵引力 F_t。汽车在制动时，同样产生一个与 M_k 方向相反的制动转矩，作用于车轮上，产生一个与汽车行驶方向相反的制动力，迫使汽车减速或停车。

汽车的驱动力 F_t 须克服驱动轮本身所遇到的滚动阻力，由车架经从动悬架 7 传给从动桥，使从动车轮克服其滚动阻力；另外通过驱动桥、驱动悬架传给车架，最后经车身克服空气阻力、坡道阻力、加速阻力。只有当驱动力足以克服上述各种阻力之和时，汽车才能保持前进。

由于驱动力作用在驱动轮与地面接触处，此力对车轮中心产生的反力矩，使汽车前部具

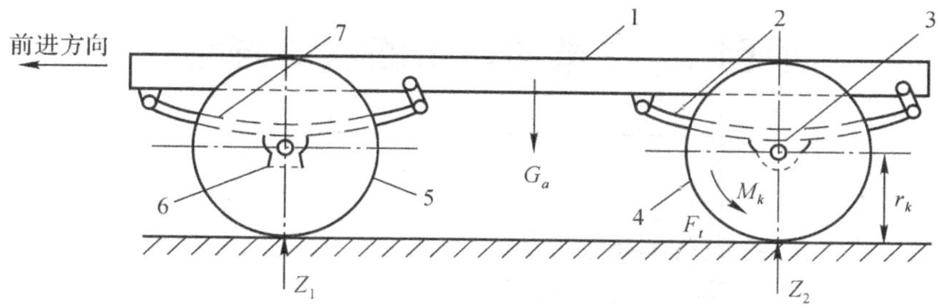

1—车架；2—驱动轮悬架；3—驱动桥；4—驱动轮；5—从动轮；6—从动桥；7—从动轮悬架

图 2-1 汽车行驶系统的组成及部分受力情况

有向上抬起的趋势，从而使作用于前轮上的垂直载荷减小，后轮上的垂直载荷增加。汽车突然加速行驶时，这种作用更加明显。

同理，在汽车制动时，由于制动力与驱动力方向相反，作用结果亦与上述恰好相反。

汽车在弯道上或横向坡道上行驶时，车轮与路面之间产生的侧向力也由行驶系承受和传递。

综上所述，路面作用于车轮上的所有外力都必须通过行驶系的零部件传给车架，使汽车行驶、制动或转向。这些力和力矩又使车架和车桥等基础件产生变形、裂纹、连接件松动及各总成相对位置改变，同时使配合副之间产生噪声、冲击和振动等。

3 汽车行驶系的基本功能

(1)接受由发动机经传动系统传来的转矩，利用驱动轮与路面间的附着作用，产生路面对驱动轮的牵引力，保证汽车正常行驶；

(2)支持全车，传递并承受各种力和力矩；

(3)缓和冲击，减少振动，保证汽车平顺行驶；

(4)保证车轮相对车架的运动轨迹，实现汽车行驶方向的正确控制，保证汽车操纵稳定性。

复习思考题

1. 叙述汽车行驶系的功用与组成。

2. 汽车行驶系主要受哪些作用力？

项目1 车架与车桥的认知与检修

应知目标：

1. 能掌握车架的功用、要求及结构特点；
2. 能正确描述转向桥、转向驱动桥的组成及结构特点；
3. 能说明前轮定位的作用及原理，并能对各参数进行分析。

应会目标：

1. 会对车架进行检修；
2. 会对前轴及转向节进行检修；
3. 会进行前轮定位参数值的调整。

任务1 车架认知

1 车架的功用与要求

1.1 车架的功用

车架用于安装汽车的各总成和部件，并使它们保持正确的相对位置，同时承受来自车上和地面的各种静、动载荷。

1.2 对车架的要求

车架要有足够的强度和合适的刚度，并且要结构简单、质量轻，还应尽可能地降低汽车的质心和获得较大的前轮转向角度，以提高汽车行驶的稳定性和转向灵活性。因此，车架应布置得离地面近一些，以使汽车重心位置降低，有利于提高汽车的行驶稳定性。

2 车架的结构

目前，汽车车架的结构形式基本上有三种：边梁式车架、中梁式车架（或称脊骨式车架）和综合式车架。其中，以边梁式车架应用最广。

2.1 边梁式车架

边梁式车架由两根位于两边的纵梁和若干根横梁组成，纵梁通常用低合金钢板冲压而成，断面形状一般为槽形不等高断面梁，由于其中部受到的弯曲力矩最大，故中部断面高度最大，由此向两端断面高度则逐渐减小。这样，可使应力分布较均匀，同时又减小了质量。也有的做成Z字形或箱形断面。根据汽车形式不同和结构布置的要求，纵梁可以在水平面内或纵向平面内做成弯曲的，以及等断面或非等断面的。横梁不仅用来保证车架的扭转刚度和承受纵向载荷，而且还可以支承汽车上的主要部件。

边梁式车架的结构特点是便于安装驾驶室、车厢及一些特种装备和布置其他总成，有利于改装变型车和发展多品种汽车，因此被广泛用在载货汽车和大多数的特种汽车上。

东风 EQ1090E 型汽车车架如图 2-2 所示。

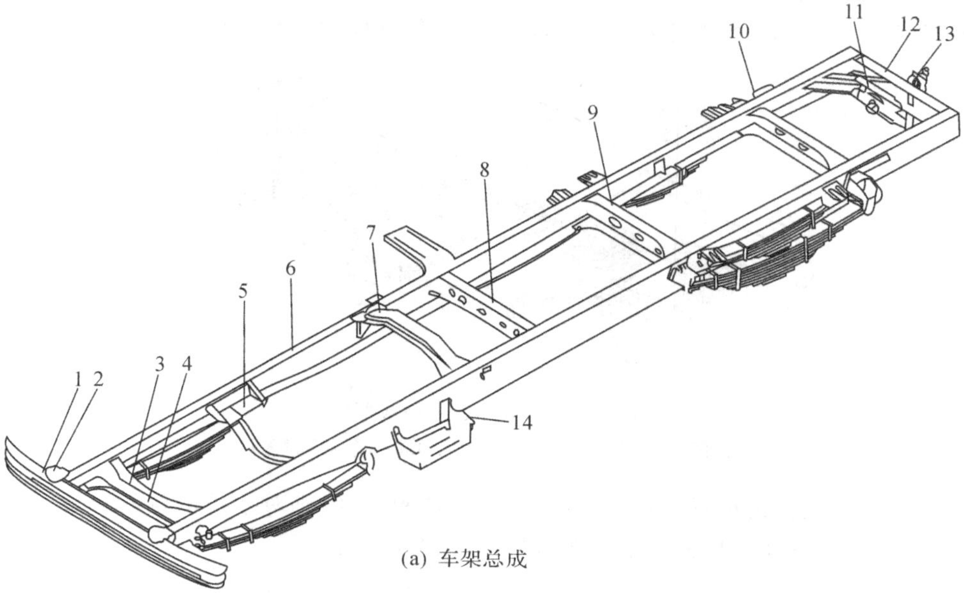

(a) 车架总成

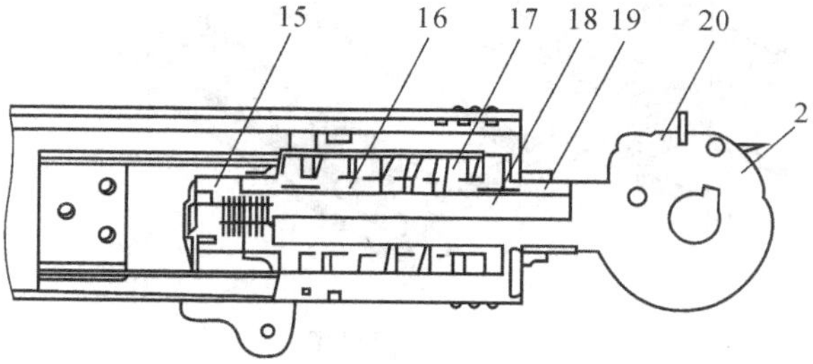

(b) 拖钩部件

1—保险杠；2—挂钩；3—前横梁；4—发动机前悬置横梁；5—发动机后悬置右（左）支架和横梁；6—纵梁；7—驾驶室后悬置横梁；8—第四横梁；9—后钢板弹簧前支架横梁；10—后钢板弹簧后支架横梁；11—角撑横梁组件；12—后横梁；13—拖钩部件；14—蓄电池托架；15—螺母；16、18—衬套；17—弹簧；19—拖钩；20—锁块；21—锁扣

图 2-2　东风 EQ1090E 型汽车车架

有的汽车车架采用了如图 2-3 所示的 Z 形断面纵梁，其优点是使车架前后等宽，并能保证车架前部容下柴油机飞轮壳及装在壳上的起动机。采用 Z 形断面纵梁的缺点是纵梁和横梁连接时，须在纵梁上翼面上增加一块垫板，这使得在纵梁腹板上装置有关总成不太方便。

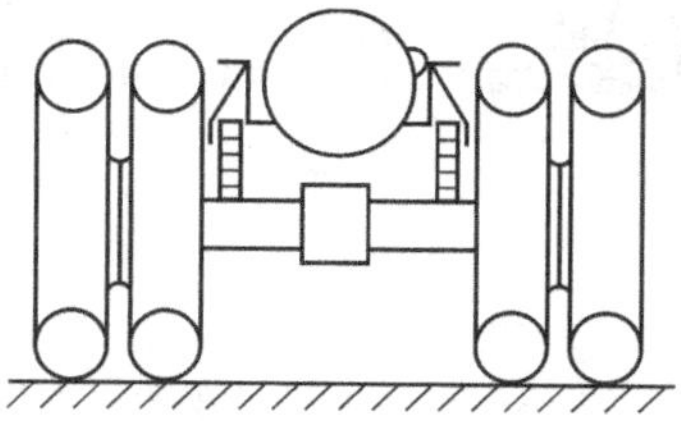

图 2-3　具有 Z 形断面纵梁车架的汽车（后视图）

图 2-4 所示为丰田皇冠轿车车架和车身，图中网络线部分为车架。由图可见，该车架的中部较平低，以降低汽车的重心，满足了高速轿车行驶稳定性和乘坐舒适的要求。由于车架位置的降低，车架前端做得较窄，以允许转向轮有较大的偏转角度。车架后端向上弯曲，保证了悬架变形时车轮的跳动空间。因此，轿车车架形状设计得比较复杂，但很实用。

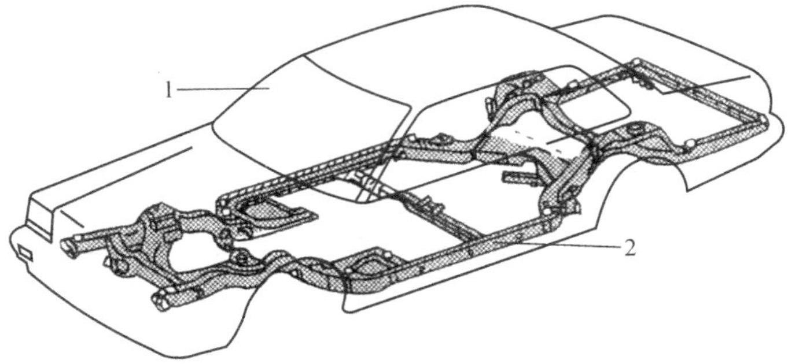

1—车身；2—车架（网络线部分）

图 2-4　丰田皇冠（CROWN）轿车车架和车身

采用 X 形高断面的横梁，可以提高车架的扭转刚度，特别对于短而宽的车架，这个效果尤为显著，故 X 形横梁一般只用于轿车车架，如图 2-5 所示。

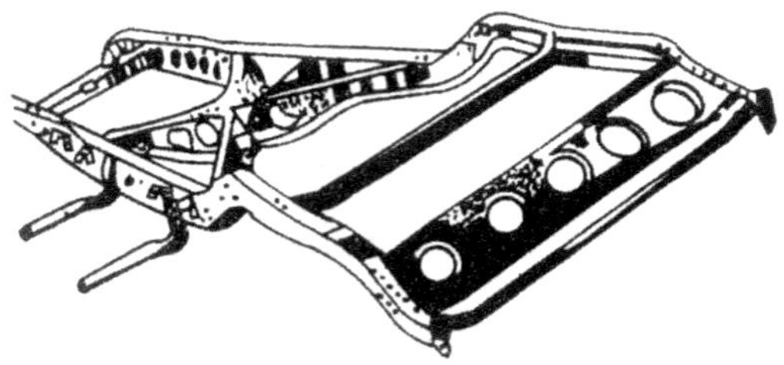

图 2-5　X 形高断面横梁车架

2.2　中梁式车架

中梁式车架又称脊骨式车架，只有一根纵梁位于中央而贯穿汽车全长。

如图 2-6 所示，中梁的断面形状做成管形、槽形或箱形。中梁的前端做成外伸支架，用来固定发动机，而主减速器壳通常固定在中梁的尾端，形成断开式后驱动桥。中梁上的悬伸托架用来支承汽车车身和安装其他机件。

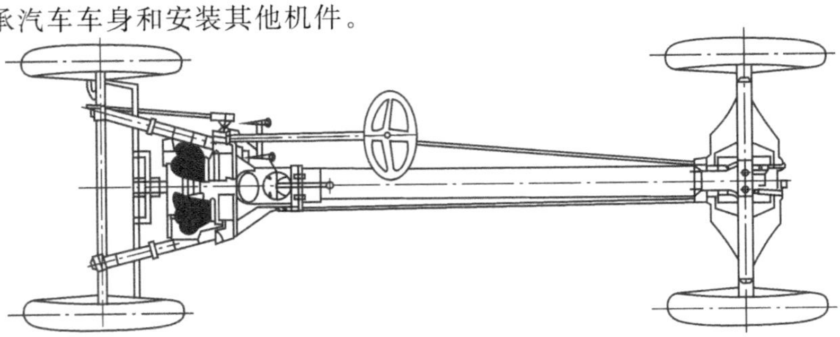

图 2-6　中梁式车架

中梁式车架有较好的抗扭刚度和较大的前轮转向角，结构上允许车轮有较大的跳动空间，适于装配独立悬架的越野汽车。与同等载质量的汽车相比，中梁式车架轻且质心比较低，故行驶稳定性好；车架的强度和刚度较大；脊梁还能起封闭传动轴的防尘罩作用。

2.3　综合式车架和承载式车身

图 2-7 所示的车架称为综合式车架，其前部是边梁式，而后部是中梁式，它同时具有中梁式和边梁式车架的特点，该车架的边梁用以安装发动机，悬伸出来的支架可以固定车身。

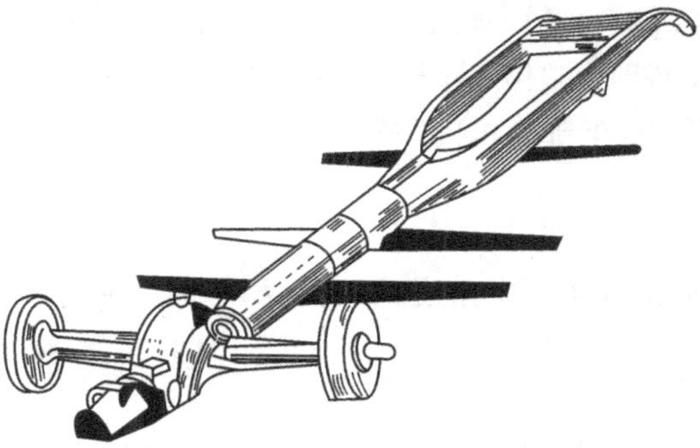

图 2-7　综合式车架

部分轿车和一些大型客车取消了车架，而以车身兼起车架的作用，即将所有部件固定在车身上，所有的力也由车身来承受。这种车身称为承载式车身。

目前，大多数轿车都是采用承载式车身，如上海桑塔纳轿车、一汽大众的捷达和奥迪 100 以及一汽的红旗 CA7220 型轿车等，车身均为这种结构形式。

图 2-8 所示为承载式轿车车身壳体。承载式车身由于无车架，可以减轻整车重量；可以使地板高度降低，使上、下车方便。但是，传动系和悬架的振动和噪声会直接传入车内，为此，应采取隔声和防振措施。

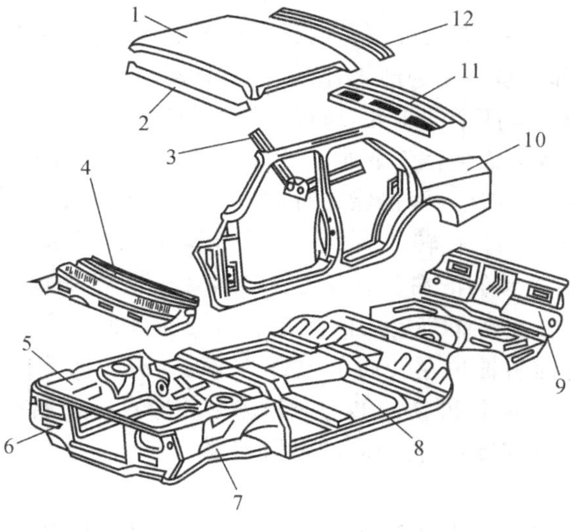

1—顶盖；2—前风窗框上部；3—加强撑；4—前围外板；5—前挡泥板；6—散热器框架；7—底板前纵梁；8—底板部件；9—行李箱后板；10—侧门框部件；11—后围板；12—后风窗框上部

图 2-8　承载式轿车车身壳体

任务2　车桥认知

1　车桥的功用与分类

车桥通过悬架和车架相连，它的两端安装车轮，其功用是传递车架（或承载式车身）与车轮之间各方向的作用力及其力矩。

根据悬架结构的不同，车桥分为整体式和断开式两种。当采用非独立悬架时，车桥中部是刚性的实心或空心梁，这种车桥即为整体式车桥；断开式车桥为活动关节式结构，与独立悬架配用。

根据车桥上车轮的作用，车桥又可分为转向桥、驱动桥、转向驱动桥和支持桥四种类型。

2　转向桥

转向桥的功用是使车轮偏转一定角度，以实现汽车的转向。

2.1　整体式转向桥

整体式转向桥与非独立悬架匹配，如图2-9所示，其结构主要由前轴（梁）14、转向节8、主销5等组成。

（1）前轴

前轴材料一般采用中碳钢，经模锻和热处理，断面形状一般采用工字形或管状，用以提高抗弯强度、减轻质量。为提高抗扭强度，前轴两端加粗并呈拳形，主销5插入拳形上的通孔内，将前轴与转向节8连接起来。在前轴凹形上平面的两端各有一块安装钢板弹簧用的底座，其上钻有安装U形螺栓用的四个通孔和一个位于中心的钢板弹簧定位孔。在前轴两端还制有转向轮最大转向角的限位凸块。

（2）转向节

转向节是一个叉形零件。它的外侧是内粗外细的悬臂轴，用来安装车轮内、外轮毂轴承33和27。靠近两叉根部有呈方形的凸缘，凸缘四周有螺栓孔，用来固定制动底板。

转向节内侧上下两叉有两个同轴孔，通过主销5与前轴两端的拳形部分相连，使前轮可以绕主销5偏转一定角度从而使汽车转向。为了减小磨损，转向节销孔内压入了青铜衬套7，用装在转向节上的油孔15注入润滑脂进行润滑。为使转向灵活，在转向节下叉与前轴拳形部分之间装有推力轴承18。在转向节上叉与拳形部分之间还装有调整垫片12，以调整间隙大小。在左、右转向节下叉的下端各装有与转向节臂9和19制成一体的端盖。左、右转向节臂与横拉杆相连接。在左转向节上叉的上端装有与左转向节上臂制成一体的端盖，这样就可以通过转向直拉杆前后推拉左转向节上臂3，使左、右转向节同时绕主销摆动，实现转向。在转向节上装有限位螺栓20防止转向时轮胎与转向直拉杆或翼子板相碰擦，它与前轴两端的限位凸块相配合，可以调整转向轮的最大转角。

（3）主销

主销的作用是铰接前轴与转向节，使转向节绕着主销摆动，以实现车轮的转向。主销5的中部切有凹槽，安装时用楔形锁销11与凹槽配合，将主销固定在前轴的拳形孔内。主销与转向节上的销孔是动配合。

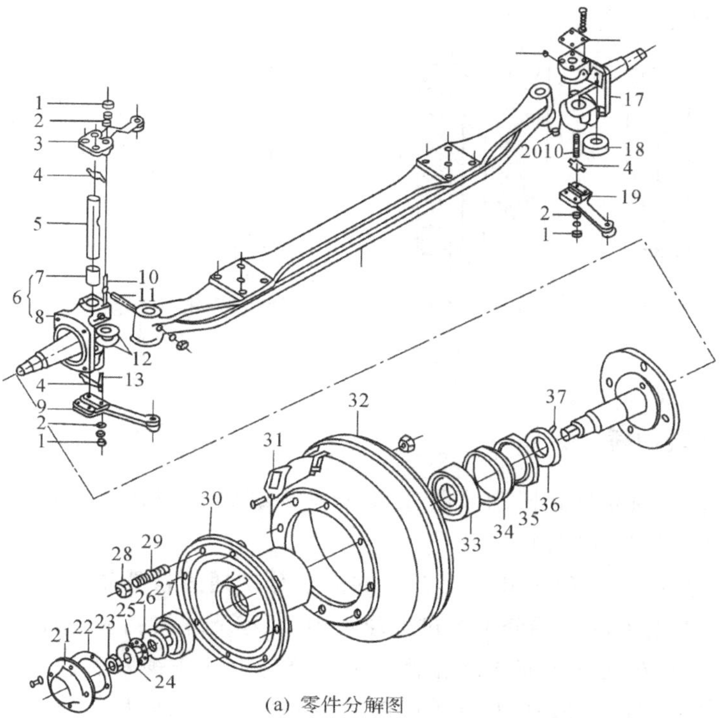

(a) 零件分解图

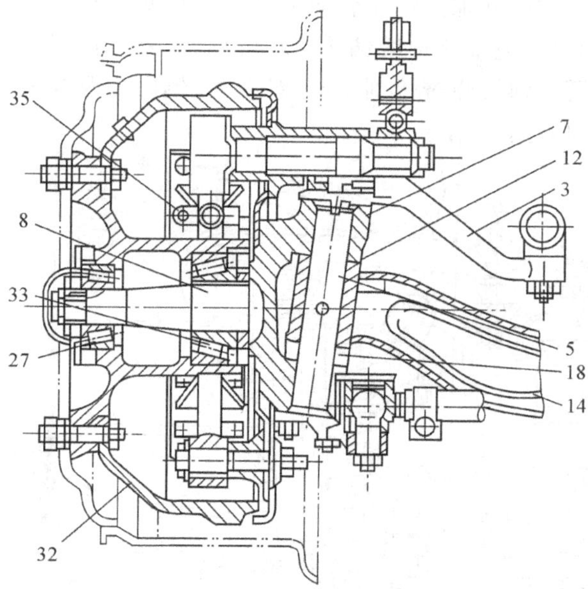

(b) 装配图

1—紧固螺母；2—锥套；3—左转向节上臂；4—密封垫；5—主销；6—左转向节总成；7—衬套；8—左转向节；9—左转向节臂；10、13—双头螺栓；11—楔形锁销；12—调整垫片；14—前轴；15—油孔；16—右转向节上盖；17—右转向节；18—推力轴承；19—右转向节臂；20—限位螺栓；21—轮毂端盖；22—衬套；23—锁紧螺母；24—止推垫片；25—锁紧垫圈；26—调整螺母；27—前轮毂外轴承；28—螺母；29—螺栓；30—车轮轮毂；31—检查孔堵塞；32—制动鼓；33—前轮毂内轴承；34—轮毂油封外圈；35—轮毂油封总成；36—轮毂油封内圈；37—定位销

图 2-9　整体式转向桥

各型主销如图 2-10 所示。

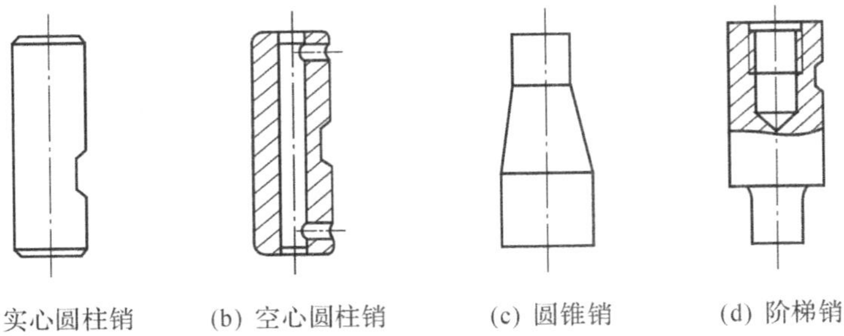

图 2-10 主销的形式

2.2 断开式转向桥

断开式转向桥与独立悬架匹配。图 2-11 所示为红旗 CA7560 型轿车的转向桥与前悬架，其转向桥为活动关节式结构。

独立悬架部分的上摆臂 11 和下摆臂 4 的内端分别通过摆臂轴 15 和 1 与车架横梁 16 作铰链连接，上下两摆臂的外端分别通过上球头销 14 和下球头销 3 与转向节 9 相连。悬架系统采用螺旋弹簧和双向作用筒式减振器。上摆臂与上球头销是铆接不能拆的，其中装有弹簧 13，当球头销与销座磨损后，自动消除两者的间隙。下摆臂与下球头销是可拆的，磨损后可以通过减薄垫片 2 调整间隙。该车转向桥主销以球头结构代替，即上下球头销的连线相当于主销轴线，转向时车轮绕此轴线偏转实现转向。路面对车轮的垂直的作用力通过转向节、下球头销、下摆臂和螺旋弹簧传到车架；纵向力、侧向力及其力矩均由转向节及上、下摆臂和上、下球头销来传递。

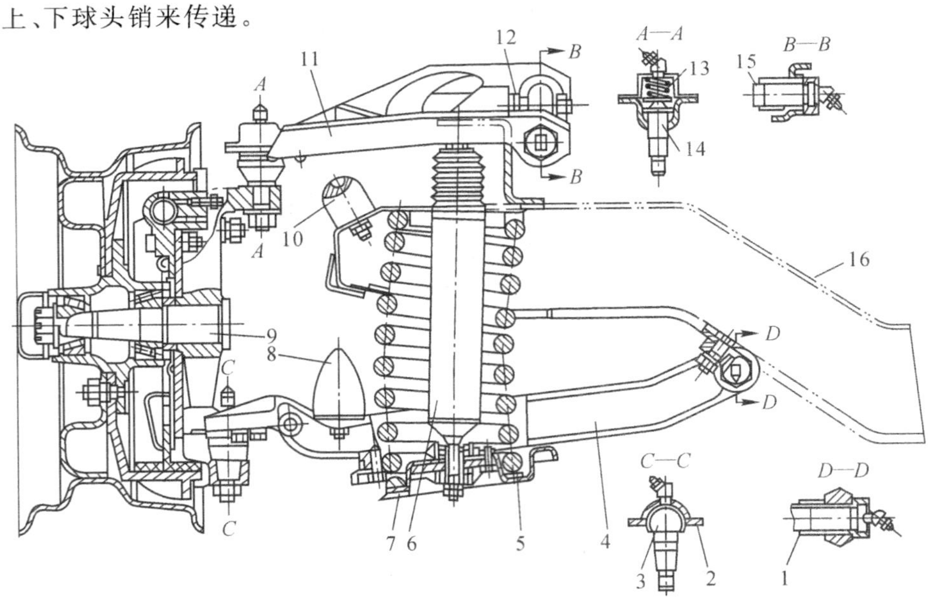

1—下摆臂轴；2—垫片；3—下球头销；4—下摆臂；5—螺旋弹簧；6—筒式减振器；7—橡胶垫圈；8—下缓冲块；9—转向节；10—上缓冲块；11—上摆臂；12—调整垫片；13—弹簧；14—上球头销；15—上摆臂轴；16—车架横梁

图 2-11 断开式转向桥

3　转向驱动桥

同时实现车轮转向和驱动功能的车桥叫做转向驱动桥。

3.1　整体式转向驱动桥

整体式转向驱动桥组成如图 2-12 所示。

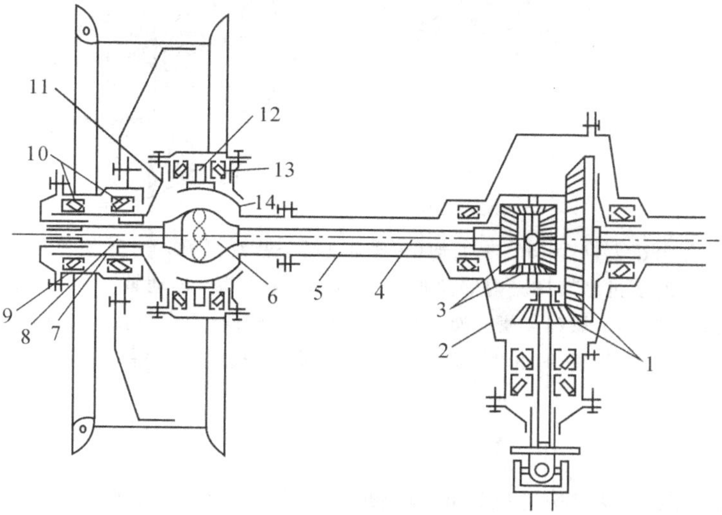

1—主减速器；2—主减速器壳；3—差速器；4—内半轴；5—半轴套管；6—万向节；7—转向节轴颈；8—外半轴；9—轮毂；10—轮毂轴承；11—转向节壳体；12—主销；13—主销轴承；14—球形支座

图 2-12　整体式转向驱动桥

在结构上，转向驱动桥有一般驱动桥所具有的主减速器 1、差速器 3；也有一般转向桥所具有的转向节壳体 11、主销 12 和轮毂 9 等。与单独的驱动桥、转向桥相比，其不同之处是：由于需要转向，传动半轴被分为两段，分别叫内半轴和外半轴。内半轴 4 与差速器相连接，外半轴 8 与轮毂相连接，两者又用等角速万向节 6 相连接在一起。另外，主销也被分成上下两段，分别固定在万向节的球形支座 14 上。转向节轴 7 做成空心轴，外半轴 8 从其中穿过。转向节的连接又是球状转向节壳体 11。上述结构既能满足转向的需要，又实现了转向节的传递转矩功能，因此其广泛地应用于全轴驱动的越野汽车上和部分轿车上。

3.2　断开式转向驱动桥

在采用发动机前置前轮驱动的轿车上，若与麦弗逊式独立悬架配合使用，使得前轮内侧空间较大，便于布置，具有良好的接近性和维修方便性，此时转向驱动桥应为断开式。

图 2-13 所示上海桑塔纳轿车断开式转向驱动桥总成。其动力经主减速器和差速器传至左右内半轴、左右内等角速万向节及左右半轴（传动轴）3、9，并经左右外侧球笼式等角速万向节、左右外半轴凸缘传到左右两轮毂，使驱动车轮旋转。当转动转向盘时，通过齿轮齿条式转向器 14 和横拉杆 16 而使前轮偏转，以实现转向。

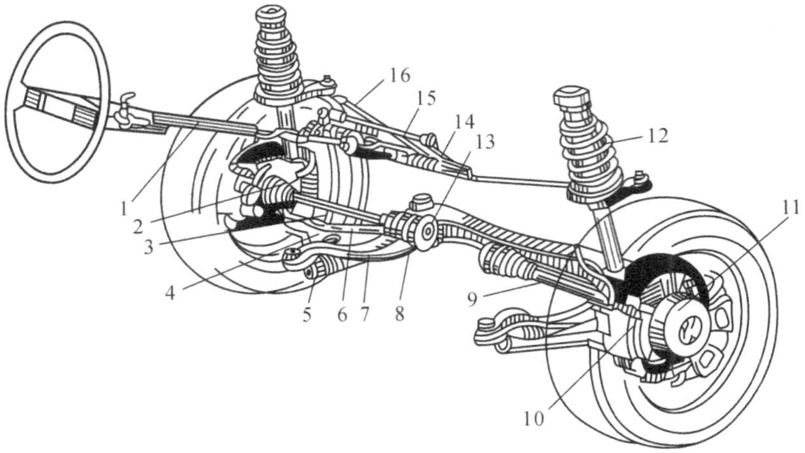

1—转向柱；2—外等角速万向节；3—左半轴(传动轴)；4—悬臂摆臂；5—悬架臂后端的橡胶金属轴；6—横向稳定杆；7—发动机悬架；8—内等角速万向节；9—右半轴(传动轴)；10—制动钳；11—外半轴凸缘；12—减振器支柱；13—橡胶金属支架；14—齿轮齿条式转向器；15—转向减振器；16—横拉杆

图 2-13　上海桑塔纳轿车断开式转向驱动桥

4　前轮定位

转向桥在保证汽车转向功能的同时，应使转向轮有自动回正作用，以保证汽车稳定直线行驶。即当转向轮在偶遇外力作用发生偏转时，一旦作用的外力消失后，应能立即自动回到原来直线行驶的位置。这种自动回正作用是由转向轮的定位参数来保证的，也就是转向车轮、转向节和前轴三者与车架的安装应保持一定的相对位置，这种具有一定位置的安装称为转向轮定位，也叫前轮定位。这些转向轮的定位参数有主销后倾角、主销内倾角、前轮外倾角和前轮前束。现以整体式转向桥为例，说明前轮定位。

4.1　主销后倾

主销装在前轴上，其上端向后倾斜，这种现象叫主销后倾。在纵向垂直平面内，垂线与主销轴线之间的夹角 γ 叫主销后倾角，如图 2-14 所示。主销后倾的作用主要是为了保持汽车直线行驶的稳定性，并使汽车转向后，前轮有自动回正的作用。

主销具有后倾角时，主销轴线的延长线与路面的交点 a 位于轮胎与地面接触点 b 的前面。当汽车直线行驶时，若转向轮偶然受到外力而稍有偏转(如图中箭头所示)，车轮向右偏摆，汽车将转弯。这时由于汽车本身离心力的作用，在车轮与路面接触点 b 处，路面对车轮作用着一个侧向反作用力 Y。Y 对车轮形成绕主销轴线作用的回正力矩 $M=YL$，其方向与车轮偏转方向相反，有使车轮恢复到原来中间位置的作用，故 M 称为稳定力矩。同理，在汽车转弯时此力矩也力图使偏摆的转向车轮自动回正。车速越高，Y 值越大；后倾角越大，L 值越大，前轮的稳定效应也越强，特别是在高速和大转弯时，其作用尤为突出。但后倾角不宜过大，否则在转向时将使转向盘沉重或回正过猛而打手。

现代汽车主销后倾角一般不超过 3°。高速车由于路面的侧向反力 Y 较大，并且常使用超低压子午线扁平轮胎，轮胎弹性也大，行驶时轮胎与路面接地点后移，稳定力矩的力臂 L

增加，因此，后倾角可以减小甚至为负值(即主销前倾)。

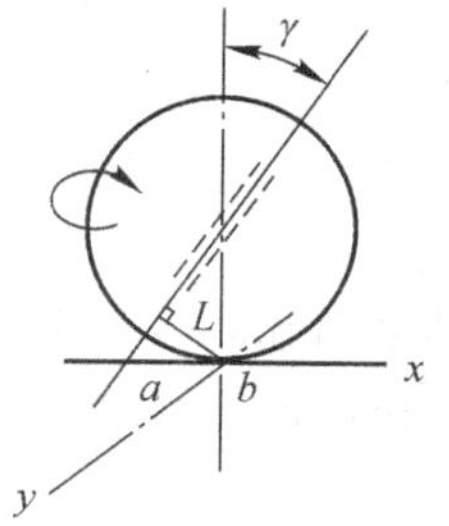

图 2-14　主销后倾示意图

主销后倾角的获得一般是前轴、钢板弹簧和车架三者装配在一起时，由于钢板前高后低，使前轴向后倾斜而形成。有的在钢板座后部加装楔形垫片而形成后倾(如图 2-15 所示)。由此可知，车架变形、钢板弹簧疲劳、转向节松旷、车桥扭转变形等原因，都将使主销后倾角发生变化。

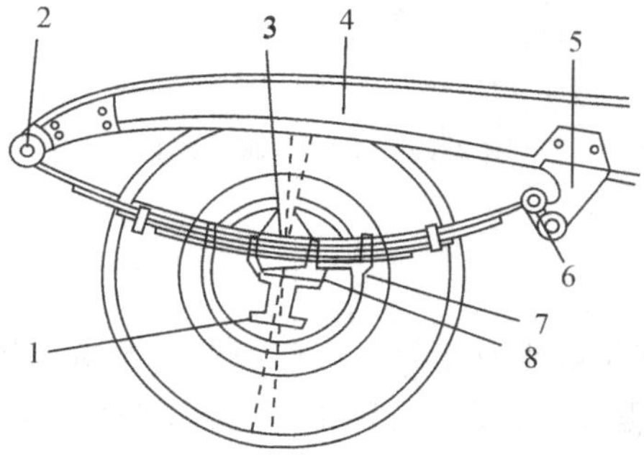

1—前轴；2—前铰链；3—橡胶缓冲块；4—车架；5—支架；6—后吊耳；7—钢板弹簧；8—楔形垫块

图 2-15　用楔形垫块形成主销后倾

4.2　主销内倾

主销安装到前轴上后，其上端略向内倾斜，这种现象称为主销内倾。在汽车的横向垂直平面内，主销轴线与垂线之间的夹角 β 叫做主销内倾角，如图 2-16(a)所示。

主销内倾角的作用之一是使车轮自动回正，如图 2-16(b)和(c)所示。当转向轮在外力作用下绕主销旋转而偏离中间位置时(为了解释方便，假设旋转 180°，即由图中实线位置转到双点划线位置)，由于主销是向内倾斜的，车轮的最低点将陷入路面以下 h 处，即车轮须将路面压低 h 后才能旋转过来，但实际上路面不可能被压低，车轮下边缘并不能陷入路面之下，而是车轮连同整个汽车前部被向上抬起相应的高度 h。一旦外力消失，转向轮就会在汽车前部重力作用下力图自动回复到旋转前的中间位置。主销内倾角愈大或转向轮偏转角愈大，汽车前部就被抬起得愈高，转向轮自动回正的作用就愈大。

主销内倾角的另一个作用是使转向操纵轻便。如图 2-16 (a)所示，由于主销内倾，使主销轴线延长线与路面的交点到车轮中心平面与路面的交点之间的距离 c 缩短，转向时路面作用在转向轮上的阻力矩减小(因力臂 c 减小)，从而可减小转向时驾驶员施加在转向盘上的力，使转向操纵轻便；同时还可以减小因路面不平而从转向轮传到转向盘上的冲击力。主销内倾角也不宜过大，否则当转向轮转向时，车轮在滚动的同时将与路面产生较大的滑动，增加轮胎与路面的摩擦阻力，这不仅使转向变得沉重，而且加速了轮胎的磨损。故一般 β 角不大于 8°，距离 c 为 40～60mm。但在一些发动机前置、前轮驱动的轿车上，为了使汽车具有良好的行驶稳定性，特别是制动稳定性，其主销内倾角均较大，如一汽奥迪 100 型轿车为 14.2°等。

主销内倾角是由前轴在制造时其主销孔轴线的上端向内倾斜而获得的。前轴弯曲变形及主销与销孔磨损变形等都能引起主销内倾角改变。

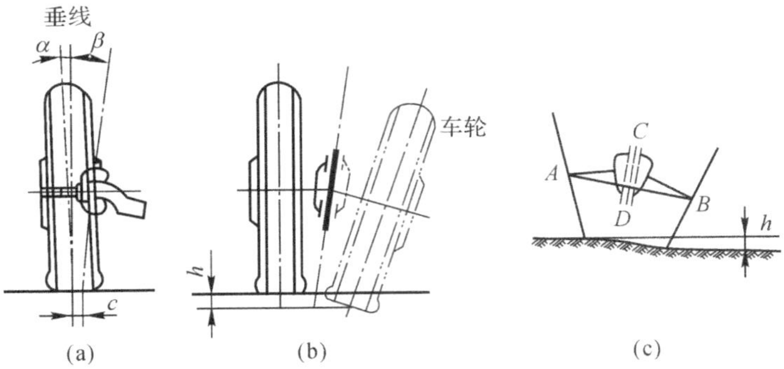

图 2-16　主销内倾示意图

4.3　车轮外倾

如果空车时车轮的安装正好垂直于路面，则满载时，车桥将因承载变形而可能出现车轮内倾，这将加速汽车轮胎的偏磨损。另外，路面对车轮的垂直反作用力沿轮毂的轴向分力，将使轮毂压向轮毂外端的小轴承，加重了外端小轴承及轮毂紧固螺母的负荷，降低了它们的使用寿命。因此，为了使轮胎磨损均匀和减轻轮毂外轴承的负荷，安装车轮时应预先使车轮有一定的外倾角，以防止车轮内倾。同时，车轮有了外倾角也可以与拱形路面相适应。但是，外倾角也不宜过大，否则会使轮胎产生偏磨损。

前轮的外倾角是在转向节设计中确定的。设计时使转向节轴颈的轴线与水平面成一角度，该角度即为前轮外倾角 α（一般 α 为 1°左右），如图 2-16 所示。非独立悬架车轮外倾角是由转向节的结构确定的。转向节安装到前轴后，其轴颈相对于水平面向下倾斜，从而使车轮安装后外倾。一般不能调整，但使用独立悬架的转向桥大多可以调整。

4.4　车轮前束

车轮有了外倾角后，在滚动时就类似于滚锥，从而导致两侧车轮向外滚开。由于转向横拉杆和车桥的约束使车轮不可能向外滚开，车轮将在地面上出现边滚边滑的现象，从而增加了轮胎的磨损。为了消除车轮外倾带来的这种不良后果，在安装车轮时，使汽车两前轮的中心面不平行，两轮前边缘距离 B 小于后边缘距离 A，$A—B$ 之差称为前轮前束，如图 2-17 所示。这样可使车轮在每一瞬时滚动方向接近于向着正前方，从而在很大程度上减轻和消除了由于车轮外倾而产生的不良后果。前轮前束可通过改变横拉杆的长度来调整。

表 2-1 所示为几种国产汽车的车轮定位参数。

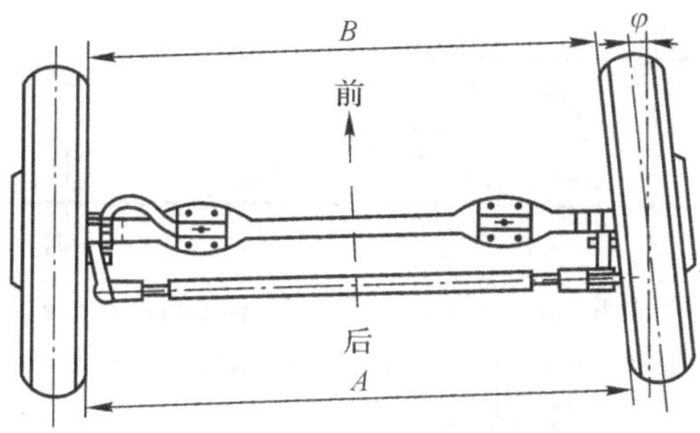

图 2-17　前轮前束示意图

表 2-1　几种国产汽车的车轮定位参数

车型	主销后倾	主销内倾	车轮外倾	前束/mm
东风 EQ1092	2°30′	6°	1°	1～5
解放 CA1092	1°30′	8°	1°	2～4
上海桑塔纳	50′+30′	14°12′	−30′+20′	−1～3
捷达	1°30′+20′	0°+10′	30′+20′	
神龙富康	1°30′+40′	10°45′+40′	0°+40′	0～2
奥迪 100	1°10′	14°12′	−30′+20′	0.5～1

任务 3　车架与车桥的检修

1　车架的检修

车架在汽车长期使用过程中，同时也由于结构设计等方面的缺陷而出现变形、裂纹和锈蚀等失效。多数修理企业采用“对角线”法及常规的拉、压器具检修车架，按照检验、校正、重铆及断裂修理的基本顺序进行。

1.1　车架变形的检验

(1)车架歪斜的检查

一般车架发生歪斜后，可以分段拉线方法检查。以钢板弹簧支座上的钢板销承孔的轴线为基准，构成三个矩形框，如图 2-18 所示。测量每个矩形框两条对角线的长度差及其位置度误差来判断车架在垂直方向和水平方向上的变形。这种划分矩形框的办法通常称为“三段法”。其优点是定位基准精度高，测量准确。

(2)车架纵梁的直线度检查

车架纵梁的直线度不符合要求将影响有关总成的安装，因此应检查校正。检查项目为车架纵梁上平面及侧面的纵向直线度。要求修理竣工后的车架纵梁上平面及侧面的纵向直线度误差，在任意 1000mm 长度上不大于 3mm，在纵梁全长上应不大于其长度的 1/1000。

纵梁的直线度可用拉线的方法检测，如图 2-19 所示。在纵梁被测平面两端垫两个等厚

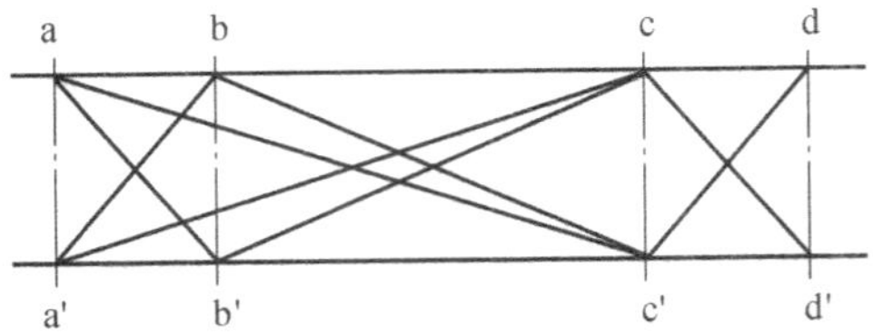

a—a′—前钢板前支架销承孔轴线；b—b′—前钢板后支架销承孔轴线；c—c′—后钢板前支架销承孔轴线；d—d′—后钢板后支架销承孔轴线；a—b′、a′—b—第一段对角线；b—c′、b′—c—第二段对角线；c—d′、c′—d—第三段对角线；a—c′、a′—c—第四段对角线

图 2-18　车架分段拉线检查

度的垫块 1 和 5，紧贴垫块外平面拉线，然后用钢板尺测纵梁被测平面各处与拉线间的距离。各距离中与垫块厚度差最大者即为直线度误差。

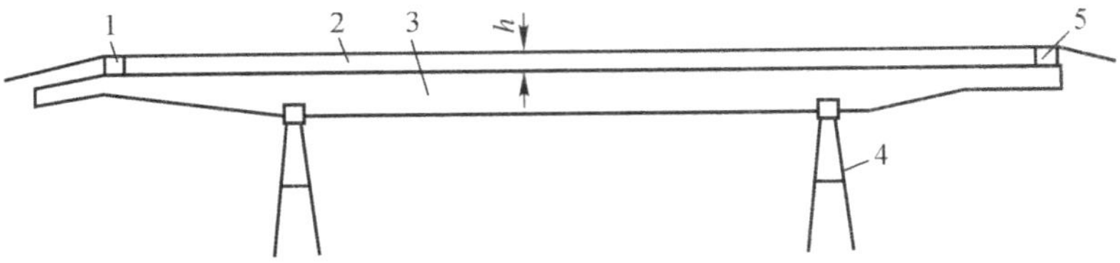

1、5—垫块；2—拉线；3—车架纵梁；4—支撑架

图 2-19　车架纵梁直线度的检测

(3)车架总成上平面的平面度检查

对一般边梁式车架，车架总成左右纵梁上平面应在同一平面内，其平面度误差应不大于 1.5/1000。

左右纵梁上平面的平面度检测，可用图 2-20 所示的方法进行，在被测平面两端两纵梁上对称放置 4 个等厚垫块，并拉对角线 a－b′和 a′－b。若两对角线在 c 点不相接触，则对处于下面的一条对角线两端的两垫块加等厚度垫片进行调整，直至两对角线在 c 点处接触。此时两对角线的 4 个端点便形成了基准平面。再在两纵梁上方分别拉线 a－b 和 a′－b′，并测量两纵梁上平面各点至 a－b 和 a′－b′线间的距离。各点距离的最大差值即是纵梁上平面的平面度误差。

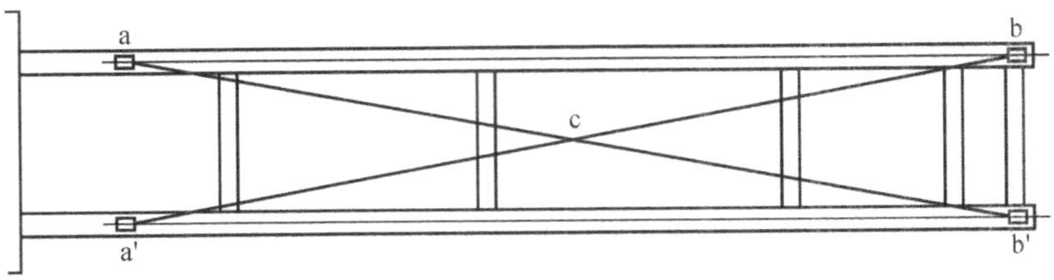

图 2-20　车架纵梁上平面平面度的检测

1.2　车架的校正

车架变形后，应进行校正。当车架总成情况良好，仅是个别部位发生不大的弯曲变形时，可直接在车架上进行校正。如果车架变形严重或铆钉松动较多时，应解体校正。车架一

般采用冷压(拉)方法校正。对弯曲严重、冷校困难的车架或无车架校正设备时,可采用局部加热校正法。

1.3　车架修补与铆接

车架的纵横梁如果发现裂纹或断裂,连接纵、横梁和装置件的铆钉错位、松动或断裂等,应予以修补或铆接。

(1)车架的挖补修理

车架的挖补修理是将纵、横梁裂纹的部分挖掉,然后用对接焊的形式焊补一块材质及厚度与原来车架相同的嵌接钢板。常采用的挖补形状有椭圆、三角形、菱形、矩形等,如图 2-21 所示。

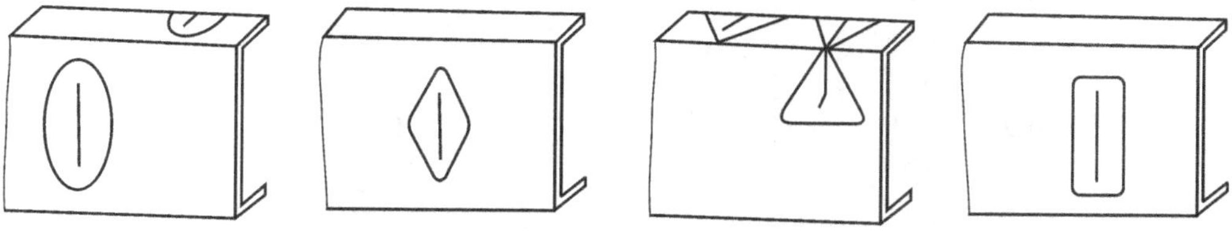

(a)　(b)　(c)　(d)

图 2-21　各种挖补形状

(2)车架的对接修理

车架纵梁上的某一段,尤其是纵梁前、后端 1.5m 范围内出现完全断裂或裂纹比较集中时,可将失效段截去,采用对接形式焊接一段与截去段完全相同的新梁。

车架部位若出现规律性的裂纹或断裂,则表明该车架设计或汽车的使用有问题。若系车架设计有缺陷,则除对裂纹处正常修理外,还应在此部位焊接加强板,即帮补修理。如图 2-22 所示。

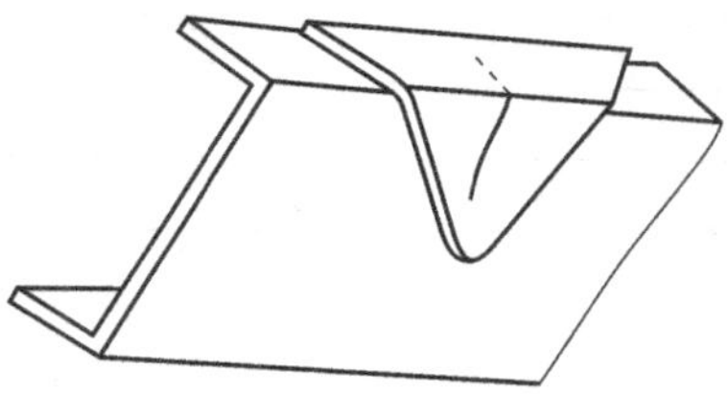

图 2-22　帮补修理

(3)车架的铆接

汽车车架纵、横梁连接铆钉松动后,将影响车架的刚度与弹性。车架修理时应取掉松动的铆钉,重铆新铆钉。

去除旧铆钉的方法很多,有气割法、钻除法、剪除法、錾除法等。修竣后的车架,铆接件的接合面必须贴紧,铆钉应充满钉孔,铆钉头不得有裂纹、歪斜、残缺。所有铆钉不得以螺栓代替。

最后,修竣的车架应进行防锈处理。

1.4 任务工单

学生依据实践指导材料的要求及操作步骤，在教师的指导下完成本工作任务，并填写任务工单。

车架检修任务工单

任务名称	车架的检修	实训设备	套筒扳手、扭力扳手、螺丝刀、钳子、组合工具
客户任务	一辆 CA1091 型货车在一次交通事故中车架变形，请正确进行检修。		
任务目的	能正确使用工具，能够根据规范正确检修车架。		

一、资讯

1. 车架检修工具的安全使用方法。

2. 车架的检修方法。

二、决策与计划

根据任务要求，确定所需要的设备、工具，并对小组成员进行合理分工，制定详细的工作计划。

1. 讨论确定车架检修所需要的设备、工具。

2. 小组成员分工。

3. 制订车架检修的操作步骤。

(1)____________________

(2)____________________

(3)____________________

(4)____________________

三、实施过程记录

1. 分析你所实践用车架变形的程度。

2. 总结车架检修时，应该注意的问题。

四、检查与评估

1. 检查车架的检修是否正确。

2. 请根据任务完成的情况，对自己的工作进行自我评估，并提出改进意见。

3. 教师对小组工作情况进行评估，并作出点评。

2　车桥的检修

2.1　前轴的检修

前轴的耗损主要表现为变形、裂纹，这些损坏会影响汽车的前轮定位和行车安全性，并加剧轮胎磨损。

(1)前轴裂纹的检修

将前轴清洗干净后，用磁力探伤法和浸油敲击法检验。出现裂纹应更换前轴。

(2)前轴变形的检验

前轴的弯、扭变形可用前轴水平检验仪进行检验。

如图 2-23 所示，将前轴固定于台钳或专用支架上，利用水平仪将一侧的钢板弹簧座调整成水平。然后，再把水平仪放于另一弹簧座上进行检查，水珠若不在水平仪的中间位置，表明两面钢板弹簧之间存在垂直方向的弯曲或扭曲变形。若前轴存在明显的弯、扭变形时，应予以校正。

图 2-23　用水平仪检验

2.2　转向节的检修

转向节检修的重点是隐伤和磨损。

(1)隐伤的检修

用磁力探伤法或浸油敲击法检验转向节，一旦发现疲劳裂纹，只能更换不许焊修。

(2)磨损的检修

①转向节轴的磨损检修：用内径量表及外径千分尺进行测量，轮毂外轴承与轴颈的配合间隙应不大于 0.040mm，内轴承与轴颈的配合间隙应不大于 0.055mm，轴颈磨损过大时应换新件。

②转向节螺纹的检修：转向节轴锁止螺纹损伤应不多于 2 个齿牙，锁止螺母无明显松旷，否则应修复或更换转向节。

③转向节主销孔的检修：用内外径量具测量主销衬套内孔磨损超过 0.07mm 或衬套与主销的配合间隙超过 0.20mm 时，应更换衬套。主销直径磨损超过 0.10mm，应更换主销。

2.3　任务工单

学生依据实践指导材料的要求及操作步骤，在教师的指导下完成本工作任务，并填写任务工单。

转向桥检修任务工单

任务名称	转向桥的检修	实训设备	套筒扳手、扭力扳手、螺丝刀、钳子、组合工具
客户任务	某载货汽车在夜间行驶，被石头撞击底盘后，转向困难，请进行正确的检修。		
任务目的	能正确使用工具，能够根据规范正确检修转向桥。		

续 表

一、资讯

1. 转向桥的检修方法及部位。

2. 转向桥测量的工具。

二、决策与计划

根据任务要求，确定所需要的设备、工具，并对小组成员进行合理分工，制定详细的工作计划。

1. 讨论确定转向桥检修所需要的设备、工具。

2. 小组成员分工。

3. 制订转向桥检修的操作步骤。

(1)______

(2)______

(3)______

(4)______

三、实施过程记录

1. 分析你所实践用转向桥的检修特点。

2. 总结转向桥检修时，应该注意的问题。

四、检查与评估

1. 检查转向桥的检修是否正确。

2. 请根据任务完成的情况，对自己的工作进行自我评估，并提出改进意见。

3. 教师对小组工作情况进行评估，并作出点评。

2.4 前轮定位参数的调整

(1)整体式车桥前束值的调整

整体式车桥中主销内倾、主销外倾、前轮外倾这三个定位参数不可调，前束值一般可以调整，调整方法是通过调节横拉杆的长度实现。

(2)断开式车桥前轮定位参数的调整

断开式车桥的主销内倾、主销外倾一般由结构决定，不能进行调节，前轮外倾可以调节。也有些前轮外倾与主销内倾同时调节，主销后倾单独调节。

2.5　任务工单

学生依据实践指导材料的要求及操作步骤，在教师的指导下完成本工作任务，并填写任务工单。

转向桥调整任务工单

任务名称	转向桥的调整	实训设备	套筒扳手、扭力扳手、尖嘴钳子、鲤鱼钳子
客户任务	一辆桑塔纳轿车在转向时，发出哗啦、哗啦的响声，对其进行正确的调整。		
任务目的	能正确使用工具，能够根据规范正确进行转向桥的调整。		

一、资讯

1. 转向桥的组成部分及功用。

2. 转向桥的拆装顺序。

二、决策与计划

根据任务要求，确定所需要的设备、工具，并对小组成员进行合理分工，制定详细的工作计划。

1. 讨论确定转向桥调整所需要的设备、工具。

2. 小组成员分工。

3. 制订转向桥调整的操作步骤。

(1)________________

(2)________________

(3)________________

(4)________________

三、实施过程记录

1. 分析你所实践用转向桥的结构特点。

2. 总结转向桥调整时，应该注意的问题。

四、检查与评估

1. 检查转向桥的调整是否正确。

2. 请根据任务完成的情况，对自己的工作进行自我评估，并提出改进意见。

3. 教师对小组工作情况进行评估，并作出点评。

复习思考题

1. 为什么车架是整个汽车的基体？对车架有哪些要求？
2. 边梁式车架的结构及特点是什么？
3. 轿车采用的车架类型一般有哪些？各有哪些优点？
4. 车桥分为几类？作用是什么？
5. 转向驱动桥有哪些结构特点？实现转向驱动需要哪些零件？
6. 什么是前轮定位？有哪些内容？各起什么作用？
7. 前轮定位参数值过大过小会产生什么结果？
8. 说明主销的作用及类型。
9. 说明车架常用的检修方法。
10. 说明前轴及转向节的常见故障以及检修方法。

项目2　车轮与轮胎的认知与检修

应知目标：

1. 能简单叙述车轮的功用与组成；
2. 能正确描述车轮的构造特点；
3. 能简单叙述轮胎的功用与类型；
4. 能正确描述普通充气轮胎的组成与特点；
5. 能正确描述普通斜交轮胎、子午线轮胎和无内胎轮胎的特点；
6. 能掌握轮胎规格的表示方法。

应会目标：

1. 会进行轮胎的正确使用与维护；
2. 会进行轮胎的一级维护作业和二级维护作业；
3. 会对各种轮胎进行区别，并能正确进行轮胎换位；
4. 会进行车轮与轮胎的常见故障诊断。

任务1　车轮认知

1　车轮的功用与组成

车轮介于轮胎与车桥之间，其主要功能是：安装轮胎；传递和承受轮胎、车桥之间的各种力和力矩。

车轮总成由轮毂、轮辋和轮辐三部分组成。按轮辐的结构形式，车轮可分为辐板式和辐条式两种。在辐板式车轮中，根据所用材料不同又可分为钢板型和合金型，如图2-24所示。

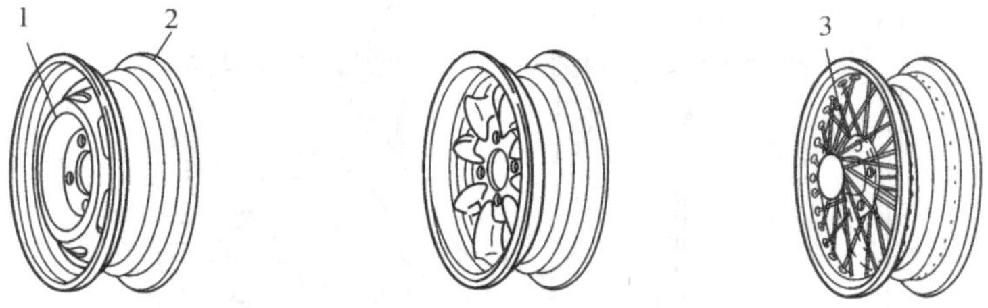

(a) 钢板型辐板式车轮　(b) 合金型辐板式车轮　(c) 辐条式车轮

1—辐板；2—轮辋；3—辐条

图 2-24　车轮

2　车轮的构造

2.1　辐板式车轮

目前汽车上广泛采用辐板式车轮。如图 2-25 所示为货车辐板式车轮，辐板 2 与轮辋 3 通过焊接或铆接固定成一体，通过辐板 2 上的大中心孔及周围的螺栓孔安装在轮毂 5 上。为便于安装时对正中心，螺栓孔两端都做成球面或锥面凹坑，相应的紧固螺母的端部也制有凸起。为减轻质量并有利于制动鼓散热，在与轮辋连接处的辐板上，开有若干个半圆形的通孔。

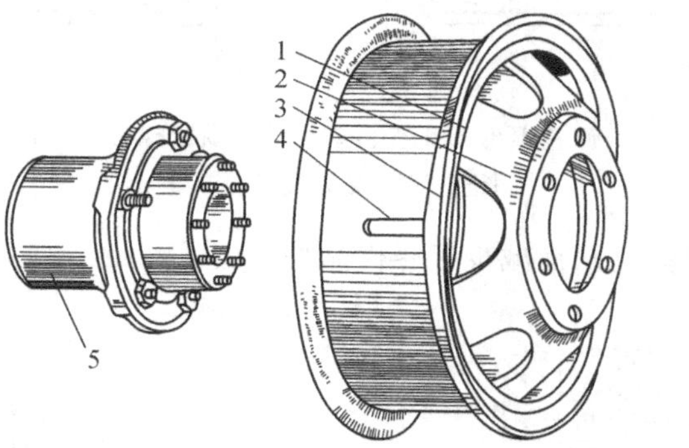

1—挡圈；2—辐板；3—轮辋；4—气门嘴伸出口；5—轮毂

图 2-25　货车辐板式车轮

由于货车后轴载荷大，为防止过载，后桥一般使用双式后轮，如图 2-26 所示，即在同一轮毂上背靠背安装两个辐板式车轮。为了便于互换，辐板的螺栓孔两端面都做成锥形(见图 2-27(a))。内轮的辐板 3 靠在轮毂 4 的凸缘上，用具有锥形端面的特制螺母 1 固定在螺栓 5 上。螺母 1 还具有外螺纹，外轮的辐板 2 紧靠着内轮辐板，并用锁紧螺母 6 来固定。

汽车车轮是高速旋转部件，为了防止汽车在行驶中固定辐板的螺母自行松脱，造成交通事故，双螺母固定形式车轮上的辐板固定螺栓 5，一般采用旋向不同的螺纹，左侧用左旋螺纹，右侧用右旋螺纹。

目前在一些载货汽车上，后桥双式车轮采用单螺母的固定形式(见图 2-27(b))，由于在该结构中采用了球面弹簧垫圈 7，可以防止螺母 1 的自行松脱，这样汽车左右车轮上固定辐

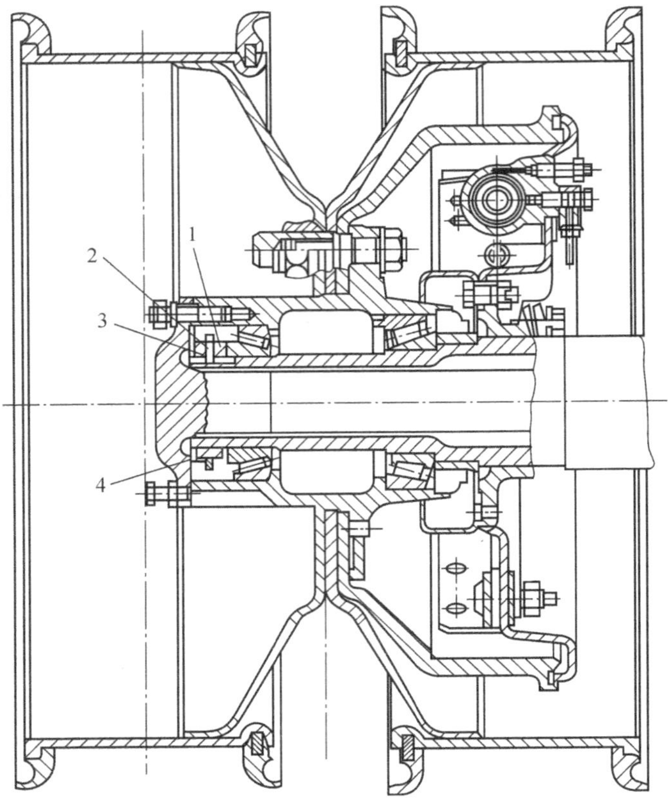

1—调整螺母；2—锁止垫片；3—锁紧螺母；4—销钉

图 2-26　载货汽车双式车轮

板的螺栓 5 均可用右螺纹，从而减少了零件品种。

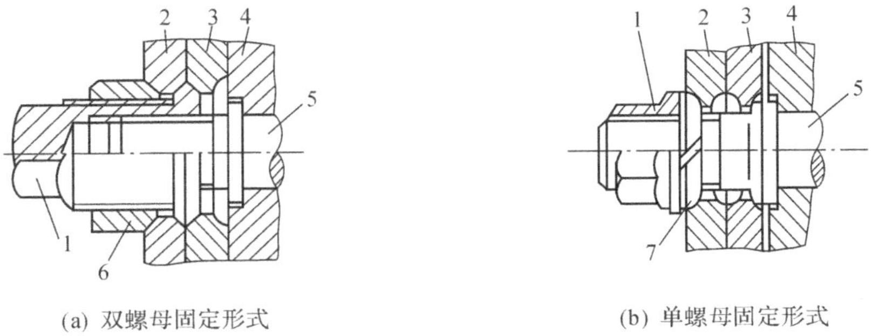

1—螺母；2—外轮辐板；3—内轮辐板；4—轮毂；5—螺栓；6—锁紧螺母；7—球面弹簧垫圈

图 2-27　双式车轮辐板的固定

2.2　辐条式车轮

辐条式车轮是用辐条把轮辋与轮毂连接成一体的。一般铸造辐条多用于重型载货汽车；钢丝辐条用于赛车和一些高级轿车。如图 2-28 所示为铸造件辐条式车轮，其轮辐为与轮毂制成一体的辐条 4，轮辋 1 用螺栓 2 和特殊形状的衬块 3 固定在辐条 4 上。

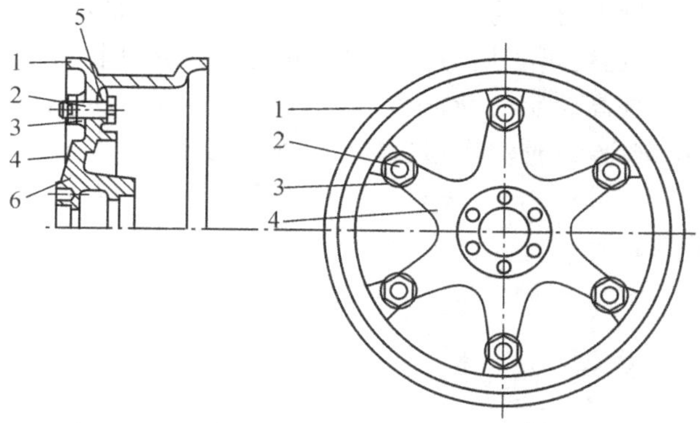

1—轮辋；2—螺栓；3—衬块；4—辐条；5—配合锥面；6—轮毂

图 2-28　辐条式车轮

2.3　轮辋

轮辋用来安装和固定轮胎。按其结构特点不同，分为深槽轮辋、平底轮辋和对开式轮辋，如图 2-29 所示。此外还有半深槽轮辋、深槽宽轮辋、平底宽轮辋、全斜底轮辋等。

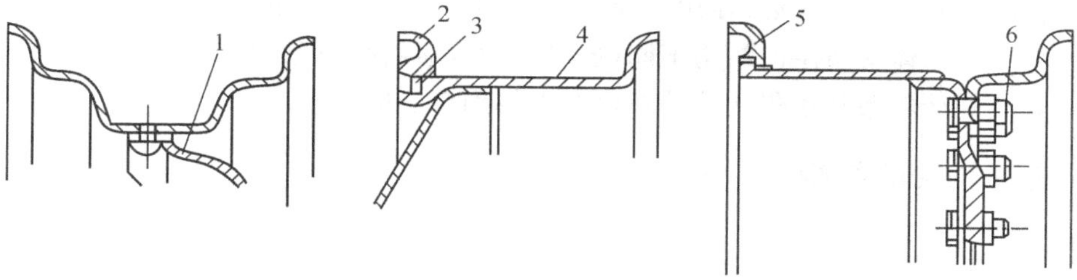

(a) 深槽轮辋　(b) 平底轮辋　(c) 对开式轮辋

1—轮辐；2、5—挡圈；3—开口锁圈；4—轮辋；6—螺栓

图 2-29　轮辋的形式

(1)深槽轮辋(图 2-29(a))

深槽轮辋主要用于轿车及越野车上，是用钢板冲压成形的整体结构，中部制成便于拆装轮胎用的深凹槽，凹槽两侧的台阶略向中间倾斜。这种轮辋结构简单、刚度大、质量轻，适用于安装尺寸小、弹性较大的轮胎。

(2)平底轮辋(图 2-29(b))

平底轮辋主要用于货车，其底部呈平环状，它的一边有凸缘，而另一边是可拆卸的挡圈 2 做凸缘，开口锁圈 3 具有弹性，它嵌入轮辋 4 与挡圈 2 之间的环槽内，可以限制挡圈脱出。这种轮辋适于装尺寸较大而弹性较小的轮胎。

(3)对开式轮辋(图 2-29(c))

对开式轮辋主要用于大中型越野汽车，这种轮辋由两部分组成，两者用螺栓 6 连接成一整体。拆装轮胎时，只需旋下螺栓上的螺母即可。

为了保持车轮动平衡，有些车轮在轮辋边缘夹装平衡块。拆装维修车轮会破坏原有的平衡状态，故应进行平衡试验以重新确定平衡块的质量和装夹位置。

轮辋与轮胎装配，原则上每种轮胎只配用一种标准轮辋，如果轮辋与轮胎配合不当，会造成轮胎过早损坏。不得已也可配用与标准轮辋相近似的允许轮辋。

近几年来，为了适应提高轮胎负荷能力的需要，开始采用宽轮胎。实验表明：采用宽轮胎可以提高轮胎的使用寿命，改善汽车通过性和行驶稳定性。

任务2　轮胎认知

1　轮胎的功用与类型

轮胎安装在轮辋上，直接与路面接触，其主要功用是：支承汽车的总质量；与悬架一起吸收、缓和汽车行驶时所受到的冲击，并衰减由此而产生的振动；保证车轮与路面有良好的附着能力，以提高汽车的动力性、制动性和通过性。

按照胎体结构的不同，轮胎可分为充气轮胎和实心轮胎两种，现代汽车大多数采用充气轮胎。充气轮胎按照保持空气方法的不同，又可分为有内胎轮胎和无内胎轮胎。

按胎内气压的大小可分为高压胎(气压为 0.5～0.7MPa)、低压胎(气压为 0.15～0.45MPa)和超低压胎(气压为 0.15MPa 以下)。低压胎弹性好，断面宽，触地面积大，散热好，因此行驶平顺性、稳定性好，使用寿命长，汽车上几乎全部采用低压胎。

充气轮胎按胎体帘布层的结构不同，还可分为普通斜交轮胎、带束斜交轮胎和子午线轮胎。目前普通斜交轮胎和子午线轮胎在汽车上得到广泛应用。

2　充气轮胎的结构

2.1　普通充气轮胎

普通充气轮胎由外胎、内胎和垫带组成，如图 2-30 所示，在深槽轮辋上使用的有内胎轮胎没有垫带，无内胎的轮胎既无内胎也无垫带。

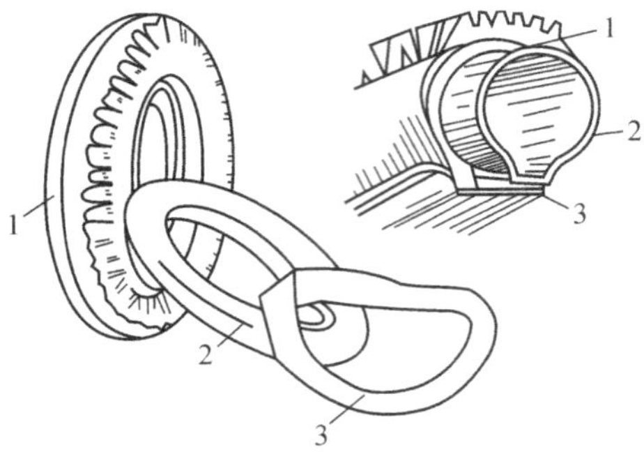

1—外胎；2—内胎；3—垫带

图 2-30　充气轮胎的组成

(1)外胎的结构

外胎由胎面、帘布层、缓冲层及胎圈组成，如图 2-31 所示。

①胎面

胎面是外胎最外的一层，分为胎冠、胎侧和胎肩三部分。

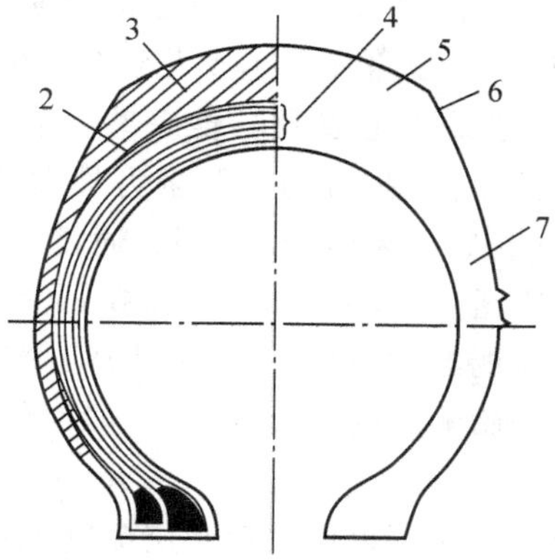

1—胎圈；2—缓冲层；3—胎面；4—帘布层；5—胎冠；6—胎肩；7—胎侧

图 2-31　外胎的结构

胎冠用耐磨的橡胶制成，它直接承受摩擦和全部载荷，能减小帘布层所受冲击，并保护帘布层和内胎免受机械损伤。为使轮胎与地面有良好的附着性能，防止纵横向滑移等，在胎面上有着各种形状的花纹（见图 2-32），主要有普通花纹（包括纵向折线花纹和横向花纹）、混

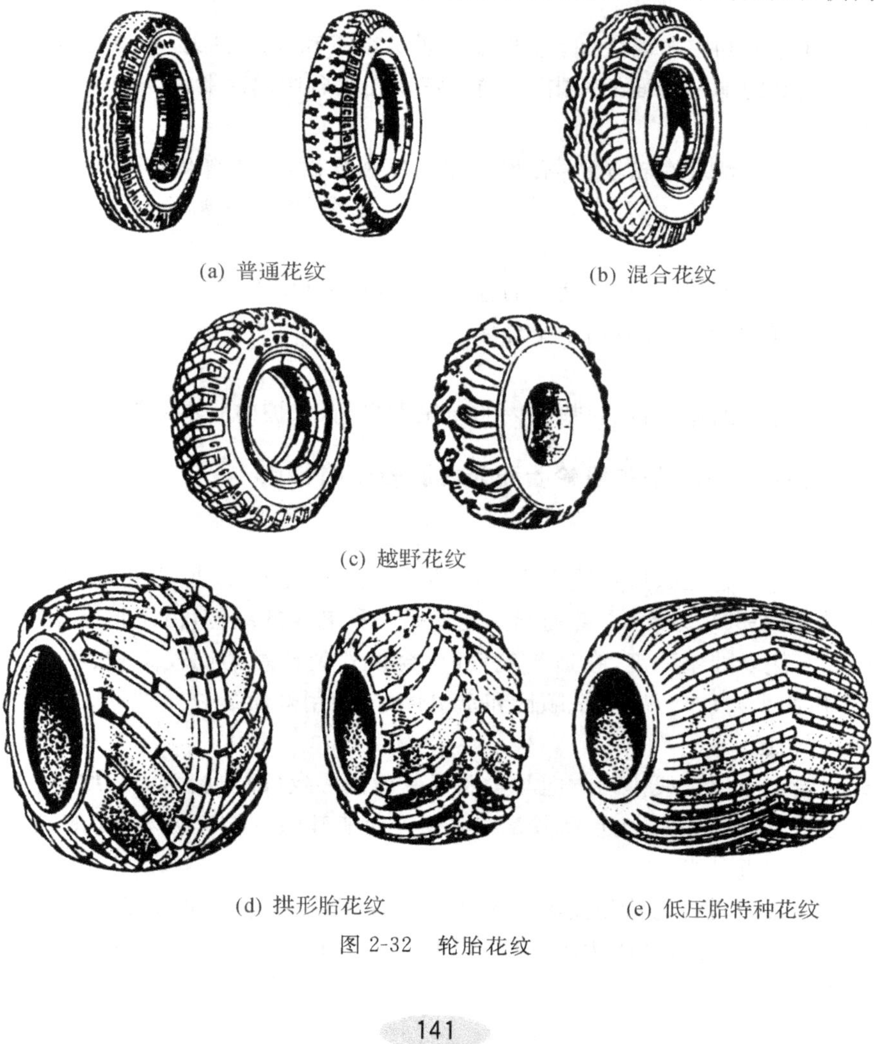

(a) 普通花纹　(b) 混合花纹

(c) 越野花纹

(d) 拱形胎花纹　(e) 低压胎特种花纹

图 2-32　轮胎花纹

合花纹、越野花纹等。普通花纹(见图 2-32(a))特点是花纹细而浅,花纹块接地面积大,因而耐磨性和附着性较好,适用于较好的硬路面。越野花纹(见图 2-32(c))的凹部深而粗,附着性好,越野能力强,适用于矿山、建筑工地以及其他一些松软路面上使用的越野汽车轮胎。越野花纹轮胎不宜在较好硬路面上使用,否则行驶阻力加大且加速花纹的磨损。混合花纹(见图 2-32(b))的特点介于普通花纹与越野花纹之间,通常中部为菱形、纵向锯齿形或烟斗形花纹,两边为横向越野花纹,广泛用于客车和货车。拱形胎花纹(见图 2-32(d))和低压胎特种花纹(见图 2-32(e)),有更宽的断面、更低的接地比压,附着性好。

胎肩是较厚的胎冠与较薄的胎侧间的过渡部分,一般也制有花纹,以提高该部位的散热性能。

胎侧又称胎壁,其橡胶层较薄,它用以保护帘布层侧壁免受潮湿和机械损伤。胎侧上标有厂家名称、轮胎尺寸及其他资料。

②帘布层

帘布层是外胎的骨架,用以保持外胎的形状和尺寸,通常由成双数的帘布用橡胶贴合而成,相邻层帘线相交排列。帘布层数愈多,轮胎强度愈大,但弹性降低。帘布由纵向的强韧经线和放在各经线之间的少数纬线织成。帘线可以是棉线、人造丝线、尼龙线和钢丝等。

③缓冲层

缓冲层夹在胎面和帘布层之间,用两层或数层帘布和橡胶制成,故弹性较大,能缓和汽车在行驶时所受到的不平路面的冲击,并防止汽车在紧急制动时胎面与帘布层脱离。

④胎圈

胎圈使外胎牢固地装在轮辋上,有很大的刚度和强度,由钢丝圈、帘布层包边和胎圈包布组成。

(2)内胎

内胎是一个环形橡胶管,具有良好的弹性,并能耐热和不漏气。为使内胎在充气状态下不产生皱折,内胎的有效尺寸应稍小于外胎内壁尺寸。

(3)垫带

垫带是一个环形的橡胶带,它垫在内胎与轮辋之间,保护内胎不被轮辋和胎圈磨伤。

2.2 普通斜交轮胎、子午线轮胎和无内胎轮胎的特点

(1)普通斜交轮胎

帘布层和缓冲层各相邻层帘线交叉,且与胎面中心线呈小于 90°角排列的充气轮胎为普通斜交轮胎,如图 2-33(a)所示。普通斜交轮胎是一种老式的结构,由于帘布层的斜交排列,给轮胎胎面和胎侧增加了强度,在适当充气时,会使驾驶员感到比较柔软、舒适。接触地面时胎面平整、扭曲少,汽车行驶时平顺性和牵引性好,使用寿命延长。

(2)子午线轮胎

子午线轮胎帘布层帘线排列方向与轮胎子午断面一致(即与胎面中心线呈 90°角),各层帘线彼此不相交,如图 2-33(b)所示。帘线这种排列使其强度被充分利用,故它的帘布层数比普通轮胎可减少近一半。

子午线胎与普通斜线轮胎相比具有更优越的使用性能:其耐磨性好,使用寿命长(可比普通胎长 30%～50%);滚动阻力小,节约燃料(滚动阻力可减小 25%～30%,油耗可降低

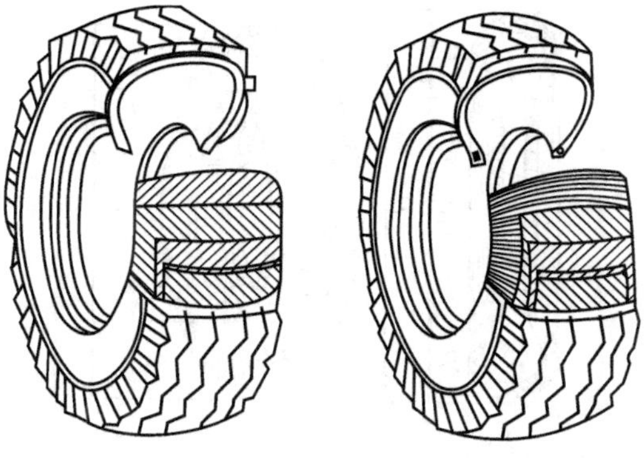

(a) 斜线轮胎　　(b) 子午线轮胎

图 2-33 斜线轮胎和子午线轮胎

8%左右)；附着性能好，承载能力大，缓冲能力强，不易被刺穿，并且质量较轻。其缺点是成本高，胎侧变形大，容易产生裂口，侧向稳定性差。

子午线胎与普通斜线轮胎使用相同的轮辋，但不能同车混装不同的轮胎。

(3)无内胎轮胎

无内胎充气轮胎近年来在轿车和一些货车上的使用日渐广泛。它没有内胎，空气直接充入外胎中，因此要求外胎和轮辋之间有很好的密封性。

无内胎轮胎的优点是：轮胎穿孔时，压力不会急剧下降，能安全地继续行驶；无内胎轮胎中不存在因内外胎之间摩擦和卡住而引起损坏；它的气密性较好，可直接通过轮辋散热，所以工作温度低，使用寿命较长；结构简单、质量较小。其缺点是：材料、工艺要求高，伤口修理较为困难。

2.3 轮胎规格的表示方法

(1)轮胎的规格

轮胎的规格可用外胎直径 D、轮辋直径 d、断面宽 B 和断面高 H 的名义尺寸代号表示，如图 2-34 所示。

①斜交轮胎规格

我国采用国际标准，斜交轮胎的规格用 B-d 表示，载重汽车斜交轮胎和轿车斜交轮胎的尺寸 B 和 d 均用英寸为单位，B：轮胎名义断面宽度代号，d：轮辋名义直径代号。

如：9.00-20 表示轮辋直径 20 英寸，轮胎断面宽度 9.00 英寸。

②子午线轮胎规格

国产子午线轮胎规格用 BRd 表示，其中 R 代表子午线轮胎(即“Radial”的第一个字母)。国产轿车子午线轮胎断面宽 B 已全部改用公制单位 mm，载货汽车轮胎断面宽 B 有英制单位英寸和公制单位两种，轮辋直径 d 的单位仍为英寸。

随着轮胎的扁平化，仅用断面宽 B 和轮辋直径 d 已不能完全表示轮胎的规格。即在断面宽 B 相同的情况下，断面高 H 随不同扁平率而变化。轮胎按其扁平率(见图 2-35)划分系列，目前国产轿车子午线轮胎有 80、75、70、65、60 等五个系列，数字分别表示断面高 H 是断面宽 B 的 80%、75%、70%、65%和 60%。显然，数字越小，轮胎越扁平。

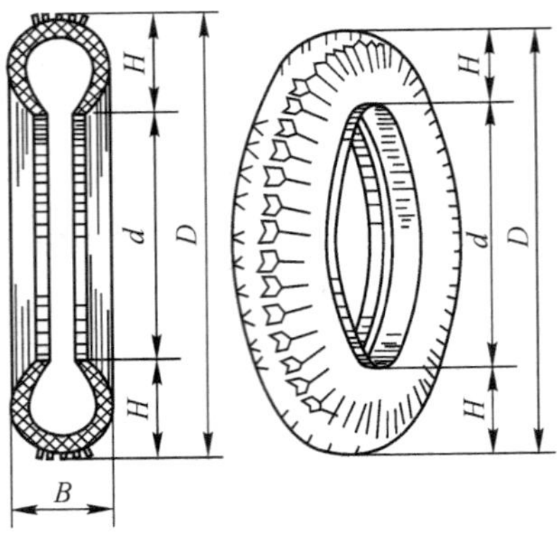

图 2-34　轮胎尺寸标记

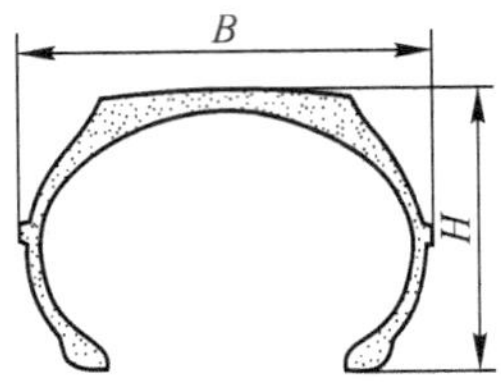

图 2-35　轮胎的高度和宽度比(扁平率)

子午线轮胎规格如：195/60HR14 表示该子午线轮胎断面宽度为 195mm，扁平率为 60%，速度符号为 H(最高行驶速度为 210km/h)，轮辋直径为 14 英寸。

③无内胎轮胎规格

按国标 GB2977—89 规定，载货汽车普通子午线无内胎轮胎规格用 *BRd* 表示，如 8R22.5 表示轮胎断面宽度为 8 英寸，轮辋直径为 22.5 英寸，R 表示子午线轮胎。

有些子午线轮胎，采取在规格中加“TL”作为无内胎轮胎的标志。如轻型载货子午线轮胎 7.00R16.5TL、轿车子午线轮胎 205/70SR15TL 等，后者的含义是该轮胎的断面宽度为 205mm，扁平率为 70%，轮胎速度等级为 S 级(最高行驶速度为 180km/h)，子午线轮胎，轮辋直径为 15 英寸，最后“TL”表示无内胎轮胎。目前国产轿车均使用子午线无内胎轮胎。

(2)速度等级

为使轮胎的速度性能和汽车的最高速度相匹配，轮胎需标明其速度等级。表 2-2 为国际标准化组织(ISO)制定的速度符号标志。该表规定的速度等级代号既适用于轿车轮胎，也适用于货车轮胎，但是它们的含义不完全相同。对轿车轮胎(P 到 S 级)是指不许超过的最高速度；对货车轮胎(F 到 N 级)是指随负荷降低可以超过的参考速度。

我国参照采用了国际标准化组织(ISO)规定的速度标志。根据 GB2978—89《轿车轮胎系列》规定，轿车轮胎采用表 2-2 中 L～H10 级速度标志符号及对应的最高行驶速度。同时还要求对于不同轮辋直径的轮胎，最高行驶速度应符合表 2-3 的规定。

表 2-2　速度标志表

速度标志	速度(km/h)	速度标志	速度(km/h)
A_1	5	J	100
A_2	10	K	110
A_3	15	L	120
A_4	20	M	130
A_5	25	N	140
A_6	30	P	150
A_7	35	Q	160
A_8	40	R	170
B	50	S	180
C	60	T	190
D	65	U	200
E	70	H	210
F	80	V	240
G	90	W	270

表 2-3　不同轮辋直径轮胎的最高行驶速度

轮胎结构	速度级别	不同轮辋直径轮胎的最高行驶速度(km/h)		
		10	12	≥13
斜交轮胎	P	120	135	150
子午线轮胎	Q	135	145	160
子午线轮胎	S	150	165	180
子午线轮胎	H		195	210

任务 3　车轮与轮胎的故障诊断与检修

1　轮胎的维护及车轮动平衡的检测

1.1　轮胎的正确使用

(1)保持轮胎气压正常

轮胎的气压是决定轮胎使用寿命和工作好坏的重要因素。轮胎的气压受到充气时的气压、使用条件和气体缓慢泄漏等影响。保持轮胎气压的关键是定期检查轮胎气压。如图 2-36(a)所示为标准气压。

轮胎气压过低时,造成胎侧变形加大,胎冠部向内凸起,胎面接地面积增大,滑移量增加,使胎肩部位磨损加剧,如图 2-36 (c)所示,由于轮胎变形大,轮胎帘布层中的帘线应力增加,使得轮胎温度升高,加速橡胶老化和帘布与橡胶脱层,帘布松散,甚至帘线折断。轮胎气压过低，会使滚动阻力增大，燃料消耗增加。

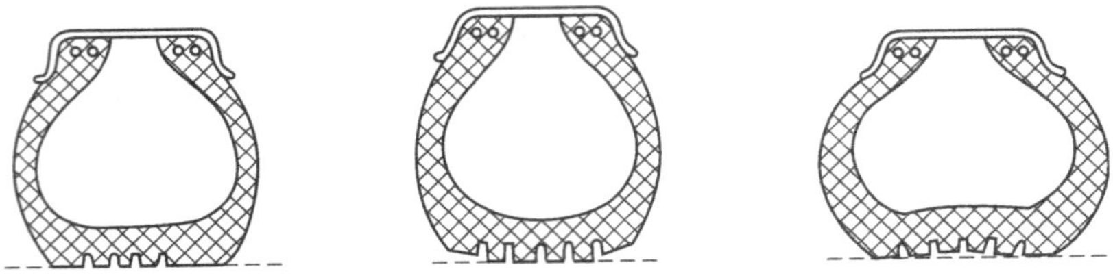

(a) 标准气压　　(b) 轮胎气压过高　　(c)轮胎气压过低

图 2-36　轮胎气压与轮胎接地面积的关系

轮胎气压过高时，轮胎内部压力增加，接地面积减小，使轮胎的胎冠部位向外凸起，造成胎冠磨损加剧，如图 2-36(b)所示，由于轮胎的橡胶、帘布等材料过度拉伸，气压高使轮胎刚性增加，一旦遇到冲击，极易造成轮胎的爆破。但是，轮胎气压略高，有利于降低行驶阻力，节约燃料。

(2)防止轮胎超载

轮胎承受负荷的高低对使用寿命影响较大。轮胎承受的负荷较小时，使用寿命大大地提高，但是不利于提高运输生产效率。轮胎承受的负荷较大时，使用寿命随负荷的增加而缩短。其原因是轮胎超载后，帘布和帘线应力增大，容易造成帘布与橡胶脱层和帘线松散、折断，同时因为变形加大使轮胎接地面积增加，致使轮胎胎肩磨损加剧；轮胎超载后，变形加大使轮胎温度升高，一旦遇到障碍物时极易引起轮胎爆破。

防止轮胎超载的关键是按标定的载量载货载客，不得超载。此外，更需要注意货物装载的平衡，否则会造成偏载后的局部超载，如图 2-37 所示。

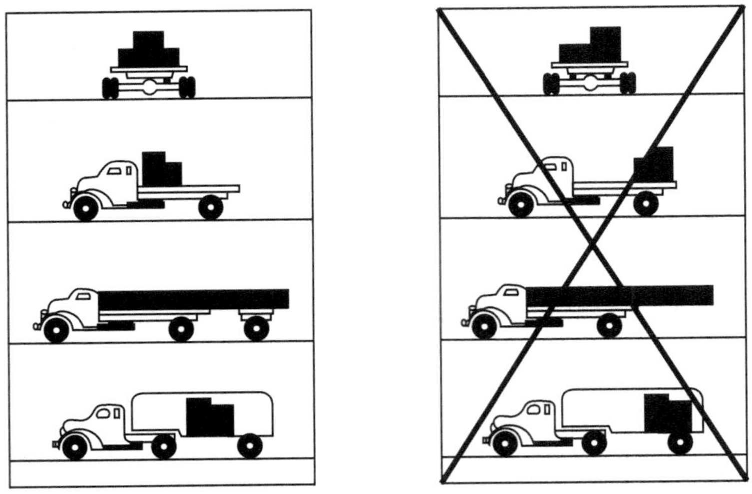

(a) 正确的载货方法　　(b) 不正确的载货方法

图 2-37　载货汽车装载货物分布

(3)合理搭配轮胎

合理搭配轮胎的目的是使整个汽车上的几条轮胎尽量磨损一致，使其有同等寿命。搭配轮胎的原则如下：装用新轮胎时，同一车轴上配同一规格、结构、层级和花纹的轮胎；货车双胎并装的后轮还需加上同一品牌。装用成色不同的轮胎时，前轮尽量使用最好的轮胎，备用轮胎使用较好的轮胎，直径较大的轮胎应该装在双胎并装的后轮外侧，翻新轮胎不得用于转向轮。

(4)精心驾驶车辆

驾驶车辆技术的好坏直接影响到汽车的使用寿命，轮胎也是如此。精心地驾驶车辆从而节胎的驾驶操作要领是：起步平稳，避免轮胎滑转；均匀加速，中速行驶，避免急加速和急减速；转弯减速，避免高速转弯引起的轮胎横向滑移；以滑代制，避免紧急制动造成轮胎拖磨。另外，夏季高温行车，应防止轮胎过热和内压过高，严禁放气降压和泼水冷却，应该选择阴凉地并增加停歇时间；汽车陷入泥泞路面时，应增加附着，避免轮胎空转而打滑；在冰雪路面上行驶，防滑链应该两边对称装用，到达不滑的路面时应立即拆除，避免链条对轮胎的伤害。

(5)保持良好的底盘技术状况

轮胎的异常磨损与底盘技术状况有关，如前轮定位中的前轮外倾与前轮前束配合不当、轮毂轴承松旷、转向传动机构间隙过大、车轮不平衡、轮辋变形、悬架与车架变形或制动技术状况不良等都会引起轮胎的不正常磨损。因此，保持良好的底盘技术状况对防止轮胎的不正常磨损很关键。

1.2　轮胎的日常维护

日常维护包括出车前、行车中和收车后的检视，主要是检视轮胎气压和有无不正常的磨损和损伤，并及时消除造成不正常磨损和损伤的因素。轮胎日常维护的作业内容如下：

(1)出车前检视

①用气压表检查轮胎气压是否符合规定，气门嘴是否漏气，气门帽是否齐全，气门嘴是否碰擦制动鼓。

②检查轮胎螺母是否紧固，翼子板、挡泥板、货厢等有无碰擦轮胎现象。

③检查随车工具，如撬胎棒、千斤顶、轮胎螺母套筒扳手、气压表、手锤等工具是否齐全。

(2)行驶中检视

①行驶途中检视结合途中停车、装卸等各种机会进行。

②检查轮胎螺母有无松动，翼子板、挡泥板、货厢等有无碰擦轮胎现象。

③及时发现并挖出轮胎夹石和花纹中的石子及杂物。

④检查轮胎气压，摸试轮胎温度。

⑤检查轮胎胎面及胎侧有无不正常的磨损和损伤以及轮辋有无损伤。

(3)收车后检视

①停车场地应干燥清洁、无油污，严寒地区应扫除停车场上的冰雪，以免轮胎与地面冻结。

②停车后应注意检查轮胎有无漏气现象，并查找漏气原因，予以排除。

③检查花纹并挖出夹石和花纹中的石子、杂物。

④检查轮胎螺母是否松动，备胎架装置是否牢固，以及车辆机件有无碰擦轮胎的现象。

⑤如途中换用备胎，收车后应将损坏的轮胎及时送修。

1.3 一级维护轮胎的作业项目

(1)紧固轮胎螺母,检查气门嘴是否漏气、气门帽是否齐全,如发现损坏或缺少应立即修理或补齐。

(2)挖出夹石和花纹中的石子、杂物,如有较深伤洞应用生胶填塞。刺伤后若不及时修补,水气进入胎体锈蚀钢丝帘线,造成早期损坏。

(3)检查轮胎磨损情况,如有不正常磨损或起鼓、变形等现象,应查找原因,予以排除。

(4)如需检查外胎内部,应拆卸解体,如有损伤应及时修补。

(5)检查轮胎搭配和轮辋、挡圈、锁圈是否正常。

(6)检查轮胎(包括备胎)气压,并按标准补足。

(7)检查轮胎有无与其他机件刮碰现象,备胎架是否完好、紧固,如不符合要求,应予排除。

(8)必要时(如单边偏磨严重)应进行一次轮胎换位,以保持胎面花纹磨耗均匀。

完成上述作业后应填写维护记录。

1.4 二级维护轮胎的作业项目

除执行一级维护的各项作业外,还应:

(1)拆卸轮胎,按轮胎标准测量胎面花纹磨耗、周长及断面宽的变化,作为换位和搭配的依据。

(2)轮胎解体检查:

①胎冠、胎肩、胎侧及胎内有无内伤、脱层、起鼓和变形等现象。

②内胎、垫带有无咬伤、折皱现象,气门嘴、气门芯是否完好。

③轮辋、挡圈和锁圈有无变形、锈蚀,并视情况涂漆。

④轮辋螺栓承孔有无过度磨损或损裂现象。

(3)排除解体检查所发现的故障后,进行装合和充气。

(4)高速车应进行轮胎的动平衡。

(5)按规定进行轮胎换位。

(6)发现轮胎有不正常的磨损或损坏,应查明原因并予以排除。

完成上述作业后应填写维护记录。

1.5 轮胎的换位

按时正确的轮胎换位可使轮胎磨损均匀,车辆的二级维护定期进行,可延长20%左右的使用寿命。轮胎换位应结合车辆的二级维护定期进行。

常用的换位方法有交叉换位法和循环换位法,如图 2-38 所示。装用普通斜交轮胎的六轮二桥汽车常用图中的交叉换位法,并在换位的同时翻面。

四轮二桥汽车采用斜交轮胎也可用交叉换位法,如图 2-39(a)所示;子午线轮胎宜用单边换位法,如图 2-39(b)所示。

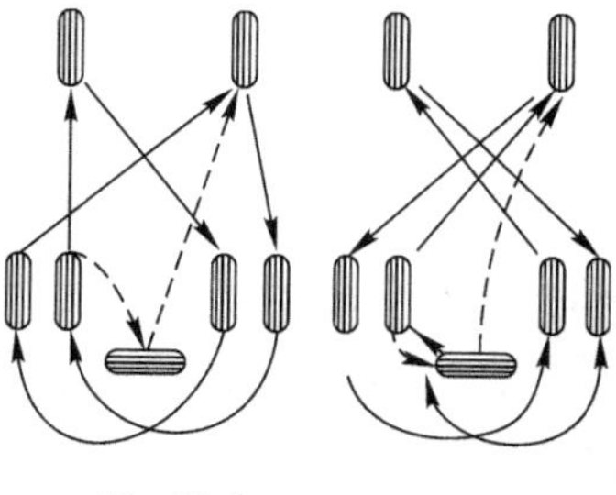

图 2-38　六轮二桥轮胎换位

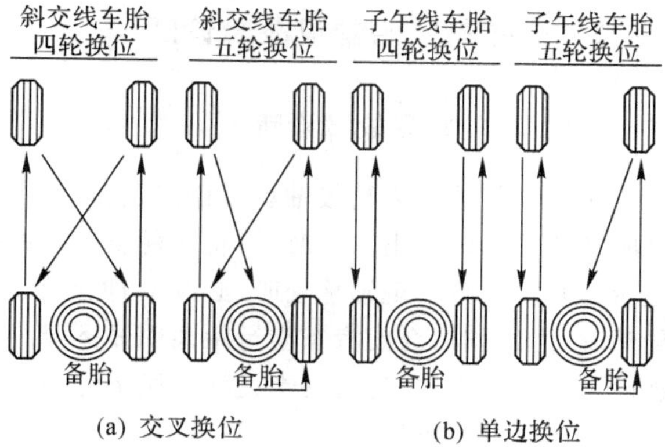

图 2-39　四轮二桥轮胎换位

1.6　车轮动平衡的检测

车轮与轮胎是高速旋转组件，如果不平衡，汽车在超过一定速度行驶时，就会产生共振。特别是在高速公路上行驶的车辆，可能造成轮胎爆炸。因此，车轮与轮胎在使用前应进行平衡试验，试验的方法可分为静平衡和动平衡两种。

(1)静平衡

静平衡是重量围绕车轮等量分配。静不平衡的车轮旋转时造成跳动，也称之为角振动，这种情况可能引起轮胎不均匀磨损，主要原因是不平衡所产生力的作用。实际上，静平衡就是车轮静止时的平衡。不管车轮在其轴上处于任何位置都能保持不转动时，就达到了静平衡。不管是将车轮垂直装在主轴或平衡机轴上，还是水平装在气泡式平衡机上，都应该如此。

静不平衡的车轮总有转动趋向，直到重的部分转到下方。为了对重的部分进行平衡，将一块配重直接加到车轮上重的部分的对面，这就是通过增加平衡块来保持平衡。

(2)动平衡

①车轮动不平衡的危害

车轮动不平衡时，造成车轮的跳动和偏摆，使汽车的有关零件受到损坏，使用寿命下降。对于高速行驶的汽车来说，还容易造成行驶不安全。

②车轮动不平衡的原因

车轮动不平衡的主要原因是质量分布不均匀；轮辋、制动鼓变形；轮毂与轮辋加工质量不佳，如中心不准、轮胎螺栓孔分布不均、螺栓质量不佳、安装位置不正确等。

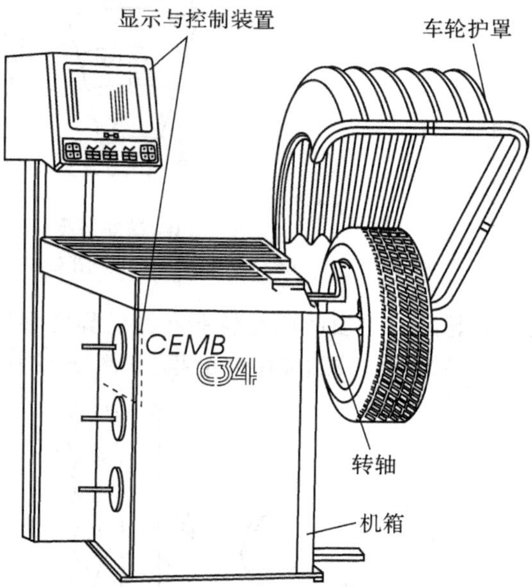

图 2-40　离车式车轮动平衡仪

③车轮动不平衡的检测和调整

车轮动不平衡对汽车的危害很大，因此必须对车轮进行动不平衡的检测和调整，车轮动不平衡的检测和调整要在专用的仪器上进行，如图 2-40 所示。具体方法和步骤不再赘述。

2 车轮与轮胎常见故障诊断

2.1 车轮常见故障诊断

车轮常见故障为轮毂轴承过松或过紧。轮毂轴承过松会造成车轮摆振及行驶不稳，严重时还能使车轮甩出。此时，可将车轮支起，通过用手横向摇晃车轮，即可诊断出轮毂轴承是否松旷。一旦发现轴承松旷，必须立即修理。轮毂轴承过紧会造成汽车行驶跑偏。全部轮毂轴承过紧时，会使汽车滑行距离明显下降。轮毂轴承过紧会使汽车经过一段行驶后，轮毂处温度明显上升，有时甚至使润滑脂溶化而容易甩入制动鼓内。将车轮支起后，转动车轮将明显感到费力沉重。

2.2 轮胎常见故障诊断

轮胎磨损过甚，花纹过浅，会成为重要的不安全因素。资料说明，轮胎全部问题的 90% 是发生在它的寿命最后的 10%时间之内。过度磨损的轮胎，除容易爆破外，还会使汽车操纵稳定性变坏。汽车在雨中高速行驶时，由于不能把水全部从胎下排出，轮胎将在胎面与路面之间形成的水膜上滑动，致使汽车失控。花纹越浅，水滑的倾向越严重。所以日常维护和各级维护时，应检查花纹深度。

根据相关规定，轿车轮胎胎冠上花纹磨损至磨耗标志，载重汽车轮胎胎冠上的花纹磨剩 2～3mm 时，应停止使用，进行翻新，如图 2-41 所示。测量时应使用深度尺。

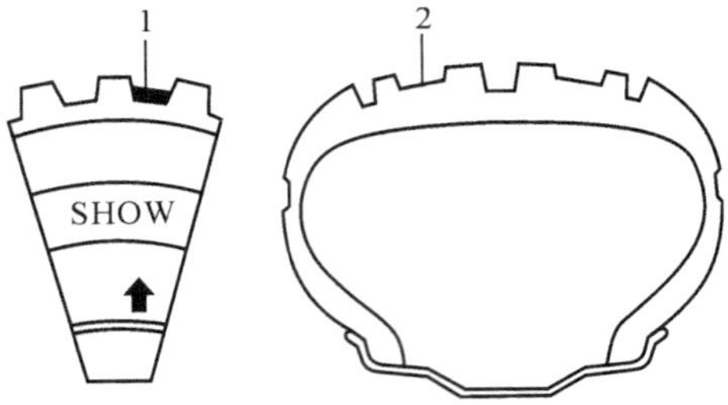

1—横向磨损标志；2—横断面上磨损标志

图 2-41 轮胎磨损标志

轮胎的主要故障是轮胎花纹的异常磨损，主要包括以下情况：

(1) 胎肩或胎面中间磨损（如图 2-42 所示）

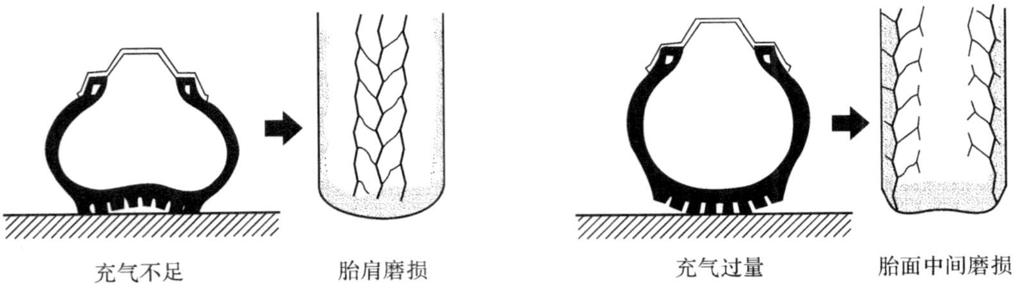

图 2-42 胎肩或胎面的磨损

①集中在胎肩上或胎面中间的磨损，主要是由于未能正确保持充气压力所致。如果轮胎充气压力过低，轮胎的中间便会凹入，将载荷转移到胎肩上，使胎肩磨损快于胎面中间。

②另一方面，如果充气压力过高，轮胎中间便会凸出，承受较大的载荷，使轮胎中间磨损快于胎肩。

(2) 内侧磨损或外侧磨损(如图 2-43 所示)

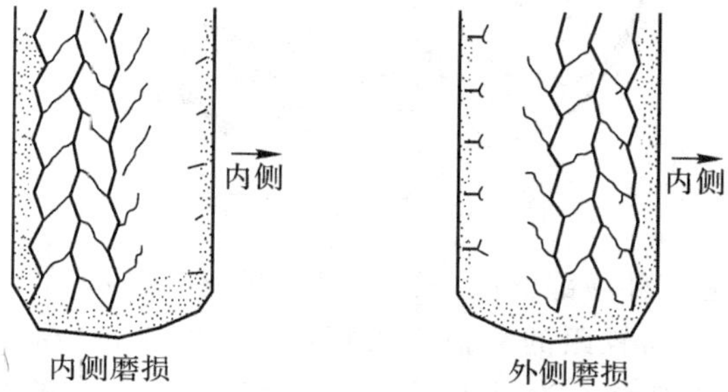

图 2-43 单侧磨损

①在过高的车速下转弯，轮胎滑动，便产生了斜形磨损。

这是较常见的轮胎磨损原因之一。驾驶员所能采取的唯一补救措施，就是在转弯时降低车速。

②悬架部件变形或间隙过大，会影响前轮定位，造成不正常的轮胎磨损。

③如果轮胎面某一侧的磨损快于另一侧的磨损，其主要原因可能是外倾角不正确。由于轮胎与路面接触面积大小因载荷而异，对具有正外倾角的轮胎而言，其外侧直径要小于其内侧直径。因此胎面必须在路面上滑动，以便其转动距离与胎面的内侧相等。这种滑动便造成了外侧胎面的过量磨损。反之，具有负外倾角的轮胎，其内侧胎面磨损较快。

(3) 前束磨损和后束磨损(羽状磨损)(如图 2-44 所示)

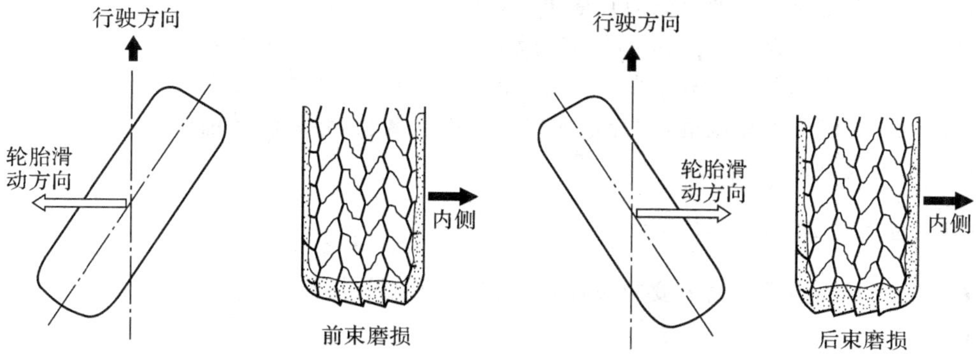

图 2-44 前束磨损和后束磨损

①胎面的羽状磨损，主要是由于前束调节不当所致，过量的前束，会迫使轮胎向外滑动，并使胎面的接触面在路面上朝内拖动，造成前束磨损。如图 2-44 所示，胎面呈明显的羽毛形。用手指从轮胎的内侧至外侧划过胎面，便可加以辨别。

②另一方面，过量的后束会将轮胎向内拉动，并使胎面的接触面在路面上朝外拖动，造成图 2-44 所示的后束磨损。

(4) 前端和后端磨损(如图 2-45 所示)

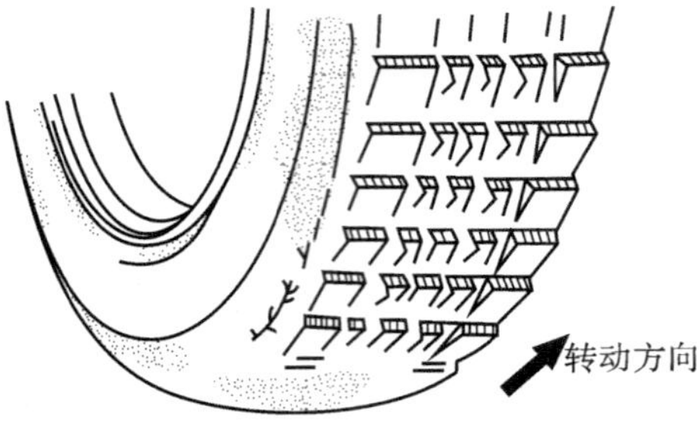

图 2-45　前端和后端磨损

①前端和后端磨损是一种局部磨损,常常出现在具有横向花纹和区间花纹的轮胎上,胎面上的区间发生斜向磨损(与鞋跟的磨损方式相同),最终变成锯齿状。如车辆经常在铺路道路上行驶,轮胎便会磨损较快。这是由于轮胎向上转动并离开铺面路时,胎面区间在刹那间打滑所致(由于铺面路很坚硬,当胎面区间试图掘入地面时,道路铺面不凹陷)。因此最后离开路面的胎面区间部分受到较大的磨损。

②具有纵向花纹的胎面,磨损时会产生波状花纹。

③非驱动轮的轮胎只受制动力的影响,而不受驱动力的影响,因此往往会有前后端形式的磨损,如反复使用和放开制动器,便会使轮胎每次发生短距离滑动而磨损,前后端磨损的形式便与这种磨损相似。

④另一方面,如果是驱动轮的轮胎,则驱动力所造成的磨损,会在制动力所造成的磨损的相反的方向上出现,所以驱动轮轮胎极少出现前后端磨损。大客车和大货车由于制动时产生了大得多的摩擦力,故具有横向花纹的轮胎,便会出现与非驱动轮相似的前后端磨损。

(5)斑状磨损(环状槽形磨损)

①环状磨损是车辆高速行驶时产生的,其特点是在胎面上出现一处或多处的环形凹陷。

②如果车轮轴承、球节、转向横拉杆端头等部件的间隙过大,或者轴颈弯曲,则轮胎高速旋转时,便会在某些特定的点上摆振,施加产生滑动的强大摩擦力,这两者均可导致斑状磨损。

③制动鼓变形或不规则磨损,会造成按一定周期制动,导致轮胎沿圆周方向相对较宽的面积上出现斑状磨损。

2.3　任务工单

学生依据实践指导材料的要求及操作步骤,在教师的指导下完成本工作任务,并填写任务工单。

车轮与轮胎拆装任务工单

任务名称	车轮与轮胎的拆装	实训设备	整车、举升机、轮胎拆装工具、轮胎动平衡仪、平衡块等
客户任务	一辆轿车的轮毂、轮辋、制动鼓组件的动不平衡已大于 4N·m,要进行拆装检修。 轮胎磨损过甚,花纹过浅。		
任务目的	能正确使用工具,能够根据规范正确拆装车轮与轮胎。		

续　表

<table>
<tr><td>
一、资讯
1. 车轮的功用与组成。

2. 轮胎的功用与类型。

二、决策与计划
根据任务要求，确定所需要的设备、工具，并对小组成员进行合理分工，制定详细的工作计划。
1. 讨论确定车轮与轮胎拆装所需要的设备、工具。

2. 小组成员分工。

3. 制订车轮与轮胎拆装的操作步骤。
(1)______________________________
(2)______________________________
(3)______________________________
(4)______________________________
三、实施过程记录
1. 分析你所实践用车轮与轮胎的种类及特点。

2. 总结车轮与轮胎拆装时，应该注意的问题。

四、检查与评估
1. 检查车轮与轮胎拆装是否正确。

2. 请根据任务完成的情况，对自己的工作进行自我评估，并提出改进意见。

3. 教师对小组工作情况进行评估，并作出点评。
</td></tr>
</table>

2.4　与车轮相关的其他故障

(1)振动

振动可分为车身抖动、转向颤振和转向摆振。

①车身抖动

造成抖动的主要原因是：车轮总成不平衡、车轮偏摆过量及轮胎刚度的均匀性不足。因此，排除这些故障，通常便可消除车身抖动。车速在80km/h以下时，一般不会感觉到抖动。高于这一车速时，抖动现象便会明显上升，然后在某一速度上达到极点。如果车速在40～60km/h发生抖动，则一般是由于车轮总成偏摆过量或轮胎缺少均匀性所致。

②摆振

摆振可分为两种：在相对低速下(20～60km/h)持续出现的振动；只在高于80km/h的一定车速时才会出现的振动(称为“颤振”)。现象：方向盘来回转动的幅度较大。

摆振的定义是：转向盘沿其转动方向出现的振动。

造成摆振的主要原因是车轮总成不平衡、偏摆过量或轮胎刚度均匀性不足。因此，排除这些故障，通常便可消除这种摆振。其他可能的原因还有：转向杆系故障、悬架系统间隙过大、车轮定位不当。

(2)行驶沉重

①较低的充气压力会使轮胎与地面的接触面积太大，增加轮胎的行驶阻力。

②每种车型都有最适合其预计载荷和使用的推荐轮胎。使用刚度较强的轮胎，会导致行驶沉重。

(3)转向沉重

引起转向沉重有以下几个原因：

①充气压力太低，会使胎面的接触面变宽，增加轮胎与路面之间的阻力，从而使转向迟缓。

②车轮定位调整不当，也会引起转向沉重。

③转向轴颈和转向系统出现故障，同样也会引起转向沉重。

(4)车辆跑偏

车辆跑偏意味着当驾驶员试图使车辆向正前方行驶时，车辆却偏离并向某一侧行驶。当左、右轮胎的滚动阻力相差很大，或绕左、右转向轴线作用的力矩相差很大时，最容易发生这种现象。与车轮相关的原因有：

①如左、右轮胎的外径不相等，每一轮胎转动一圈的距离便不相同。为此，车辆往往会向左或右改变方向。

②如左、右轮胎的充气压力不同，则各轮胎的滚动阻力也会不同，车辆因此往往向左或向右改变方向。

③如前束或后束过量，或左、右外倾角或主销后倾角的差别太大，车辆也很可能向某一侧偏斜。差很大时，最容易发生这种现象。前束不符合要求时，方向的自动回正能力减弱。

2.5 任务工单

学生依据实践指导材料的要求及操作步骤，在教师的指导下完成本工作任务，并填写任务工单。

车轮与轮胎检修任务工单

任务名称	车轮与轮胎的检修	实训设备	整车、举升机、轮胎拆装工具、轮胎动平衡仪、平衡块等
客户任务	一辆轿车的轮毂、轮辋、制动鼓组件的动不平衡已大于4N·m，要进行拆装检修。 轮胎磨损过甚，花纹过浅。		
任务目的	能正确使用工具，能够根据规范正确检修车轮与轮胎。		

续　表

一、资讯

1. 车轮与轮胎检修的方法。

2. 车轮与轮胎检修的部位。

二、决策与计划

根据任务要求，确定所需要的设备、工具，并对小组成员进行合理分工，制定详细的工作计划。

1. 讨论确定车轮与轮胎检修所需要的设备、工具。

2. 小组成员分工。

3. 制订车轮与轮胎检修的操作步骤。

(1)______

(2)______

(3)______

(4)______

三、实施过程记录

1. 分析你所实践用车轮与轮胎的形式及特点。

2. 总结车轮与轮胎检修时，应该注意的问题。

四、检查与评估

1. 检查车轮与轮胎的检修是否正确。

2. 请根据任务完成的情况，对自己的工作进行自我评估，并提出改进意见。

3. 教师对小组工作情况进行评估，并作出点评。

复习思考题

1. 车轮有何作用？由哪几部分组成？常见的类型有哪几种？
2. 轮辋有哪几种类型？各有什么特点？
3. 轮胎有何作用？有哪几种类型？
4. 普通充气轮胎由哪几部分组成？

5. 不同花纹的轮胎有何特点？
6. 子午线轮胎与普通斜交轮胎相比有何优点？
7. 轮胎规格是如何表示的？
8. 分析轮胎磨损的原因及特征。

项目3　悬架的认知与检修

应知目标：

1. 能掌握悬架的功用与类型；
2. 能正确描述弹性元件、减振器等的功用、构造与工作原理；
3. 能正确描述典型非独立悬架、独立悬架的结构特点与工作原理；
4. 能叙述电控悬架的构造与工作原理。

应会目标：

1. 会进行悬架系统的拆装与调整；
2. 会进行悬架(含电控悬架)系统常见故障的诊断与排除。

任务1　悬架认知

1　概述

汽车车架或车身若直接安装于车桥上，则会由于道路不平而上下颠簸振动，从而使车上的乘客不舒服或使货物损坏。因此，汽车上必须装有具备缓冲、减振和导向作用的悬架。悬架是车架(或车身)与车桥之间的一切传力连接装置的总称，它弹性地连接车架(或车身)与车桥。

1.1　悬架的功用

悬架的功用可用传力、缓冲、减振、导向等几个字来概括，具体为：

(1)连接作用，传递垂直、纵向、侧向反力及其力矩。

(2)缓冲行驶中车辆所受由路面不平引起的冲击，迅速衰减振动，保证乘坐舒适和货物完好。

(3)起导向作用，使车轮按一定轨迹相对于车身运动，保证汽车具有良好的操纵稳定性。

1.2　悬架的组成

现代汽车的悬架有不同的结构形式，但一般由弹性元件、减振器、导向装置和横向稳定杆等组成，如图2-46所示。

弹性元件用来承受并传递垂直载荷，缓和不平路面、紧急制动、加速和转弯引起的冲击

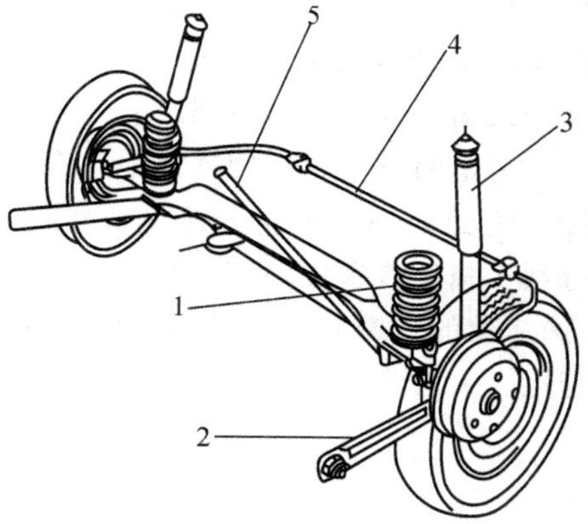

1—弹性元件;2—纵向推力杆;3—减振器;4—横向稳定杆;5—横向推力杆

图 2-46　悬架的组成

或车身位置的变化,主要有钢板弹簧、空气弹簧、螺旋弹簧以及扭杆弹簧等形式,现代轿车悬架多采用螺旋弹簧,少数中高级轿车则使用空气弹簧。螺旋弹簧只承受垂直载荷,缓和及抑制不平路面对车体的冲击,具有占用空间小、质量小、无需润滑的优点,但由于本身没有摩擦而没有减振作用。减振器是为了迅速衰减车身的振动,它是悬架机构中最精密和复杂的机械件。

导向装置用来使车轮按一定的运动轨迹相对车身运动,同时起传递力的作用,通常由摆臂式控制杆件组成。有些轿车和客车上,为防止车身在转向等情况下发生过大的横向倾斜,在悬架系统中加设横向稳定杆,以提高侧倾刚度,改善汽车的操纵稳定性。

1.3　悬架的类型

(1) 根据控制形式不同,悬架可分为被动悬架和主动悬架。

目前,大多数汽车的悬架系统采用的都是被动悬架。这种系统只能被动地取决于路面、行驶状况和汽车的弹性元件、导向装置以及减振器等这些机械零件,内无能源供给装置,弹性和阻尼不能随外部工况变化。

主动悬架可以根据路面和行驶工况自动调整悬架刚度和阻尼,从而使车辆能主动地控制垂直振动及其车身或车架的姿态,以提高汽车的平顺性和操纵稳定性。主要包括主动式液压悬架和主动式空气悬架。

(2) 根据汽车导向机构的不同,悬架可分为独立悬架和非独立悬架,如图 2-47 所示。

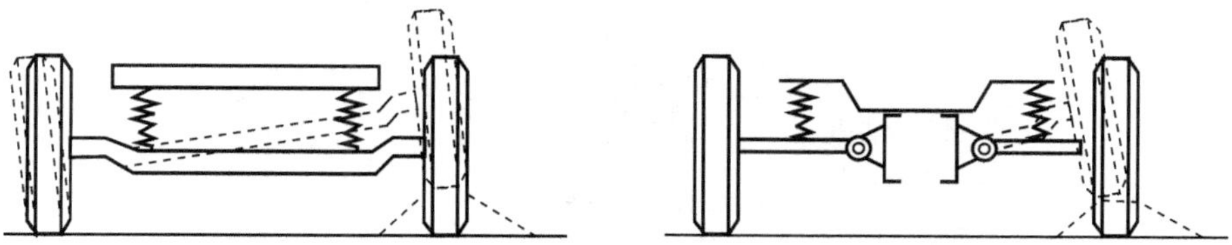

(a)　　(b)

图 2-47　悬架的类型及其示意图

如图 2-47 (a)所示,非独立悬架的特点是两侧车轮安装于一整体式车桥上,当一侧车轮受冲击力时会直接影响到另一侧车轮上,当车轮上下跳动时定位参数变化小。若采用钢板弹簧作弹性元件，它可兼起导向作用，使结构大为简化，降低成本。目前非独立悬架广泛应用于货车和大客车上，有些轿车后悬架也有采用这种类型。非独立悬架由于非簧载质量比较大，高速行驶时悬架受到冲击载荷比较大，平顺性较差。

如图 2-47 (b)所示，独立悬架是两侧车轮分别独立地与车架(或车身)弹性地连接，当一侧车轮受冲击，其运动不直接影响到另一侧车轮。独立悬架所采用的车桥是断开式的。这样使得发动机可放低安装，有利于降低汽车重心，并使结构紧凑。独立悬架允许前轮有大的跳动空间，有利于转向，便于选择软的弹簧元件使平顺性得到改善。同时独立悬架非簧载质量小，可提高汽车车轮的附着性。

2　弹性元件

悬架采用的弹性元件有钢板弹簧、螺旋弹簧、扭杆弹簧、气体弹簧等。

2.1　钢板弹簧

钢板弹簧广泛应用于汽车非独立悬架中的弹性元件，又叫叶片弹簧。它是由若干不等长的合金弹簧片叠加在一起组合成一根近似等强度的梁，如图 2-48 所示。钢板弹簧 3 的第一片(最长的一片)称为主片，其两端弯成卷耳 1，内装青铜(或塑料、橡胶、粉末冶金等)制成的衬套，用弹簧销与固定在车架上的支架或吊耳作铰链连接。钢板弹簧的中间用 U 形螺栓与车桥固定。

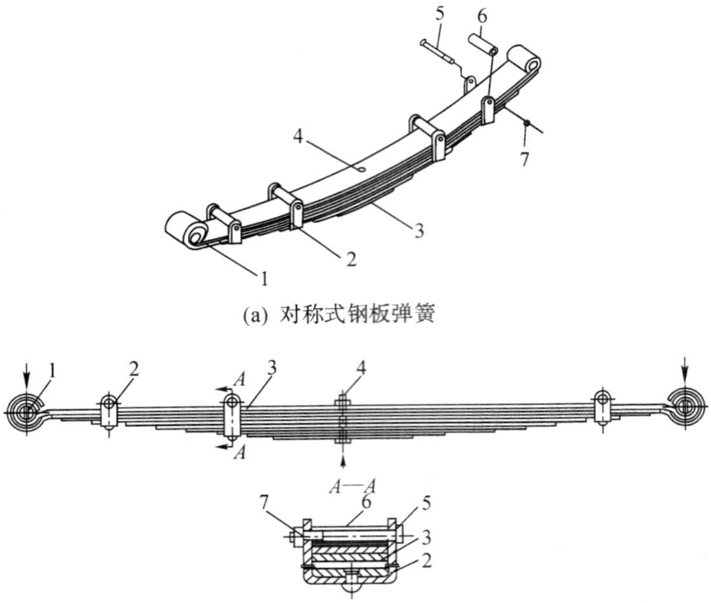

(a) 对称式钢板弹簧

(b) 非对称式钢板弹簧

1—卷耳；2—弹簧夹；3—钢板弹簧；4—中心螺栓；5—螺栓；6—套管；7—螺母

图 2-48　钢板弹簧

钢板弹簧装有若干弹簧夹 2，以免在行驶过程中各片分开。中心螺栓 4 用来连接各弹簧片，并保证各片的装配时的相对位置。中心螺栓到两端卷耳中心的距离可以相等(见图 2-48

(a)),也可以不相等(见图 2-48(b))。为了增加主片卷耳的强度,将第二片末端也弯成半卷耳,包在主片卷耳的外面,且留有较大的间隙,使得弹簧在变形时,各片间有相对滑动的可能。

钢板弹簧在载荷作用下变形,各片之间因相对滑动而产生摩擦,可促使车架的振动衰减。但摩擦会加速弹簧片的磨损,所以在装合时,各片间涂上较稠的润滑剂(石墨润滑脂),并应定期保养。

钢板弹簧的断面形状除采用对称断面外,还有采用上下非对称的特殊断面,如图 2-49 所示。这样可以改善弹簧的受力情况,不仅提高其疲劳强度,还节约了金属材料。

钢板弹簧本身还兼起导向机构的作用,可不必单设导向装置,使结构简化。由于弹簧各片之间摩擦引起一定减振作用,有些高级轿车的后悬架采用钢板弹簧作弹性元件。目前一些汽车上采用变厚度的单片或两至三片的钢板弹簧,可以减少片与片间的干摩擦,同时减轻重量。如图 2-50 所示。

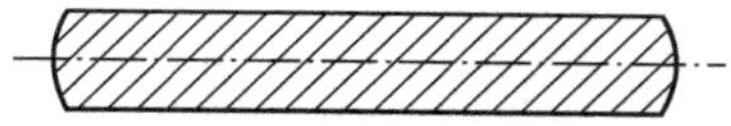

(a) 带圆弧的矩形端面

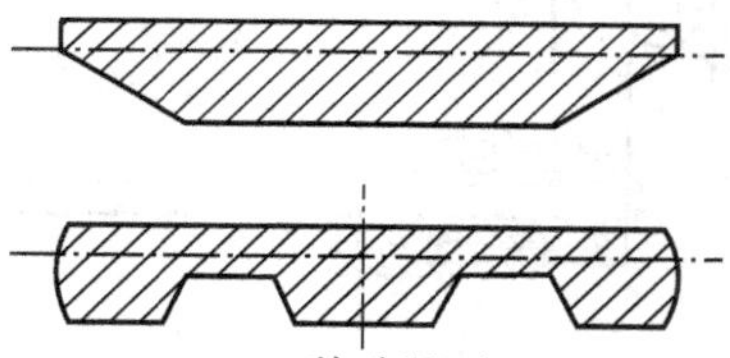

(b) 特殊断面

图 2-49　钢板弹簧的断面形状

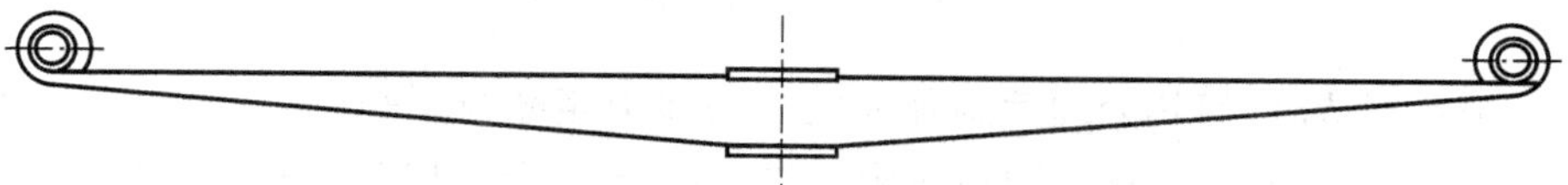

(a) 单片弹簧

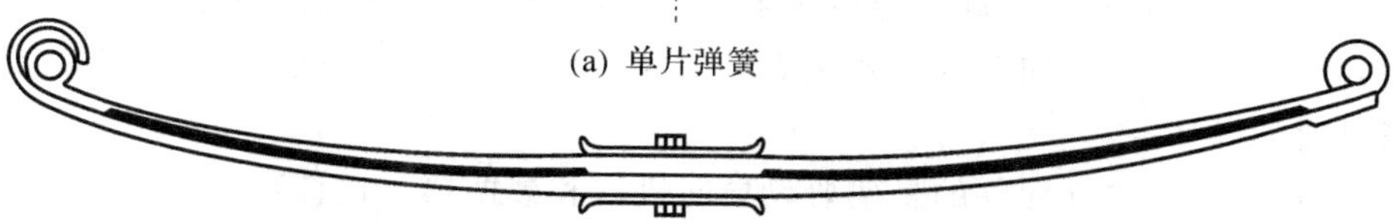

(b) 少片弹簧

图 2-50　单片和少片变截面钢板弹簧

2.2　螺旋弹簧

螺旋弹簧大多应用在独立悬架上,尤其是前轮独立悬架中。有些轿车后轮非独立悬架也有采用螺旋弹簧作弹性元件的。

螺旋弹簧如图 2-46 所示,是用弹簧钢钢棒料卷制而成。它们有刚度不变的圆柱形螺旋弹簧和刚度可变的圆锥形螺旋弹簧两种,也可制成等螺距或不等螺距。

由于螺旋弹簧只承受垂直载荷,它用做弹性元件的悬架要加设导向机构和减振器。它与钢板弹簧相比具有不需润滑、防污性强、占用纵向空间小、弹簧本身质量小的特点,因而在现代轿车上被广泛采用。

2.3 扭杆弹簧

扭杆弹簧用铬钒或硅锰合金弹簧钢制成，它的表面经过加工很光滑。通常为保护扭杆表面，在其上涂有环氧树脂，并包一层玻璃纤维，再涂一层环氧树脂，最后涂上沥青和防锈油漆，以防磨蚀和损坏表面，从而提高扭杆弹簧的使用寿命。

如图 2-51 所示，扭杆弹簧是一根由弹簧钢制的扭杆 3。扭杆断面常为圆形，少数是矩形、管形，扭杆一端固定在车架上，(另一端上的)摆臂 2 与车轮相连。当车轮跳动时，摆臂便绕着扭杆轴线摆动，使扭杆产生扭转弹性变形，以保证车轮与车架的弹性连接。

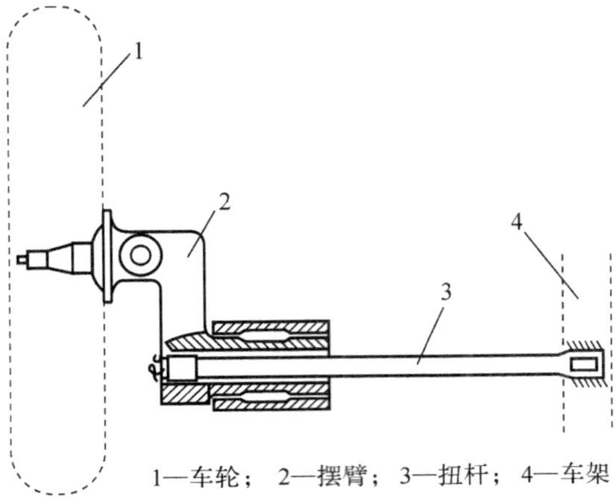

1—车轮；2—摆臂；3—扭杆；4—车架

图 2-51 扭杆弹簧

扭杆弹簧在制造时，经热处理后施加一定的扭转力矩载荷，使它有一个永久变形，从而具有一定的预应力，有利于提高其弹性极限。左右扭杆由于施加应力有方向性，装在车上后承受工作载荷时扭转的方向应与所预加在扭杆上的扭转方向相一致，因而左右扭杆做有标记，安装时应加以注意。

采用扭杆弹簧做弹性元件的悬架要设导向机构和减振器。扭杆弹簧与钢板弹簧相比质量轻于钢板弹簧，而且不需润滑，保养维修简便，刚度可变且车身高度调节方便，并能节省纵向空间，适应于小型车及箱式车的悬架。

2.4 气体弹簧

气体弹簧主要有空气弹簧和油气弹簧两种，空气弹簧又有囊式和膜式两种形式，如图 2-52所示。气体弹簧是以压缩空气(或氮气、惰性气体)作为弹性介质，利用气体的可压缩性实现弹簧的作用。气体弹簧随着载荷的增加，容器内压缩空气压力升高，使其弹簧刚度也随之增加，载荷减少，弹簧压力也随空气压力减少而下降，因而这种弹簧有其理想的变刚度特性。空气弹簧主要在轿车上尤其在主动悬架中被采用。

囊式空气弹簧由夹有帘线的橡胶组成的气囊和密闭在其中的压缩空气构成。气囊外层由耐油橡胶制成单节或多节，节数越多弹簧越软，节与节之间围有钢质腰环，防止两节之间摩擦。气囊上下盖板将空气封于囊内。

膜式空气弹簧由橡胶片和金属压制件组成。它比囊式空气弹簧的弹性曲线更为理想，固有频率更低些，且尺寸小，便于布置，因而多用于轿车上，但其造价贵，寿命较短。

油气弹簧以高压惰性气体(通常为氮气)作为弹性介质，用油液作为传力介质。其结构原理如图 2-53 所示。球形室 1 固定在工作缸 6 上，内腔用橡胶隔膜 3 隔开成油室与气室。工作缸 6 内装有活塞 7 和阻尼阀 5 及阀座。

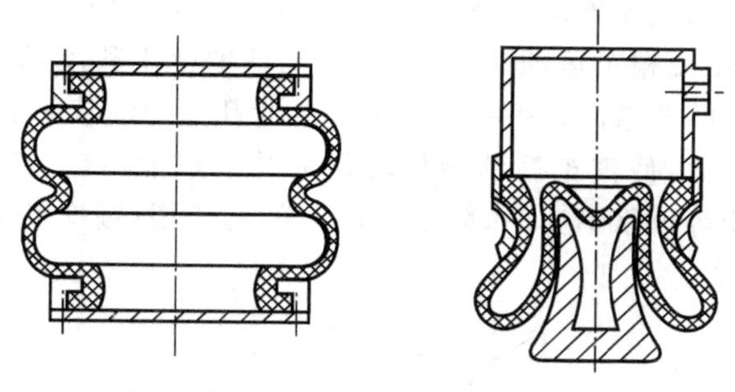

(a) 囊式空气弹簧　　(b) 膜式空气弹簧

图 2-52　空气弹簧

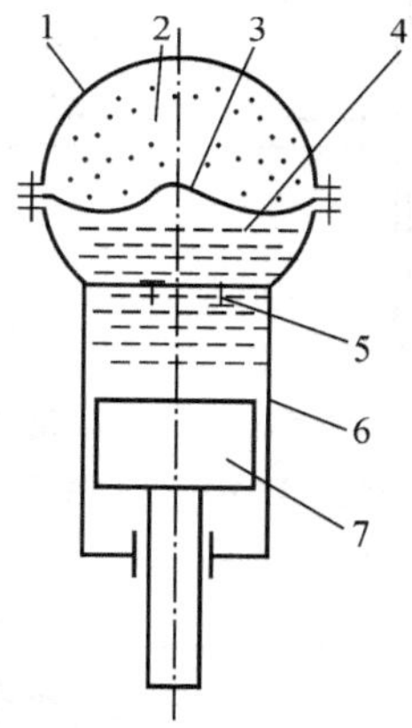

1—球形室；2—气体；3—隔膜；4—油液；5—阻尼阀；6—工作缸；7—活塞

图 2-53　油气弹簧

当汽车载荷增加等引起车架与车桥相互靠近时，活塞 7 上移，使工作缸内油压升高，打开阻尼阀 5 进入球室下部，推动隔膜 3 向气室方向移动。气室内气体被进一步压缩，使油气弹簧刚度增加。相反，当汽车载荷减小时，气室内的高压气体使隔膜向下方移动，油液通过阻尼阀流回工作缸，活塞下移使油压降低，同时气室容积变大压力下降，使油气弹簧刚度降低。因此，随着载荷及汽车行驶中高度的变化，气室内气体压力也相应变化，油气弹簧具有可变刚度的特性。因而，油气弹簧具有良好的行驶平顺性，且体积小，质量轻。但对于密封性要求很高，维护相对麻烦。目前这种弹簧多用于重型汽车和部分小客车上。

空气和油气弹簧用在悬架中，由于它们只能承受轴向载荷，因此悬架中必须加设导向装置和减振器。

3 减振器

3.1 概述

悬架系统中由于弹性元件受冲击产生振动，为衰减振动，改善汽车行驶平顺性，悬架中与弹性元件并联安装减振器，如图 2-54 所示。

汽车悬架系统中采用减振器多是液力减振器。其工作原理如图 2-55 所示，当车架（或车身）和车桥间受振动出现相对运动时，减振器内的活塞上下移动，减振器腔内的油液便反复地从一个腔经过不同的孔隙流入另一个腔内。此时孔壁与油液间的摩擦和油液分子间的内摩擦对振动形成阻尼力，使汽车振动能量转化为油液热能，再由减振器吸收散发到大气中。在油液通道截面积等因素不变时，阻尼力随车架与车桥（或车轮）之间的相对运动速度增减，并与油液黏度有关。

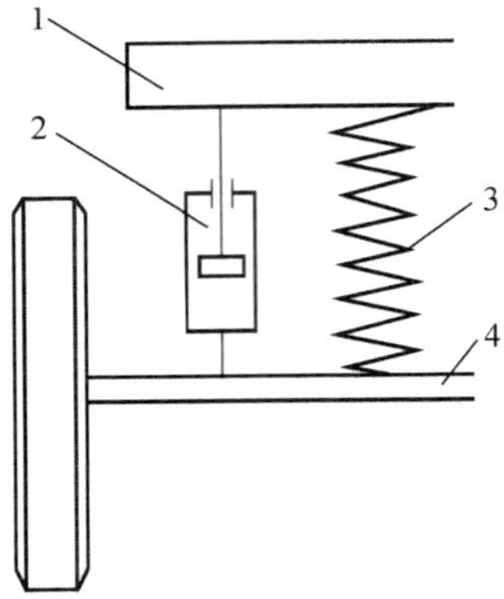

1—车架；2—减振器；3—弹性元件；4—车桥

图 2-54　减振器与弹性元件安装示意图

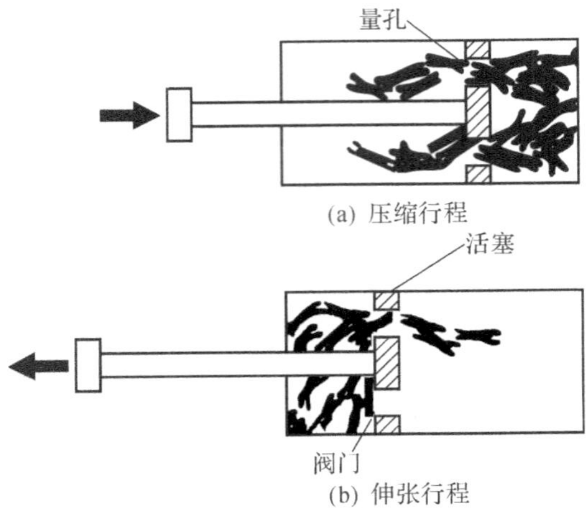

图 2-55　液力减振器工作原理示意图

减振器与弹性元件承担着缓和冲击与减振的任务，阻尼力过大，将使悬架弹性变坏，甚

至使减振器连接件损坏。为此,减振器必须满足以下要求:

(1) 在压缩行程(车桥和车架相互靠近),减振器阻尼力较小,以便充分发挥弹性元件的弹性作用,缓和冲击。这时弹性元件起主要作用。

(2) 在悬架伸张行程中(车桥和车架相互远离),减振器阻尼力应大,迅速减振。

(3) 当车桥(或车轮)与车桥间的相对速度过大时,要求减振器能自动加大液流量,使阻尼力始终保持在一定限度之内,以避免承受过大的冲击载荷。

在汽车悬架系统中广泛采用的是筒式减振器,且在压缩和伸张行程中均能起减振作用的双向作用式减振器,另外还采用新式减振器,包括充气式减振器和阻力可调式减振器。

3.2　双向作用筒式减振器

如图 2-56 所示,双向作用筒式减振器上连车架,下连车桥,有三个同心钢筒,最外面为防尘罩 10,中间是储油缸 5,内部装有一定量的减振器油;最里面为工作缸 2,内部装满减振器油。工作缸筒中活塞 3 固定在与防尘罩制成一体的活塞杆 1 上,活塞上有伸张阀 4 和流通阀 8,在工作缸筒下端的支座上有压缩阀 6 和补偿阀 7。为了使减振器能满足工作要求,流通阀和补偿阀的刚度和预紧力较小,较小的油压即可打开或关闭;压缩阀和伸张阀的刚度和预紧力较大,只有当油压增大到一定程度时才能打开,而只要油压稍有下降,阀门立即关闭。

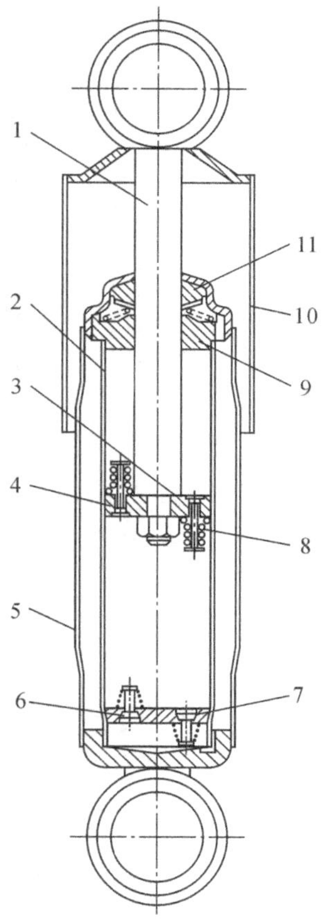

1—活塞杆;2—工作缸筒;3—活塞;4—伸张阀;5—储油缸筒;6—压缩阀;7—补偿阀;8—流通阀;9—导向座;10—防尘罩;11—油封

图 2-56　双向作用筒式减振器示意图

双向作用筒式减振器工作过程如下:在压缩行程时,减振器受压缩,此时减振器内活塞 3 向下移动。活塞下腔室的容积减少,油压升高,油液打开流通阀 8 流到活塞上面的腔室。上腔被活塞杆 1 占去了一部分空间,因而上腔增加的容积小于下腔减小的容积,一部分油液于是就推开压缩阀 6,流回储油缸 5。这些阀对油的节流作用形成悬架受压缩运动的阻尼力。减振器在伸张行程时,车轮相当于远离车身,减振器受拉伸。这时减振器的活塞向上移动。活塞上腔油压升高,流通阀 8 关闭,上腔内的油液推开伸张阀 4 流入下腔。由于活塞杆的存在,自上腔流来的油液不足以充满下腔增加的容积,促使下腔产生一真空度,这时储油缸中的油液推开补偿阀 7 流进下腔进行补充。由于这些阀的节流作用就对悬架在伸张运动时起到阻尼作用。

由于伸张阀弹簧的刚度和预紧力设计得大于压缩阀,在同样压力作用下,伸张阀及相应的常通缝隙的通道截面积总和小于压缩阀及相应常通缝隙通道截面积总和,这使得减振器的伸张行程产生的阻尼力大于压缩行程的阻尼力,达到迅速减振的要求。

3.3 新型减振器

有些车型的悬架系统采用充气式减振器和阻尼力可调式减振器。如图 2-57 所示为充气式减振器,其结构特点是在缸筒的下部有一个浮动活塞 2,在浮动活塞与缸筒一端形成的密闭气室 1 中充有高压(2～3MPa)的氮气。在浮动活塞的上面是减振器油液。浮动活塞把油和气完全分开,故此活塞亦称封气活塞。工作活塞 8 上装有由一组厚度相同、直径不等、从小到大排列的弹簧钢片组成的压缩阀 4 和伸张阀 7,它们能随工作活塞运动速度大小而改变通道截面积,从而产生不同的阻尼力。

当车轮上下跳动时,减振器的工作活塞在油液中作往复运动,使工作活塞的上腔和下腔之间产生油压差,压力油便推开压缩阀或伸张阀而来回流动。阀对压力油产生较大的阻尼力,消耗了振动能量,使振动衰减。

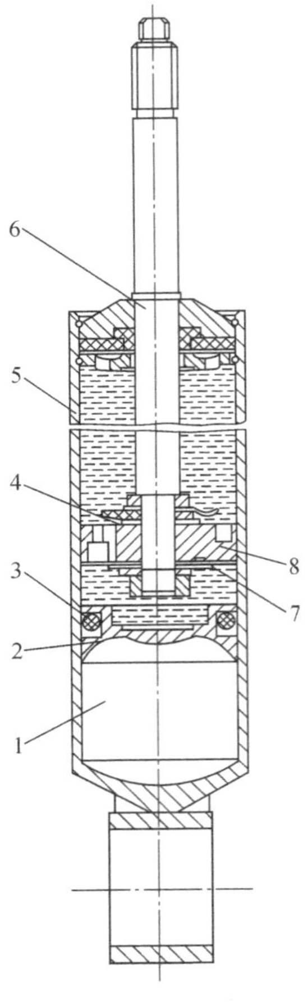

1—密封气室;2—浮动活塞;3—O 形密封圈;4—压缩阀;5—工作缸;6—活塞杆;7—伸张阀;8—工作活塞

图 2-57 充气式减振器

由于活塞杆的进出而引起的缸筒容积的变化,则由浮动活塞的上下运动来补偿。因此这种减振器不需储液缸筒,亦称单筒式减振器。

与双向作用筒式减振器相比较,充气式减振器具有以下优点:

(1)由于采用浮动活塞而减少了一套阀门系统,使结构简化、重量减轻。

(2)由于减振器内充有高压气体,能有效地减少车轮受到突然冲击时产生的高频振动,并有助于消除噪声。在防尘罩直径相同的情况下,充气式减振器的工作缸和活塞直径比双筒式减振器大,比双筒式能更可靠地保证产生足够的阻尼力。

(3)充气式减振器由于内部具有高压气体和油气被浮动活塞隔开,消除了油的乳化现象。

充气式减振器的缺点是对油封要求高;充气工艺复杂,不能修理。

4　非独立悬架

非独立悬架结构简单,被广泛用于货车和小客车的前后悬架。有的轿车后悬架也有采用非独立悬架。按照采用弹性元件的不同,非独立悬架可以分为钢板弹簧式和螺旋弹簧式两种。

4.1　钢板弹簧式非独立悬架

钢板弹簧被用做非独立悬架的弹性元件,由于它兼起导向机构的作用,使得悬架系统大为简化。因为钢板弹簧是纵向布置的,所以又称为纵置式钢板弹簧非独立悬架。这种悬架广泛用于货车的前、后悬架中。

如图 2-58 所示为典型的钢板弹簧式非独立悬架。它中部用 U 形螺栓将钢板弹簧固定在车桥上。悬架前端为固定铰链,也叫死吊耳。它由钢板弹簧销钉将钢板弹簧前端卷耳部与钢板弹簧前支架连接在一起,前端卷耳孔中为减少磨损装有衬套。后端卷耳通过钢板弹簧吊耳销与后端吊耳和吊耳架相连,后端可以自由摆动,形成活动吊耳,从而保证弹簧变形时两卷耳之间的距离是变化的,减少汽车受到的颠簸。

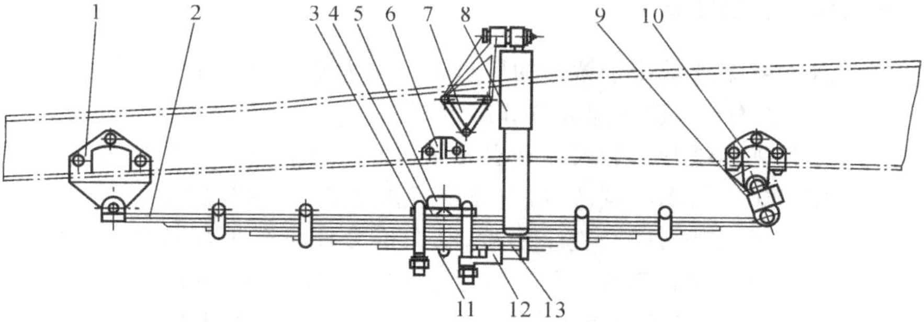

1—钢板弹簧前支架;2—钢板弹簧端;3—U 形螺栓;4—盖板;5—缓冲块;6—限位块;7—减振器上支架;8—减振器;9—吊耳;10—吊耳支架;11—中心螺栓;12—减振器下支架;13—减振器连接销

图 2-58　解放 CA1092 汽车的前悬架

有些中型货车的悬架常采用主簧下加装副簧,如图 2-59 所示,成为变刚度的钢板弹簧,以适应装载质量的不同。当汽车空载和实际装载质量不大时,副钢板弹簧不承受载荷而由主钢板弹簧单独工作。在重载或满载情况下,车架相对于车桥下移,使车架上副簧滑板式支座与副簧接触,主、副簧共同参加工作,一起承受载荷而使悬架刚度增大,以保证车身振动频率不致因载荷增加而变化过大。由于副簧是随载荷增加到一定程度时参加工作,刚度变化较突然，对汽车行驶平顺性不利。

为了提高汽车的行驶平顺性，一些轻型货车(如南京依维柯)的后悬架，其主簧由厚度较薄的5片钢板弹簧片组成，副簧由厚度较厚的5片组成，成为渐变刚度钢板弹簧，如图2-60所示。在小载荷状况时，仅主簧起作用，而当载荷增到一定值时，主簧与副簧接触，共同发挥作用，悬架刚度得到提高，弹簧特性变为非线性的，当副簧全部参加工作后，弹簧特性又变成线性的。这类悬架特点是副簧逐渐随载荷增加而参加工作，因此悬架刚度的变化平稳，改善了汽车行驶的平顺性能。

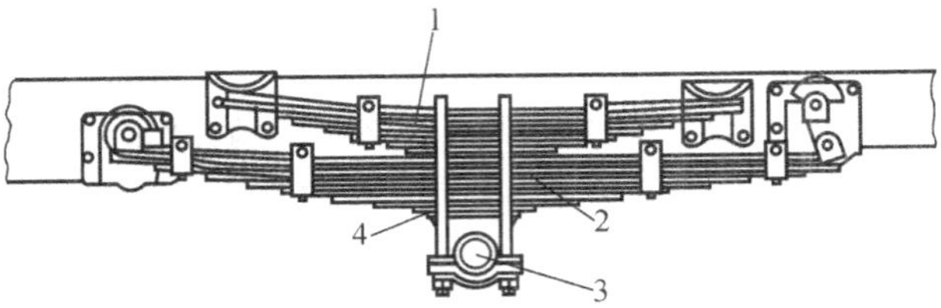

1—副簧；2—主簧；3—车桥；4—U形螺栓

图2-59　变刚度钢板弹簧悬架

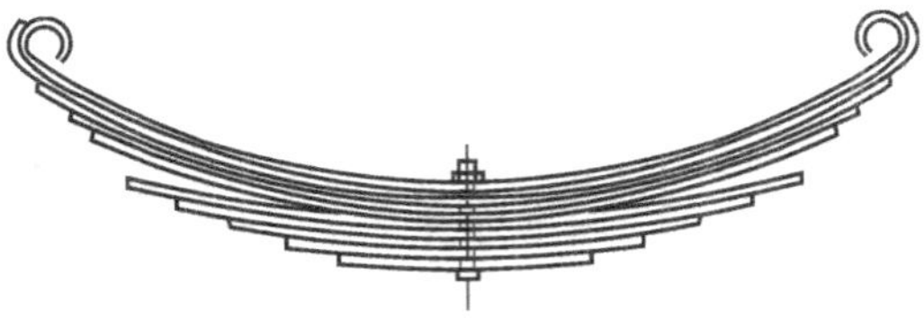

图2-60　渐变刚度钢板弹簧

4.2　螺旋弹簧非独立悬架

螺旋弹簧非独立悬架通常用于轿车的后悬架。因为螺旋弹簧作为弹性元件只能承受垂直载荷，所以其悬架系统要加设导向装置和减振器。

桑塔纳轿车后桥采用螺旋弹簧式非独立悬架，如图2-61所示。左右纵向推力杆2的前端通过带橡胶的支承座7与车身铰链，后端与轮毂相连接，中部与后桥1焊成一体。纵向推力杆2可以传递纵向力及其力矩。整个后桥、纵向推力杆与车轮可以绕支承座7的铰接点连线相对于车身上下摆。螺旋弹簧5的上端装在弹簧上座6中，下端支承在减振器3外壳上的弹簧下座4中，因而只承受垂直力。减振器3的上端与弹簧上座6一起装在车身底部的悬架支座中，下端与纵向推力杆2相连接。使用这种结构，当两侧车轮上的螺旋弹簧因路面不平而产生不同的变形时，后桥1会发生相应的扭转变形，可以起到横向稳定杆的作用。

为了提高汽车的行驶平顺性，以适应载荷和路面的变化，要求悬架刚度随之变化。当空车时车身被抬高，满载时车身则被压得很低。对于轿车，要求在好路上降低车身高度以提高行驶车速，而在坏路上则应提高车身以增大通过能力。因此，不同行驶状况对汽车提出的要求也不同，空气弹簧非独立悬架可以通过改变气体压力来满足载荷对悬架刚度的要求。

5　独立悬架

独立悬架的左右车轮不是用整体车桥相连接，而是通过悬架分别与车架(或车身)相连，每

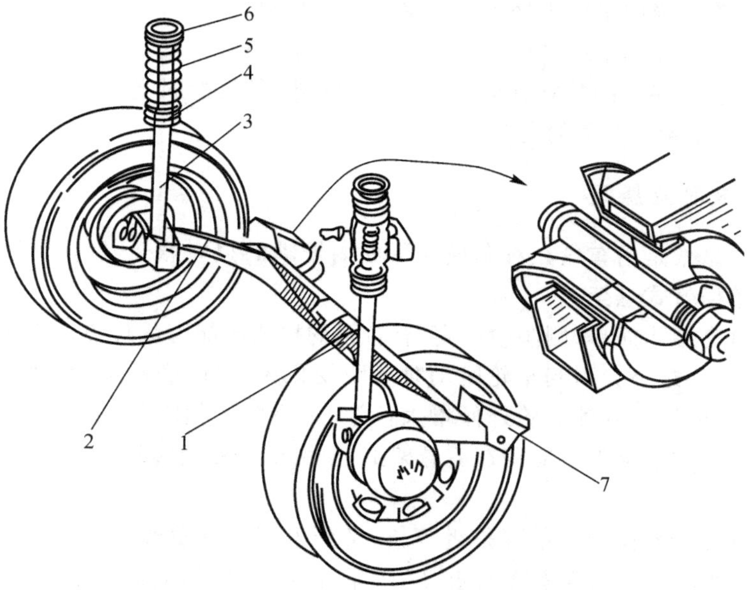

1—后桥；2—纵向推力杆；3—减振器；4—弹簧下座；5—螺旋弹簧；6—弹簧上座；7—支承座

图 2-61　桑塔纳 2000 的后桥螺旋弹簧非独立悬架

侧车轮可独立上下运动，如图 2-47(b)所示。轿车前悬架广泛采用独立悬架，后悬架上采用也在增加。载重量 1t 以下的货车、越野车、矿用车和大客车的前悬架也有一些采用独立悬架。

与非独立悬架相比，独立悬架具有明显的优点：独立悬架所采用的车桥是断开式的，这样使得发动机可放低安装，有利于降低汽车重心，并使结构紧凑；独立悬架允许前轮有大的跳动空间，有利于转向，便于选择软的弹簧元件使平顺性得到改善；同时独立悬架非簧载质量小，可提高汽车车轮的附着性。但独立悬架也具有结构复杂、成本高以及维修不便等缺点，且车轮跳动时轮距会发生变化，引起轮胎与路面之间产生滑动摩擦，轮胎磨损严重。

独立悬架按车轮运动形式可以分为以下三种类型，如图 2-62 所示。

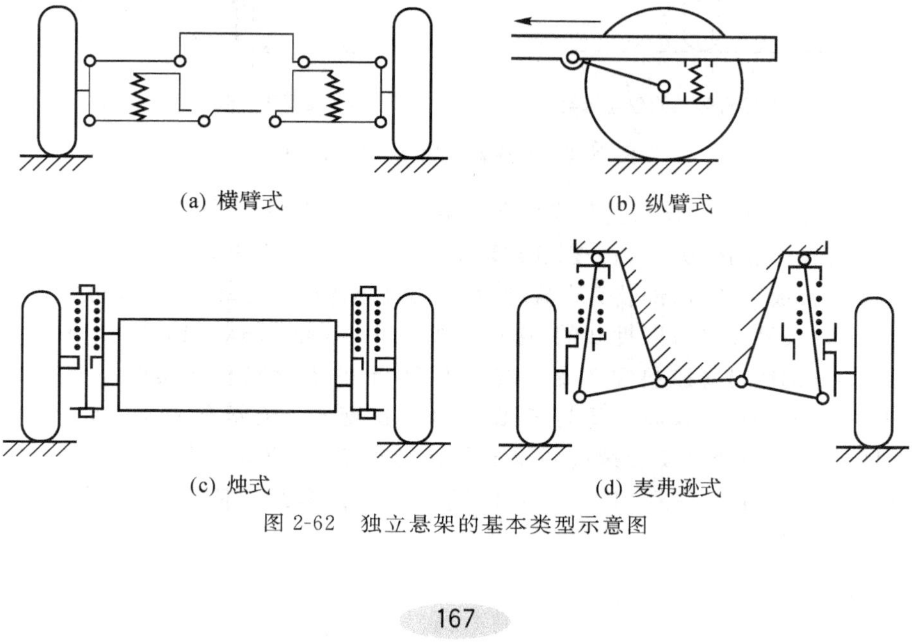

(a) 横臂式　(b) 纵臂式　(c) 烛式　(d) 麦弗逊式

图 2-62　独立悬架的基本类型示意图

(1) 车轮在汽车横向平面内摆动的横臂式独立悬架；

(2) 车轮在汽车纵向平面内摆动的纵臂式独立悬架；

(3) 车轮沿主销移动的独立悬架，包含烛式悬架(车轮沿固定不动的主销轴线移动)以及麦弗逊式悬架(车轮沿摆动的主销轴线移动)。

5.1 横臂式独立悬架

横臂式独立悬架是指车轮在汽车横向平面内摆动的独立悬架，按横臂数量的多少又分为双横臂式和单横臂式悬架。

单横臂式具有结构简单，侧倾中心高，有较强的抗侧倾能力的优点。但随着现代汽车速度的提高，侧倾中心过高会引起车轮跳动时轮距变化大，轮胎磨损加剧，而且在急转弯时左右车轮垂直力转移过大，导致后轮外倾增大，减少了后轮侧偏刚度，从而产生高速甩尾的严重工况。单横臂式独立悬架多应用在后悬架上，但由于不能适应高速行驶的要求，目前已应用不多。

双横臂式独立悬架按上下横臂是否等长，又分为等长双横臂式和不等长双横臂式两种悬架，如图 2-63 所示。等长双横臂式悬架在车轮上下跳动时，能保持主销倾角不变，但轮距变化大(与单横臂式相类似)，造成轮胎磨损严重，现已很少用。对于不等长双横臂式悬架，只要适当选择、优化上下横臂的长度，并通过合理的布置、就可以使轮距及前轮定位参数变化均在可接受的限定范围内，有利于减少轮胎磨损，提高汽车行驶平顺性和方向稳定性。目前不等长双横臂式悬架已广泛应用在轿车的前后悬架上，部分运动型轿车及赛车的后轮也采用这一悬架结构。

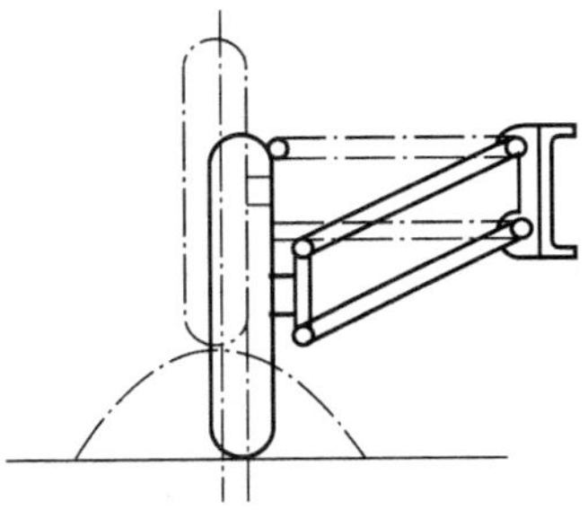
(a) 摆臂等长的独立悬架

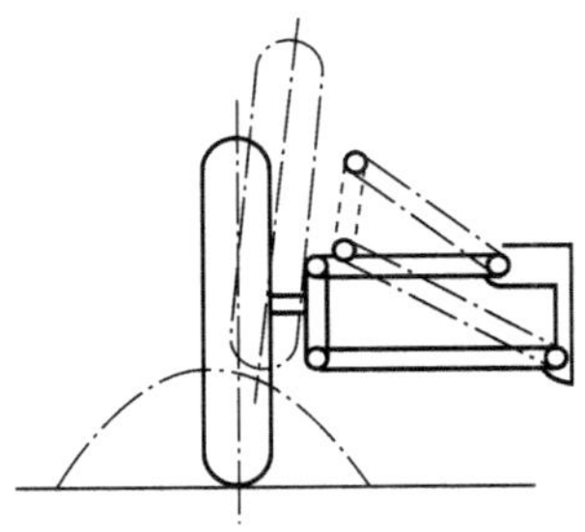
(b) 摆臂不等长的独立悬架

图 2-63 双横臂式独立悬架示意图

如图 2-64 所示为不等长双横臂式独立悬架。上摆臂 10 和下摆臂 4 的一端分别通过摆臂轴 15 和 1 与车架连接，另一端分别通过球头销 14 和 3 与转向节 9 相连接。上摆臂 10 与上球头销 14 铆接成一体，内部装有螺旋弹簧 13，能自动消除球头销与销座间磨损后的间隙。下摆臂 4 与下球头销 3 是可以拆卸的，通过减少垫片 2 来消除球头销处的磨损间隙。螺旋弹簧 5 的两端分别通过橡胶垫圈 7 支承在车架 16 上的支承座和下摆臂 4 上的支承盘内。减振器 6 的两端分别通过橡胶衬垫与车架 16 和下摆臂 4 上支承盘相连。垂直力是通过转向节 9、下球头销 3、下摆臂 4 和螺旋弹簧 5 传递给车架，而纵向力及其力矩是由转向节 9，上、下摆臂 10、4，上、下球头销 14、3 传递给车架。由于此种悬架使用上、下球头销来代替主销，属于无主销式悬架。

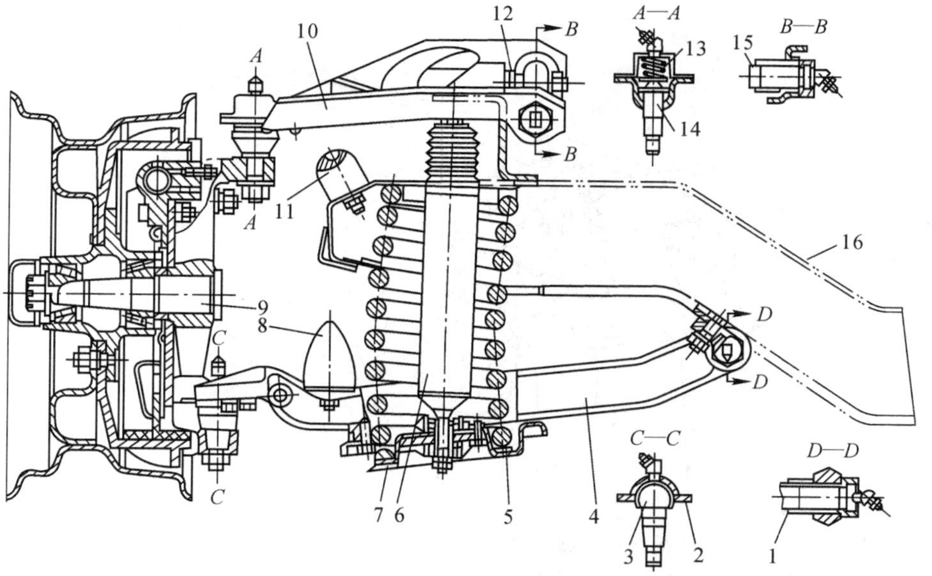

1—下摆臂轴；2—垫片；3—下球头销；4—下摆臂；5—螺旋弹簧；6—筒式减振器；7—橡胶垫圈；8—下缓冲块；9—转向节；10—上摆臂；11—上缓冲块；12—调整垫片；13—弹簧；14—上球头销；15—上摆臂轴；16—车架横梁

图 2-64 不等长双横臂式独立悬架

主销后倾角可以通过纵向移动上摆臂 10 来调整，上摆臂轴 15 的外表面上带有螺纹，转动该轴即可使上摆臂沿着上摆臂轴纵向移动(即改变了臂在轴上的轴向位置)。车轮外倾角则可通过横向移动上摆臂来调整：增、减上摆臂轴与固定支架之间的调整垫片来调整。主销内倾角和车轮外倾角的关系已被转向节 9 的结构所确定，故调整好车轮外倾角后，主销内倾角自然正确。

上、下摆臂选择合适的长度比例，可使车轮在跳动中与主销的角度及轮距变化不大。双横臂的臂有做成 A 字形或 V 字形。V 形臂的上下两个 V 形摆臂以一定的距离，分别安装在车轮上，另一端安装在车架上。

双横臂独立悬架也有采用扭杆弹簧作为弹性元件的，其扭杆弹簧可以纵向也可以横向安装。南京依维柯 S 系列轻型货车的前悬架属于不等长双横臂式扭杆弹簧独立悬架，如图 2-65 所示。

5.2 纵臂式独立悬架

纵臂式独立悬架是指车轮在汽车纵向平面内摆动的悬架结构，又分为单纵臂式和双纵臂式两种形式。

(1)单纵臂式独立悬架

如图 2-66(a)所示，这种悬架当车轮上下跳动时会使主销后倾角产生较大的变化，因此单纵臂式悬架不用在转向轮上。图 2-66(b)所示为富康雪铁龙 ZF 型等轿车后桥所用的扭杆弹簧式单纵臂式独立悬架。悬架摆臂为一宽而薄的钢板，一端与半轴套管铰链，另一端通过套筒的花键与扭杆弹簧外端相连。扭杆弹簧装在套管里，内端固定在车架上。

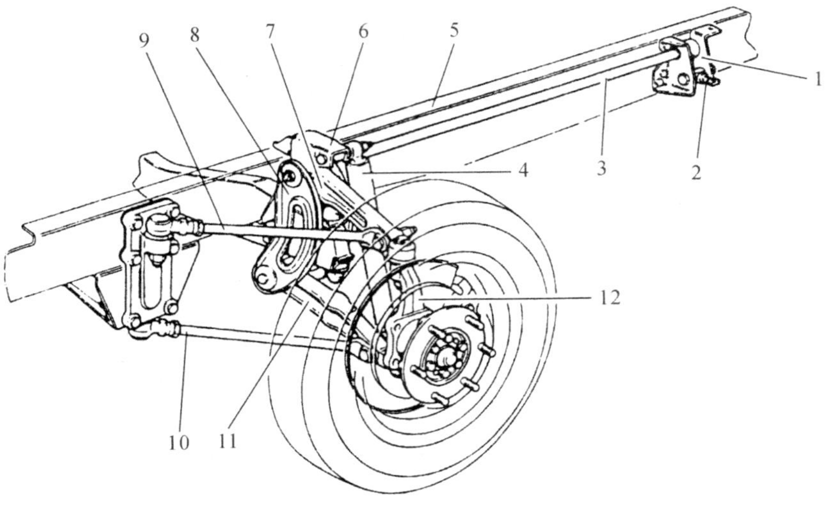

1—扭杆弹簧固定支架；2—扭杆弹簧预加载荷调整螺栓；3—扭杆弹簧；4—减振器；5—车架纵梁；6—减振器上支架；7—上摆臂；8—支架；9—上支撑杆；10—下支撑杆；11—下摆臂；12—转向节

图 2-65　不等长双横臂式扭杆弹簧独立悬架

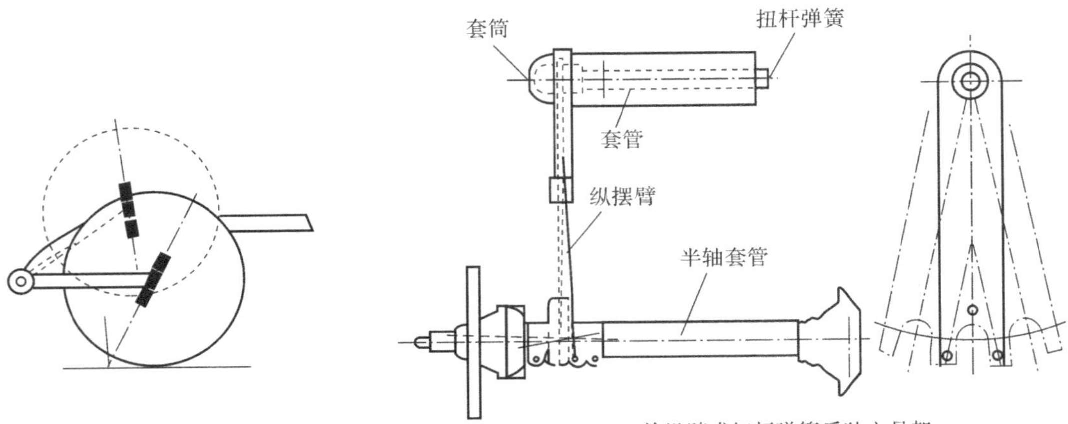

(a) 单纵臂式独立悬架　　(b) 单纵臂式扭杆弹簧后独立悬架

图 2-66　单纵臂式独立悬架

(2)双纵臂式独立悬架

双纵臂式独立悬架的两个摆臂一般做成等长的，形成一个平行四杆结构，这样，当车轮上下跳动时主销的后倾角保持不变，因此双纵臂式悬架多应用在转向轮上。图 2-67 所示为双纵臂扭杆弹簧式独立悬架。转向节与两个纵摆臂做铰链式连接，纵臂通过纵臂轴扭杆弹簧连接，扭杆弹簧内端固定在车架上。车轮所受的纵向力、侧向力及其力矩由车架上的管状横梁传递给车架。

(3)单斜臂式独立悬架

这种悬架如图 2-68 所示，是单横臂和单纵臂独立悬架的折中方案，其特点是：当车轮上下跳动时，其摆臂绕与汽车纵轴线具有一定交角的轴线摆动，选择合适的交角可以满足汽车

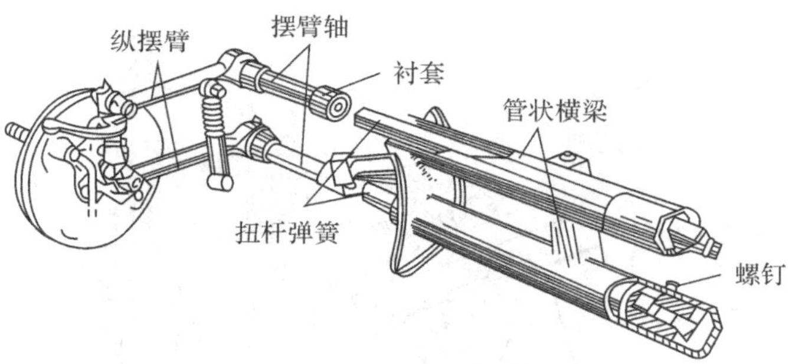

图 2-67　双纵臂式独立悬架

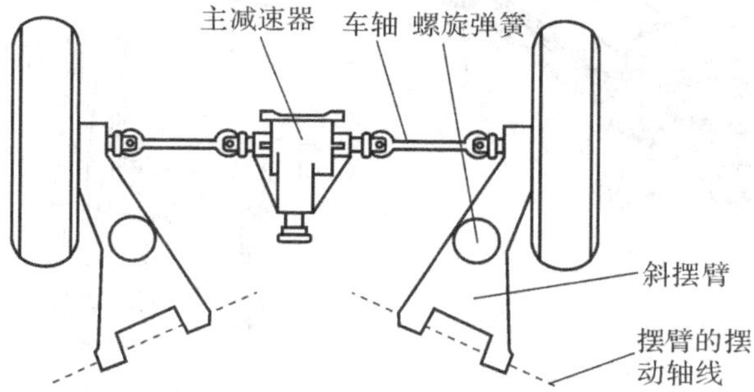

图 2-68　单斜臂式独立悬架

操纵稳定性要求。这种悬架适于做后悬架。

5.3　车轮沿主销轴线移动的独立悬架

车轮沿主销轴线移动的独立悬架有两种形式，一是车轮沿固定不动的主销移动的烛式独立悬架，另一种是车轮沿摆动的主销轴线移动的麦弗逊式独立悬架。

(1)烛式独立悬架

如图 2-69 所示为烛式独立悬架，主销的上下两端刚性地固定在车架上，套在主销上的套筒固定在转向节上，套管的中部固定装着螺旋弹簧的下支座，筒式减振器的下端与转向节相连，上端与车架相连。悬架的摩擦部分套着防尘罩，通气管与防尘罩内腔相通，以免防尘罩内空气被密封而影响悬架的弹性。

烛式悬架的优点是：当悬架变形时，主销的定位角不会发生变化，仅是轮距、轴距稍有变化，因此特别有利于汽车的转向操纵稳定和行驶稳定。但烛式悬架有一个大缺点：就是汽车行驶时的侧向力会全部由套在主销套筒内的主销承受，致使套筒与主销间的摩擦阻力加大，磨损也较严重。烛式悬架现已应用不多。

(2)麦弗逊式独立悬架

麦弗逊式独立悬架的结构示意如图 2-70 所示，它由减振器、螺旋弹簧、横摆臂和横向稳定杆等组成。螺旋弹簧与减振器装成一体，构成悬架的弹性支柱，支柱上端与车身挠性连接(A 点)，下端与转向节刚性连接。横摆臂的外端与转向节下端通过球头销铰接(B 点)，内端与车身铰接。

麦弗逊式独立悬架没有传统意义上的主销实体，转向轴线为上下铰接中心 A、B 连线(一般与弹性支柱的轴线重合)。车轮跳动时，B 点随横摆臂摆动，因而主销轴线 AB 也随之

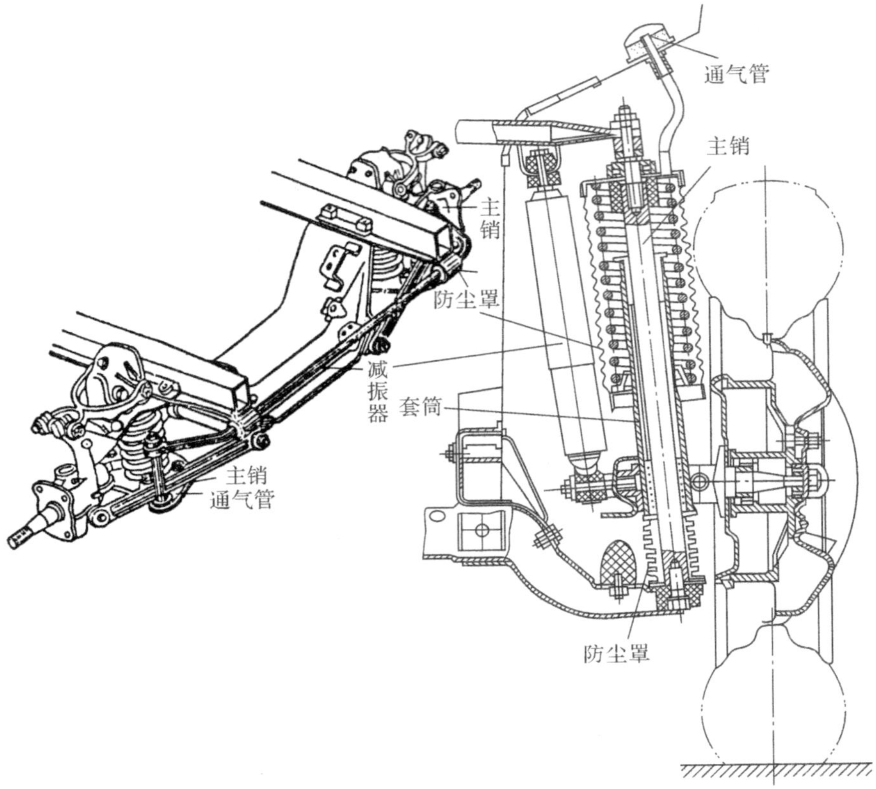

图 2-69 烛式独立悬架

摆动，轮距、车轮外倾角、主销的倾角都有变化。因此，虽然车轮也是沿着主销滑动的悬架，但它的主销是可以摆动，与烛式悬架不完全相同。

麦弗逊式悬架是摆臂式与烛式悬架的结合。与双横臂式悬架相比，麦弗逊式悬架的优点是：结构紧凑，车轮跳动时前轮定位参数变化小，有良好的操纵稳定性，加上由于取消了上横臂，给发动机及转向系统的布置带来方便；与烛式悬架相比，它的滑柱受到的侧向力又有了较大的改善。麦弗逊式悬架多应用在中小型轿车的前悬架上，国产奥迪、桑塔纳、捷达、夏利、富康等轿车的前悬架均为麦弗逊式独立悬架。虽然麦弗逊式悬架并不是技术含量最高的悬架结构，但它仍是一种经久耐用的独立悬架，具有很强的道路适应能力。图 2-71 所示为富康轿车的前悬架。

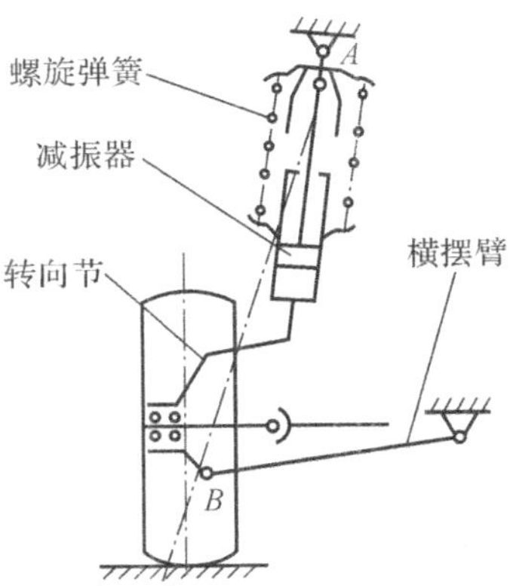

图 2-70 麦弗逊式独立悬架

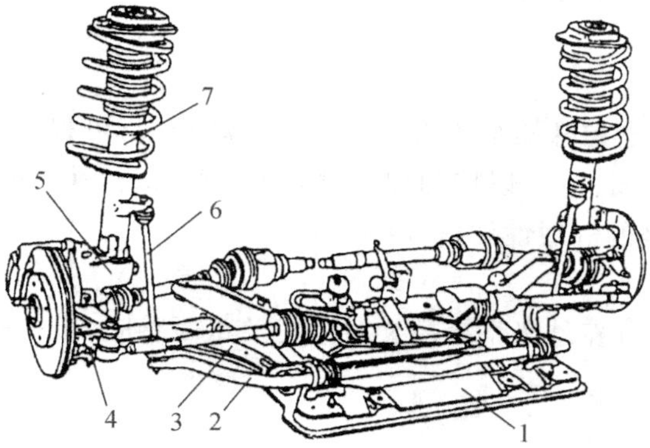

1—前托架；2—横向稳定杆；3—三角臂；4—球头销；5—转向节；6—连接杆；7—前减振器

图 2-71 富康轿车前悬架

5.4 横向稳定杆

现代轿车悬架很软，即固有频率很低，为提高悬架的侧倾角刚度，减小横向倾斜，常在悬架中添设横向稳定杆(器)，以保证良好操纵稳定性。

如图 2-46、图 2-71 等所示，横向稳定杆由弹簧钢制成，横向地安装在汽车前端或后端(也有轿车前后都装横向稳定器)。当两侧悬架变形相同时，横向稳定器不起作用。当两侧悬架变形不等，车身相对路面横向倾斜时，车架一侧移近弹簧支座，稳定杆的同侧末端就随车架向上移动，而另一侧车架远离弹簧座，相应横向稳定杆的末端相对车架下移，横向稳定杆中部对于车架没有相对运动，而稳定杆两边的纵向部分向不同方向偏转，于是稳定杆被扭转。弹性的稳定杆产生扭转内力矩就阻碍悬架弹簧的变形，减少了车身的横向倾斜和横向角振动。

6 电控悬架系统

传统的汽车悬架一般具有固定的弹簧刚度和减振阻尼力，只能保证在一种特定的道路状态和速度下达到性能最优，因而不能同时满足汽车行驶平顺性和操纵稳定性的要求。例如降低弹簧刚度，平顺性会更好，乘坐更舒适，但会使操纵稳定性变差；相反，增加弹簧刚度虽可提高操纵稳定性，但使车辆对路面不平度更敏感，平顺性降低。因此，理想的悬架系统应在不同的行驶条件下具有不同的弹簧刚度和减振器阻尼力，以同时满足平顺性与操纵稳定性的要求。电控悬架系统就是这种理想的悬架系统，它通过对悬架系统参数进行实时控制，使悬架的刚度、减振器的阻尼系数、车身高度能随汽车的载荷、行驶速度、路面状况等行驶条件变化而变化，使悬架性能总是处于最佳状态(或其附近)，同时满足汽车的行驶平顺性、操纵稳定性等方面的要求。

现代汽车电控悬架系统有多种形式。根据控制目的不同，可分为车高控制系统、刚度控制系统、阻尼控制系统、综合控制系统等形式。按悬架系统结构形式，可分为电控空气悬架系统和电控液压悬架系统。根据控制系统有源或无源，可分为半主动悬架和全主动悬架。半主动悬架是指悬架元件中的弹簧刚度和减振力之一可以根据需要进行调节，全主动悬架则能根据需要自动调节弹簧刚度和减振力，可见，全主动悬架的各种性能都明显优于半主动悬架和被动悬架。而主动悬架按弹簧的类型，可分为空气弹簧主动悬架和油气弹簧主动悬架。

本项目以丰田凌志LS400的电控悬架系统为例进行介绍。

6.1 概述

丰田凌志LS400的电控悬架系统为空气弹簧主动悬架，可根据行驶条件自动控制弹簧刚度、减振器阻尼力及车身高度，以抑制加速时后坐、制动时点头、转向时侧倾等汽车行驶状态的变化，明显改善乘坐的舒适性和操纵稳定性。

(1)系统控制功能

丰田凌志LS400的电控悬架系统主要对车速及路面感应、车身姿态、车身高度三个方面进行控制。

①车速与路面感应控制

当车速高时，提高弹簧刚度和减振器阻尼力，以改善汽车调整行驶的平顺性和操纵稳定性。

当前轮遇到突起时，减小后轮悬架弹簧刚度和减振器阻尼力，以减小车身的振动和冲击。

当路面差时，提高弹簧刚度和减振器阻尼力，以抑制车身的振动。

②车身姿态控制

转向时侧倾控制。急转向时，提高弹簧刚度和减振器阻尼力，以抑制车身的侧倾。

制动时点头控制。紧急制动时，提高弹簧刚度和减振器阻尼力，以抑制车身的点头。

加速时后坐控制。急加速时，提高弹簧刚度和减振器阻尼力，以抑制车身的后坐。

③车身高度控制

高速感应控制。车速超过90km/h时，降低车身高度，以减少空气阻力，提高汽车行驶稳定性。

连续差路面行驶控制。车速在40～90km/h时，提高车身高度，以提高汽车的通过性。

点火开关OFF控制。驻车时，当点火开关关闭后，降低车身高度，便于乘客的乘坐。

自动高度控制。当乘客和载质量变化时，保持车身高度恒定。

(2)系统操作

丰田凌志LS400的电控悬架系统有三个操作选择开关：高度控制ON/OFF、高度控制开关和LRC(模式控制)开关。

高度控制ON/OFF开关安装在汽车尾部后备箱的左边。高度控制ON/OFF开关处于ON位置时，系统可按选择方式进行车身高度自动控制；处于OFF位置时，系统不执行车身高度控制。

高度控制开关和LRC(凌志乘坐控制，亦称模式控制)开关安装在驾驶室内变速操纵杆的旁边。

高度控制开关用于选择控制车身高度，当高度控制开关处于HIGH位置时，系统对车身高度进行“高值自动控制”，HIGH位置在不平道路上行驶时选用；处于NORM时，车身高度则进入“常规值自动控制”状态，NORM位置在一般道路上行驶时选用。

LRC开关用于选择控制悬架的刚度、阻尼力参数。当LRC开关处于SPORT位置时，系统进入“高速行驶自动控制”状态，着重于提高急转弯等情况下的车辆稳定性；处于NORM位置时，系统对悬架刚度、阻尼力进行“常规值自动控制”，着重于乘坐舒适性，通常用于一般的行驶。此时，悬架的电子控制单元(ECU)根据车速传感器等信号，使悬架的刚度、阻尼力自动地调整到软、中或硬的状态。

6.2 电控悬架系统的构造与工作原理

(1)系统组成

任何电控悬架系统都由传感器、电子控制单元(ECU)、执行器等三部分组成。传感器将汽车行驶的路面情况(汽车的振动)和车速及起动、加速、转向、制动等工况转变为电信号，输送给 ECU，ECU 将传感器送入的电信号进行综合处理，输出对悬架的刚度、阻尼、车身高度进行调节的控制信号。执行器按照 ECU 的控制信号，准确地动作，及时地调节悬架的刚度、阻尼系数及车身的高度。

丰田凌志 LS400 的电控悬架系统也是如此。具体来说，传感器包括车身高度传感器、转向传感器、车速传感器、节气门位置传感器等；电子控制单元一般由微机和信号放大电路组成。执行器包括高度控制阀、排气阀、悬架控制执行器等。系统各元件在车上的位置如图 2-72 所示。

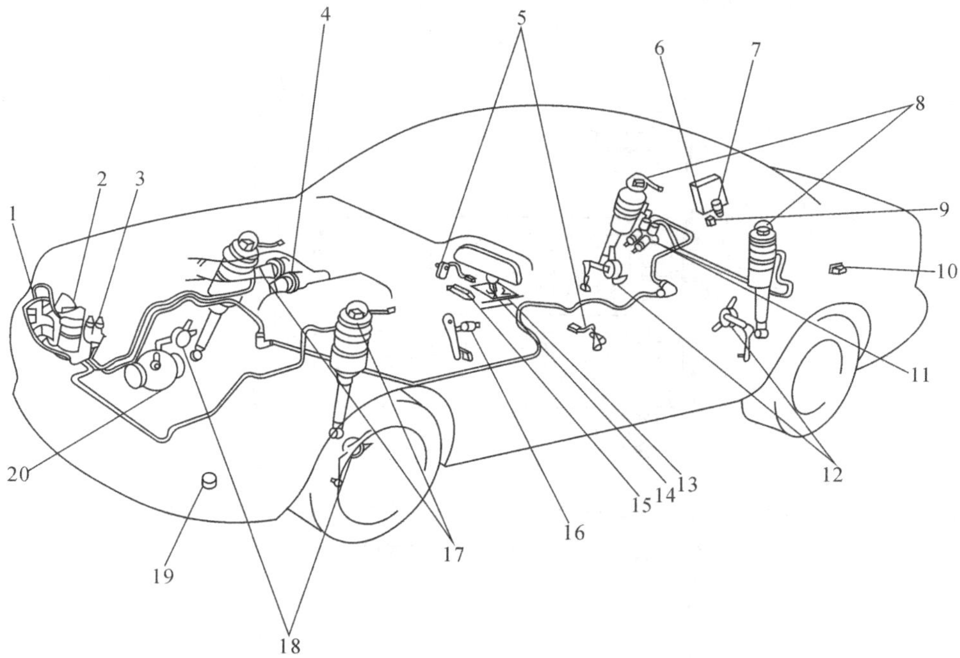

1—干燥器和排气阀；2—高度控制压缩机；3—1 号高度控制阀；4—主节气门位置传感器；5—门控灯开关；6—悬架 ECU；7—2 号高度控制继电器；8—后悬架控制执行器；9—高度控制连接器；10—高度控制 ON/OFF 开关；11—2 号高度控制阀和溢流阀；12—后车身高度传感器；13—LRC 开关；14—高度控制开关；15—转向传感器；16—制动灯开关；17—前悬架控制执行器；18—前车身高度传感器；19—1 号高度控制继电器；20—IC 调节器

图 2-72 凌志 LS400 的电控悬架系统元件在车上的位置

(2)控制原理

①车身高度控制

车身高度控制系统由压缩机、干燥器、排气阀、1 号与 2 号高度控制继电器、1 号与 2 号高度控制阀、前后 4 个空气弹簧、4 个车身高度传感器以及悬架 ECU 等组成。图 2-73 所示为车身高度控制系统示意图，图 2-74 所示为 1 号和 2 号高度控制阀控制电路，图 2-75 所示为空气压缩机控制电路。

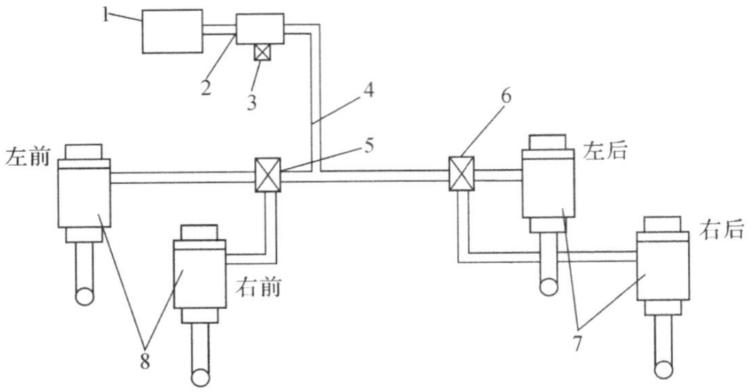

1—压缩机；2—干燥器；3—排气阀；4—空气管；5—1 号高度控制阀；6—2 号高度控制阀；7、8—空气弹簧

图 2-73　车身高度控制系统示意图

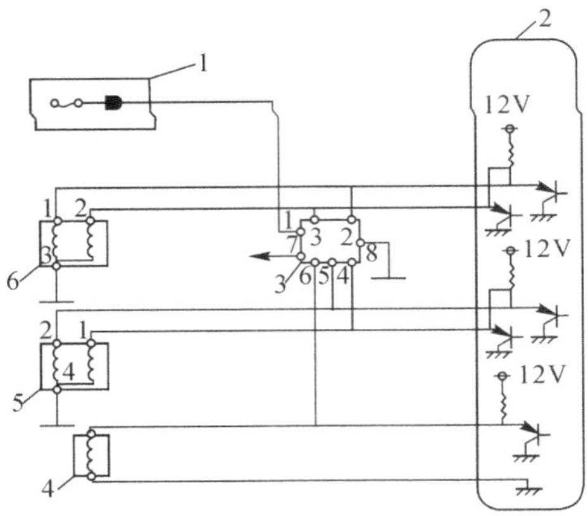

1—AIR SUS 熔丝；2—悬架 ECU；3—1 号高度控制继电器；4—排气阀；5—2 号高度控制阀；6—1 号高度控制阀

图 2-74　高度控制阀控制电路图

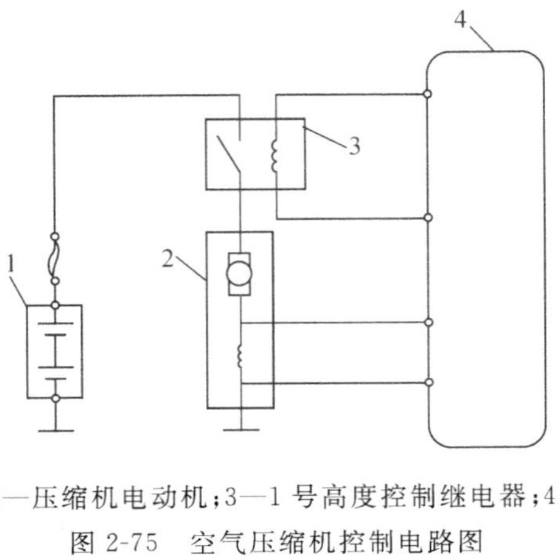

1—蓄电池；2—压缩机电动机；3—1 号高度控制继电器；4—悬架 ECU

图 2-75　空气压缩机控制电路图

当点火开关接通时，ECU 使 2 号高度控制继电器线圈通电，2 号高度控制继电器触点闭合，使前、后、左、右四个高度传感器接通蓄电池电源。当车身高度需要上升时，从 ECU 的 RCMP 端子送出一个信号，使 1 号高度控制继电器接通，1 号高度控制继电器触点闭合，压缩机控制电路接通产生压缩空气。ECU 使高度控制电磁阀线圈通电后，电磁阀线圈将高度控制阀打开，并将压缩空气引向空气弹簧，从而使车身高度上升。

悬架系统的车身高度传感器采用光电式传感器，为了检测汽车高度和因道路不平而引起的悬架位移量，在每个悬架上都有一只车身高度传感器，用于连续监测车身与悬架下臂之间的距离。图 2-76 所示为车身高度传感器与 ECU 之间的连接电路。

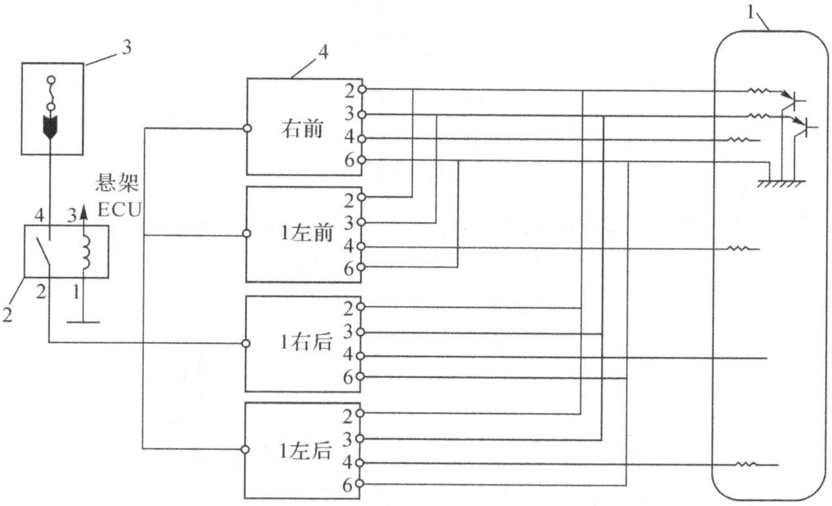

1—悬架；2—2 号高度控制继电器；3—ECU-B 熔丝；4—高度控制传感器

图 2-76　车身高度传感器与 ECU 之间的连接电路

当车身高度需要下降时，ECU 不仅使高度控制阀电磁线圈通电，而且还使排气阀电磁线圈通电，排气阀电磁线圈使排气阀打开，将空气弹簧中的压缩空气排到大气中。

1 号高度控制阀用于前悬架控制，它有两个电磁阀分别控制左右两个空气弹簧。2 号高度控制阀用于后悬架控制，它与 1 号高度控制阀一样，也采用两个电磁阀。为了防止空气管路中产生不正常的压力，2 号高度控制阀中采用了一个溢流阀。

②弹簧刚度和减振阻尼力控制

电子控制空气悬架系统空气弹簧的结构如图 2-77 所示。悬架系统弹簧刚度和减振器阻尼力控制执行器安装在空气弹簧上部，悬架控制执行器电路如图 2-78 所示，ECU 将信号送至悬架控制器，以同时驱动减振器的阻尼调节杆和空气弹簧的气阀控制杆，从而改变减振器的阻尼力和悬架弹簧刚度。

③系统电路图

图 2-79 所示为 LS400 电子控制空气悬架系统的线路连接图。图 2-80 所示为悬架系统 ECU 连接器。表 2-4 所示为连接器各接线端子与 ECU 连接对象的对应关系。

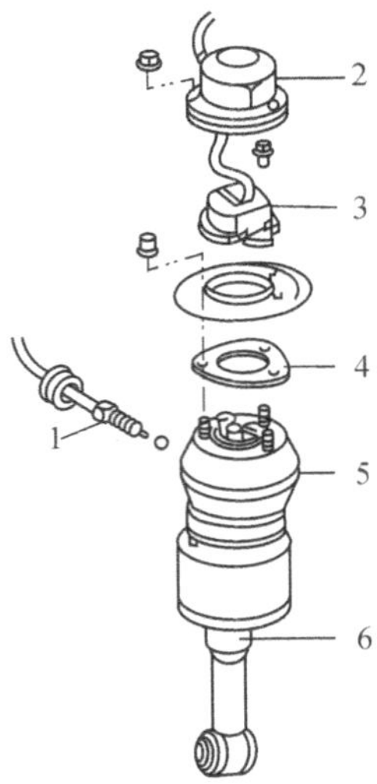

1—空气管；2—执行器盖；3—执行器；4—悬架支座；5—气室；6—减振器

图 2-77　空气弹簧的结构

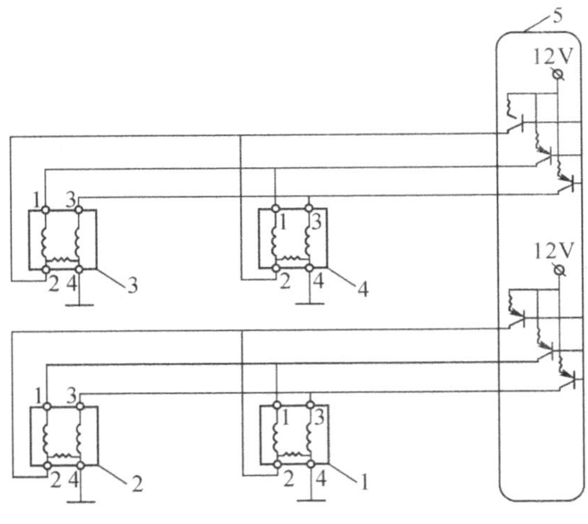

1—右前悬架控制执行器；2—左前悬架控制执行器；3—左后悬架控制执行器；4—右后悬架控制执行器；5—悬架 ECU

图 2-78　悬架控制执行器电路

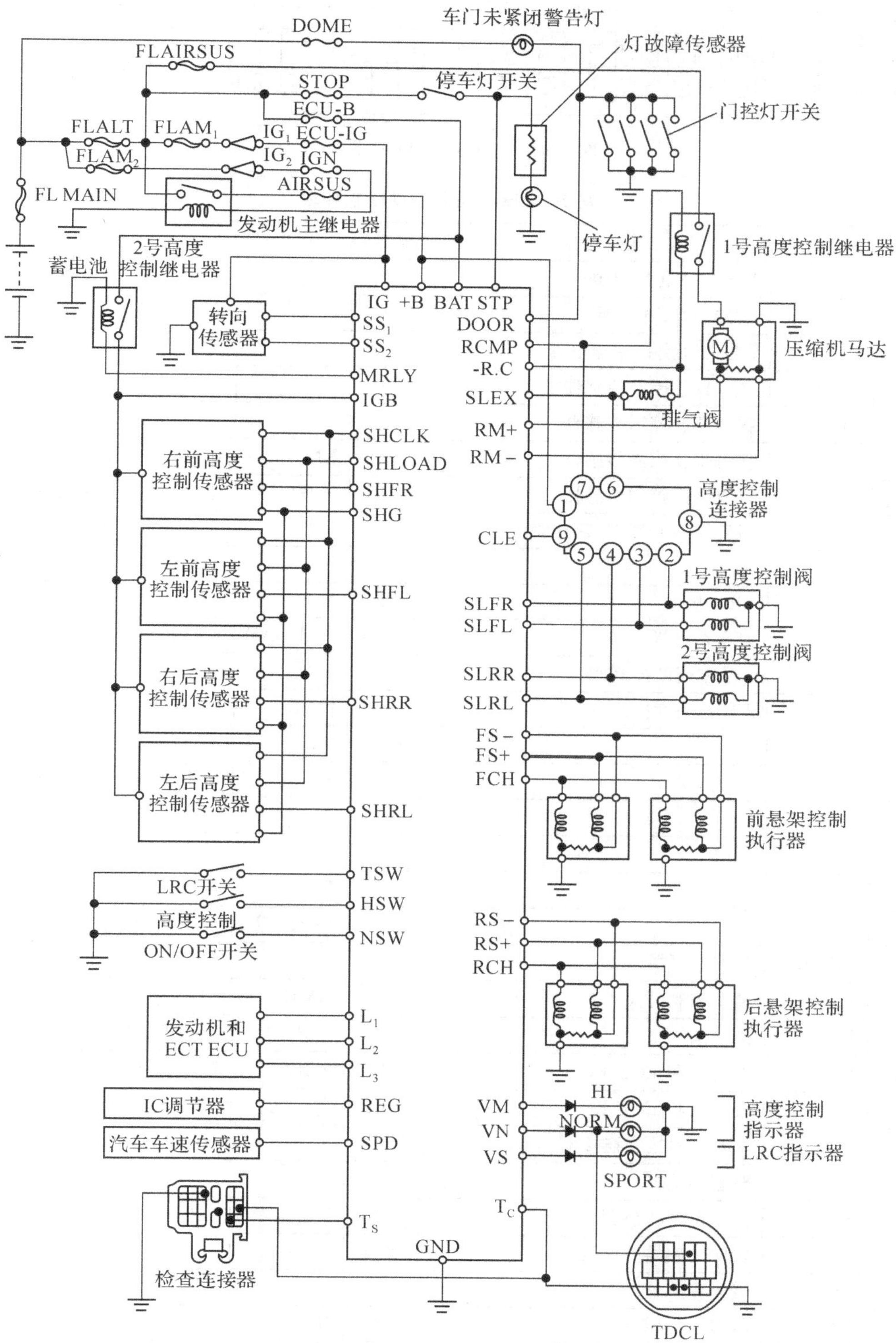

图 2-79　LS400 电控悬架系统的线路连接图

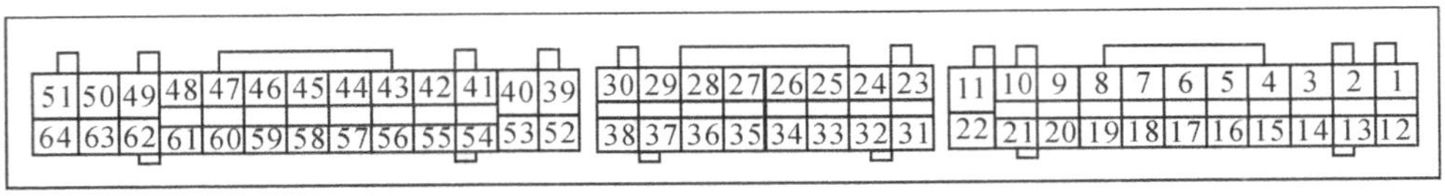

图 2-80 悬架系统 ECU 连接器

表 2-4 ECU 各接线端子功能表

序号	代号	连接对象	序号	代号	连接对象
1	SLFR	1 号右高度控制阀	33	/	
2	SLRR	2 号右高度控制阀	34	CLE	高度控制连接器
3	RCMP	1 号右高度控制继电器	35	/	
4	SHRL	左后高度控制传感器	36	/	
5	SHRR	右后高度控制传感器	37	/	
6	SHFL	左前高度控制传感器	38	RM−	压缩机电动机
7	SHFR	右前高度控制传感器	39	+B	悬架控制执行器电源
8	NSW	高度控制 ON/OFF 开关	40	IGB	高度控制电源
9	/		41	BATT	备用电源
10	TSW	LRC 开关	42	/	
11	STP	停车灯开关	43	SHLOAD	高度控制传感器
12	SLFL	1 号左高度控制阀	44	SHCLK	高度控制传感器
13	SLRL	2 号左高度控制阀	45	MRLY	2 号高度控制传感器
14	/		46	VH	高度控制 HIGH 指示灯
15	/		47	VN	高度控制 NORMAL 指示灯
16	/		48	/	
17	/		49	FS+	前悬架控制执行器
18	/		50	FS−	前悬架控制执行器
19	/		51	FCH	前悬架控制执行器
20	DOOR	门控灯开关	52	IG	点火开关
21	HSW	高度控制开关	53	GMD	ECU 搭铁
22	SLEX	排气阀	54	−RC	1 号高度控制继电器
23	L_1	发动机和 ECT ECU	55	SHG	高度控制传感器
24	L_3	发动机和 ECT ECU	56	/	
25	T_C	TDCL 和检查连接器	57	/	
26	T_S	检查连接器	58	/	
27	SPD	汽车车速传感器	59	VS	LRC 指示灯
28	SS_2	转向传感器	60	/	
29	SS_1	转向传感器	61	/	
30	RM+	压缩机传感器	62	RS+	后悬架控制执行器
31	L_2	发动机和 ECT ECU	63	RS−	后悬架控制执行器
32	REG	IG 调节器	64	RCH	后悬架控制执行器

任务2 悬架系统的故障诊断与检修

悬架的技术状况变差，使汽车的冲击载荷变大，加剧了零件的磨损，影响汽车的行驶平顺性和操纵稳定性。悬架的主要损耗形式是弹簧弹力下降、弹簧失效和减振器失效。

1 非独立悬架系统的检修

非独立悬架系统的检修主要是弹性元件和减振器的检修。

1.1 弹性元件的检修

(1) 钢板弹簧的检修。钢板弹簧长期使用会产生弹性下降甚至折断，钢板销、支架与吊耳磨损等。

①钢板弹簧不能有裂纹、折断，如有应更换新件。

②钢板弹簧弹性下降表现在钢板弹簧的弧高减小，一般在弹性实验器上检查有负荷或无负荷下弧高的减小。钢板弹簧弹性下降也表现在叶片的曲率半径变化，可用新片来进行靠合实验。

③左右两侧的钢板弹簧的总片数要相等，总厚度相差不大于5mm，弧高差不大于10mm。

④钢板弹簧的夹子、夹子螺栓应完整，U形螺栓要按规定的力矩拧紧。

⑤装配好并压紧的钢板弹簧，片与片之间应紧密配合，相邻两片在总接触长度的1/4长度内，间隙不大于1.2mm。

(2) 螺旋弹簧的检修

螺旋弹簧的检修主要是检查螺旋弹簧的自由长度，如自由长度比标准长度缩短了5%以上，则表示该弹簧已经永久变形，刚度变差，必须更换。注意更换时应同时更换左右两个螺旋弹簧，以保持车辆两侧高度相同。若螺旋弹簧上有裂纹也要更换。

1.2 减振器的检修

减振器在检查时应固定住减振器，并上下运动活塞杆时应有一定阻力，而且向上比向下的阻力要大一些。若阻力过大，应检查活塞杆是否弯曲；若无阻力，则表示减振器油已漏光或失效，必须更换。

目前汽车上广泛采用的是双向作用筒式减振器，减振器在使用过程中如出现油液渗漏、阀门关闭不严或不能开启等使减振效能降低或失效，应进行检修或更换。

筒式减振器主要零件的检修(以CA1090汽车为例)：防尘罩及储油缸破裂、凹陷，应予焊修、校正或更换；油封磨损严重、密封环失效均应更换；活塞杆弯曲变形应予校正，磨损后其圆度、圆柱度误差超过0.1mm或杆端螺纹损伤超过两牙时，应予更换；活塞及缸筒表面磨损使配合间隙大于0.15mm或严重拉伤时，应更换减振器总成；各阀片磨损严重或变形、弹簧弹力减弱应更换。

2 独立悬架的检修

上海桑塔纳轿车的前悬架由减振支柱、横向稳定杆、下摆臂等组成。修理时应检查各零件有无裂纹、变形和损坏，减振器是否有失效和漏油，螺旋弹簧弹力是否符合要求和有无裂纹等。如发现损坏，应予以更换。

安装时，应注意各铰接部分的装配，应保证转动灵活而无松动，安装横向稳定杆时，必须使横向稳定杆的弯曲部分向下，使安装位置留出适当的余隙，以便安装卡箍。

3 电控悬架系统的检修

以丰田凌志 LS400 轿车的电子控制悬架系统为主，介绍电子控制悬架系统的基本检修方法。

3.1 检修过程中应注意的事项

对于检修装有电子控制空气悬架的轿车时，应注意以下事项：

(1) 当用千斤顶将汽车顶起时，应将高度控制 ON/OFF 开关拨到 OFF 位置。如果在高度控制 ON/OFF 开关拨到 ON 位置的情况下顶起汽车，则 ECU 中会记录一个诊断代码。如果记录了诊断代码，务必将它从存储器中清除掉。

当将高度控制 ON/OFF 开关拨到 OFF 位置时，会显示诊断代码 71。当将开关重新拨到 ON 位置时，该代码即被消除。

(2) 在放下千斤顶前，应将汽车下面所有的物件搬走。

(3) 在开动汽车之前，应将汽车的高度调整到正常状态。即在维修后应先启动发动机，用压缩机给空气弹簧气室输送压缩空气，使汽车高度恢复到正常，否则将造成车身与悬架或轮胎相互碰撞。

(4) 脱开一只接触式空气管接头，再将它重新接上。在脱开和重新装上一只接触式空气管接头时，应注意：缓慢地将管子直接拔出(在拔出管子时会喷出压缩空气)；防止管子上的 O 形圈粘住杂质(不要抹掉 O 形圈上的润滑脂)；装复时应将管子推入至卡簧发出“咔嗒”声为止；检查是否漏气。

(5) 前安全气囊传感器安装在空气悬架压缩机和 1 号车身高度控制阀上面，除非必要，不要触及这个传感器。应按照 SRS 安全气囊维修中的说明，进行安全气囊传感器的所有操作。

3.2 初步检查(功能检查)

(1) 汽车高度调整功能的检查

操作高度控制开关检查汽车高度的变化：

①检查轮胎气压是否正常(前后轮胎分别为 2.3kg/cm^2 和 2.5 kg/cm^2)。

②检查汽车高度(下横臂安装螺栓中心到地面的距离)。

③起动发动机，将高度控制开关从 NORM 位置转换到 HIGH 位置：检查完成高度调整所需的时间和汽车高度的变化量。

汽车高度的变化量：10～30mm，所需时间为 20～40s。

④在汽车处于 HIGH 高度调整状态下，起动发动机并将高度控制开关从 HIGH 位置转换到 NORM 位置；检查完成高度调整所需的时间和汽车高度的变化量。

(2)溢流阀的检查

使压缩机工作，检查溢流阀动作：

①将点火开关转到 ON，并使高度控制连接器的端子 1 与 7 连接，如图 2-81 所示，使压缩机工作。

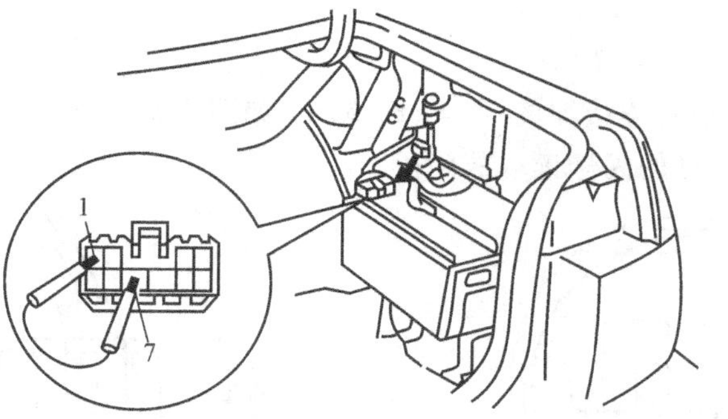

图 2-81　短接高度控制连接器的 1、7 端子

②等压缩机工作一段时间后，检查溢流阀是否放气。如果不放气说明溢流阀堵塞、压缩机故障或有漏气的部位。

③将点火开关转到 OFF。

④清除诊断代码。

注意：当迫使压缩机工作时，ECU 中会记录一个诊断代码。在完成检查后，务必将这个诊断代码清除掉。

(3)漏气检查

检查管子和软管的接头是否漏气：

①将高度控制开关拨到 HIGH 位置使汽车高度上升。

②使发动机熄火。

③在管子和软管的接头处加肥皂水，检查是否有任何漏气。

(4)汽车高度调整

在进行汽车高度调整时，必须将高度控制开关处于 NORM 位置。应在水平面上进行高度调整，务必将汽车的高度调整到标准范围以内。

①拧松车身高度传感器连接杆上的两只锁紧螺母。

②转动车身高度传感器连接杆的螺栓以调节长度；车身高度传感器连接杆每转一圈能使汽车高度改变大约 4mm。

③检查车身高度传感器连接杆的尺寸是否小于极限值：前悬架 13mm，后悬架 13mm。

④暂时拧紧两只锁紧螺母。

⑤再检查一次汽车高度。

⑥拧紧锁紧螺母，拧紧力矩为 45N·m。

注意：在拧紧锁紧螺母时应确保球节与托架平行。

3.3　故障诊断

(1)指示灯检查

①点火开关置于 ON 位置。

②LRC 指示灯(SPORT 指示灯)和 HEIGHT 指示灯(NORM 和 HI 指示灯)应点亮 2s。

指示灯的位置均在仪表盘的下方。

③如果 NORM 指示灯以 1s 的间隔闪烁时，表明 ECU 中存有故障码，应检查相应电路。

(2)读取故障码

①点火开关置于 ON 位置。

②跨接 TDCL 或检查连接器的 T_c 与 E_1 端子，如图 2-82 所示。

③从 NORM 指示灯的闪烁读取故障码。

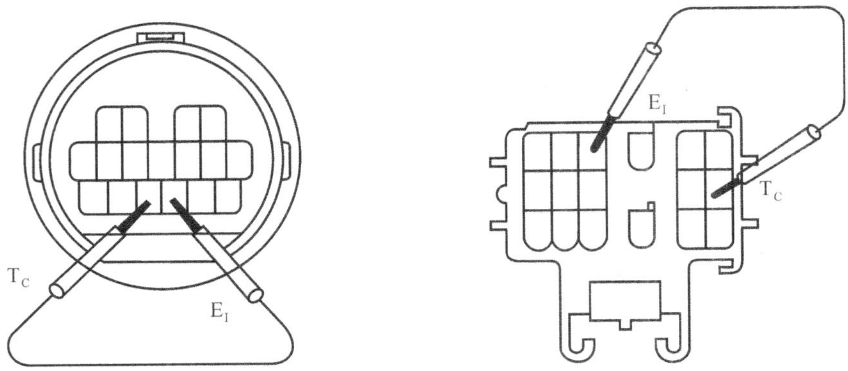

图 2-82　跨接 TDCL 或检查连接器的 T_c 与 E_1 端子

(3)清除故障码

点火开关置于 OFF，拆下 1 号接线盒中的 ECU-B 熔丝 10s 以上，如图 2-83 所示；或点火开关置于 OFF 位置，将高度控制连接器的端子 9 与 8 跨接 10s 以上，如图 2-84 所示。

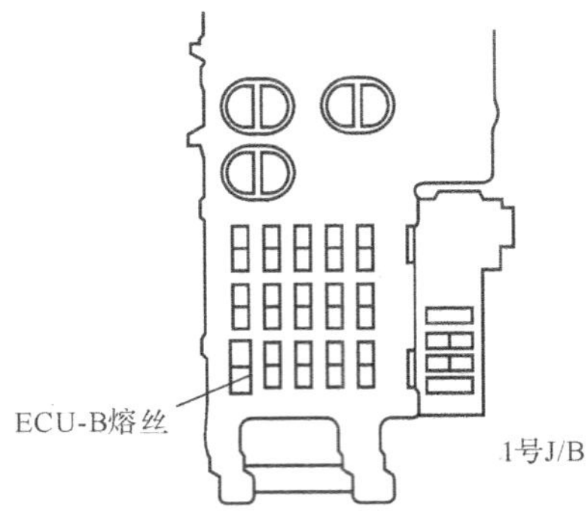

图 2-83　拆下 1 号接线盒中的 ECU-B 熔丝

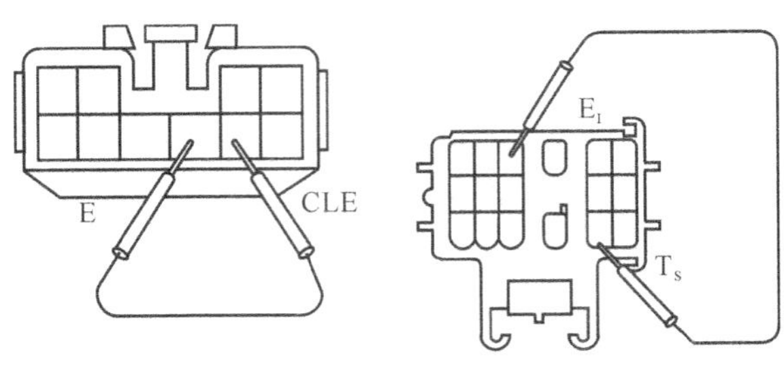

图 2-84　跨接高度控制连接器的 8、9 端子

(4)故障码表

凌志 LS400 电控悬架系统的故障码见表 2-5 。

表 2-5　凌志 LS400 电控悬架系统故障码表

故障代码	故障部位	故障原因
11	右前高度传感器电路	高度控制传感器电路断路或短路
12	左前高度传感器电路	
13	右后高度传感器电路	
14	左前高度传感器电路	
21	前悬架控制执行器电路	悬架控制执行器电路断路或短路
22	后悬架控制执行器电路	
31	1 号高度控制阀电路	高度控制阀电路断路或短路
33	2 号高度控制阀电路(用于后悬架)	
34	2 号高度控制阀电路(用于左悬架)	
35	排气阀电路	排气阀电路断路或短路
41	1 号高度控制继电器电路	1 号高度控制继电器电路断路或短路
42	压缩机电动机电路	压缩机电动机电路短路;压缩机电动机被锁住
51	至 1 号高度控制继电器的持续电流	供至 1 号高度控制继电器的电流约通电 8.5min 以上
52	至排气阀的持续电流	供至排气阀的电流约通电 6min 以上
61	悬架控制信号	ECU 失灵
71	悬架控制执行器电源电路	悬架控制执行器电源电路断路;AIR SUS 熔丝烧断
72	高度控制 ON/OFF 开关电路	高度控制 ON/OFF 开关在 OFF 位置或电路断路

4　悬架系统常见故障诊断

4.1　非独立悬架的常见故障

(1)钢板弹簧折断

钢板弹簧折断,尤其是主片折断,会因弹力不足等原因,使车身歪斜。前钢板弹簧一侧主片折断时,车身会在横向平面内倾斜;后钢板弹簧一侧折断时,车身会在纵向平面内倾斜。

(2)钢板弹簧弹力过小或刚度不一致

当某一侧的钢板弹簧由于疲劳导致弹力下降,或更换的钢板弹簧与原弹簧刚度不一致时,会使车身倾斜。

(3)钢板弹簧销、衬套和吊耳磨损过量,此时,会出现以下故障现象:

①车身倾斜(不严重)。

②行驶跑偏。

③汽车行驶摆振。

④异响。

(4)U 形螺栓松动或折断

此时,由于车辆移位倾斜,会导致汽车跑偏。

4.2 独立悬架和减振器的常见故障

独立悬架总成主要由螺旋弹簧,上、下摆臂,横向稳定杆及减振器等组成,铰接点多,常见的故障有如下几项:

(1)故障现象

①异响,在不平路面上转弯时。

②车身倾斜,汽车在转弯时车身过度倾斜等。

③前轮定位参数改变。

④轮胎异常磨损。

⑤车辆摆振及行驶不稳。

(2)故障原因

①螺旋弹簧弹力不足。

②稳定杆变形。

③上、下摆臂变形。

④各铰接点磨损或松旷。

当汽车产生上述现象时,应对悬架系统进行仔细检查,即可发现故障部位及原因。

减振器的常见故障为衬套磨损和泄漏。衬套磨损后,因松旷易产生响声。减振器轻微的泄漏是允许的,但泄漏过多会使减振器失去减振作用。

4.3 电控悬架常见故障诊断

(1)悬架刚度和阻尼系数控制失灵

①操作 LRC 开关时,LRC 指示灯的状态不变,可能的故障部位有:

LRC 开关电路。

悬架控制系统 ECU。

②悬架的刚度和阻尼控制不起作用,可能的故障部位有:

悬架控制执行器及电路。

T_c 端子电路。

T_s 端子电路。

TRC 开关电路。

气压缸或减振器。

悬架控制系统 ECU。

③只有防侧倾控制不起作用,可能的故障部位有:

转向传感器及其电路。

悬架控制系统 ECU。

④只有防俯仰不起作用,可能的故障部位有:

节气门位置传感器及其电路。

悬架控制系统 ECU。

⑤只有防点头不起作用,可能的故障部位有:
车速传感器及其电路。
制动灯开关及其电路。
悬架控制系统 ECU。
⑥只有在高速时不起作用,可能的故障部位有:
车速传感器及其电路。
悬架控制系统 ECU。
(2)汽车车身高度控制失灵
①车身高度控制指示灯不随高度控制开关的动作变化,可能的故障部位有:
车身高度控制开关及其电路。
发电机调节器电路。
车身高度控制电源电路。
车身位移传感器。
悬架控制系统 ECU。
②汽车高度控制不起作用,可能的故障部位有:
发电机调节器电路。
汽车高度控制电源电路。
汽车高度控制开关及其电路。
车身位移传感器。
汽车高度控制 ON/OFF 开关及其电路。
悬架控制系统 ECU。
③只有高速时不起作用,可能的故障部位有:
车速传感器及其电路。
悬架控制系统 ECU。
④汽车车身高度出现不规则变化,可能的故障部位有:
有空气泄漏。
车身位移传感器。
悬架系统 ECU。
⑤汽车高度控制能起作用,但汽车高度变化不均匀,可能的故障部位有:
高度控制阀、排气阀及其电路。
车身位移传感器连接杆。

⑥汽车高度控制能起作用,但汽车高度控制在常规(NORM)状态时,汽车高度与标准值不符,可能的故障部位是:汽车车身位移传感器连接杆。

⑦在汽车高度调整时,汽车高度超高或超低,可能的故障部位是:汽车车身位移传感器。

⑧汽车高度控制 ON/OFF 开关在 OFF 位置时,汽车高度控制仍起作用,可能的故障部位是:

高度控制 ON/OFF 开关及其电路。
悬架控制系统 ECU。
⑨点火开关 OFF 控制不起作用,可能的故障部位有:

门控灯开关及其电路。

汽车高度控制电源电路。

悬架控制系统 ECU。

⑩在车门打开时，点火开关 OFF 控制仍起作用，可能的故障部位有：

门控灯开关及其电路。

悬架控制系统 ECU。

⑪汽车停车时车身高度很低，可能的故障部位有：

有空气泄漏。

气压缸或减振器。

⑫压缩机电机持续运转，可能的故障部位有：

有空气泄漏。

1 号汽车高度控制继电器及其电路。

压缩机电动机电路。

悬架控制系统 ECU。

5 任务工单

学生依据实践指导材料的要求及操作步骤，在教师的指导下完成本工作任务，并填写任务工单。

5.1 悬架的拆装

悬架拆装任务工单

任务名称	悬架的拆装	实训设备	套筒扳手、扭力扳手、螺丝刀、钳子、组合工具
客户任务	凌志 LS400 轿车，后悬架左右空气弹簧在车起动后往往出现高度控制失效的故障，车身总处在低位置，请进行正确的拆装。		
任务目的	能正确使用工具，能够根据规范正确拆装悬架。		

一、资讯

1. 悬架的组成及各部分的功用。

2. 悬架的拆装顺序。

二、决策与计划

根据任务要求，确定所需要的设备、工具，并对小组成员进行合理分工，制定详细的工作计划。

1. 讨论确定拆装悬架所需要的设备、工具。

2. 小组成员分工。

续 表

3. 制订悬架拆装的操作步骤。

(1)________________

(2)________________

(3)________________

(4)________________

三、实施过程记录

1. 分析你所实践用悬架的结构特点。

2. 总结悬架拆装时，应该注意的问题。

四、检查与评估

1. 检查悬架的拆装是否正确。

2. 请根据任务完成的情况，对自己的工作进行自我评估，并提出改进意见。

3. 教师对小组工作情况进行评估，并作出点评。

5.2 悬架的检修

任务名称	悬架的检修	实训设备	套筒扳手、扭力扳手、螺丝刀、钳子、组合工具
客户任务	汽车行驶过程中，悬架发出撞击异响，且振动增大，请进行正确的检修。		
任务目的	能正确使用工具，能够根据规范正确检修悬架。		

一、资讯

1. 悬架的检修部位。

2. 悬架的检修方法。

二、决策与计划

根据任务要求，确定所需要的设备、工具，并对小组成员进行合理分工，制定详细的工作计划。

1. 讨论确定悬架检修所需要的设备、工具。

2. 小组成员分工。

续　表

3. 制订悬架检修的操作步骤。

(1)____________________

(2)____________________

(3)____________________

(4)____________________

三、实施过程记录

1. 分析你所实践用悬架的损坏程度。

2. 总结悬架检修时，应该注意的问题。

四、检查与评估

1. 检查悬架的检修是否正确。

2. 请根据任务完成的情况，对自己的工作进行自我评估，并提出改进意见。

3. 教师对小组工作情况进行评估，并作出点评。

复习思考题

1. 悬架系统有何作用，由哪几部分组成？
2. 独立悬架与非独立悬架的区别是什么？分别对汽车的平顺性起着什么样的作用？
3. 常见的弹性元件有哪些？分别有何特点？
4. 减振器的类型有哪些？分别有何特点？
5. 横向稳定杆有何作用？如何起作用？
6. 独立悬架主要有哪些类型？分别有何特点？
7. 电控悬架的工作原理是什么？其基本组成如何？
8. 空气悬架的刚度如何调整？
9. 悬架检修的主要内容有哪些？
10. 电控悬架的检修应注意哪些事项？
11. 悬架及电控悬架常见的故障有哪些？引起的原因分别是什么？分别应如何排除？

单元 3 转向系

项目 1　机械转向系的认知与检修

应知目标：

1. 能够掌握机械转向系的类型、组成；
2. 能够正确描述循环球式转向器、齿轮齿条式转向器、蜗轮蜗杆式转向器的结构和工作原理。

应会目标：

1. 会进行循环球式转向器、齿轮齿条式转向器、蜗轮蜗杆式转向器的正确检查、拆装和调整；
2. 会进行机械转向系常见故障的诊断与排除。

任务 1　机械转向系认知

1　转向系概述

1.1　转向系的功用、组成

汽车转向系的功用是改变和保持汽车的行驶方向。

汽车在行驶过程中经常需要改变其行驶方向(转向)，此时，驾驶员需要通过操纵汽车转向系统使转向轮相对于汽车纵轴线偏转一定角度，来改变汽车的行驶方向。另外，在汽车行驶过程中，转向轮常常因为路面侧向干扰力等因素的影响自动发生偏转而改变汽车行驶的方向。这时，驾驶员也需要通过汽车的转向系统使转向轮向相反方向偏转，纠正汽车的行驶方向。

尽管现代汽车的转向系统结构型式多种多样，但都由转向操纵机构、转向器和转向传动机构等几个基本部分组成。

转向操纵机构是驾驶员用来操纵汽车转向系统的，主要由转向盘、转向轴、转向柱等部件组成。

转向器的作用是将转向盘的转动变为转向摇臂的摆动或齿条轴的直线往复运动，同时对转向系统输入的操纵力进行放大，以减轻驾驶员作用在方向盘上的操纵力。

转向传动机构是从转向器以后到转向轮之间的一系列机械机构的总称。它的作用是使转向桥的左右两侧车轮按一定的转角关系进行偏转，实现汽车的转向。

1.2 转向系的分类

根据动力源的不同，转向系可以分为机械转向系和动力转向系两大类。

(1)机械转向系

机械转向系以人体为动力来源，一般布置如图 3-1 所示。转向时，驾驶员对转向盘 1 施加一个转向力矩，带动转向轴 2 转动。然后，转向轴 2 又通过万向节 3、转向传动轴 4，把转矩传递给转向器。从转向盘到转向轴之间的这一系列机构称为转向操纵机构。转向器内部有 1～2 级减速传动副，输入的转矩经过转向器后被放大，输出运动经过转向摇臂 6、转向直拉杆 7 传给固定在左转向节 9 上的转向节臂 8，使左侧的转向轮随左转向节 9 偏转。右边的转向轮的偏转是通过转向传动机构实现的。左右梯形臂 10 和 12，以及两端与之作球铰链连接的转向横拉杆 11 组成转向梯形。左转向节运动时，带动固定在其上的梯形臂 10 摆动，通过转向横拉杆 11 带动右转向梯形臂 12，从而带动右转向节偏转，实现右侧车轮的偏转。自转向摇臂到转向梯形的一系列部件和零件称为转向传动机构。

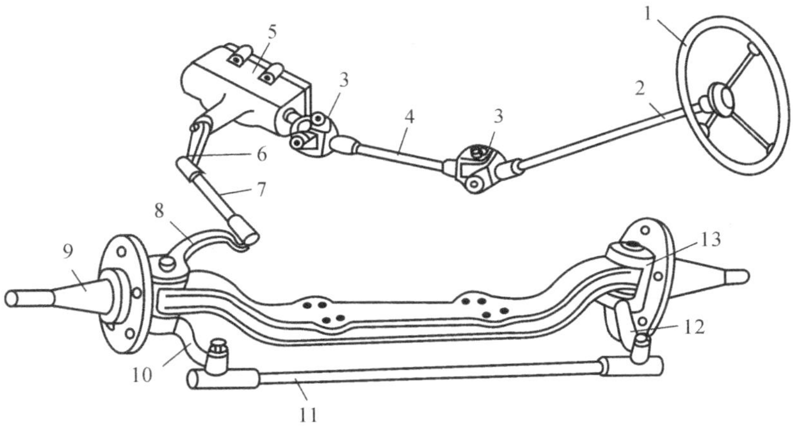

1—转向盘；2—转向轴；3—转向万向节；4—转向传动轴；5—转向器；6—转向摇臂；7—转向主拉杆；8—转向节臂；9—左转向节；10、12—梯形臂；11—转向横拉杆；13—右转向节

图 3-1 机械转向系示意图

机械转向系的构造又因转向器的结构不同有较大的区别。

(2)动力转向系

动力转向系是在机械转向系基础上加装一套动力转向装置形成的。在转向的时候，驾驶员只提供一小部分的能量，大部分能量由发动机通过转向助力装置(电动转向的助力装置是电动机)来提供。只是在动力转向装置失灵的情况下，由驾驶员独立承担汽车转向的动力消耗。对总质量超过 50 吨的重型汽车而言，单靠驾驶员体力难以完成汽车转向，必须加装动力转向装置，而且要求工作必须特别可靠。

图 3-2 是一种液压式动力转向系统的组成示意图。主要部件有转向油罐 9、转向油泵

10、转向控制阀 11、转向动力缸 12。当转动转向盘时，一方面通过转向轴 2、转向器 3、摇臂 4、转向主拉杆 5、转向节臂 6 和转向梯形等一系列机构使转向车轮实现偏转。另一方面，转向主拉杆 5 在运动的同时，带动转向控制阀 11 中的滑阀，使转向动力缸的一个油腔接通转向油泵 10 的出口，而油缸的另一个油腔则直接通转向油罐。因此，动力缸活塞在两侧压力差的作用下移动，直接驱动横拉杆 8，使之向左或向右移动，协助驾驶员进行汽车转向。

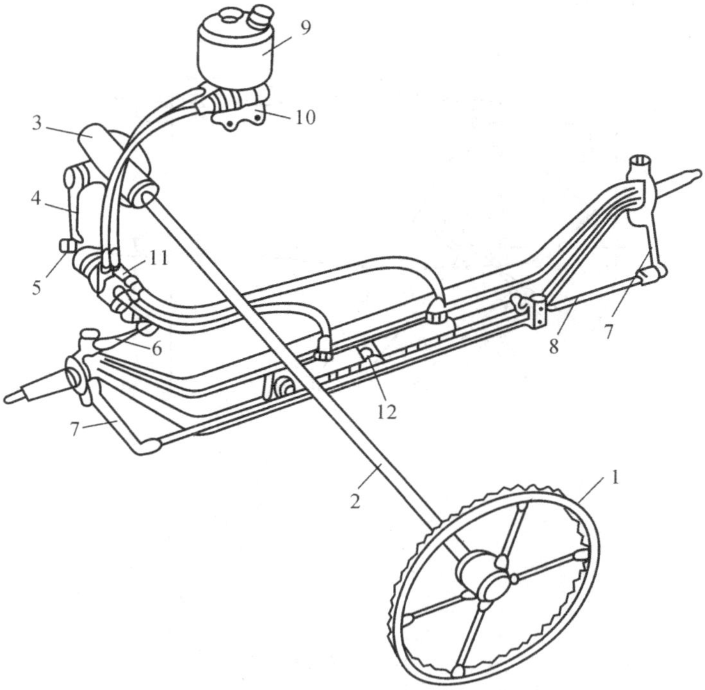

1—转向盘；2—转向轴；3—机械转向器；4—转向摇臂；5—转向主拉杆；6—转向节臂；7—梯形臂；8—转向横拉杆；9—转向油罐；10—转向油泵；11—转向控制阀；12—转向动力缸

图 3-2　动力转向系示意图

2　转向系角传动比及车轮在转向时的运动规律

2.1　转向系角传动比

通常，把转向盘转角与装在转向盘同侧的转向轮的转角之比，称为转向系角传动比 i_w。而把转向盘转角与转向器的转向摇臂摆角之比称为转向器角传动比 i_1。对转向传动机构来说，把转向摇臂的摆角与同侧转向节带动的转向轮转角之比称为转向传动机构角传动比 i_2。显然，转向系的传动比 $i_w=i_1\times i_2$。从操纵的角度来说，i_w 越大越好，省力轻便，但是要使转向轮有较大的转角，所需的转向盘行程增大，导致转向系统灵敏性下降。所以，总传动比 i_w 不能过大。

2.2　车轮转向时的运动规律

实际上，汽车转向时，内、外侧车轮转动的角度是不同的。最理想的转向系应该能够保证所有车轮在转向时作纯滚动。这样才能避免一侧车轮转向过程中边滚边滑导致行驶阻力增大和轮胎磨损加剧。

显然,只有各车轮轴线都交于一点时才可能实现理想的纯滚动。这一点就是汽车的转向中心 O。由图 3-3 所示的几何关系可以推导出内外侧车轮转向时偏转角存在如下关系:

$$\cot\alpha=\cot\beta+\frac{B}{L}$$

式中:B——两侧主销中心距;

L——汽车轴距。

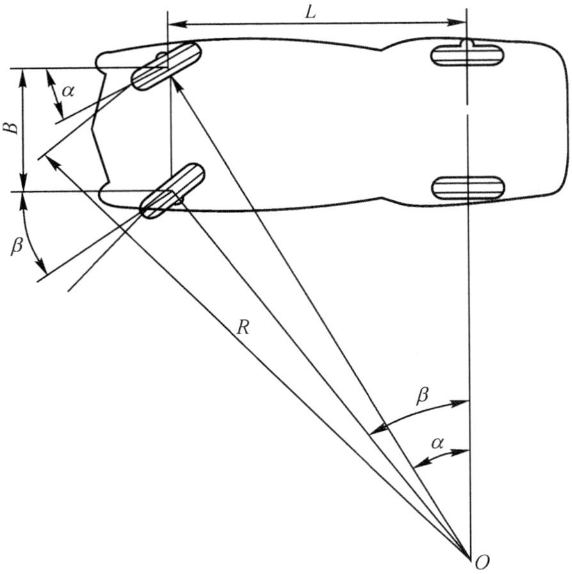

图 3-3 双轴汽车转向示意图

从转向中心 O 到外侧转向轮与地面接触点的距离 R 称为汽车转弯半径。转弯半径越小,转弯所需要的场地越小,汽车机动性就越好。一般来说,汽车最小转向半径大约在 5～12m。

但是,目前生产的所有汽车的转向机构只能保证汽车在一定的车轮偏转角范围内,使两侧车轮的偏转角近似满足上述关系式。

3 转向操纵机构

3.1 转向操纵机构组成

转向操纵机构的作用是把驾驶员转动转向盘的操纵力传给转向器。它主要由转向盘、转向轴、转向柱管等组成。

图 3-4 是 CA1091 型汽车的转向操纵机构分解图。从转向盘到转向器输入轴之间共有两段转轴,分别是上转向轴 6 和转向传动轴 37,两者之间通过万向节总成 31 相连;转向传动轴和转向器输入轴之间通过转向万向节滑动叉 34 和转向万向节叉 31 相连。

转向盘 25 由塑料制成,内部有钢制骨架,转向盘毂通过内花键与上转向轴 6 的上端相连接,并用螺母 23 锁紧。上转向轴 6 装在转向柱管 27 内,其上端支承在衬套 26 内,下端支承在轴承 5 中,通过孔用弹簧挡圈 4 和轴用钢丝挡圈 1 进行轴向定位。转向柱管 27 上端通过橡胶套 10 和盖板 13 固定在仪表板骨架上；下端压装在下固定支架 28 内，并通过支架 28 固定于驾驶室地板上。弹簧 3 的作用是消除上转向轴 6 与转向柱管之间的轴向间隙。

万向节叉 31 通过花键与转向器螺杆相连接；滑动叉 34 通过花键与转向传动轴 37 相连接，使转向传动轴 37 可以与 34 之间轴向滑动，适应车架和驾驶室之间的相对移动。在滑动叉 34 的上部装有油封 35 和防尘套 36 防止灰砂和泥水进入，并通过油嘴 41 对滑动叉 34 与转向传动轴 37 之间的花键进行润滑。

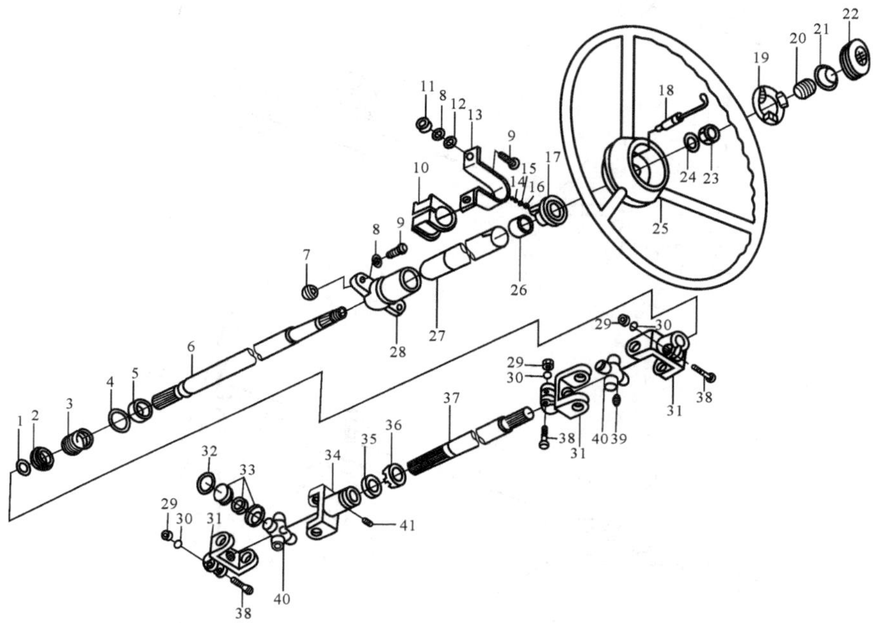

1—轴用钢丝挡圈；2—轴承挡圈；3—弹簧；4、32—孔用弹簧挡圈；5—球轴承；6—上转向轴；7—楔形螺母；8、16、30—弹簧垫圈；9、38—螺栓；10—橡胶套；11、23、29—螺母；12、15—垫圈；13—盖板；14—螺钉；17—集电环总成；18—电刷总成；19—搭铁接触板总成；20—接触弹簧；21—接触罩；22—喇叭按钮盖；24—平垫圈；25—转向盘总成；26—衬套；27—转向柱管；28—下固定支架；31—转向万向节叉；33—滚针轴承总成；34—转向万向节叉；35—油封；36—防尘罩；37—转向传动轴；39、41—油嘴总成；40—十字轴

图 3-4　CA1091 型汽车转向操纵机构

3.2　转向操纵机构安全装置

现代汽车通常在转向操纵机构上设置安全装置，以减轻发生事故时对驾驶员的伤害。安全装置主要设在转向轴和转向柱管上。一般把转向轴和转向柱管统称为转向柱。

转向操纵机构上的安全装置按照工作原理，可分为可分离式和缓冲吸能式两类。

3.2.1　可分离式安全转向操纵机构

上海桑塔纳轿车采用的是可分离式安全转向操纵机构，图 3-5(a)所示是转向操纵机构的正常工作位置。转向轴分为两段，用安全联轴节进行连接。上转向轴两下部弯曲，并在端面上焊接有半月形凸缘盘 8，在盘上装有 2 个传动销 7；下转向轴 1 的上端焊接有一个凸缘盘 6，凸缘盘 6 的两个孔内压装有尼龙衬套和橡胶圈。上转向轴 2 的两个销子 7 插入凸缘盘的两个孔内，形成安全联轴节。发生交通事故时，驾驶员由于惯性扑向转向盘，安全元件 4

迅速下移，使两个销子 7 迅速从凸缘盘 8 的孔中脱出，形成缓冲，减轻对驾驶员的伤害。

图 3-5(b)是转向盘受到撞击时，安全元件和联轴节的缓冲示意图。采用类似结构的还有国产红旗、奥迪轿车，如图 3-6 所示。

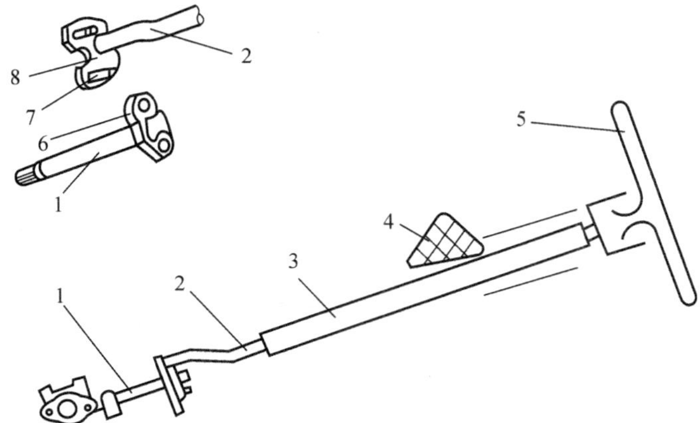

(a)

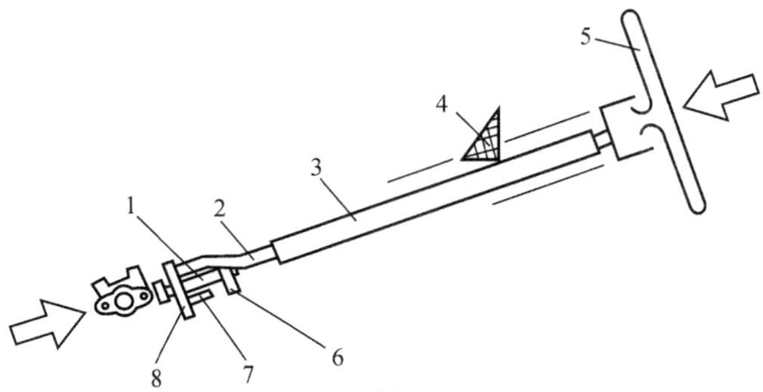

(b)

1—下转向轴；2—上转向轴；3—转向柱管；4—可折叠安全元件；5—转向盘；6—凸缘；7—传动销；8—半月形凸缘盘

图 3-5　桑塔纳轿车可分离式安全转向操纵机构

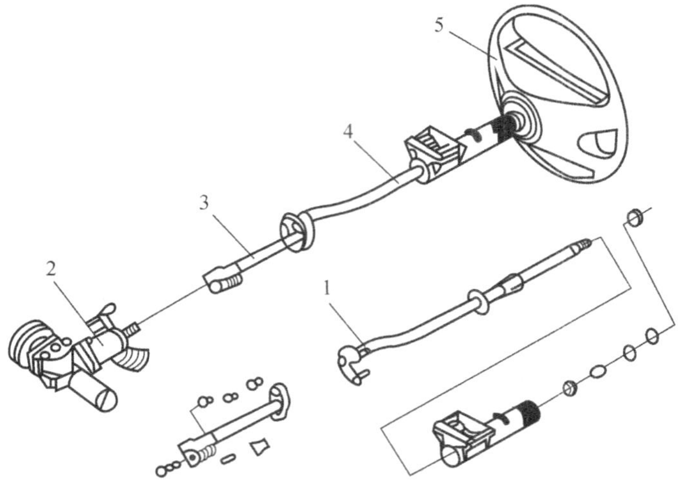

1—驱动销；2—转向器；3—下转向轴；4—上转向轴；5—转向盘

图 3-6　一汽红旗、奥迪轿车转向操纵机构

3.2.2　缓冲吸能式转向柱

缓冲吸能式转向柱又有网格状转向柱管、波纹管变形吸能装置和钢球滚压变形吸能装置等结构形式。

(1)网格状转向柱管

网格状转向柱管是把转向管柱的一部分做成网格状，当转向盘受到轴向冲击时，很容易使柱管发生轴向变形，从而吸收能量，形成缓冲。图 3-7 是网格状转向柱管吸能装置示意图。

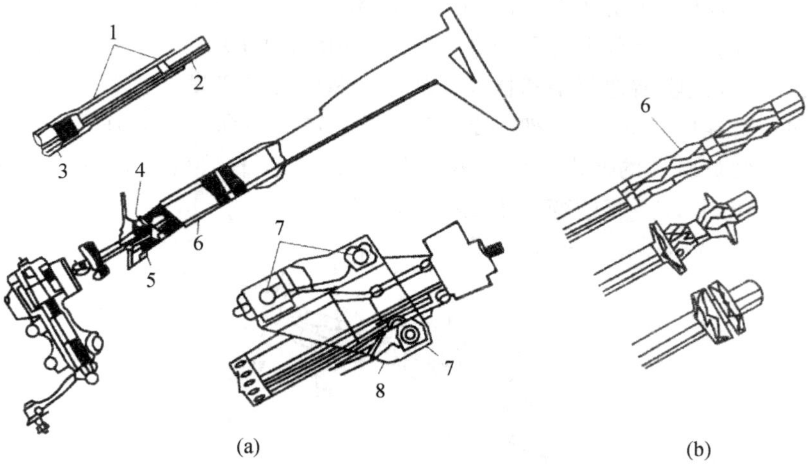

1—塑料销；2—上转向轴；3—下转向轴；4—凸缘盘；5—下托架；6—转向柱管；7—塑料安全销；8—上托架

图 3-7　网格状转向柱管吸能装置示意图

(2)波纹管变形吸能装置

如图 3-8 所示，转向轴和转向柱管均分为上下两段，上转向轴 3 和下转向轴 1 通过细齿花键进行连接，同时，两者之间可轴向滑动。在下转向轴的外面套装有波纹管，作用是在轴向变形时可吸收能量，形成缓冲。下转向柱管 7 的上端套在上转向柱管中，两者之间分别通

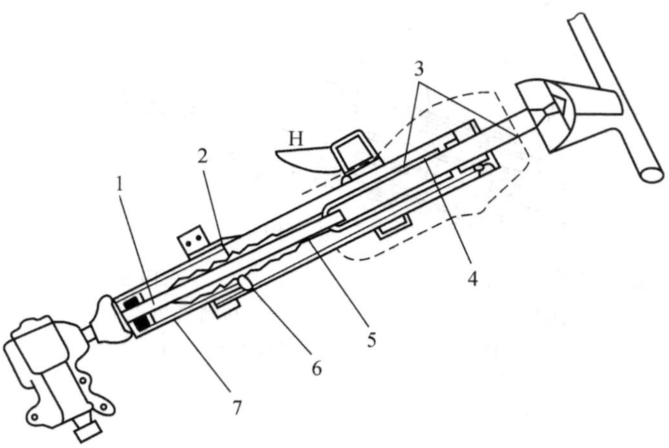

1—下转向轴；2—限位块；3—上转向轴；4—上转向管柱；5—细齿花键；6—波纹管；7—下转向柱管

图 3-8　波纹管变形吸能式转向操纵机构

过管柱压圈和限位块进行定位。当发生交通事故时，下转向柱管 7 上移，在第一次撞击力的作用下，限位块 2 首先被剪断，消耗掉一部分能量；同时，转向柱管和转向轴都做轴向收缩。第二次撞击时，上转向轴下移，使波纹管受到压缩变形并消耗能量。

(3)钢球滚压变形吸能装置

图 3-9(a)所示的转向柱管为两段式结构。上、下转向轴用塑料销钉连接，上下转向柱管管壁之间装有钢球，钢球的直径比上下柱管之间的间隙略大。上下柱管连同柱管托架通过特制橡胶垫固定在车身上，橡胶垫与托架之间用塑料销钉连接。

当汽车发生碰撞时，作用在下转向轴上的冲击力(第一次冲击)将上下转向轴之间的连接销钉冲断，下转向轴便沿着上转向轴向上移动，如图 3-9(b)所示。驾驶员由于惯性扑向转向盘(第二次冲击)，使联结橡胶垫和柱管托架的塑料销钉被剪断。托架脱离橡胶垫，即上转向轴和上转向柱管连同转向盘、托架一起，相对于下转向轴和下转向柱管一起向下滑动，减缓了转向盘对驾驶员胸部的冲击。由于钢球直径大于上下柱管管壁之间的间隙，对上、下柱管的管壁有挤压作用，通过管壁变形来吸收冲击能量。

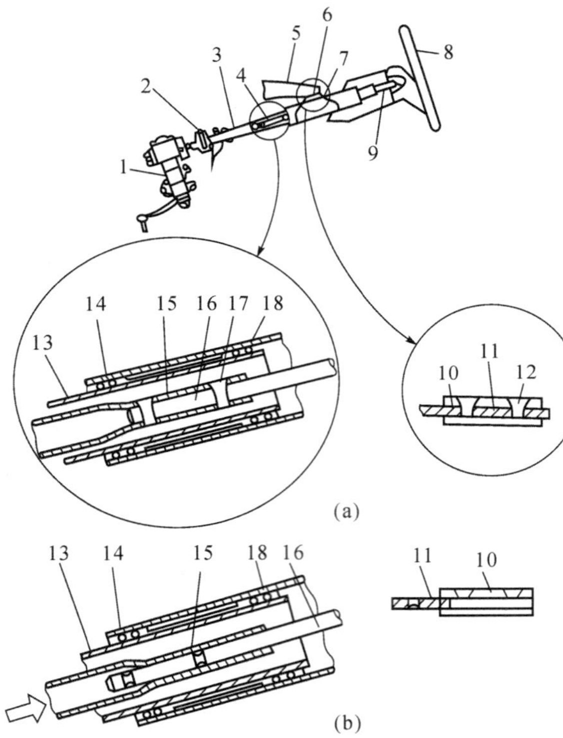

1—转向器总成；2—挠性联轴节；3、13—下转向柱管；4、14—上转向柱管；5—车身；6、10—橡胶垫；7、11—转向柱管托架；8—转向盘；9、16—上转向轴；12、17—塑料销钉；15—下转向轴；18—钢球

图 3-9 钢球滚压变形式转向管柱

4 转向器

作为汽车转向系统的重要部件，转向器的功用是增大转向盘传递到转向节的转矩，并改变力的传递方向。

转向器的种类较多，一般按照转向器中传动副的结构形式进行分类。目前，汽车上广泛使用的主要有齿轮齿条式、循环球式、蜗杆曲柄指销式等几种转向器。

4.1　齿轮齿条式转向器

齿轮齿条式转向器在前轮为独立悬架的中级以下轿车和轻型、微型货车上应用广泛，如我国国产的上海桑塔纳轿车、一汽奥迪轿车、天津夏利、南京依维柯轻型货车等。

根据转向横拉杆所装位置的不同，齿轮齿条式转向器又分为中间输出式和两端输出式两种。

中间输出式齿轮齿条式转向器的结构如图3-10所示，由转向器壳体8、转向齿轮9、转向齿条5等零件组成。转向器通过壳体8两端的螺栓固定在车身上。转向齿轮9与轴6做成一体，即为齿轮轴，齿轮轴6的两端通过球轴承7和滚柱轴承10安装在转向器的壳体内。齿轮轴的一端有外花键，转向轴通过万向节与齿轮轴连接起来。转向齿轮9为转向系统的主动部件，与它相啮合的齿条5则水平布置，齿条背面装有压簧垫块4。在压簧3的压力作用下，压簧垫块4将齿条5压靠在齿轮9上，保证两者无间隙啮合。通过调整螺塞1的位置，可以改变压簧3的预紧力，从而调整齿轮齿条的啮合间隙。同时，压簧3也是一个弹性的支承，吸收部分振动能量，起到缓和冲击的作用。

转向齿条是转向器的输出部件，在其中部装有拉杆支架12，左、右横拉杆通过支架12连接到转向齿条上。当驾驶员转动转向盘时，转向器通过小齿轮9带动齿条沿轴向移动，从而使左、右横拉杆带动左、右转向节转动，带动车轮偏转。

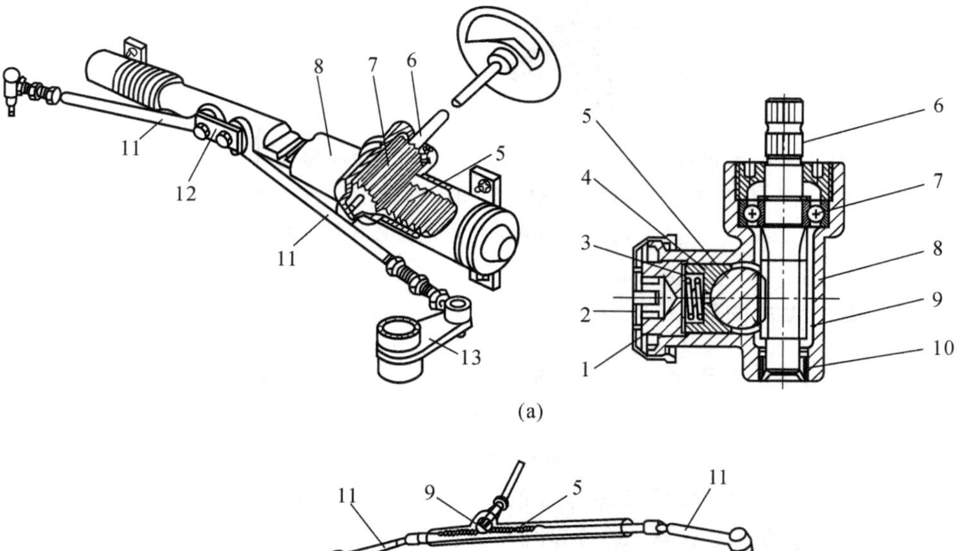

1—调整螺塞；2—罩盖；3—压簧；4—压簧垫块；5—转向齿条；6—齿轮轴；7—球轴承；8—转向器壳体；9—转向齿轮；10—滚柱轴承；11—转向横拉杆；12—拉杆支架；13—转向节

图3-10　齿轮齿条式转向器

两端输出式齿轮齿条式转向器如图3-11所示。富康轿车转向器即采用这种形式。

作为主动件的主动齿轮与其轴做成一体，形成齿轮轴 11，齿轮轴 11 的一端通过轴承 12 和 13 支撑在转向器壳体 5 中，另一端通过外花键和万向节叉 10 及转向轴相连；转向齿条 4 水平布置，并与齿轮轴 11 上的小齿轮相啮合，齿条的两端通过球头座 3 与转向横拉杆 1 相连；弹簧 7 通过压块 9 将齿条压靠在齿轮轴 11 的小齿轮上，保证两者无间隙啮合。通过调整螺母 6 的轴向位置，可以调整弹簧 7 的预紧力。

转动转向盘时，转向齿轮轴 11 转动，使与之啮合的齿条 4 轴向移动，从而使左右横拉杆带动转向节左右转动，使转向轮偏转，实现汽车转向。

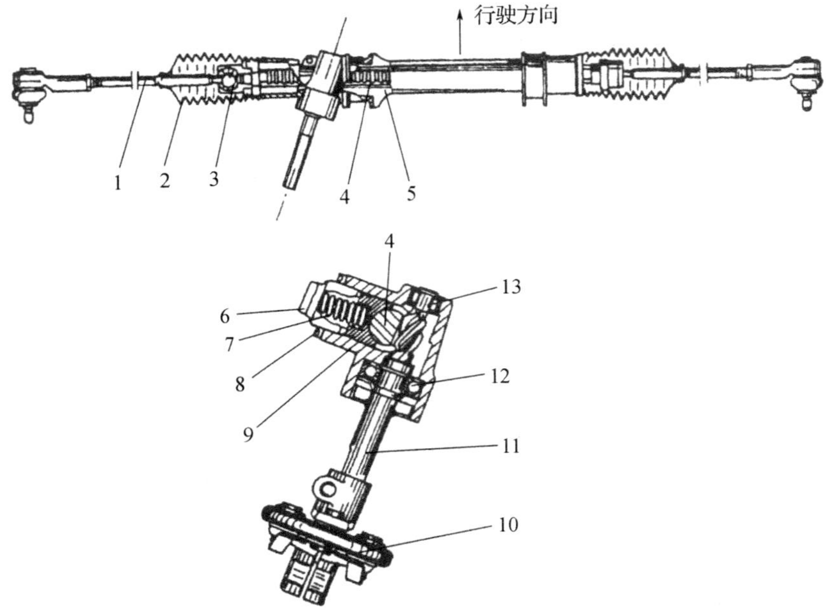

1—转向横拉杆；2—防尘罩；3—球头座；4—转向齿条；5—转向器壳体；6—调整螺母；7—压紧弹簧；8—锁紧螺母；9—压块；10—万向节叉；11—转向齿轮轴；12—向心球轴承；13—滚针轴承

图 3-11　两端输出的齿轮齿条式转向器

4.2　循环球式转向器

循环球式转向器是汽车上应用广泛的一种转向器。与其他型式转向器相比，主要特点是有两级传动副。

图 3-12 是解放 CA1092 型汽车的循环球—齿条齿扇式转向器的结构图。转向螺杆 12 和转向螺母 3 构成第一级传动副；螺母 3 的下平面上加工出齿条，与齿扇轴 21 上的齿扇相啮合，构成第二级传动副。显然，螺母 3 既是第一级传动的从动件，也是第二级传动的主动部件。当转动转向盘的时候，螺杆 12 随之转动，这时，螺母 3 不会随之转动，而只能够沿着螺杆 12 的轴向移动，同时推动齿扇轴 21 绕其自身轴线摆动。

转向螺杆靠两个推力球轴承 10 支承在转向器壳体 6 中。轴承 10 的预紧度通过改变垫片 14 的厚度来调整。增加垫片的厚度，会降低轴承的预紧度，反之，则增加轴承的预紧度。

螺母 3 松套在螺杆 12 上，两者的螺纹并不直接接触，而是通过钢球来传动，所以螺杆和螺母之间是滚动摩擦，传动效率较高。

齿扇轴的外端制有外花键，其上套有转向摇臂。当转向系统工作时，齿扇轴的转动带动转向摇臂绕自身轴线摆动，再通过转向传动机构使转向轮偏转。

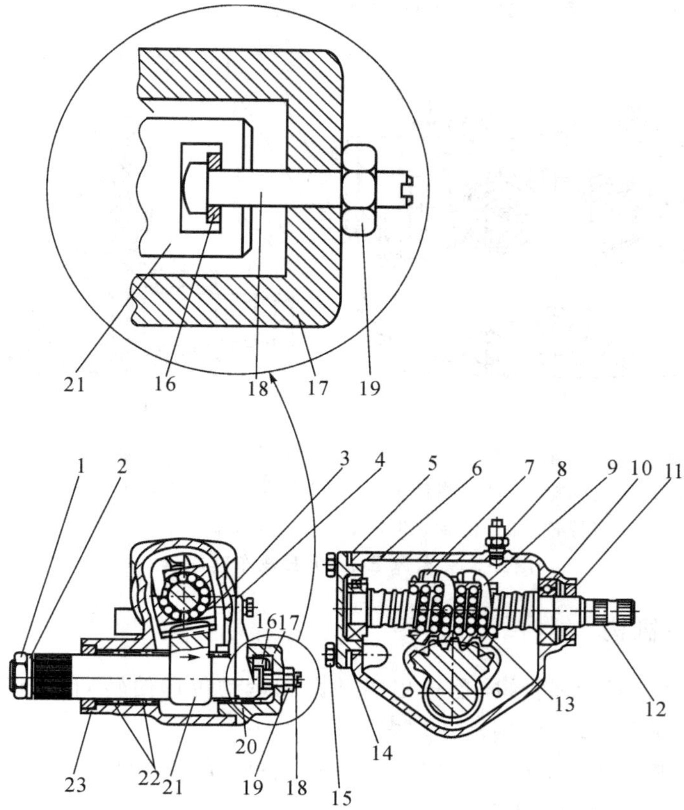

1—螺母；2—弹簧垫圈；3—转向螺母；4—转向器壳体密封垫圈；5—转向器壳体底盖；6—转向器壳体；7—导管夹；8—加油(通气)螺塞；9—钢球导管；10—球轴承；11、23—油封；12—转向螺杆；13—钢球；14—调整垫片；15—螺栓；16—调整垫圈；17—侧盖；18—调整螺钉；19—锁紧螺母；20、22—滚针轴承；21—齿扇轴

图 3-12　循环球式转向器

4.3　蜗杆曲柄指销式转向器

图 3-13 所示为东风 EQ1090E 型汽车的蜗杆曲柄双指销式转向器，这种转向器主要由转向器壳体、转向蜗杆、转向摇臂轴、指销等组成。

转向器的壳体 5 通过支架固定在车架上。主动件是转向蜗杆 3，从动件是装在摇臂轴曲柄端部的指销 13，指销共有两个。蜗杆 3 靠两个向心球轴承 2 和 9 支承在壳体 5 内。球轴承的预紧度靠下盖 8 上所装的螺塞 9 来调整，调好后用螺母 10 锁死。

蜗杆靠与两个锥形指销 13 形成传动副。两个指销 13 均用双列圆锥滚子轴承支承在曲柄上，靠近指销头部的一列轴承没有内圈，目的是把该段指销的轴颈直径做得大些，以保证其具有较高的强度。由于指销装有轴承，可以绕自身轴线旋转，从而能够减轻与蜗杆的磨损，同时提高传动的效率。螺母 15 用来调整指销上轴承的预紧度，调好后用锁片将螺母锁死。

用来安装指销 13 的曲柄呈叉形，与摇臂轴制成一体。摇臂轴用粉末冶金的衬套支承在壳体 5 中。侧盖 16 上装有调整螺钉 17，拧动螺钉可以调整摇臂轴的轴向位置，以调整蜗杆和指销之间的啮合间隙，从而调整转向盘的自由行程，调好后用螺母 18 锁紧。

转向时，转向盘带动蜗杆轴转动，从动件指销在绕自身轴线旋转的同时，也围绕摇臂轴公转，从而带动曲柄及转向摇臂摆动，实现转向轮偏转。

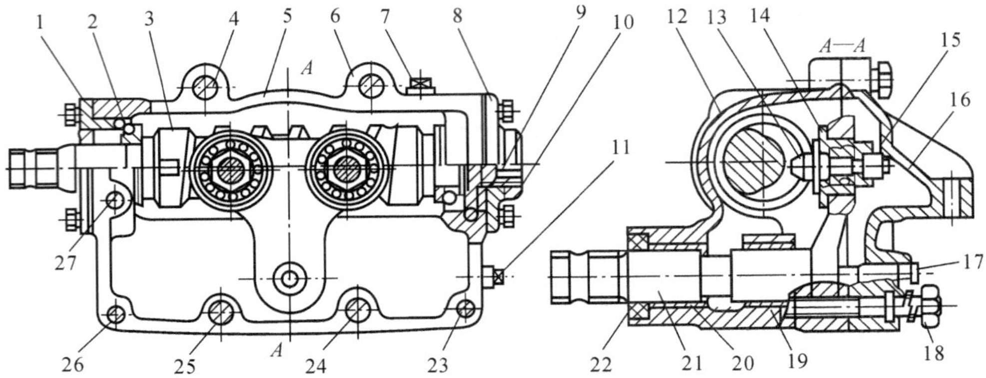

1—上盖；2、14—轴承；3—转向蜗杆；4—六方头长螺栓；5、12—壳体；7—加油孔螺栓；8—下盖；9—调整螺钉；10—锁止螺母；11—放油螺塞；13—指销；15—固定螺母；16—侧盖；17—调整螺钉；18—锁止螺母；19、20—摇臂轴衬套；21—摇臂轴；22—油封；23、26、27—六方头短螺栓

图 3-13 东风 EQ1090E 汽车转向器

5 转向传动机构

转向传动机构的功用是将转向器输出的动力和运动传递给转向轮，使两侧的转向轮按照一定的转角关系进行偏转，实现汽车转向。

根据所配用的悬架不同，转向传动机构分为与非独立悬架配用的转向传动机构和与独立悬架配用的转向传动机构两大类。

5.1 与非独立悬架配用的转向传动机构

如图 3-14 所示，与非独立悬架配用的转向传动机构主要由转向摇臂 2、转向直拉杆 3、转向节臂 4、梯形臂 5、转向横拉杆 6 等组成。前桥仅作为转向桥的时候，常采用图 3-14(a)所示的布置形式，横拉杆 6 和梯形臂 5 组成的转向梯形布置在前桥后面，称为后置式。这时转向横拉杆有前桥保护，可防止与障碍物相碰而损坏。有的车辆发动机位置较低，或前桥同时作为驱动桥时，往往把转向梯形布置在前桥之前，如图 3-14(b)所示，称为前置式。对于转向摇臂在与道路平行的平面内摆动的车辆，则可把转向直拉杆横置，并借助球头销直接带动转向横拉杆 6 推动梯形臂 5 转动，如图 3-14(c)所示。

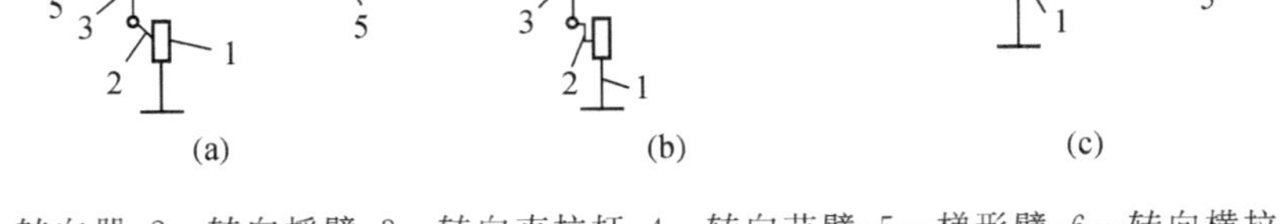

1—转向器；2—转向摇臂；3—转向直拉杆；4—转向节臂；5—梯形臂；6—转向横拉杆

图 3-14 与非独立悬架配用的转向传动机构示意图

(1)转向摇臂

转向摇臂的作用是把转向器输出的力和运动传给转向直拉杆和横拉杆。典型的转向摇臂如图 3-15 所示。转向摇臂多用中碳钢锻造后经机械加工制成。大端有锥形的三角花键孔,与转向摇臂轴相连接,并用螺母锁紧。小端具有锥形孔,可与球头销柄部相连接,也用螺母锁定。一般来说,摇臂装好后,从中间位置到两边的摆角大致相同,安装时,两者的安装记号应对正。

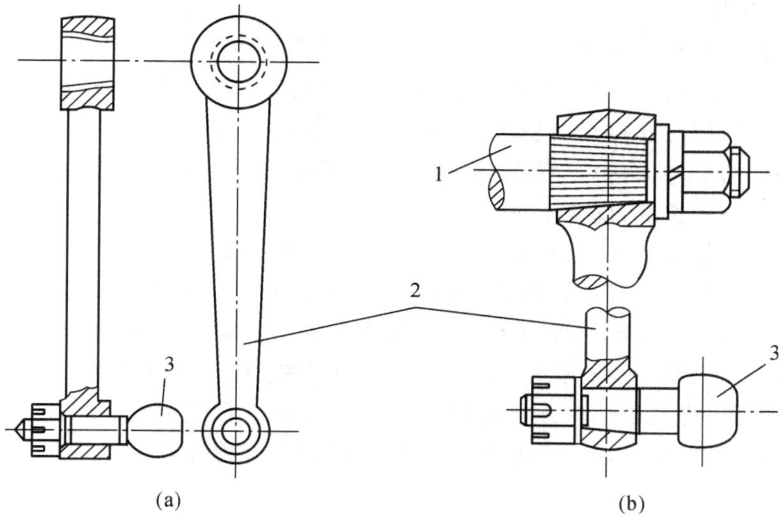

1—转向摇臂轴;2—转向摇臂;3—球头销

图 3-15　转向摇臂

(2)转向直拉杆

转向直拉杆是用来连接转向摇臂和转向梯形臂或转向节臂的。由于直拉杆既受拉力、也受压力作用,一般使用特种钢制造,保证其工作可靠。常见直拉杆如图 3-16 所示。

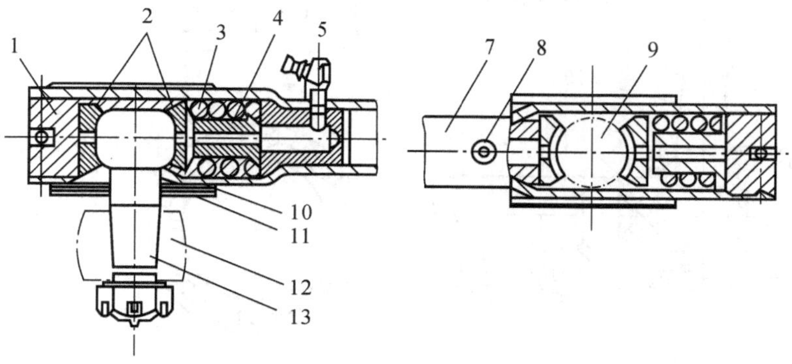

1—端部螺塞;2—球头座;3—压缩弹簧;4—弹簧座;5、8—油嘴;6—座塞;7—直拉杆体;9—转向节臂球头销;10—油封垫;11—油封垫护套;12—转向摇臂;13—球头销

图 3-16　解放 CA1092 型转向直拉杆

直拉杆的杆体由两端扩大的钢管制成,在扩大的端部装有由球头销 13、球头座 2、弹簧座 4、压缩弹簧 3 和螺塞 1 等组成的球铰链。球头销 13 的锥形部分与转向摇臂小头相连,并

用螺母锁紧。球头部分与两个球头座相配合，后球头座的弹簧 3 将后球头座压靠在球头上；前球头座靠在螺塞 1 的右侧。为了保证球头与球头座的润滑，可通过油嘴 5 和 8 注入润滑脂。

压缩弹簧 3 能够自动消除因球头与球头座磨损产生的间隙，弹簧座小端与后球头座之间留有一定间隙，有一定的缓冲作用，当弹簧折断时此间隙可保证球头不至于从座孔中脱出来。通过螺塞可以调整间隙，调好后，用开口销固定螺塞的位置，防止松动。

(3)转向横拉杆

转向横拉杆连接左右梯形臂，工作过程中反复承受拉力和压力，多采用高强度冷拉钢管制造。图 3-17(a)是解放 CA1092 型汽车的转向横拉杆结构图。拉杆的两端切有螺纹，一端左旋，一端右旋，与横拉杆接头旋装连接。两接头结构相同，如图 3-17(b)所示。接头的螺纹孔壁上开有轴向切口，具有一定弹性，旋装好后用螺栓夹紧。旋松螺栓后，可以通过旋转杆体来改变整个杆体的长度，调整车轮前束。

横拉杆两端的接头上装有球头销等组成的球铰链。球头座用聚甲醛制造，耐磨性好。球头座的形状如图 3-17(c)所示，装配时凸凹部分互相嵌合。弹簧 13 把球头座压紧在球头上，使之紧密接触，同时也起到缓冲作用。弹簧的预紧力由螺塞 14 调整。

图 3-18 是东风 EQ1090E 型汽车的转向横拉杆的结构图。与 CA1092 型不同的是，球头座是钢制的。另外，螺孔的切口开在横拉杆体上，而不是开在接头上。螺孔切口两边没有供夹紧螺栓穿入的耳孔，而是通过卡箍夹紧杆体，然后再用螺栓锁死卡箍的方法进行连接的。

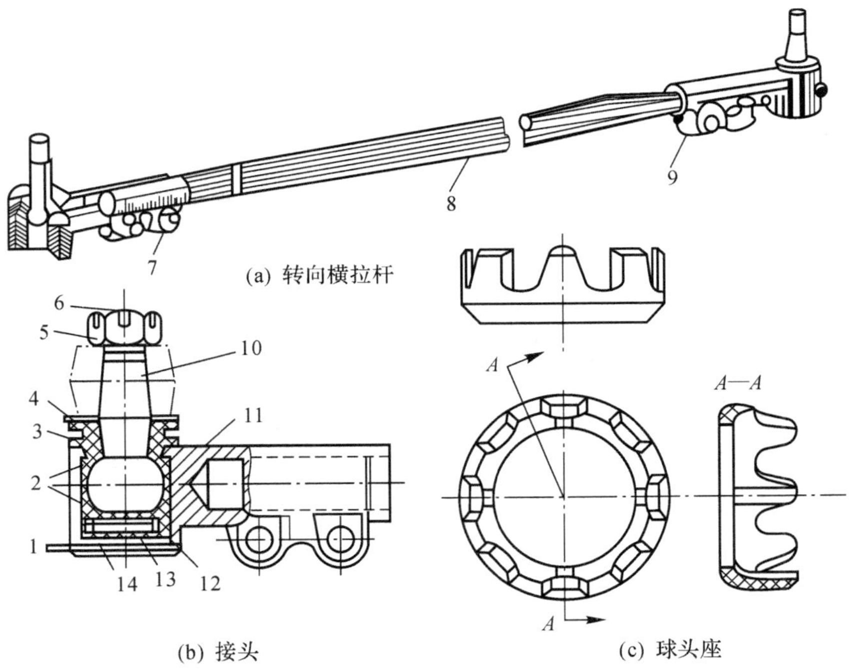

1—限位销；2—球头座；3—防尘罩；4—防尘垫；5—螺母；6—开口销；7—夹紧螺栓；8—横拉杆体；9、11—横拉杆接头；10—球头销；12—弹簧座；13—弹簧；14—螺塞

图 3-17　解放 CA1092 型汽车转向横拉杆

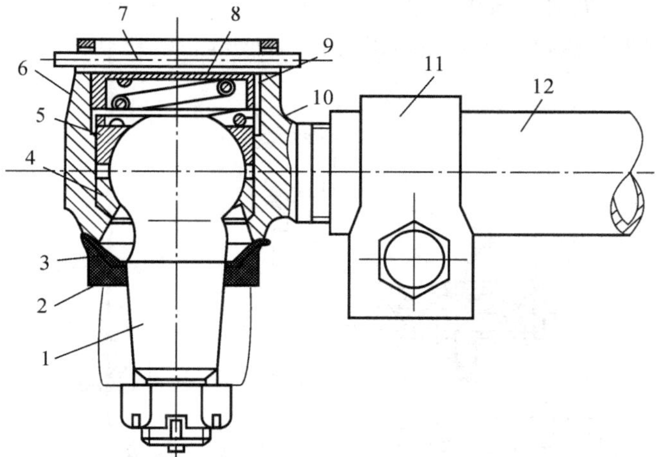

1—球头销；2—密封圈；3—防尘罩；4—下球头座；5—上球头销；6—限位套；7—开口销；8—圆锥弹簧；9—螺塞；10—左接头；11—卡箍；12—横拉杆体

图 3-18　东风 EQ1090E 型汽车转向横拉杆接头

5.2　与独立悬架配用的转向传动机构

对于独立悬架，每个转向轮都相对于车身或车架独立跳动。相应地，转向桥和转向梯形都必须是断开式的。图 3-19 是几种独立悬架配用的转向机构示意图。其中，图 3-19(a)、(b)与循环球式转向器配合使用；图 3-19(c)、(d)与齿轮齿条式转向器配合使用。

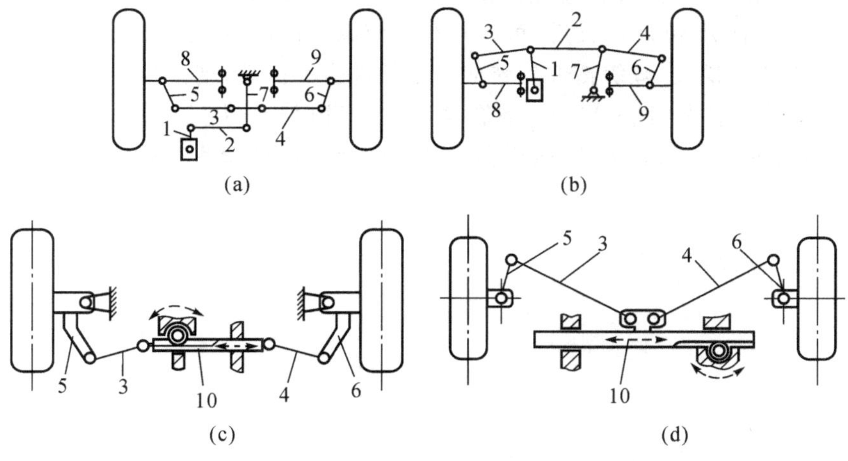

1—转向摇臂；2—转向直拉杆；3—左转向横拉杆；4—右转向横拉杆；5—左梯形臂；6—右梯形臂；7—摇杆；8—悬架左摆臂；9—悬架右摆臂；10—齿轮齿条式转向器

图 3-19　与独立悬架配用的转向传动机构示意图

图 3-20 所示是红旗 CA7560 型轿车转向传动机构，采用图 3-19(a)所示的方案。摇杆 7 固定在车身横梁的中部，后端借助球头销与直拉杆 2 和左右横拉杆 3、4 连接。转向器的摇臂与直拉杆 2 外端用球头销 1 铰接。左右横拉杆分别通过球头销与梯形臂 5、6 相铰接，因

此可以随着同侧车轮在横向平面内摆动。转向直拉杆的外端有球头座，球头座两侧各装有一根压缩弹簧，分别吸收横拉杆 3 和 4 传来的路面冲击，并起到自动消除球头与球头座之间间隙的作用。

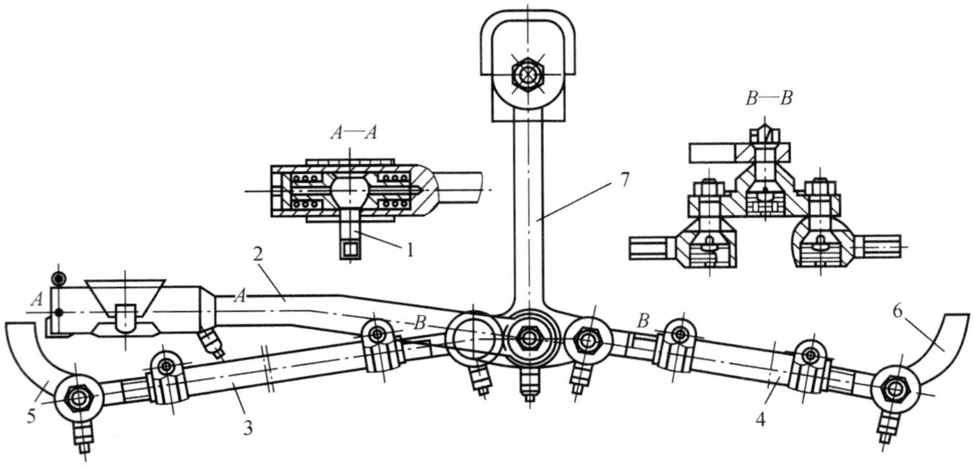

1—转向摇臂球头销；2—转向直拉杆；3—左转向横拉杆；4—右转向横拉杆；5—左梯形臂；6—右梯形臂；7—摇杆

图 3-20　红旗 CA7560 型轿车转向传动机构

图 3-21 是国产桑塔纳轿车的转向传动机构分解图。8 为齿条输出端，输出端铣有平面并钻有两个孔。支架 17 通过螺栓与输出端连接在一起。支架上端另有两个孔，用来与左、右横拉杆总成 15 和 13 的内端相连接。横拉杆外端的球头销 16 和 12 分别与左、右转向节臂相联。通过调整杆 A 和 B 的长度，可以对车轮前束进行调整。

为减轻转向轮的摆震，减缓传递到转向盘上的冲击和振动，转向器上还装有转向减震器 2，其壳体 3 固定在转向器壳体 11 上，减震器活塞通过螺栓连接在减震支架 18 上，支架 18 是与支架 17 固连在一起的。因此，减震器活塞实际上连接在齿条的输出端。

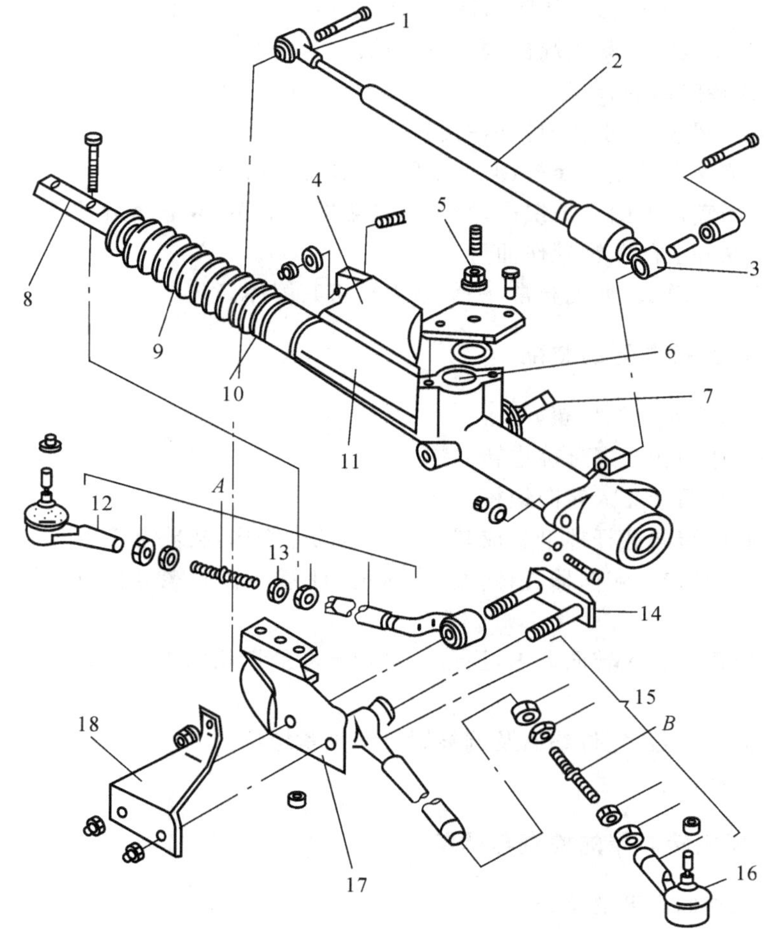

1—转向减震器活塞杆端;2—转向减震器;3—转向减震器缸筒端;4—转向器壳体凸台;5—锁紧螺母与调整螺栓;6—补偿弹簧;7—转向齿轮轴;8—齿条输出端;9—防尘罩;10—卡箍;11—转向器壳体;12—右横拉杆球头销;13—右横拉杆总成;14—连接件;15—左横拉杆总成;16—左横拉杆球头销;17—转向支架;18—转向减震器支架;*A*、*B*—调节杆

图3-21 上海桑塔纳轿车转向器与转向横拉杆

任务2 机械转向系的拆装与调整

1 循环球式转向器的拆装与调整

1.1 循环球式转向器的拆卸

循环球式转向器的拆卸步骤如下:

(1)拧松转向纵拉杆和转向摇臂的紧固螺母,再用锤子轻轻敲打转向摇臂表面,将圆锥连接部位震松。再轻轻敲打转向纵拉杆球头销螺纹端头,使连接松动脱出。然后再拧松转

向摇臂的紧固螺母，将转向摇臂从转向器输出轴上拆下。

(2)拆下转向器装配的紧固螺栓，取下转向器。

(3)循环球式转向器的分解。

①先拧下通气螺塞，倒出转向器内的润滑油。

②拧松转向侧盖上的锁紧螺母，取下出侧盖和转向摇臂轴。

③拧下转向器底盖上的4个螺栓，用木槌轻敲螺杆上端，取下底盖及转向螺杆和螺母总成。注意不要让螺杆上的花键划伤油封。

④检查螺杆螺母总成，如无异常，一般不需要将其解体。

1.2 循环球式转向器的装配

循环球式转向器的装配步骤如下：

(1)将装好钢球的转向螺母旋进转向螺杆。

(2)将球轴承从两端套入转向螺杆。

(3)将组装好的转向螺杆螺母总成装入球轴承的外圈内，再将装有球轴承外圈及油封的调整螺塞用专用工具拧入转向器壳体内。安装时，注意将转向螺母拧放在转向螺杆的中间位置。

(4)将转向摇臂轴装入转向器内，注意应将转向扇形齿轮的中间部位对准转向螺杆中部的转向螺母。

(5)装上转向器侧盖、定位垫圈及调整螺钉和锁紧螺母。

(6)拧紧锁紧螺母。

1.3 循环球式转向器的检查与调整

(1)转向器的油面高度的检查

转向器长时间使用后，应及时检查转向器的齿轮油量。齿轮油消耗异常时，还应检查转向器是否有渗漏现象。检查方法是将转向器的通气螺塞拆下，检查转向器内的润滑油平面，看是否达到规定刻度值。若油面过低，应按规定标准和要求补充齿轮油。

(2)循环球式转向器零件损伤的检查

主要检查内容包括壳体是否有裂纹、转向螺杆、转向螺母、钢球、滚道、齿条和齿扇、钢球、球轴承表面是否有严重磨损或剥落，否则应予以更换。

(3)转向螺杆轴承预紧度的检查与调整

为确保转向器工作可靠，应对转向螺杆两端的轴承进行预紧。检查时，首先使转向器的齿扇处于中间位置，即汽车直线行驶时齿扇的位置。然后用弹簧秤测量转向螺杆刚刚开始转动时所需的力矩，即预紧力矩。转向螺杆轴承的预紧力矩应符合规定要求，否则应通过转动转向器上方的调整螺栓予以调整。

(4)齿条螺母齿扇啮合间隙的调整

见图3-12，转向螺母下平面加工出来的齿条在垂直与螺杆轴线的方向上是倾斜的，而与之相啮合的齿扇是变齿高的，即沿着齿扇轴的方向齿高是渐变的，因此，如果使齿扇轴沿自身的轴线做移动，就可以实现齿轮、齿条啮合间隙的调整。在齿扇轴的侧盖17上装有调整螺钉18，在齿扇轴靠近端盖的端部切有T形槽，螺钉18的圆柱形端头就嵌入此切槽中。螺钉的端头与T形槽之间的间隙用调整垫圈16来调整。当拧进螺钉18时,齿条与齿扇之间的啮合间隙减小;拧出螺钉时,齿条与齿扇之间的啮合间隙增大。调整好间隙后,需要用锁紧螺母19锁紧。

2 齿轮齿条式转向器的拆装与调整

2.1 齿轮齿条式转向器的拆卸

(1)拆下转向横纵拉杆与转向齿条叉连接处的开口销、转向横纵拉杆槽形螺母和螺栓。

(2)拆下转向轴下部接头螺栓。

(3)拆下转向器壳体装配螺栓,然后取下转向器壳体。

(4)齿轮齿条式转向器的分解

在拆解过程中,首先应在齿条端头和横拉杆连接处打上安装标记,然后拆卸齿条端头。拆下转向齿条导块组件后,拉住齿条,使齿条上的齿对准齿轮,然后再拆下转向小齿轮,最后再抽出转向齿条,抽取齿条时注意不要转动,防止损伤齿面。

2.2 齿轮齿条式转向器的装配

在安装齿轮齿条式转向器之前,所有需要组装的零件都必须完全清洗干净。

具体装配步骤如下:

(1)将小齿轮滚针轴承涂上润滑脂,用专用装置把小齿轮轴承压配到转向器壳体内。压配时,要保证轴承滚子都安装到位。

(2)在转向齿条的整个齿面和其周围薄薄地涂上一层润滑脂,然后按取出齿条的相反方向,将齿条推入滑进转向器壳体内。

(3)将转向小齿轮、转向器壳体油封唇部等部位涂上润滑脂,然后装上小齿轮总成。

(4)将开口弹性挡圈牢牢地套进转向器壳体的环槽内并安装挡圈,同时使挡圈的凸出部分对准开口弹性挡圈的开口部分进行安装。

(5)将转向齿条导向座面向齿条的滑动部分涂上一薄层润滑脂,在转向齿条调整螺塞上涂上螺纹防松胶,然后对每个零件进行安装。

(6)在转向齿条上装上垫圈,然后将开口弹性挡圈牢牢地紧套在齿条环槽内。

(7)将防尘罩装好后,用新铁丝和卡环将它箍紧。检查防尘罩,不得有扭曲或凹陷现象。

(8)安装转向齿条叉并以规定力矩拧紧。

(9)安装齿轮齿条式转向器总成。

2.3 齿轮齿条式转向器的检查与调整

(1)齿轮齿条式转向器损伤的检查

检查的主要内容包括小齿轮齿面、小齿轮油封、转向齿条导向座、压缩衬套是否磨损过度、转向齿条是否挠曲变形过大、转向齿条防尘罩是否破裂等。若存在上述情况,应对相关零件予以更换。

(2)齿轮齿条啮合间隙的调整

根据调整机构结构的不同,啮合间隙的调整方法有两种。一种是靠改变齿条导块和盖板之间的垫片厚度来调整，见图 3-22 。另外一种是利用调整螺塞来调整齿条和弹簧座之间的间隙来调整啮合间隙，见图 3-23。

对第一种结构形式，调整的方法是：先不装弹簧以及壳体与盖之间的垫片，进行 x 值的调整，使转向齿轮轴上的转动力矩为 1～2N・m；然后用塞尺测量 x 值；第三步，在 x 值基础上加上 0.05～0.13mm，此值就是应加垫片的厚度。

对于第二种结构形式，调整的步骤是：旋转盖上的调整螺塞，使弹簧座与导块接触，再旋转 30°～60°之后，检查转向齿轮轴的转动力矩，重复操作直至转向齿轮的转动力矩符合原厂要求，最后紧固锁紧螺母。

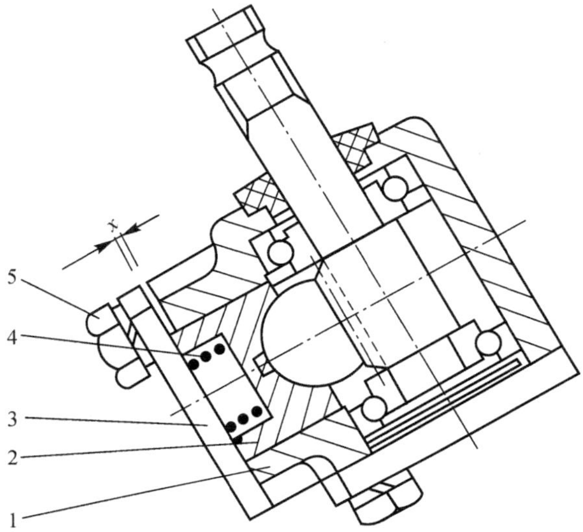

1—转向器壳体；2—导块；3—盖；4—导块压紧弹簧；5—固定螺母；x—盖与壳体间隙

图 3-22 预紧力调整机构(一)

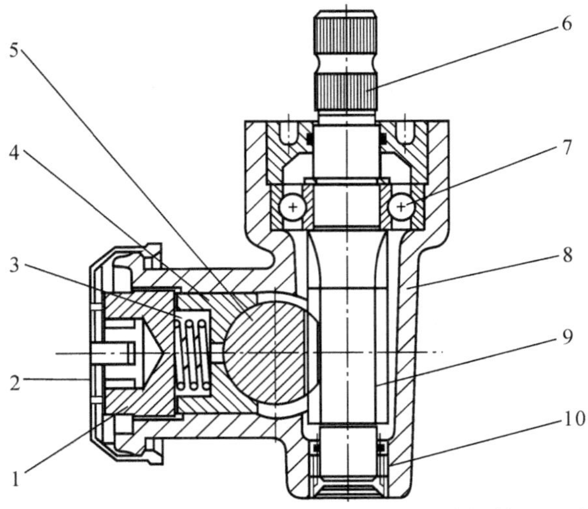

1—调整螺塞；2—罩盖；3—压簧；4—压簧垫块；5—转向齿条；6—齿轮轴；7—球轴承；8—转向器壳体；9—转向齿轮；10—滚柱轴承

图 3-23 预紧力调整机构(二)

3　蜗杆曲柄指销式转向器的拆装与调整

3.1　蜗杆曲柄指销式转向器的拆卸

(1)拆下壳体上的固定螺栓,取下侧盖。

(2)取出摇臂轴。

(3)拆卸转向蜗杆下轴承盖及其附件,取出转向蜗杆。

(4)拆下转向蜗杆上轴承盖组件。

拆卸时注意不要用汽油清洗橡胶件,要用木槌而不要用榔头敲击转向器零件。

3.2　蜗杆曲柄指销式转向器的装配

装配前,所有零件应进行检查和清洗,然后用压缩空气吹干。具体装配步骤如下:

(1)装配下盖

安装下盖时注意不要使密封圈扭曲和损伤,以防止漏油。在下盖上装好调整螺钉和锁止螺母,不要拧紧紧固螺栓(上盖要先拧紧)。

(2)安装转向蜗杆

将轴承内圈压入蜗杆支撑轴颈,将蜗杆放入壳体后再装上轴承保持架。

(3)装配上盖

将上轴承外座圈压入壳体上端孔内,装上O形密封圈和油封,然后按原来的顺序和数量装上调整垫片。最后依次拧紧上下盖的紧固螺栓。

(4)装摇臂轴和侧盖

将摇臂轴组件润滑后装入转向器壳体,使指销和蜗杆啮合运转自如。然后安装侧盖。

(5)安装摇臂

安装摇臂时注意对正摇臂和摇臂轴上的记号,拧紧力矩要符合原厂规定,最后加入规定量的润滑油。

3.3　蜗杆曲柄指销式转向器的调整

(1)轴承预紧度的调整

轴承预紧度的调整靠下盖上的调整螺钉来进行,调整好后,蜗杆的转动力矩应符合原厂规定。

(2)转向器传动间隙的调整

使摇臂轴和蜗杆处于中间位置,然后通过调整螺钉调整指销和蜗杆的啮合间隙直到有摩擦感为止,蜗杆的转动力矩应不大于2.7N·m。

4　任务工单

学生依据实践指导材料的要求及操作步骤,在教师的指导下完成本工作任务,并填写任务工单。

4.1 转向器的拆装

转向器拆装任务工单

<table>
<tr><td>任务名称</td><td>转向器的拆装</td><td>实训设备</td><td>套筒扳手、扭力扳手、螺丝刀、钳子、组合工具、专用工具</td></tr>
<tr><td>客户任务</td><td colspan="3">一辆桑塔纳 2000 轿车行驶时，发动机前部突然发出吱吱刺耳的响声，同时感觉转向沉重，无法继续行驶。</td></tr>
<tr><td>任务目的</td><td colspan="3">能正确使用工具，能够根据规范正确拆装转向器。</td></tr>
</table>

一、资讯

1. 转向器的种类。

2. 转向器的组成部件及各部件的功用。

二、决策与计划

根据任务要求，确定所需要的设备、工具，并对小组成员进行合理分工，制定详细的工作计划。

1. 讨论确定转向器拆装所需要的设备、工具。

2. 小组成员分工。

3. 制订转向器拆装的操作步骤。

(1)________________

(2)________________

(3)________________

(4)________________

三、实施过程记录

1. 分析你所实践用转向器的种类及特点。

2. 总结转向器拆装时，应该注意的问题。

四、检查与评估

1. 检查转向器的拆装是否正确。

2. 请根据任务完成的情况，对自己的工作进行自我评估，并提出改进意见。

3. 教师对小组工作情况进行评估，并作出点评。

4.2　转向器的调整

转向器调整任务工单

任务名称	转向器的调整	实训设备	套筒扳手、扭力扳手、螺丝刀、钳子、组合工具、专用工具
客户任务	桑塔纳轿车在启动时发动机发出吱吱声，经检查是V形带松旷。		
任务目的	能正确使用工具，能够根据规范正确调整转向器。		

一、资讯

1.转向器调整的方法。

2.转向器调整的部位。

二、决策与计划

根据任务要求，确定所需要的设备、工具，并对小组成员进行合理分工，制定详细的工作计划。

1.讨论确定转向器调整所需要的设备、工具。

2.小组成员分工。

3.制订转向器调整的操作步骤。

(1)__________

(2)__________

(3)__________

(4)__________

三、实施过程记录

1.分析你所实践用转向器的种类及特点。

2.总结转向器调整时，应该注意的问题。

四、检查与评估

1.检查转向器的调整是否正确。

2.请根据任务完成的情况，对自己的工作进行自我评估，并提出改进意见。

3.教师对小组工作情况进行评估，并作出点评。

任务3 机械转向系的故障诊断与检修

1 机械转向系常见故障诊断

机械转向系的主要故障有转向沉重、低速摆头、高速摆头、跑偏等。

1.1 转向沉重

①故障现象

在行车过程中，转动转向盘沉重吃力，放松转向盘后不能及时回正。

②故障原因

a. 转向器润滑油不足。

b. 前轮轮胎气压不足。

c. 前轮定位角不正确。

d. 转向器齿轮齿条间啮合间隙小。

e. 转向器的输入轴上下轴承过紧，或轴承损坏。

f. 转向横拉杆球头销缺油或损坏。

③故障排除

a. 按规定往转向器加转向机油。

b. 按规定气压向前轮轮胎充气。

c. 正确检查和定位前轮定位角。

d. 调整小齿轮预紧力。

e. 更换轴承。

f. 更换球头销。

1.2 低速摆头

①故障现象

低速行驶时，感觉方向不稳，前轮摆振。

②故障原因

a. 转向器传动副啮合间隙过大。

b. 转向传动机构各球头销磨损过大而松旷、弹簧折断或调整过松。

c. 前轮轮毂轴承预紧度不够或锁紧螺母松动。

d. 后轮气压过低。

e. 由于货物装载的原因，导致前轴载荷过小。

f. 前悬架弹簧错位折断或没有固定好。

g. 转向节主销与衬套配合间隙过大或前轴主销孔与主销配合间隙过大。

③故障排除

a. 调整传动副啮合间隙。

b. 更换球头销等。

c. 重新调整轴承预紧度。

d. 对轮胎充气，使气压达到规定值。

e. 对货物装载进行调整。

f. 更换悬架弹簧或重新固定。

g. 及时更换主销或衬套。

1.3　高速摆头

①故障现象

汽车在行驶过程中出现转向盘发抖，车头在横向平面内左右摆动，行驶不稳的现象。

②故障原因

a. 车轮定位不正确。

b. 转向轮没有动平衡。

c. 车轮偏摆量大。

d. 车架、车桥变形。

e. 转向传动机构发生运动干涉。

f. 悬架故障：左右悬架刚度不等，弹簧折断，减震器实效，导向装置失效等。

③故障排除

a. 用车轮定位仪重新进行车轮定位。

b. 检查动平衡，加装平衡块进行平衡。

c. 更换轮辋。

d. 更换或矫正车架、车桥。

e. 重新调整转向传动机构，排除运动干涉。

f. 更换悬架弹簧或减震器等。

1.4　跑偏

①故障现象

汽车直线行驶时，转向盘不居于中间位置。必须预先校正一个角度，握紧转向盘，汽车才会保持直线行驶。放松转向盘后，汽车自动向一边跑偏。

②故障原因

a. 前轮左右侧轮胎气压不等或轮胎直径大小不同。

b. 前轮两侧轮毂轴承预紧度不等。

c. 两前轮定位参数不等。

d. 车轮前束过大或过小。

e. 前后桥车轴不平行。

f. 一边车轮制动拖滞。

g. 转向桥两侧悬架弹力不等。

③故障排除

a. 调整轮胎气压，使之达到一致，或更换轮胎，使之规格一致。

b. 调整前轮两侧轴承预紧度，使接近相等。

c. 调整前轮两侧车轮定位参数，使达到一致。

d. 调整前束值到规定值。

e. 测量前后桥两端的中心距，若差距大，检查车轴或半轴套管是否弯曲。

f. 用手触摸跑偏一侧的车轮制动鼓和轮毂部位。如果轮毂特别热，则调整轴承预紧度；若制动鼓特别热，则调整制动鼓间隙。

g. 将汽车停放在平坦地面上，察看汽车前部高度是否一致，若不一致，则弹簧折断或弹力不一致，应该更换。

2 任务工单

学生依据学习手册的要求及操作步骤，在教师的指导下完成本工作任务，并填写任务工单。

2.1 转向器的检修

转向器检修任务工单

任务名称	转向器的检修	实训设备	套筒扳手、扭力扳手、螺丝刀、钳子、组合工具、专用工具
客户任务	一辆桑塔纳轿车行驶里程 7.5 万公里。转向沉重，转动方向盘时很吃力，无法继续行驶。请进行正确的检修。		
任务目的	能正确使用工具，能够根据规范正确检修转向器。		
一、资讯 1. 转向器的检修方法。 2. 转向器的检修部位。 二、决策与计划 根据任务要求，确定所需要的设备、工具，并对小组成员进行合理分工，制定详细的工作计划。 1. 讨论确定检修转向器所需要的设备、工具。 2. 小组成员分工。 3. 制订转向器检修的操作步骤。 (1) ____________________ (2) ____________________ (3) ____________________ (4) ____________________			

续 表

三、实施过程记录 1.分析你所实践用转向器的检修的方法。 2.总结转向器检修时，应该注意的问题。 四、检查与评估 1.检查转向器的检修是否正确。 2.请根据任务完成的情况，对自己的工作进行自我评估，并提出改进意见。 3.教师对小组工作情况进行评估，并作出点评。

2.2 汽车行驶跑偏的检修

汽车行驶跑偏检修任务工单

任务名称	汽车行驶跑偏的检修	实训设备	扳手、螺丝刀、组合工具等
客户任务	一汽车直线行驶时，放松方向盘，前轮逐渐跑偏。请进行正确的检修。		
任务目的	能根据所学转向系知识，正确使用工具，诊断出汽车行驶跑偏的原因。		
一、资讯 1.转向系统的构造与工作原理。 2.汽车行驶跑偏的故障因素。 二、决策与计划 根据任务要求，确定所需要的设备、工具，并对小组成员进行合理分工，制定详细的工作计划。 1.讨论确定检修汽车跑偏所需要的设备、工具。 2.小组成员分工。 3.制订行驶跑偏检修的操作步骤。 (1)________ (2)________ (3)________ (4)________			

续 表

三、实施过程记录 1. 分析汽车行驶跑偏的诊断流程。 2. 总结汽车跑偏检修时，应该注意的问题。 四、检查与评估 1. 检查汽车跑偏检修的效果。 2. 请根据任务完成的情况，对自己的工作进行自我评估，并提出改进意见。 3. 教师对小组工作情况进行评估，并作出点评。

复习思考题

1. 简述汽车转向系的功用组成及类型。
2. 常见转向器的主要调整项目有哪些？如何调整？
3. 简述转向操纵机构的组成。
4. 与独立、非独立悬架配用的转向传动机构各有什么特点？
5. 试分析汽车转向系常见故障的产生原因及诊断排除方法。

项目2　动力转向系的认知与检修

应知目标：

1. 能够掌握动力转向系的类型、组成；
2. 能够正确描述滑阀式、转阀式动力转向系和电动式动力转向系的结构和工作原理；
3. 能够正确描述整体式动力转向器的结构与工作原理。

应会目标：

1. 会进行动力转器和油泵等主要部件的拆装和调整；
2. 会进行动力转向系常见故障的诊断与排除；
3. 会进行动力转向系的试验与调整。

任务1　动力转向系认知

1　动力转向系概述

对传统机械转向系统来说,转向灵敏性和操纵轻便性是一对矛盾。如果要求汽车具有高的转向灵敏性,那么转向系统的传动比就比较小;如果要使转向机构操纵轻便、省力,就要使转向系统具有较大的传动比,此时,转向系统的灵敏性就会降低。为了解决这一矛盾,以发动机动力为能源的动力转向装置在中型以上货车和轿车上得到越来越多的采用。

根据转向助力控制方式不同,动力转向系统分为两大类:普通动力转向系统和电子控制式动力转向系统。

根据传动介质的不同,普通动力转向系统又分为气压式、液压式两大类。

气压式动力转向装置主要应用于一些前轴载荷比较大的客车和货车上,前轴最大的载荷在3～7t范围内。对于前轴载荷很大的汽车,需要的助力大,而气压助力系统的工作压力较低,导致助力系统部件的尺寸过于庞大,消耗功率增大,容易产生泄露且布置不便。因此,气压助力系统不适合大型货车和轿车。

液压助力系统发展时间较长,应用最为广泛,且具有工作灵敏度高、结构紧凑、外廓尺寸小,工作噪音低、工作滞后时间短的优点。另外,液压助力系统在工作时能够在一定程度上吸收来自不平路面的冲击,因此在各级各类汽车上得到了广泛的应用。

实际上,汽车转向时,地面作用在转向轮上的阻力矩是随汽车速度变化而变化的,车速越高,转向阻力矩越小。也就是说,当汽车低速行驶时,所需要转向力较大,助力系统应该供给较大的助力,提高操纵轻便性;当汽车以中高速行驶的时候,所需转向操纵力较小,助力系统应供给较小的助力,使驾驶员付出的操纵力稍大,增加驾驶员的“路感”,提高汽车高速行驶时的操纵稳定性,保证行车安全。

对于普通动力转向系统来说,只能解决低速时的转向轻便性问题,而无法保证高速行驶时的操纵稳定性,甚至使汽车高速行驶转向时驾驶员的路感变差。

电控动力转向系统是一种更先进的动力转向控制系统,能够对动力转向系的助力进行控制,能够在低速或停车时提供足够的助力,使汽车原地转向更加容易;车速较高时自动降低助力,高速行驶时无助力甚至适当增加转向阻力,增加驾驶员路感,这样就同时满足了转向轻便性和高速行驶时汽车的操纵稳定性要求。

2　普通动力转向系统

由于液压式动力转向系统应用最广,这里只介绍液压式动力转向系统。

根据控制阀阀芯运动方式的不同,液压动力转向装置可以分为滑阀式和转阀式两种型式;根据液压动力转向装置液流形式的不同,又可以分为常流式和常压式。

常压式动力转向装置装有高压储能器,无论汽车直线行驶还是转向,液压系统管路中始终保持高压。

常流式液压动力转向装置的特点是结构简单,只有转向时才在系统中建立高压,油泵大负荷工作时间短,寿命长,消耗掉的发动机功率较小。

(1)滑阀式动力转向装置的组成及工作原理

①滑阀式动力转向装置的组成

滑阀式动力转向装置主要应用于大型货车和客车上，主要部件包括转向油罐、转向油泵、转向动力缸、滑阀、转向摇臂等。

②滑阀式动力转向装置工作原理

图 3-24 是滑阀式动力转向装置的原理图。活塞将动力缸分成 L 腔和 R 腔两腔，活塞杆的伸出端与摇臂中部铰接。控制阀阀体内圆柱面上开有 3 道环槽：环槽 A 是总进油道，与油泵相连；环槽 D、E 与回油道相连，通往油罐。滑阀上开有两道环槽：环槽 B 连动力缸 R 腔；

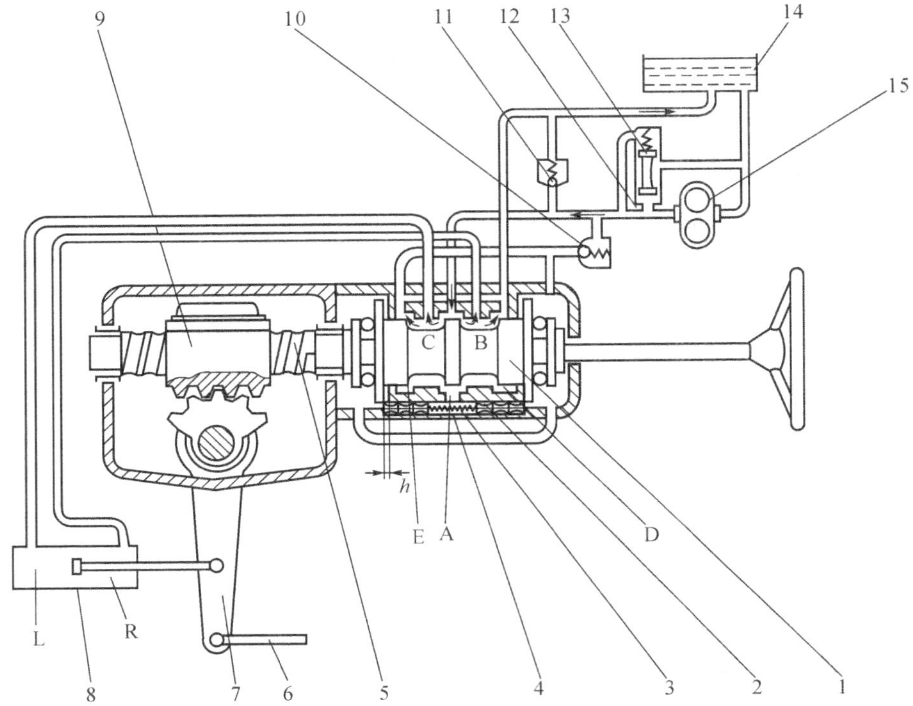

(a)

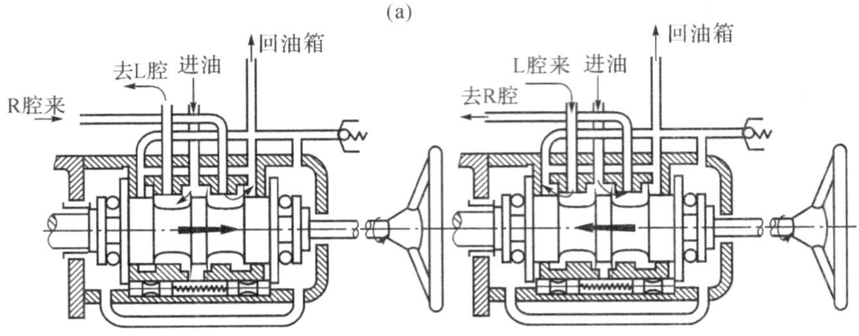

(b) (c)

1—滑阀；2—反作用柱塞；3—滑阀复位弹簧；4—阀体；5—转向螺杆；6—转向直拉杆；7—转向摇臂；8—转向动力缸；9—转向螺母；10—单向阀；11—安全阀；12—节流孔；13—溢流阀；14—转向储油罐；15—转向油泵

图 3-24 液压常流滑阀式动力转向装置工作原理图

环槽C连动力缸L腔。阀体内装有两组反作用柱塞，两组柱塞之间装有滑阀复位弹簧。滑阀通过两个轴承安装在转向轴上，与转向螺杆之间的轴向位置是相对固定的，但可以随螺杆做轴向移动。汽车直线行驶，滑阀处于中间位置，与阀体的两端面之间均保持宽度为 h 的距离，因此，滑阀可以随螺杆一起相对于阀体从中间向两边做距离为 h 的微量轴向移动。

下面以汽车直线行驶以及右转为例对动力转向装置的工作过程进行叙述。

汽车直线行驶时，滑阀处于中间位置，如图3-24(a)所示，环槽A、D、E、C、B相互连通，油泵输送的油液直接通过回油管回到储油罐。油路中无法建立高压，油泵负荷很小，处于空载状态，系统无助力。

汽车右转时，如图3-24(b)所示，通过转向盘使螺杆顺时针转动，由于螺杆的螺纹是左旋的，螺母应该向左移动，但由于螺母通过转向摇臂等一系列传动机构与整个汽车连在一起，转向阻力很大，无法向左移动，因此螺母会反向推动螺杆连同滑阀一起向右做轴向移动，从而消除滑阀与阀体左侧端面的间隙 h。此时，环槽C、E之间以及A、B之间通道被阀体封闭，A、C之间通道增大，油泵泵出的油液自A经C流入动力缸的L腔，成为高压区。R腔的油液经环槽B、D和回油管路流回储液罐，动力缸活塞右移，从而使转向摇臂逆时针转动，实现转向助力。

汽车左转时的情况如图3-24(c)所示，读者可自行分析。

转向盘的转角增大时，转向螺杆也会继续转动，加力作用就一直存在，转向轮也会继续偏转，这就是所谓的“随动”作用。

当转向盘转过一定角度保持不动时，动力缸活塞继续右移，使转向摇臂继续逆时针转动，上端带动螺母连同螺杆、滑阀一起向左移动，使滑阀向左回到中间偏右的某个位置。此时，由于A、C间的通道缩小，动力缸活塞两侧压力差减小，产生的助力正好与作用在转向轮上的阻力矩平衡，从而使转向轮偏转角维持不变。这就是转向的维持过程。

松开转向盘时，滑阀在回位弹簧以及反作用柱塞上油压的作用下左移，回到中间位置，滑阀的所有环槽相互连通。动力缸L腔和R腔被接通，动力缸停止工作。转向轮在回正力矩作用下自动回正，并通过转向螺母带动转向螺杆、转向盘回到直线行驶位置。如果滑阀不能回到中间位置，汽车将会在行驶中跑偏。

在驾驶过程中，驾驶员应该能够通过转向盘感受到路面状况的变化，即要有“路感”。“路感”是靠作用在反作用柱塞上的油压变化来反映的。在两组柱塞的相对端，即回位弹簧所在空间，是始终与动力缸的高压腔相连通的。当车轮转向阻力越大时，高压腔的油压越高，作用在柱塞上的压力也越大，滑阀移动阻力加大，转向盘上所需的操纵力也越大。

(2)转阀式动力转向装置的组成及工作原理

①转阀式动力转向装置的组成

转阀式动力转向装置主要应用于轿车等一些小型车辆。图3-25所示的为转阀式转向助力装置。主要组成包括转向油泵、整体式动力转向器、油管等部件。转向控制阀和转向动力缸装在一起，构成整体式动力转向器。

②转阀式动力转向装置的主要部件

a. 转阀

转阀阀体呈圆桶形，如图3-26所示。在其外圆柱面上切有6道环槽、3道油槽、3道密封槽，油槽和密封槽间隔分布，油槽上钻有与内壁相通的油孔。阀体的内表面上铣有8道轴

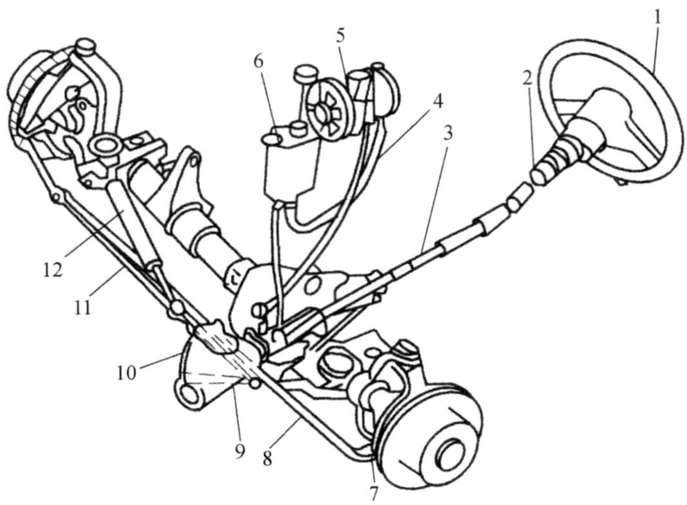

1—转向盘;2—转向轴;3—转向中间轴;4—转向油管;5—转向油泵;6—转向油罐;7—转向节臂;8—转向横拉杆;9—转向摇臂;10—整体式动力转向器;11—转向横拉杆;12—转向减震器

图 3-25 液压常流转阀式动力转向装置(循环球式转向器)

向槽 7,同时形成 8 道槽肩 5。

阀芯也呈圆筒形,其外圆表面与阀体作滑动配合,两者之间可以相对转动,由于配合精度较高,不可单独更换。阀芯外表面上也制有 8 道轴向槽,互不贯通,同时也形成 8 条槽肩。这些槽和槽肩与阀体内表面的槽和槽肩相配合,形成液体流通的间隙。

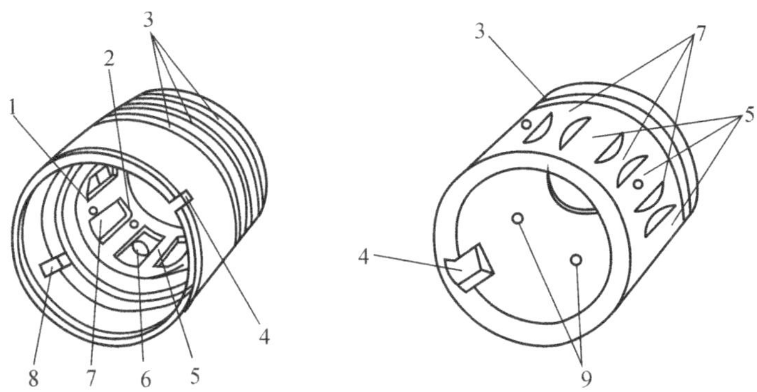

(a) 阀体 (b) 阀芯

1—小孔(通动力缸前腔);2—小孔(通动力缸后腔);3—环槽;4—缺口;5—槽肩;6—孔(通进油口);7—纵槽;8—锁销;9—孔(通回油口)

图 3-26 阀体及阀芯的结构

b.转向油泵

油泵是动力转向装置的动力源。主要有齿轮泵、叶片式、转子式等几种类型。

叶片泵又分单作用和双作用泵两种。在此,仅介绍单作用叶片泵。

如图 3-27 所示,叶片泵主要由定子、转子、叶片等组成。转子上制有径向切槽,矩形叶片安装在转子的槽中,并可在槽内滑动。转子和叶片一起装配在定子的圆柱形内腔中。装配后，定子的内表面相邻叶片及转子外圆面和泵的两个端盖就共同形成若干个密封的油腔。

由于转子和定子不同心，两者中心间有一偏心距 e，当转子旋转时，叶片由于离心力而紧靠在定子的内表面上，并可在转子槽内做往复运动，从而使工作容积不断发生变化。容积增大时，油液从油罐中吸入到工作腔中，容积减小时，将油液加压，排出油液。转子每转一周，吸油压油各一次，故称单作用泵。

叶片泵为容积式油泵，转子的转速越高，输出流量也越大。为防止发动机高速运转时油泵输出油量过大和油压过高，损坏机件，通常在油泵的进出口处设有溢流阀 2 和安全阀 1。

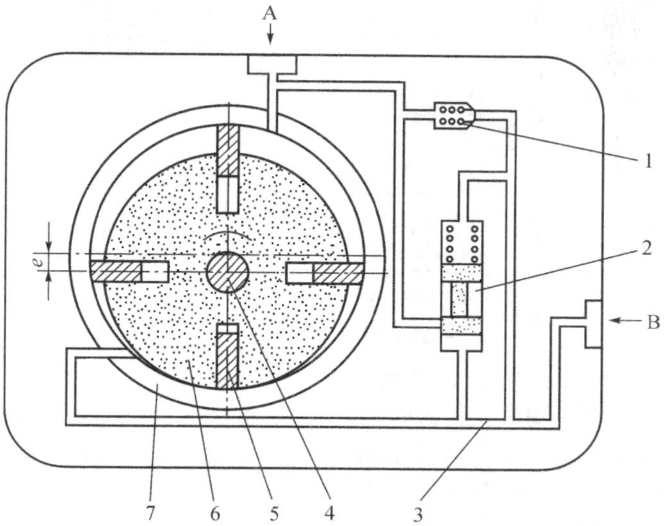

1—安全阀；2—溢流阀；3—节流孔；4—转子轴；5—叶片；6—转子；7—定子

A—进油孔；B—出油孔

图 3-27　叶片式转向油泵

③转阀式动力转向装置的工作原理

图 3-28 所示为切诺基汽车转阀整体式动力转向器，它主要由循环球式机械转向器转向动力缸和旋转控制阀组成。

当汽车直线行驶的时候，如图 3-29 所示，转阀处于中间位置，来自油泵的油液从进油口 B 进入阀体 13 的中间油环槽中，见图 3-29(b)，经过其槽底的通孔进入阀体 13 和阀芯 12 之间，此时阀芯处于中间位置。所以，一方面，油液从阀体和阀芯的纵槽和槽肩之间的间隙和阀体上的油孔和壳体上的两条油道分别流入动力缸的左右腔；另一方面，油液从阀芯槽肩上的径向油孔流到阀芯和短轴之间的空隙中，经阀体和组件与调整螺塞之间的空隙流回回油口，再经过油管流回到油罐中去。油路未建立高压，动力缸不工作。

汽车左转时，如图 3-30 所示，在转向盘的带动下，短轴带动阀芯同步逆时针转动。同时，扭杆也把转矩传递给其下端的轴盖，轴盖通过其边缘的缺口和阀体上的销子带动阀体逆时针转动，阀体又通过其下端的缺口和销子把转矩传递给螺杆。由于转向阻力较大，需要足够的扭矩才能够使螺杆发生转动，这样，在转矩的作用下，扭杆发生扭转变形，两端产生一个角位移，同时也使实际上相当于固定在扭杆两端的阀芯和阀体之间产生一个转角差，即阀芯超前阀体转动一个角度。此时，通往 R 腔的进油间隙减小或关闭，R 腔与阀芯上回油道之间

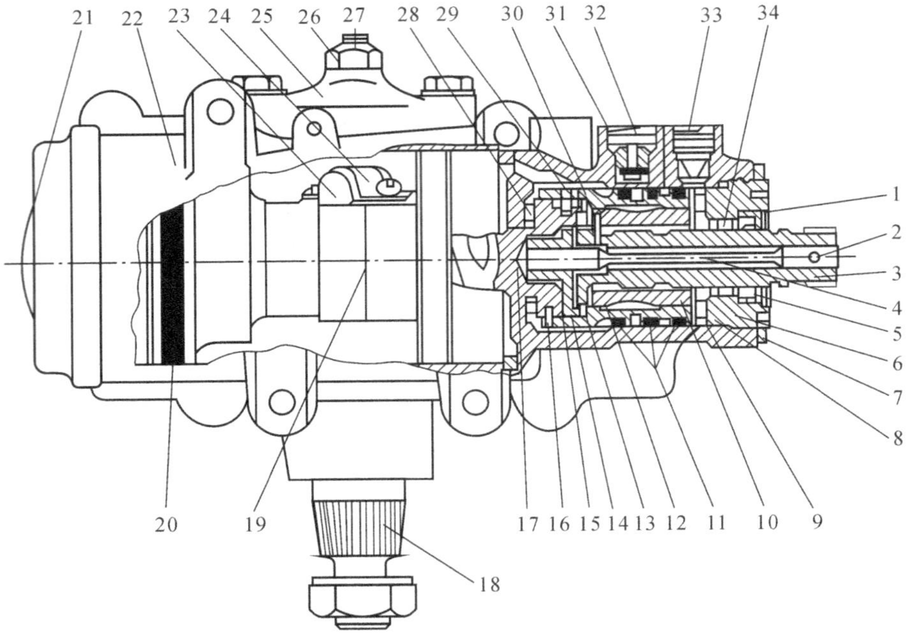

1—卡环；2—锁销；3—短轴；4—扭杆；5—骨架油封；6—调整螺塞；7—锁母；8、10、11、15、20—O形密封圈；9—推力滚针轴承；12—阀芯；13—阀体；14—下端轴盖；16—锁销；17—转向螺杆；18—转向摇臂轴；19—转向螺母(齿轮—齿条)；21—转向器端盖；22—壳体；23—循环球导管；24—导管压紧板；25—侧盖；26—锁紧螺母；27—调整螺钉；28—推力滚针轴承；29—定位销；30—锁销；31—止回阀；32—进油口；33—出油口；34—滚针轴承

图 3-28　北京切诺基汽车转阀整体式动力转向器

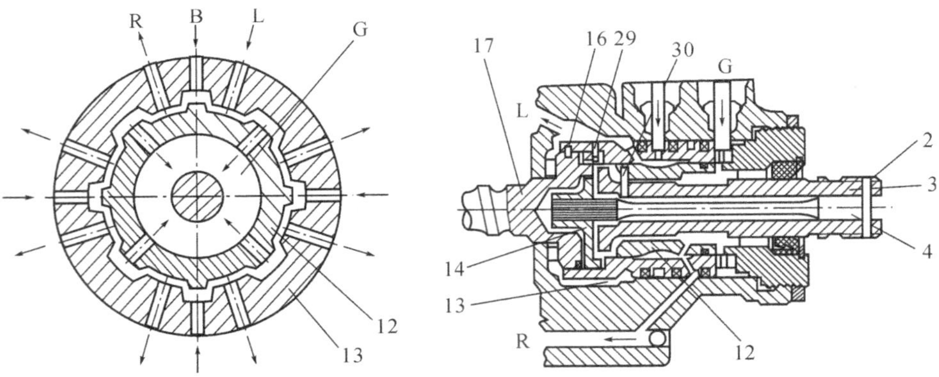

(a) 阀芯与阀体的相对位置　　(b) 阀芯中的油流情况

R—接右转动力缸；L—接左转动力缸；B—接转向油泵；G—接转向油罐

图 3-29　汽车直线行驶时转阀的工作情况

的间隙增大，因此R腔油液压力减小；通往L腔的进油间隙增大，L腔与阀芯回油道之间间隙变小或被关闭，因此L腔压力会迅速增大。这样，在左右压力差的作用下，动力缸活塞就会发生移动，产生助力。

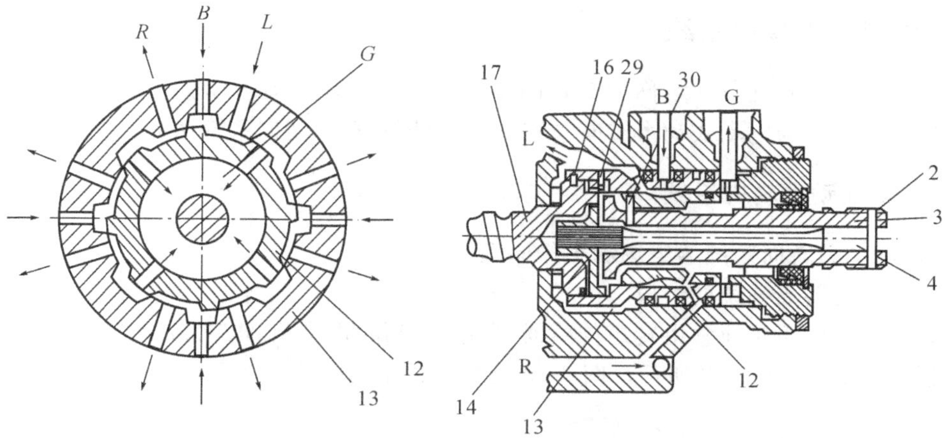

(a) 阀芯与阀体的相对位置　　　　(b) 阀芯中的油流情况

R—接右转动力缸；L—接左转动力缸；B—接转向油泵；G—接转向油罐

图 3-30　汽车左转弯时转阀的工作情况

汽车右转的情况与左转时类似，如图 3-31 所示。读者可自行分析。

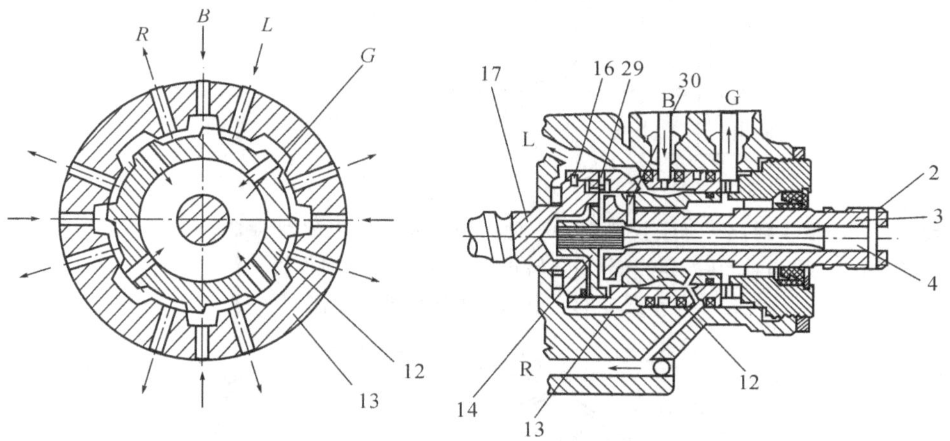

(a) 阀芯与阀体的相对位置　　　　(b) 阀芯中的油流情况

R—接右转动力缸；L—接左转动力缸；B—接转向油泵；G—接转向油罐

图 3-31　汽车右转弯时转阀的工作情况

当转向盘维持在某一个角度不动时，阀体在扭杆弹力和液力的作用下，沿转向盘旋转方向旋转一个角度，使之与阀芯的相对角位移量减小，上下动力腔油压差降低。此时，助力转矩与车轮上的回正力矩平衡，使车轮维持在一定的转角位置。

在转向过程中，转向盘转动速度越大，则阀体与阀芯相对角位移量也越大，上下动力腔油压差也越大，前轮偏转速度也越快，如果转向盘转得越慢，则前轮转得也越慢；若转向盘停在某一位置不动，则前轮也偏转到某一位置不动。此所谓“渐进随动原理”。

3 电控动力转向系统

电控动力转向系统英文名称为 Electronic Control Power Steering ,简称 EPS。电子控制动力转向系统分为电动式动力转向系统、电控液压式动力转向系统两大类。

3.1 电动动力转向系统

(1)电动动力转向系统的组成和工作原理

①电动动力转向系统的组成

电动动力转向系统通常由转矩传感器、车速传感器、电动机、电磁离合器、减速机构和电子控制器等组成,如图 3-32 所示。图 3-33 是奥拓轿车上电动转向系统各部件布置图。

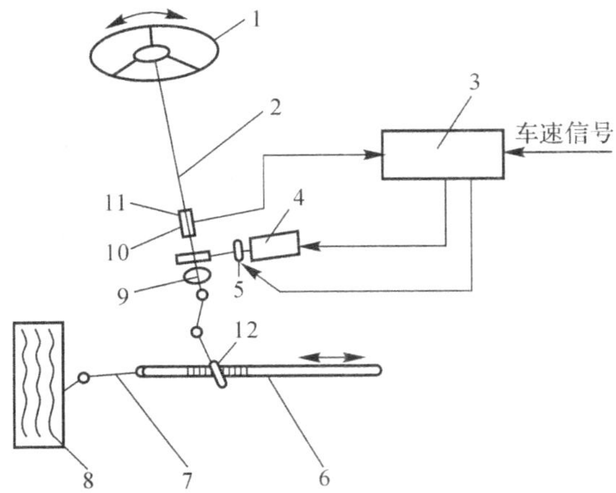

1—转向盘;2—输入轴;3—电子控制器;4—助力电动机;5—电磁离合器;6—转向齿条;7—横拉杆;8—轮胎;9—输出轴;10—扭力杆;11—转矩传感器;12—转向齿轮

图 3-32 电动动力转向系统组成

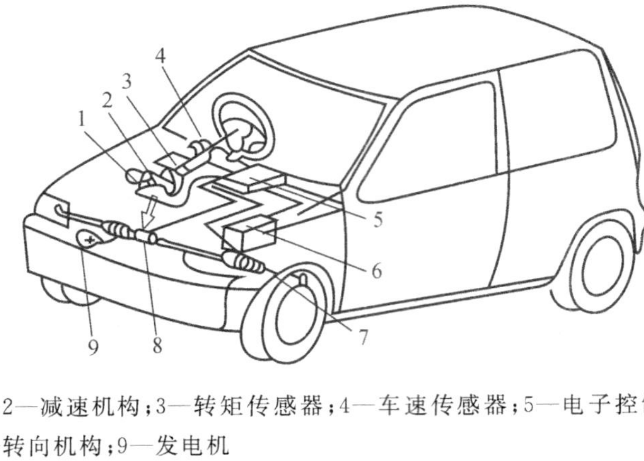

1—电动机与离合器;2—减速机构;3—转矩传感器;4—车速传感器;5—电子控制器;6—蓄电池;7—发动机转速传感器;8—转向机构;9—发电机

图 3-33 奥拓轿车电动转向系统布置

②电动动力转向系统工作原理

在汽车行驶过程中,安装在转向轴上的转矩传感器不断对转向轴上的转矩进行测量,把转矩的大小转换成电压信号;同时,车速传感器也不断输出车速信号。这两个信号同时被输入到电子控制单元中，控制器根据程序对这两个信号进行分析运算，确定需要助力的转矩大小和转矩的方向，即确定电动机的电流大小和方向，对转向系统进行助力。

(2)电动动力转向系统主要部件

电动动力转向系统主要由车速传感器、转矩传感器、电动机、电磁离合器、减速机构和电子控制单元等组成。

①转矩传感器

转矩传感器的作用是检测转向盘的转动方向以及转向盘和转向器之间的相对转矩。图 3-34 是电磁式转矩传感器的原理图。

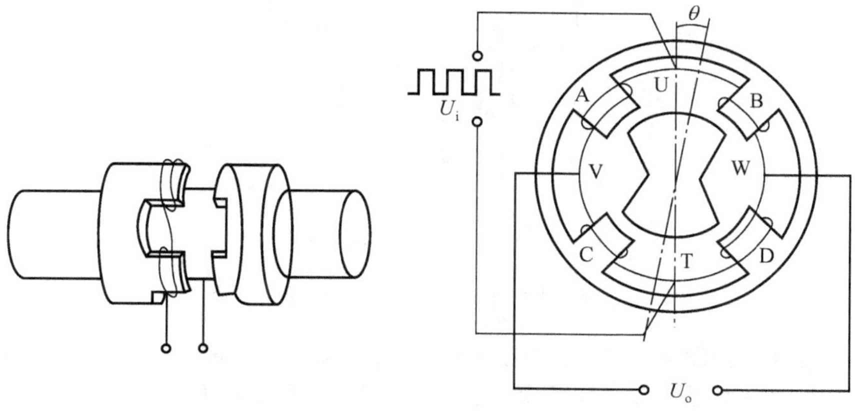

(a) 结构图　　(b) 原理图

图 3-34　转矩传感器原理

由磁性材料制成的定子和转子可以形成闭合的磁路，线圈 A、B、C、D 分别绕在极靴上，形成一个桥式回路。转向轴的扭转角度与作用其上的转矩大小成正比，所以，只要测出转角大小，就可以知道转矩的大小。

在线圈的 U、T 两端加上一个连续的脉冲电压 U_i，当转矩为零时，定子和转子之间的转角也为零。此时，定子和转子处于对称状态，每个极靴上的磁通量是相同的。电桥保持平衡，输出端 Y、W 两端的电位差 U_o 为零。

当转向轴上存在转矩时，定子和转子之间存在着相对转角，产生角位移 θ。极靴 A、D 间磁阻增加，B、C 间磁阻减小，此时，电桥失去平衡，在 V、W 间产生电位差。此电位差与转向轴转角 θ 的大小和输入电压 U_i 成正比。

图 3-35 是一种实际应用的电磁感应式传感器结构示意图，原理如前所述。

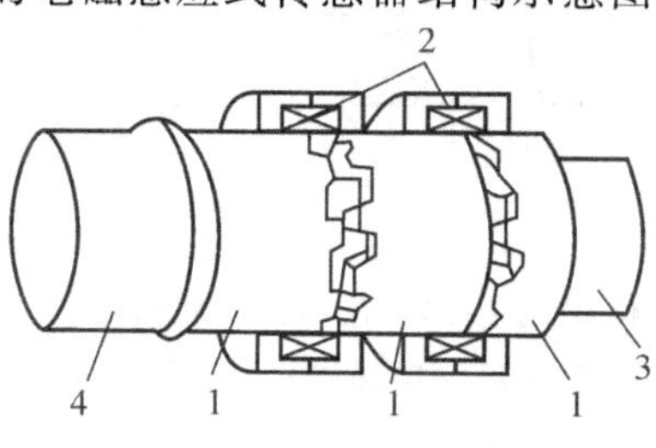

1—检测环；2—检测线圈；3—输入轴；4—输出轴

图 3-35　一种实际应用的转矩传感器

②电动机

电动动力转向系统一般采用永磁直流电动机，电控单元调节电动机工作电流的大小，对电机转矩的大小进行控制，满足不同车速下对转向助力的不同需求；借助控制电路来实现电动机的正反转，如图 3-36 所示。

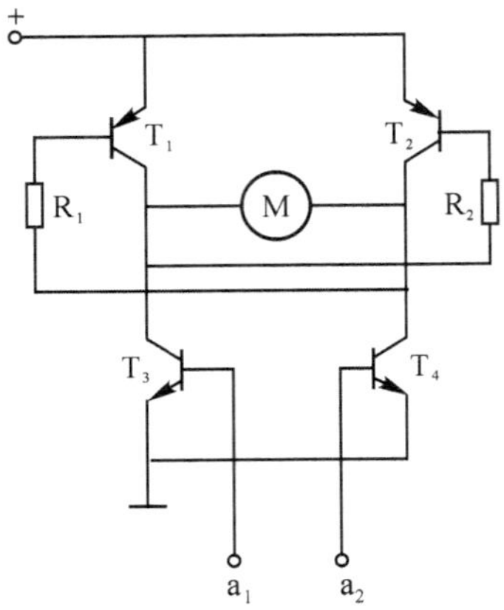

图 3-36　电动机正反转控制电路

a_1、a_2 为信号的触发端，直接连接电控单元，接受电控单元的直流信号，用来触发电动机的正反转。当 a_1 端收到输入信号后，T_3 导通，T_2 得到基极电流而导通，电流经过 T_2 的发射极和集电极、电动机 M、T_3 的集电极和发射极搭铁，电动机通电正转。当 a_2 端输入信号后，T_4 导通，T_1 基极得到电流而导通，电流经过 T_1 的发射极和集电极，电动机 M、T_4 的集电极和发射极搭铁，电动机有反向电流通过而反转。触发信号端得到电流的大小，直接控制通过电动机的电流的大小。

③离合器

电磁离合器位于电动机的输出端，用于接通和切断电动机与转向传动机构之间的动力传递，原理如图 3-37 所示。

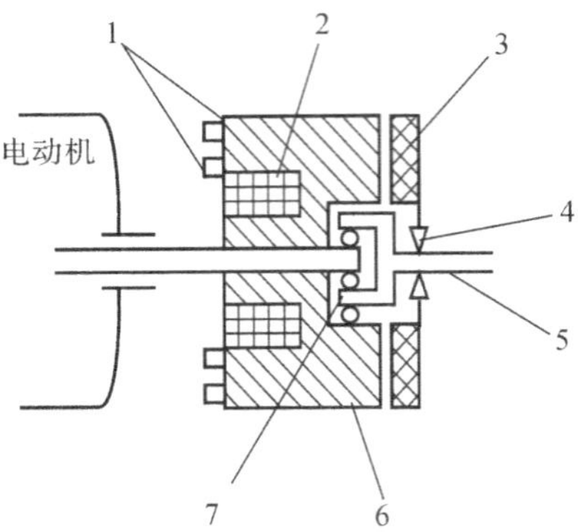

1—滑环；2—线圈；3—压板；4—花键；5—从动轴；6—主动轮；7—轴承

图 3-37　电磁离合器工作原理

线圈通电时，产生吸力，将带花键的压盘吸引过来与主动轮压紧，电动机的动力经过主动轮压盘和从动轴传递给转向机构；当线圈断电时，压盘和主动轮实现分离，电动机的动力无法传递给转向机构。

④减速机构

电机减速机构有多种型式，一般用蜗轮蜗杆与转向轴组合式或两级行星齿轮与传动齿轮组合式。图 3-38 是一种行星齿轮式减速机构的示意图。

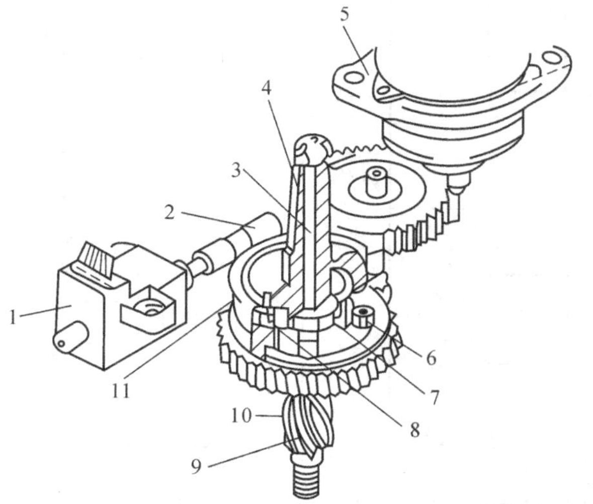

1—转向力矩传感器；2—转轴；3—扭力杆；4—输入轴；5—电动机与离合器；6—行星小齿轮 A；7—太阳轮；8—行星小齿轮 B；9—驱动小齿轮；10—齿圈 B；11—齿圈 A

图 3-38 两级行星齿轮减速机构

⑤电子控制单元

电子控制单元是电动式动力转向系统的控制中枢。在工作过程中，电控单元接收来自车速传感器和转矩传感器的信号，并进行分析计算处理和判断，然后向执行器（电动机和离合器）发出控制信号。另外，控制单元还有自诊断和安全控制功能，当检测到控制系统出现故障时，便把电磁离合器断开，停止动力转向功能，同时记录故障信息。

图 3-39 是一种电动动力转向控制系统图。其核心是一个有 4KROM 和 256KRAM 的 8 位单片机。来自转矩传感器的信号和车速传感器的信号通过接口电路输入到电控单元中，车速升高时，电控单元应相应地降低电动机的电流，减小助力转矩。同时，发动机的转速信号也被输入到电控单元中，发动机处于怠速状态时，由于供电不足，电动机和离合器不工作。因此，电控单元必须控制发动机使之处于高怠速状态。来自点火开关的通断信号经过 A/D 转换借口输入到电控单元中。点火开关断开时，电动机和离合器处于不工作状态。电控单元输出指令通过 D/A 接口电路送入电动机和离合器的驱动放大电路中，控制电机的转向和离合器的接合与分离。电动机的电流经过驱动放大电路电流表 A、A /D 转换接口反馈给电控单元，将电动机的实际电流与电控单元按指令应给的电流对比，调节电动机的实际电流的大小，使两者接近一致。

3.2 电控液压式动力转向系统

电控液压动力转向系统是在液式动力转向系统的基础上加装了一套电控装置。它通过控制电磁阀的动作，使动力转向液压控制回路根据车速变化，在低速时使驾驶员操纵力减

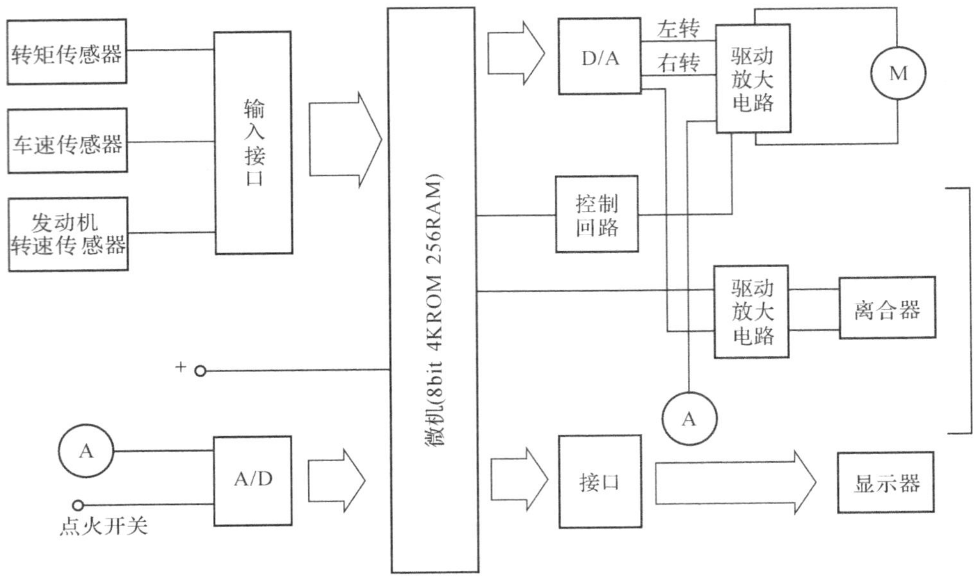

图 3-39　电动动力转向控制系统

轻，在中速以上时使驾驶员操纵力不至于太小，保持一定手感。

控制方式有三种：流量控制式、反力控制式和阀灵敏度控制式。

流量控制式 EPS 的控制原理是：在油泵和转向器之间设一条旁通油路，由旁通流量控制阀控制其流量大小，从而间接控制流入动力转向器的油量，达到改变助力大小的目的。流量控制式转向系统只需要对液压转向系进行简单改造就可以，但对操纵力的控制范围有限。

阀灵敏度控制式 EPS 根据车速控制电磁阀，直接改变动力转向控制阀的油压增益（阀灵敏度）来控制油压，从而控制转向力的大小。其具有结构简单、部件少、价格便宜的优点。

在本小节主要介绍反力控制式 EPS。

(1)反力式 EPS 的组成

电控液压式动力转向系统（反力式）主要由转向控制阀、电磁阀、分流阀、转向动力缸、转向油泵、储油罐、车速传感器、电子控制单元组成。如图 3-40 所示。

油压反力室 18 内有来自分流阀 3 的动力高压油，柱塞 17 在油压的作用下对转向阀杆 8 施加一个压力，在这个压力的作用下，产生摩擦力矩阻碍控制阀轴的转动。分流阀 3 送往油压反力室 18 的液压油压力越高，摩擦力矩就越大，表现为转向时的操纵力不同。

由电磁阀 4、分流阀 3 和节流孔 2 来共同控制油泵反力室 18 的油压。电磁阀的电流大小不同，其开度也不同，排回储液罐的油量也不同。分流阀 3 的作用是把油泵输出的油液向转向控制阀和电磁阀进行分流，如果转向控制阀的油压升高，则流向电磁阀（油压反力室）的油量增多。当转向控制阀一侧的油压达到一定值时，从固定的节流孔向油压反力室进油。

(2)反力式 EPS 的工作原理

对于反力控制式液力转向系统来说，有三种控制状态。电控单元根据传感器信号判断出车辆停止、低速状态和中高速状态，从而控制电磁阀通电电流。

①低速及停车的控制

通过电磁阀电流较大，分流阀分流的油液经过电磁阀回流到储液罐的油量也大，反力室

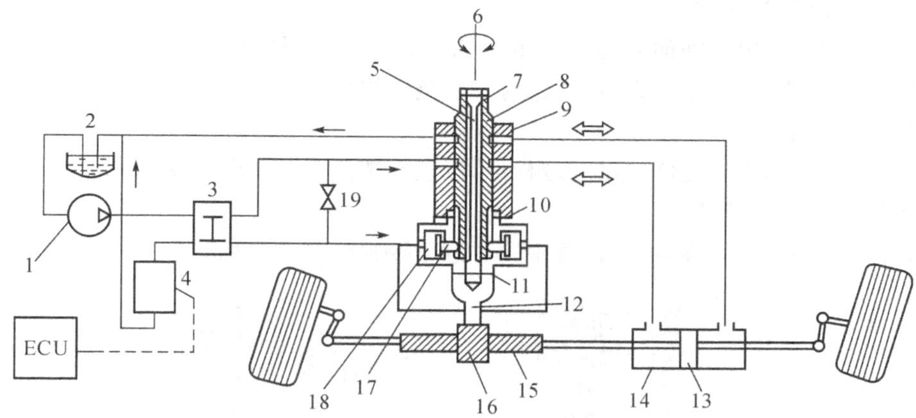

1—泵；2—储油罐；3—分流阀；4—电磁阀；5—扭力杆；6—转向盘；7、10、11—销；8—转向阀杆；9—控制阀阀体；12—小齿轮轴；13—活塞；14—转向动力缸；15—齿条；16—小齿轮；17—柱塞；18—油压反力室；19—阻尼孔

图 3-40 电控液压式动力转向系统(反力式)

18 油压较低，控制阀轴的摩擦力矩小，转向轻便省力。

②高速直线行驶控制

汽车直线行驶时，转向控制阀的进油路与回油路是连通的。当汽车由于某种原因偏离直线行驶的时候，进回油路的连通面积减小，进油处压力上升，通过分流阀进入电磁阀的油量增多。而又由于中高速时电磁阀的电流较小，泄油量减小，柱塞背压升高，阻力增大，增加"路感"，使驾驶员直线行驶感较好。

③高速转向控制

当汽车以中高速行驶时油压反力已经比较大，若在高速状态下转向，则转向控制阀的进回油路连通面积会进一步缩小，由分流阀进入油压反力室的油量进一步增多，同时从固定的小节流孔向油压反力室进油。此时，作用在柱塞上的背压更大。随着转向盘转角的增大，转向操纵力也随之增大，使得高速行驶时获得较好的操纵稳定性。

任务2 动力转向系的拆装

1 动力转向器的拆装

1.1 循环球转阀整体式动力转向器的拆装

1.1.1 循环球动力转向器的拆解

在拆卸分解循环球式动力转向器之前，应先将转向器内的润滑油放掉，然后检查转向器的转动力矩，若转向力矩不符合原厂规定且无法调整时，应予以更换。

图 3-41 为一循环球式动力转向器分解图。具体拆解步骤如下：

(1)用台虎钳夹持转向器壳体，拆下摇臂轴

(2)拆卸前端盖

用冲头冲击前端盖的弹簧挡圈，然后逆时针转动阀芯的枢轴，取下前端盖。

(3)拆卸转向齿条活塞

将带有花键的专用芯轴伸入活塞的中心孔中，顶住转向螺杆的端部。逆时针转动控制阀的枢轴，将专用芯轴、齿条活塞、钢球作为一个整体取出。

(4)拆卸上端盖

拆卸前应先在螺塞和壳体上做对位标记，以便在装配时易于保证阀的轴向间隙。

(5)拆卸阀体和密封件

阀体和阀芯是精密偶件，拆卸过程中要注意不要损伤其工作面。

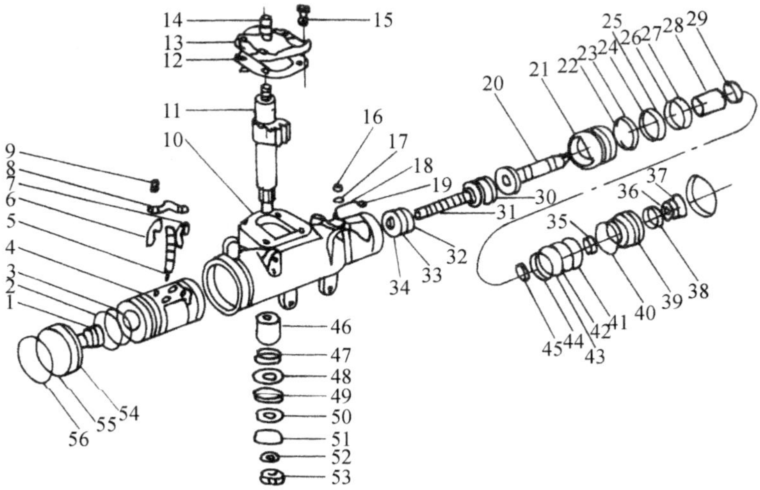

1—活塞端堵头；2、23、25、27—聚四氟乙烯密封环；3—O型密封环；4—齿条活塞；5—钢球；6、7—钢球导管；8—导管夹；9—导管夹固定螺栓；10—转向器壳体；11—摇臂轴；12—侧盖衬垫；13—侧盖；14—锁紧螺母；15—螺栓；16、19—软管接头座；17—单向阀；18—弹簧；20—输入轴总成；21—阀体；22、24、26—密封圈；28—阀芯；29、30、40、54—O型密封；31—转向螺杆；32—锥形推力轴承座圈；33、42—推力轴承；34—轴承座圈；35—滚针轴承；36—防尘密封圈；37、51、56—卡环；38—油封；39—上端盖；41—大止推垫圈；43—小推力轴承；44—隔圈；45、56—卡圈；47、48—单唇油封；49、50—支撑挡圈；52—垫圈；53—螺母；55—壳体前端盖

图3-41　循环球式动力转向器分解图

1.1.2　循环球动力转向器的装配

装配前，应将零部件进行清洗，然后用压缩空气吹干。装配步骤如下：

(1)将螺杆装入齿条活塞中，然后将间隔钢球和承载钢球从钢球导孔间隔装入。

(2)将钢球装满导管，然后用导管夹将其固定在齿条活塞上。

(3)用专用芯轴从前端顶住螺杆。

(4)安装阀体，阀体上的凹槽和螺杆上的定位销要对准。

(5)安装阀芯、输入轴总成、轴承及密封圈。

(6)把阀体和齿条活塞装入转向器壳体，取出专用芯轴。

(7)安装上端盖，并调整好其预紧度。

(8)安装摇臂轴组件和侧盖，调整T形销和槽之间的间隙。

(9)调整齿条齿扇啮合间隙，输入轴转矩应符合原厂规定。

1.2 齿轮齿条式动力转向器的拆装

1.2.1 齿轮齿条式动力转向器的拆卸

齿轮齿条式动力转向器的主要拆卸步骤如下：

(1)先将一些影响转向器拆卸的附件拆下，然后将转向节与转向器输入轴分离。

(2)拆下转向系的压力油管和回油管。

(3)从转向节上拆下横拉杆端头。

(4)将转向盘向左转到极限位置，以便于拆卸转向器。

(5)拆下转向器安装支架及隔垫。

(6)将转向器从中间轴上分离开，从车上拆下转向器，小心不要损坏转向器防尘套。

1.2.2 齿轮齿条式动力转向器的装配

(1)组装动力转向器总成，顺序与拆卸时相反。

(2)安装转向器时，先将转向器输入轴转至最左侧的位置，将右侧车轮转至最左端的位置。

(3)将转向器右侧穿过右侧护板的开口，向右移动转向器直至左侧横拉杆避开所有零件，以使转向器进入左侧护板开口位置。

(4)将转向器左侧穿入左护板开口，同时将动力转向油管移到正确的位置。转动转向器使联轴节进入仪表板开口，便于连接转向轴。

(5)将转向器与转向轴和左右侧车轮连接。

2 转向油泵的拆装

2.1 叶片式转向油泵的拆装

在拆下转向泵之前，首先要把泵内油液放净；在拆卸时在泵的前后壳体接合面上打上装配记号。另外，在拆下偏心壳时务必使叶片不要与转子脱开，拆卸卡环和油封时要使用专用工具进行拆卸；拆下转子时，注意打上能表明转子转向的安装记号；皮带轮拆卸前也应该打上安装记号。

叶片式油泵拆卸步骤如下：

(1)拆下压力管道，拧松皮带轮螺栓，将油泵从发动机上拆下。

(2)将油泵夹持在台虎钳上。

(3)拆下油泵吸入口的管接头，取出O型圈。

(4)在前后壳体上打上装配记号，拧松螺栓，拆下壳体。

(5)拆下垫片、凸轮圈、转子、叶片、直销等零件。

(6)夹持好前壳体，拆下卡环，压出泵轴，注意保护好泵轴上的细齿。

(7)拆下后板、波形垫圈和O型板。

(8)依次拆下压力口管接头、流量控制阀、弹簧以及O型圈。

叶片式油泵的装配顺序与拆卸相反。应注意如下问题：

(1)凸轮圈与前壳体油道要对正。

(2)叶片带圆弧一边朝外。

(3)装配前后壳体时,要对正装配记号,按规定力矩拧紧螺栓。

(4)装配好的油泵,转子轴转动力矩应小于 28N·m。

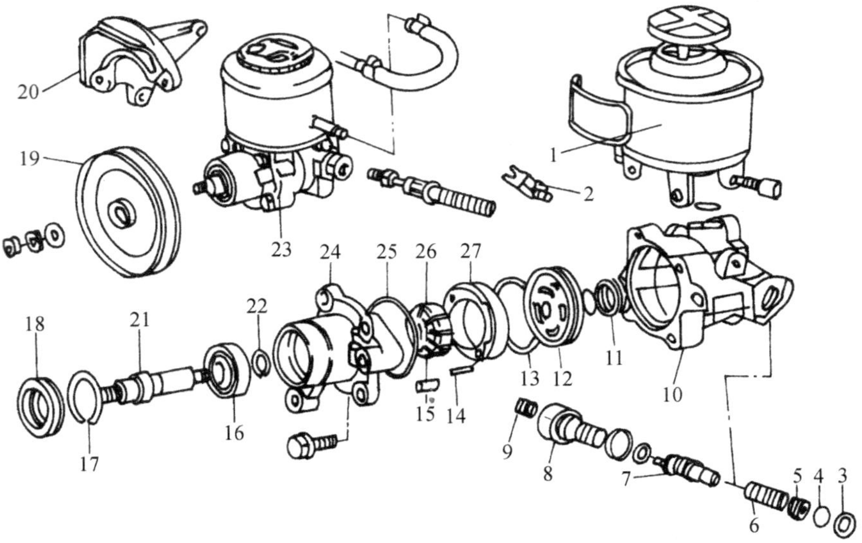

1—支架;2—皮带轮;3—油封;4—转子轴;5、15、27—卡环;6—液压泵总成;7—前壳;8、16、23—O型环;9—转子;10—凸轮圈;11—储油罐;12—通气阀;13、18—弹簧;14—后壳;17—弹簧座;19—流量控制阀;20—阀座;21—接头座;22—后板;24—直销;25—叶片;26—轴承;27—锁环

图 3-42 叶片泵分解图

2.2 转子式动力转向泵的拆装

拆卸前先松开皮带张紧装置,再拆下皮带轮螺母和皮带轮,并把液压油放入容器中,最后把泵拆下。

转子泵拆卸步骤如下:

(1)用专用工具将泵夹持在台虎钳上,做好装配记号,拆下储油罐及连接螺栓,拆下前后壳体、侧板和O型圈。

(2)取出转子轴、滑块、弹簧和弹簧座。

(3)用橡胶锤分离定子与后壳体和后板,取出O型圈。

(4)取出液压泵流量控制阀各个零件。

转子泵组装步骤如下:

(1)将后壳体固定在台钳上,装上流量控制阀。

(2)装配定子与后壳体。注意使侧板带大倒角的一边朝向壳体,对准装配记号。

(3)装配转子轴、滑块、弹簧及弹簧座。

(4)组装前壳体与定子。注意装配记号要对正。

(5)安装储油罐,装好皮带轮。弹簧秤测量皮带轮边缘转动力应不大于 28N·m。

(6)排除转向系空气,并检查是否有泄露。

3　任务工单

学生依据实践指导材料的要求及操作步骤，在教师的指导下完成本工作任务，并填写任务工单。

3.1　整体式动力转向器的拆装

整体式动力转向器拆装任务工单

任务名称	整体式动力转向器的拆装	实训设备	专用工具、扳手等
客户任务	一辆汽车整体式动力转向器出现故障，请正确进行拆检。		
任务目的	能正确使用工具，能够根据规范正确拆装整体式动力转向器。		

一、资讯

1. 动力转向器的工作原理。

2. 整体式动力转向器的结构型式。

二、决策与计划

根据任务要求，确定所需要的设备、工具，并对小组成员进行合理分工，制定详细的工作计划。

1. 讨论确定整体式动力转向器的拆装所需要的设备、工具。

2. 小组成员分工。

3. 制订整体式动力转向器拆装的操作步骤。

(1)______

(2)______

(3)______

(4)______

三、实施过程记录

1. 分析你所实践用的整体式动力转向器的结构特点。

2. 记录你所实践用的整体式动力转向器的拆装顺序、规定扭矩。

四、检查与评估

1. 检查整体式动力转向器的拆装是否正确。

2. 请根据任务完成的情况，对自己的工作进行自我评估，并提出改进意见。

3. 教师对小组工作情况进行评估，并作出点评。

3.2 叶片式动力转向泵的拆装

叶片式动力转向泵拆装任务工单

任务名称	叶片式动力转向泵的拆装	实训设备	专用工具、扳手等
客户任务	一辆汽车动力转向泵工作不正常，请正确进行拆检。		
任务目的	能正确使用工具，能够根据规范正确拆装叶片泵。		

一、资讯

1. 叶片泵的工作原理。

2. 叶片泵的组成部分及功用。

二、决策与计划

根据任务要求，确定所需要的设备、工具，并对小组成员进行合理分工，制定详细的工作计划。

1. 讨论确定叶片泵的拆装所需要的设备、工具。

2. 小组成员分工。

3. 制订叶片泵拆装的操作步骤。

(1)____________________

(2)____________________

(3)____________________

(4)____________________

三、实施过程记录

1. 分析你所实践用叶片泵的结构特点。

2. 记录你所实践用发叶片泵的拆装顺序及应该注意的问题。

四、检查与评估

1. 检查叶片泵的拆装是否正确。

2. 请根据任务完成的情况，对自己的工作进行自我评估，并提出改进意见。

3. 教师对小组工作情况进行评估，并作出点评。

任务3　动力转向系的故障诊断与检修

1　动力转向系常见故障的诊断

动力转向系的常见故障有转向系噪声、转向沉重等。

(1)转向系噪声

①故障现象

转向时有轻微噪声是正常的，噪声太大时需要进行检查和排除。

②故障原因

a. 液压系统渗入空气。

b. 油泵磨损严重或损坏。

c. 液压回路堵塞或储油罐滤网堵塞。

d. 转向控制阀性能不良。

e. 油管接头松动或油管破裂。

③故障排除

a. 排除液压系统空气。

b. 更换油泵。

c. 修复(疏通)液压回路，更换储油罐滤网。

d. 更换转向控制阀。

e. 拧紧油管接头、更换新油管。

(2)转向沉重

①故障现象

装备液压动力转向系统的汽车，在行驶过程中突然感到转向沉重、助力不足。

②故障原因

a. 泵的皮带松动。

b. 油面低。

c. 轮胎充气不当。

d. 转向器泄漏大。

e. 流量控制阀卡住。

f. 油泵磨损。

g. 液压回路渗入空气。

h. 动力缸或转向控制阀密封损坏。

③故障排除

a. 重新调整皮带松紧度。

b. 加油到规定油面，如油面过低，则需要检查管路和接头。

c. 按规定气压充气。

d. 对整个动力系统进行测试，然后采取相应措施。

(3)左右转向轻重不同

①故障现象

汽车行驶时,左右两侧的操纵力大小不等。

②故障原因

a. 控制阀的阀芯偏离中间位置或阀体与槽肩缝隙的大小不一致。

b. 控制阀内有污物,导致左右转向阻力不同。

c. 液压系统的动力缸油腔进空气。

d. 油路漏损。

③故障排除

a. 更换控制阀或调整阀芯位置。

b. 检查并更换控制阀内新油。

c. 对液压系统进行排气。

d. 检查油路泄露部位,更换泄露部件。

(4)直线行驶时方向盘发飘或跑偏

①故障现象

汽车直线行驶时,难以保持正前方向而总向一边跑偏。

②故障原因

a. 油液脏污,控制阀回位弹簧折断或变软,控制阀不能及时回位。

b. 转向控制阀的阀芯偏离中间位置或阀体与槽肩缝隙的大小不一致。

c. 流量控制阀卡滞使油泵流量过大或管路布置不合理,造成管路节流损失过大,使动力缸左右腔压力差过大。

③故障排除

a. 检查油液,必要时换油;若为控制阀故障,则检修控制阀。

b. 如转向控制阀的阀芯偏离中间位置或阀体与槽肩缝隙的大小不一致,则检修控制阀。

c. 检查流量控制阀,合理布置管路。

(5)转向盘发抖

①故障现象

发动机工作时转向,尤其是原地转向时,滑阀共振,转向盘发抖。

②故障原因

a. 储液罐液面低。

b. 油路中有空气。

c. 转向油泵驱动皮带打滑。

d. 油泵输出压力不足。

e. 转向油泵流量控制阀卡住。

③故障排除

a. 加注转向液。

b. 对液压系统进行排气。

c. 调整皮带预紧度或更换性能不良部件。

d. 检查油泵是否过度磨损;是否内部泄露等等,进行相应修理或更换油泵。

e. 检修流量控制阀。

(6)转向盘回正不良

①故障现象

完成转向后,转向盘不能回到直线行驶位置。

②故障原因

a. 转向油泵输出油压低。

b. 油路中有空气。

c. 回油软管扭曲阻塞。

d. 转向控制阀转向动力缸发卡。

e. 转向控制阀定中不良。

③故障排除

a. 检查转向油泵是否存在内部泄漏、安全阀或控制阀发卡等,更换油泵或进行相应修理。

b. 对液压系统进行排气。

c. 更换回油软管。

d. 修复转向控制阀损坏零件或更换动力缸等。

e. 修理转向控制阀。

2　动力转向系的检修

动力转向系包括普通动力转向系和电控动力转向系,这里只介绍普通动力转向系的检修。

主要零部件检修有以下内容:

(1)滑阀和阀体的定位孔出现裂纹、明显的磨损或滑阀在阀体内发卡,应该更换阀体组件。

(2)输入轴配合表面不得有明显的磨痕、划伤和毛刺,否则应更换。

(3)修理时,必须更换所有的橡胶类密封件。

(4)壳体上的球堵堵盖之类的密封件不得有渗漏现象。

(5)油泵的检修。

以叶片式油泵为例,叶片式油泵的主要部件见图 3-42,检修内容如下:

①更换油封和橡胶类密封圈。

②检查叶片与转子滑槽表面应无划痕、烧灼和疲劳破坏;其配合间隙一般不大于 0.035mm;叶片磨损后的高度和厚度不得小于原厂规定的使用限度,否则应更换叶片和总成。

③转子轴颈配合间隙约为 0.03～0.05mm,间隙过大时,应视情况更换轴承。

④转子与凸轮环配合间隙约为 0.06mm。工作面要光滑,无疲劳损坏等缺陷。转子与凸轮环一般配对使用,成对更换。

⑤皮带轮有缺陷或其他原因而丧失平衡性能之后,应更换。

⑥流量控制阀弹簧的弹力或自由长度应符合原厂规定;检查流量控制阀球阀密封性时,先堵塞进液孔,然后从旁通孔通入 0.39～0.49MPa 的压缩空气,其出孔处不得漏气。否则,

应更换控制阀。

3　任务工单

学生依据实践指导材料的要求及操作步骤，在教师的指导下完成本工作任务，并填写任务工单。

动力转向系检修任务工单

任务名称	动力转向系的检修	实训设备	专用工具、扳手等
客户任务	一辆装有液压动力转向系统的汽车，在行驶中出现故障，请分析其原因并予以排除。		
任务目的	能正确使用工具，诊断和排除动力转向系统故障。		

一、资讯

1. 动力转向系统的组成、动力转向器结构和工作原理。

2. 动力转向系常见故障位置、原因等的分析。

二、决策与计划

根据任务要求，确定所需要的设备、工具，并对小组成员进行合理分工，制定详细的工作计划。

1. 讨论确定动力转向系故障诊断所需要的设备、工具。

2. 小组成员分工。

3. 制订动力转向系故障的诊断流程。

(1)______________________________

(2)______________________________

(3)______________________________

(4)______________________________

三、实施过程记录

1. 分析你所实践用的动力转向系的结构特点和工作原理。

2. 动力转向系故障的诊断以及应该注意的问题。

3. 记录动力转向系故障的诊断流程。

四、检查与评估

1. 检查动力转向系的故障是否排除。

2. 请根据任务完成的情况，对自己的工作进行自我评估，并提出改进意见。

3. 教师对小组工作情况进行评估，并作出点评。

任务 4　动力转向系的试验与调整

动力转向系装配完成后，需进行油量油压试验，排除系统内的空气，调整油泵皮带的预紧力等作业，保证动力转向系良好的工作性能。无动力转向试验台的也可进行就车试验，程序如下：

(1)检查轮胎气压。

(2)检查调整转向桥、转向系各部位配合间隙以及转向盘的自由转动量。

(3)检查调整转向轮定位。

(4)检查转向油泵皮带张力。

以原厂规定压力(约 98N)按压皮带中部，皮带挠度应在一定范围内：新皮带 7～9mm，旧皮带 10～12mm。

(5)检查发动机怠速提高能力。

发动机性能正常，怠速稳定条件下，转向盘转至极限位置；夹紧空气量控制阀软管，发动机转速应急剧下降，反之应急速上升。

(6)检查储油罐液位。

将汽车停止在路面上，发动机怠速运转(1000r/min)，将方向盘反复打到极限位置，若液压油温度升至 323～353K，则油位应在上下标线(HOT 和 COLD)之间，且油中无气泡。

检查各部位无漏油后，若需补充液压油，按原厂规定牌号补油。

若需更换液压油，先顶起前桥，从储液罐和回油管排除旧油；使发动机怠速运转，同时将转向盘向左右反复转到极限位置，直至旧油液排尽 1～2s，再加入新油液。

(7)动力转向系统排气。

架起前桥，发动机怠速运转，反复左右转动转向盘至极限位置，直至储液罐中无气泡冒出并消除乳化现象，表明空气基本排尽。

发动机刚熄火时，应无气泡冒出，停机 5 分钟后，液面应上升 5mm 左右。

(8)检查动力转向系统油压。

测油压之前，应在动力转向器的进油管道上串入油压测试仪，如图 3-43 所示。油压测试仪由油压表和截止阀并联而成。

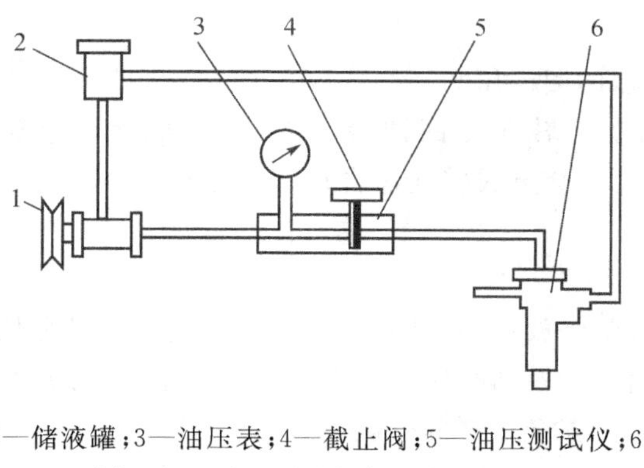

1—转向油泵；2—储液罐；3—油压表；4—截止阀；5—油压测试仪；6—动力转向器

图 3-43　油压测试仪与系统的连接

①转动方向盘至右极限位置。

②启动发动机，速度稳定在1500～1600r/min。关闭截止阀，油压表指示压力应符合原厂规定(一般不低于7MPa)，截止阀关闭时间不宜超过10s，以免对转向油泵造成不良影响。

(9)测量动力转向器有效油压。

维持发动机怠速运转，截止阀完全打开，转向盘转至极限位置，此时，油压应符合原厂规定(一般不低于7MPa)。否则，说明转向器内部有泄漏。

(10)检验流量控制阀的工作性能。

检查流量控制阀的工作性能方法有两种：一种是检验发动机怠速时，急加速情况下系统油压回降情况；另一种方法是检验无负荷时的油压差。

①检查系统油压差

将油压测试器安装在动力转向器的进油管道上，使发动机处于稳定怠速工况，调整截止阀开度，使油压表指示油压为3MPa；转向盘不动，怠速范围内急加速，油压表读数随发动机增大而增大；突然放松踏板，使发动机恢复稳定怠速工况，油压表仍能恢复到3MPa，说明流量控制阀性能可靠。否则，表明流量控制阀卡死或堵塞，应检修或更换。

②测量无负荷油压

完全打开截止阀，分别测量发动机转速在1000r/min和3000r/min两个转速下的油压差，若小于0.49MPa，说明流量控制阀性能良好，动作灵活。否则表明控制阀需要检修或更换。

(11)系统防过载装置的调整。

系统防过载装置由转向器限位螺栓和车轮最大转向角限位螺栓组成。前者用来限制齿扇最大摆角，后者用来限制转向轮的最大转角。要求转向盘转到左右极限位置时摇臂轴先碰到转向器限位螺钉之后，转向节才碰到最大转向角限位螺栓，防止转向车轮转角过大，造成管路油压突然升高产生过载，损坏密封件或使管道胀裂。

①将油压测试器装载转向器的进油管路上，使发动机处于稳定怠速工况。

②松开转向器限位螺栓，再将转向盘转至一侧极限位置。

③将转向器限位螺栓拧进与齿扇刚刚接触后，再退回1/3圈，此时，指示油压应在0～2MPa之间。

④调整最大转角限位螺栓，使转向轮和最大转角限位螺栓抵触时，指示油压应不低于7MPa。

(12)检查动力转向器的回油压力。

把油压测试器装在动力转向器回油管路上，发动机处于怠速工况，油压指示不低于0.5MPa。若回油压力过大，会造成转向盘自动向左方转动，说明回油管堵塞或压瘪，回油阻力过大。

(13)测量转向力。

落下汽车前桥，使汽车停放在平坦路面上，两转向轮处于平行位置。在发动机怠速运转的情况下，测量转向盘向左右转动时所需的力矩。带安全气囊的动力转向系，转向盘周边的转动力一般不大于39N，无安全气囊的一般不大于7.5N。

复习思考题

1. 简述动力转向系统的功用。
2. 简述普通动力转向系统的组成。
3. 叙述液压常流滑阀式动力转向装置在汽车直行和右转时的工作过程。
4. 简述EPS的组成与工作原理。
5. 为什么装有动力转向装置的转向系能有效避免方向盘打手?

单元 4 制动系

单元知识背景

应知目标：

1. 能正确描述汽车制动系的功用、组成以及简单液压制动系的基本结构与原理；
2. 能正确描述制动传动装置的类型及作用。

1　汽车制动系的功用与组成

1.1　制动系的功用

汽车制动系的功用是：使行驶中的汽车按照驾驶员的要求进行强制减速甚至停车；使已停驶的汽车在各种道路条件下（包括在坡道上）稳定驻车；使下坡行驶的汽车速度保持相对稳定。

1.2　制动系的组成

任何制动系都具有以下四个基本组成部分：

(1)供能装置——包括供给、调节制动所需能量以及改善传能介质状态的各种部件。

(2)控制装置——包括产生制动动作和控制制动效果的各种部件。

(3)传动装置——包括将制动能量传输到制动器的各个部件。

(4)制动器——产生阻碍车辆的运动或运动趋势的力（制动力）的部件。

1.3　制动系的类型

(1)按制动系的功用分类

①行车制动系——在行车过程中经常使用的使行驶中的汽车减低速度甚至停车的一套专门装置。

②驻车制动系——使已停驶的汽车驻留原地不动的一套装置。

(2)按制动系的制动能源分类

①人力制动系——以驾驶员的肌体作为唯一的制动能源的制动系。

②动力制动系——完全靠由发动机的动力转化而成的气压或液压形式的势能进行制动的制动系。

③伺服制动系——兼用人力和发动机动力进行制动的制动系。

(3)按照制动能量的传输方式，制动系又可分为机械式、液压式、气压式和电磁式等。

2　制动装置的基本结构与工作原理

图 4-1 所示为一种简单的液压制动系示意图，制动鼓 8 固定在车轮轮毂上，随车轮一同旋转。在固定不动的制动底板 11 上，有两个支承销 12，支承着两个弧形制动蹄 10 的下端，制动蹄的外圆面上装有摩擦片 9。制动底板上还装有液压制动轮缸 6，用油管 5 与装在车架上的液压制动主缸 4 相连通。主缸活塞 3 可由驾驶员通过制动踏板机构来操纵。制动系不工作时，制动鼓的内圆面与制动蹄摩擦片的外圆面之间保持一定的间隙，使车轮和制动鼓可以自由旋转。

驾驶员踩下制动踏板 1，通过推杆 2 和主缸活塞 3，使主缸内的油液在一定压力下流入轮缸，并通过两个轮缸活塞 7 推使两制动蹄绕支承销转动，上端向两边分开而以其摩擦片压紧在制动鼓的内圆面上。这样，不旋转的制动蹄就对旋转着的制动鼓作用一个摩擦力矩 M_u，其方向与车轮旋转方向相反。制动鼓将该力矩 M_u 传到车轮后，由于车轮与路面间有附着作用，车轮对路面作用一个向前的周缘力 F_u，同时路面也对车轮作用着一个向后的反作用力，即制动力 F_B。制动力 F_B 由车轮经车桥和悬架传给车架及车身，迫使整个汽车产生一定的减速度。制动力越大，则汽车减速度也越大。当放开制动踏板时，制动蹄回位弹簧 13 即将制动蹄拉回原位，摩擦力矩 M_u 和制动力 F_B 消失，制动作用即行解除。

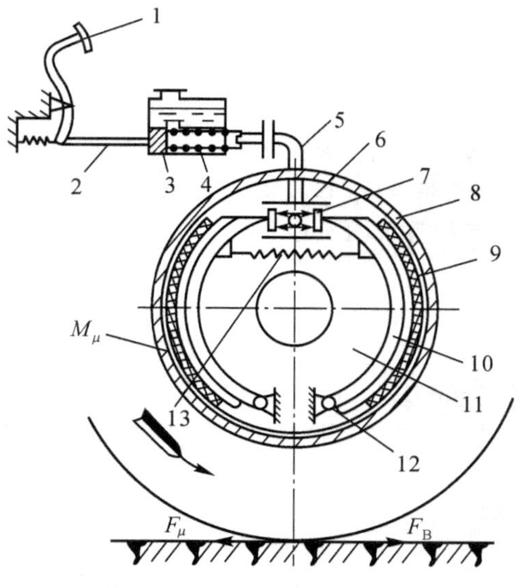

1—制动踏板；2—推杆；3—主缸活塞；4—制动主缸；5—油管；6—制动轮缸；7—轮缸活塞；8—制动鼓；9—摩擦片；10—制动蹄；11—制动底板；12—支承销；13—制动蹄回位弹簧

图 4-1　制动系统基本构造与工作原理

3 对制动系的基本要求

为保证汽车能在安全的条件下发挥出高速行驶的能力，制动系必须满足下列要求：

(1)应具有足够的制动力，工作可靠。

(2)操纵轻便。一般要求施于踏板上的力不大于200～300N；紧急制动时，不超过700N。施于手制动杆上的力不大于250～350N。

(3)前后桥上的制动力分配应合理，左、右车轮上的制动力应相等。

(4)制动平稳。制动时，制动力应逐渐迅速增加；解除制动时，制动作用应迅速消失。

(5)避免自行制动。在车轮跳动或汽车转向时，不应引起自行制动。

(6)散热性好并且能防水、防油、防尘。

(7)对挂车的制动系，要求挂车的制动作用略早于主车，挂车自行脱挂时能自动进行应急制动。

复习思考题

1. 汽车制动系的作用是什么？它由哪些装置组成？
2. 简要说明制动力产生的过程。

项目1 制动器的认知与检修

应知目标：

1. 能描述制动器的类型；
2. 描述鼓式制动器的结构类型、结构特点及工作原理；
3. 描述盘式制动器的类型、结构特点及工作原理；
4. 描述驻车制动器的类型、结构特点及工作原理。

应会目标：

1. 能正确拆装制动器；
2. 能正确对制动器进行检查与调整。

任务1 制动器认知

制动器的旋转元件固装在车轮上，制动力矩直接作用于车轮上的制动器称为车轮制动器。车轮制动器分为鼓式和盘式两大类，都是利用固定元件与旋转元件工作表面的摩擦而产生制动力矩，均属于摩擦式制动器。鼓式制动器摩擦副中的旋转元件为制动鼓，其内圆柱面为工作表面；盘式制动器摩擦副中的旋转元件为圆盘状的制动盘，以端面为工作表面，盘式制动器多用于轿车和轻型汽车。

1　鼓式车轮制动器

鼓式车轮制动器多为内张双蹄式，按张开装置的型式，鼓式车轮制动器可分为以液压轮缸作为制动蹄张开装置的轮缸式制动器和以凸轮作为张开装置的凸轮式制动器。

按制动时两制动蹄对制动鼓作用的径向力是否平衡，鼓式车轮制动器又可分为简单非平衡式、平衡式和自增力式制动器。

本节主要介绍以液压轮缸作为制动蹄张开装置的轮缸式制动器。

1.1　简单非平衡式制动器

图4-2为简单非平衡式制动器示意图，其结构特点是两制动蹄的支承点都位于蹄的一端，两支承点与张开力作用点的布置都是轴对称式；轮缸中两活塞的直径相等。

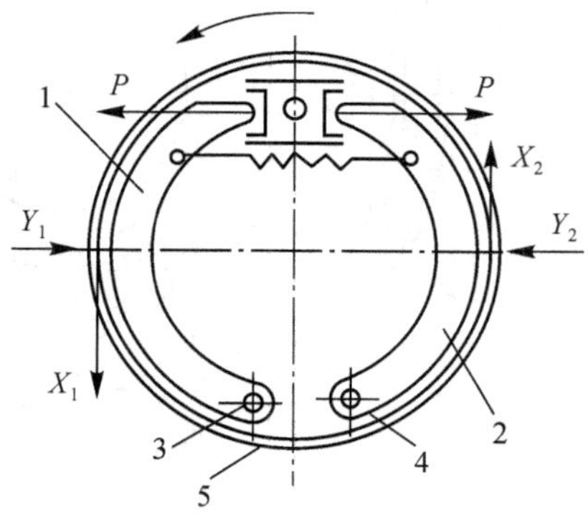

1—前制动蹄；2—后制动蹄；3、4—支承销；5—制动鼓

图4-2　简单非平衡式制动器示意图

制动时，轮缸内油压升高，推动活塞向两端移动。因两活塞直径相等，故其对两制动蹄1和2施加大小相等的张开力，使蹄1和2分别绕各自的支承销3和4向外转动，直至其摩擦片压靠到制动鼓内圆工作面上。与此同时，旋转着的制动鼓即对两制动蹄分别作用法向反力Y_1和Y_2，以及相应的切向反力，即摩擦力X_1和X_2。为简化起见，假设这些反力都集中作用于摩擦片的中央。如果车轮按逆时针方向旋转，则前制动蹄1所受的摩擦力X_1和后制动蹄2所受的摩擦力X_2的方向相反。蹄1所受的由摩擦力X_1所产生的绕支承销3的力矩与该蹄张开力P所产生的绕支承销3的力矩方向相同，因而摩擦力X_1作用的结果是使前制动蹄1对制动鼓的压紧力增大，从而使该蹄所产生的制动(摩擦)力矩增大，即具有“助势”作用，故称为助势蹄，也称为领蹄或紧蹄。摩擦力X_2则有使制动蹄2离开制动鼓的倾向，使蹄对鼓的压紧力减小，从而使该蹄的制动力矩减小，具有“减势”作用，故称为减势蹄，也称为从蹄或松蹄。

由上述可见，虽然前、后两蹄所受张开力P相等，但因摩擦力X_1和X_2所起的作用相反，且轮缸两活塞又是浮动的，结果使两蹄所受到制动鼓的法向反力却不相等，即$Y_1>Y_2$，相应地摩擦力$X_1>X_2$，故两制动蹄对制动鼓作用的制动力矩不相等。通常，助势蹄的制动力矩约为减势蹄的2～2.5倍。由于制动蹄对制动鼓施加的法向力(数值上分别等于Y_1和Y_2)不相等，两者不能相互抵消，其差值使轮毂轴承受附加载荷，故称这种制动器为非平衡式制动器。

倒车制动时，由于制动鼓旋转方向（即摩擦力方向）的改变，使前制动蹄 1 变为减势蹄，后制动蹄 2 变为助势蹄，但整个制动器的制动效能还是同前进制动时一样。

北京 BJ2020N 型汽车的后轮制动器即为简单非平衡式制动器，其具体结构如图 4-3 所示。

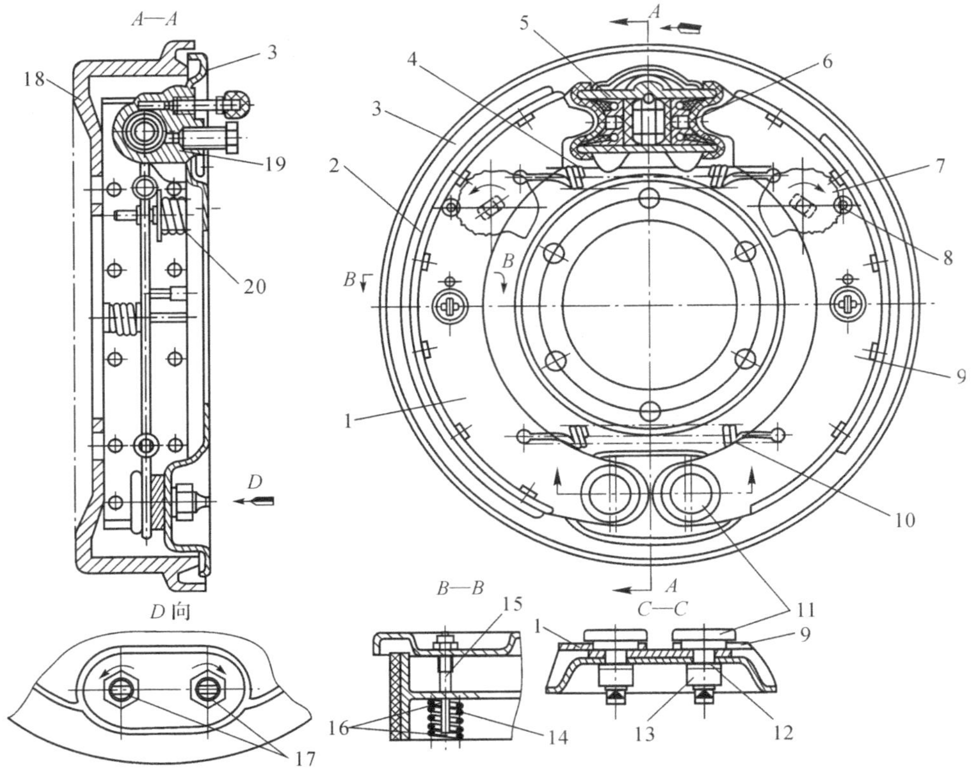

1—前制动蹄；2—摩擦片；3—制动底板；4、10—制动蹄回位弹簧；5—制动轮缸活塞；6—活塞顶块；7—调整凸轮；8—调整凸轮锁销；9—后制动蹄；11—支承销；12—弹簧垫圈；13—螺母；14—制动蹄限位弹簧；15—制动蹄限位杆；16—弹簧盘；17—支承销内端面上的标记；18—制动鼓；19—制动轮缸；20—调整凸轮压紧弹簧

图 4-3 北京 BJ2020N 型汽车的后轮制动器

旋转元件制动鼓 18 以鼓盘中部的制口和端面定位，并用螺栓固定在车轮轮毂的凸缘上，随同车轮旋转。制动鼓腹板外边缘处开有一个检查孔，用以检查制动蹄摩擦片与制动鼓之间的间隙即制动器间隙。

固定元件为制动底板 3 和制动蹄 1、9，制动底板 3 用螺栓与后驱动桥壳上的凸缘连接（前轮制动器的制动底板则与前桥转向节的凸缘连接）。前后两制动蹄 1 和 9 用钢板焊接而成 T 形截面，蹄腹板下端孔分别与支承销 11 上的偏心轴颈作间隙配合，上端顶靠在轮缸 19 的活塞顶块上。制动蹄的外圆面上用埋头铝铆钉铆接着摩擦片 2。

制动轮缸 19 用螺钉固定在制动底板 3 上。顶块 6 与活塞 5 压合为一体，制动蹄腹板的上端松嵌入顶块 6 的直槽中，制动蹄靠活塞在轮缸内的位移来张开，两个活塞 5 的直径相同。

制动底板上装有两个调整凸轮 7 作为定位调整机构用以保持和调整制动蹄和鼓正确的相对位置，用压紧弹簧 20 固定在调整好的任何位置上。两制动蹄由回位弹簧 4 和 10 拉紧，并以焊接在腹板上的锁销 8 靠紧在凸轮 7 工作面的某一圆弧槽中，这样可更好地保持凸轮的正确位置和制动器间隙。限位杆 15 用螺纹旋装在制动底板上，弹簧 14 的拉杆穿过制动底板和制动蹄腹板上的大孔将弹簧压缩，使制动蹄的腹板紧靠在限位杆 15 的端部，以防止制动蹄轴向窜动。

制动间隙调整：通过凸轮 7 可以可使蹄内外摆动，蹄鼓间隙按上大下小的规律变化；转动偏心的支承销 11 可使蹄上下内外运动，利于蹄鼓间全面贴合。

国内轿车红旗 7220、奥迪 100 型、捷达等后轮制动器与上述结构相同。

桑塔纳轿车的后轮制动器也采用了非平衡式制动器，如图 4-4 所示。该制动器的结构特点是在基本制动器的结构基础上又增加了驻车制动装置和制动器间隙自动调整装置。

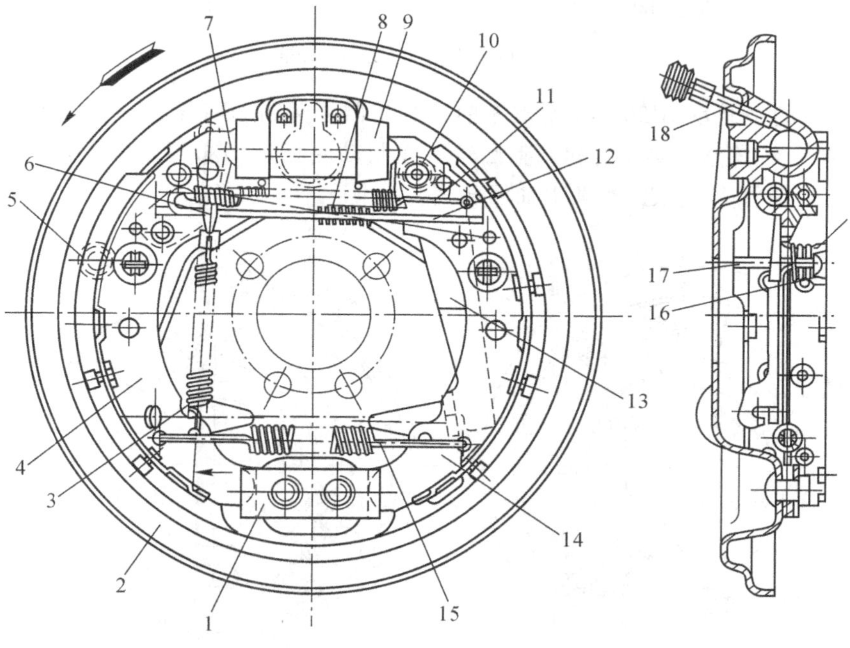

1—支承板；2—制动底板；3—制动间隙调节弹簧；4—前制动蹄；5—观察孔；6—楔形调节块；7—带耳槽的支承块；8—驻车制动推杆外弹簧；9—制动轮缸；10—平头销；11—驻车制动推杆内弹簧；12—驻车制动推杆；13—驻车制动杠杆；14—后制动蹄；15—制动蹄回位弹簧；16—限位弹簧；17—限位销钉；18—放气螺钉；19—限位弹簧座

图 4-4　桑塔纳轿车的后轮制动器

1.2　平衡式制动器

图 4-5 所示为单向助势平衡式制动器结构示意图，两制动蹄各用一个单向活塞制动轮缸，且前后制动蹄与其轮缸、调整凸轮等零件在制动底板上的布置是中心对称的，两轮缸用油管连接使其油压相等。前进制动时两蹄均为助势蹄，提高了前进制动时的制动效能，并使

蹄片的磨损趋于相等(如图 4-5(a)所示),但倒车制动时两蹄均为减势蹄,导致倒车时的制动效能比前进时低(如图 4-5(b)所示)。

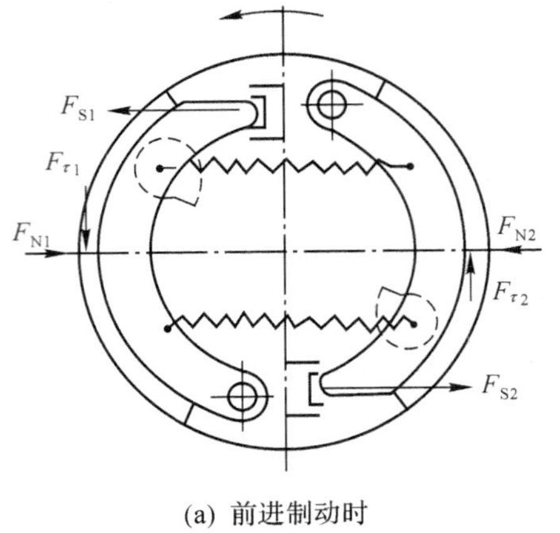

图 4-5　单向助势平衡式制动器

图 4-6 所示的是北京 BJ2020N 型汽车前轮制动器。两制动蹄各用一个单活塞式制动轮缸 2,且两套制动蹄、轮缸、支承销和调整凸轮等在制动底板上的布置是中心对称的,两个轮缸可借轮缸连接油管 13 连通,使其中油压相等。

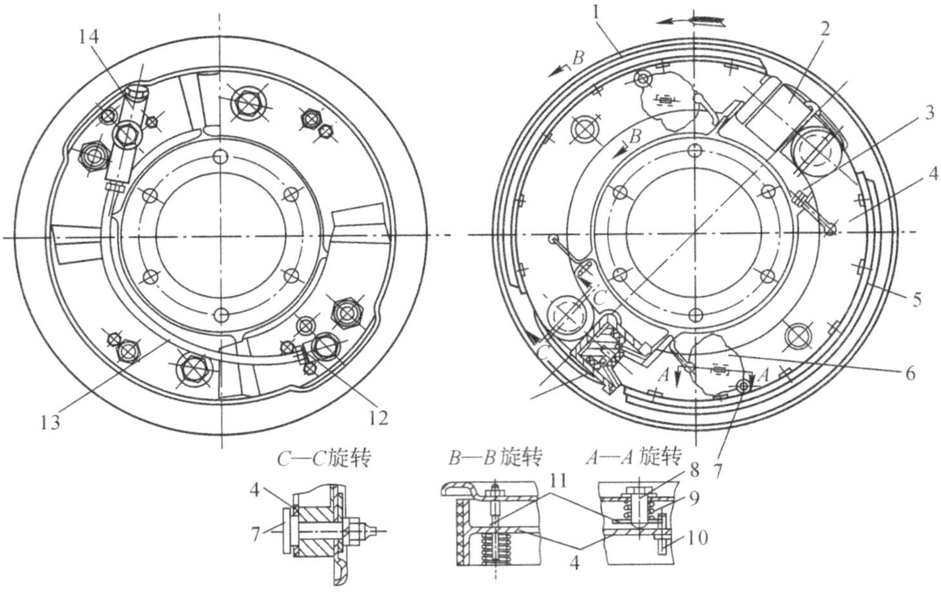

1—制动底板;2—制动轮缸;3—制动蹄回位弹簧;4—制动蹄;5—摩擦片;6—调整凸轮;7—支承销;8—调整凸轮轴;9—弹簧;10—调整凸轮锁销;11—制动蹄限位杆;12、14—油管接头;13—轮缸连接油管

图 4-6　北京 BJ2020N 型汽车前轮制动器

双向助势平衡式制动器结构如图 4-7 所示。制动底板上的所有固定元件、制动蹄、制动轮缸、回位弹簧等都是成对称布置的,制动蹄的两端均用浮动支承,支点在周向位置浮动,用回位弹簧拉紧。

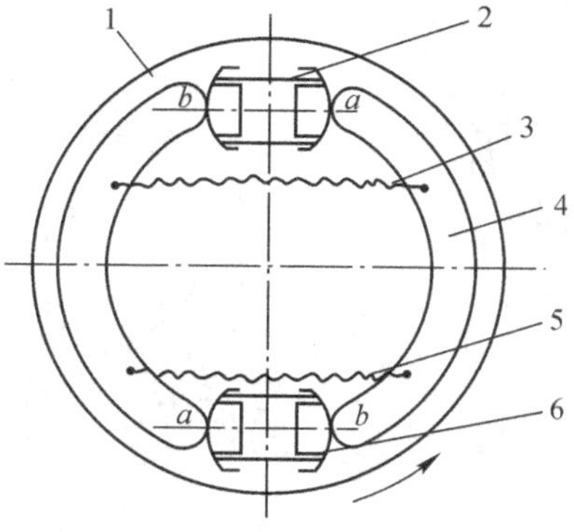

1—制动底板；2、6—制动轮缸；3、5—回位弹簧；4—制动蹄

图 4-7　双向助势平衡式制动器结构示意图

汽车前进制动时，两个制动轮缸两端的活塞在液力作用下均张开，将两个制动蹄压靠在制动鼓上。在摩擦力矩的作用下，两蹄开始都按车轮旋转方向转动，从而将两轮缸活塞其中的各一对称端支座（图中 a 端）推回，直至顶靠着轮缸端面为止成为刚性接触，于是两蹄便以此支座为支点均在助势的条件下工作。同理，倒车制动时，两轮缸的另一端（图中的 b 端）支座成为制动蹄的支点，两蹄同样为助势蹄，产生与前进制动时效能完全一样的制动作用。如图 4-8 所示。

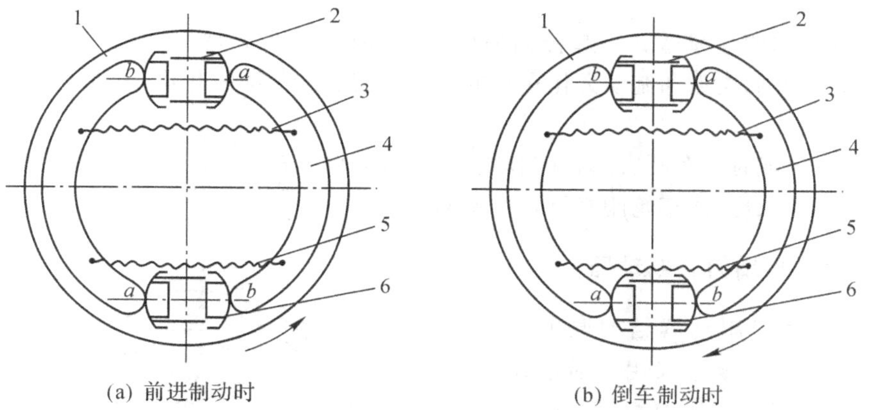

(a) 前进制动时　　(b) 倒车制动时

图 4-8　双向助势平衡式制动器工作原理

图 4-9 所示为红旗 CA7560 型轿车的前轮制动器，它就是一种双向双助势平衡式制动器。制动底板 3 上的所有固定元件，如制动蹄、制动轮缸、回位弹簧等，都是成对的，而且是既按轴对称、又按中心对称布置的。两制动蹄的两端都采用浮式支承，且支点的周向位置也是浮动的。

在前进制动时，所有的轮缸活塞 8 都在液压作用下向外移动，将两制动蹄 6 和 11 压靠到制动鼓 1 上。在制动鼓的摩擦力矩作用下，两蹄都绕车轮中心 O，朝箭头所示的车轮旋转方向转动，将两轮缸活塞外端的支座 7 推回，直到顶靠着轮缸端面为止。此时，两轮缸的支座 7 方成为制动蹄的支点，两蹄都是助势蹄，制动效能提高。

倒车制动时，摩擦力矩方向改变，使两制动蹄绕车轮中心，逆箭头方向转过一个角度，将

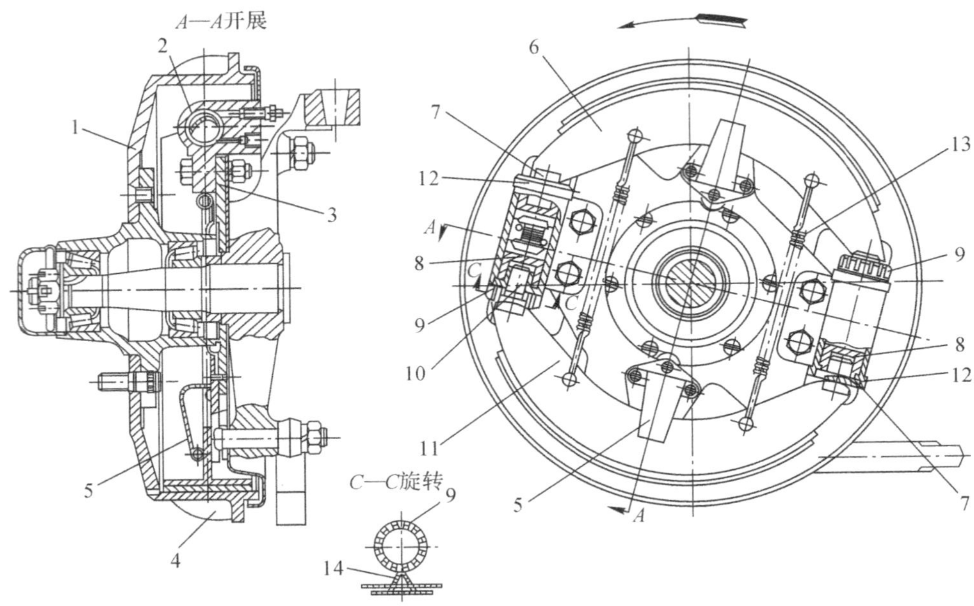

1—制动鼓；2—制动轮缸；3—制动底板；4—制动鼓散热肋片；5—制动蹄限位片；6—上制动蹄；7—支座；8—轮缸活塞；9—调整螺母；10—可调支座；11—下制动蹄；12—防护套；13—回位弹簧；14—锁片

图 4-9 红旗 CA7560 型轿车的前轮制动器

可调支座 10 连同调整螺母 9 一起推回原位，于是两个可调支座 10 便成为蹄的新支承点。这样，每个制动蹄的支点和制动力作用点的位置都与前进制动时相反，其制动效能同前进制动时完全一样。

调整制动间隙时将车桥支起，从制动底板孔拨转调整螺母直至车轮不能转动为止，然后反方向拨转调整螺母，使车轮刚好能自由转动为止。

1.3 双向自增力式制动器

双向自增力式制动器结构原理如图 4-10 所示。其主要是采用双活塞式轮缸 4，可向两蹄同时施加相等的促动力 F_S。制动鼓正向（如箭头所示）旋转时，前制动蹄 1 为第一蹄，后制动蹄 3 为第二蹄，在制动时，第一蹄只受一个促动力 F_S，而第二蹄则有两个促动力 F_S 和 F_S'。且 $F_S' > F_S$。制动鼓反向旋转时，刚好相反。由此可见制动鼓正向和反向旋转时均能借蹄鼓摩擦起自增力作用。考虑到汽车前进制动的机会远多于倒车制动，且前进制动时制动器工作负荷也远大于倒车制动，故后制动蹄 3 的摩擦片面积做得较大。

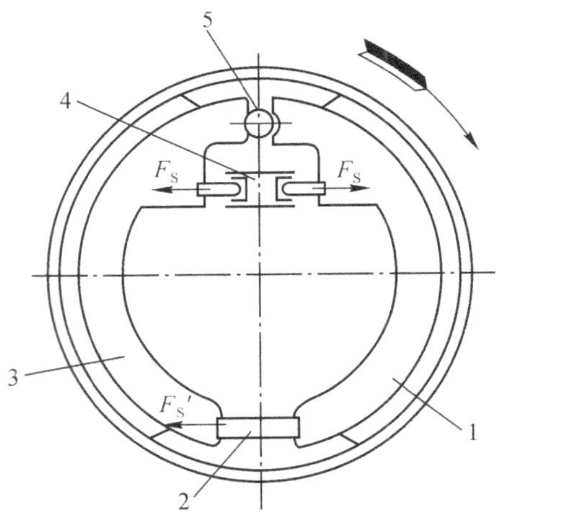

1—前制动蹄；2—顶杆；3—后制动蹄；4—轮缸；5—支承销

图 4-10 双向自增力式制动器结构与工作原理示意图

图 4-11 所示为丰田皇冠汽车后轮制动器，该制动器是双向自增力式制动器，并且在此基础上增加了机械促动装置兼做驻车制动器和制动器间隙自动调整装置。

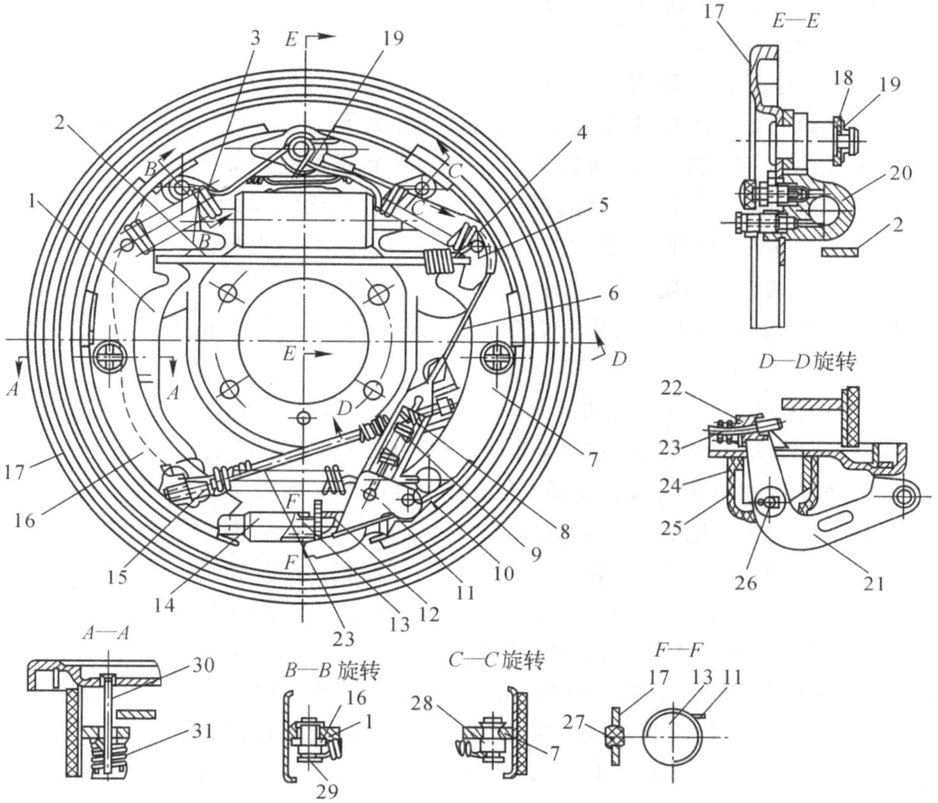

1—驻车制动杠杆；2—驻车制动推杆；3—制动蹄回位弹簧；4—推杆弹簧；5—自调拉绳导向板；6—自调拉绳；7—后制动蹄；8—弹簧支架；9—自调拉绳弹簧；10—自调拨板回位弹簧；11—自调拨板；12—可调顶杆套；13—调整螺钉；14—可调顶杆体；15—拉紧弹簧；16—前制动蹄；17—制动底板；18—垫圈；19—自调拉绳吊环；20—制动轮缸；21—驻车制动摇臂；22—驻车制动限位板；23—驻车制动拉绳；24—摇臂支架；25—防护罩；26—摇臂销轴；27—调整孔堵塞；28—后蹄回位弹簧固定销；29—前蹄回位弹簧固定销；30—制动蹄限位杆；31—制动蹄限位弹簧

图 4-11　丰田皇冠汽车后轮制动器

1.4　轮缸式制动器间隙自动调整装置

(1)一次调准式间隙自动调整装置

上海桑塔纳后轮制动器采用一次调准式间隙自动调整装置。调整机构的主要组成如图 4-4 所示，间隙自调装置的楔形调节块 6 夹在前制动蹄 4 和驻车制动推杆 12 之间形成的切槽中。在正常的制动间隙(0.2～0.3mm)下制动时，外弹簧 8 被拉伸，两制动蹄靠到制动鼓上，施以制动。此时，由于内弹簧 11 的刚度大于外弹簧 8 的刚度，故不被拉伸，内弹簧 11 连同驻车制动推杆 12 与前制动蹄 4 一起左移靠到制动鼓上。当制动蹄磨损制动器间隙过大并进行制动时，外弹簧 8 首先被拉伸到一定程度，内弹簧 11 也被拉伸，使驻车制动推杆与前制动蹄间形成的切槽宽度增大，则切槽与楔形调节块之间的间隙也就增大了，于是楔形调节块在弹簧3的拉力作用下向下移动，从而填补了上述间隙增量，使制动蹄与制动鼓又恢复到正常制动器间隙量。奥迪100型轿车以及红旗CA7220型轿车后轮制动器间隙，均采用一次调准式间隙自动调整装置。

上述一次自调整装置只能将间隙调小而不能调大，这样，易造成“调整过头”。因为一方面制动器中的过量间隙并不完全是由于摩擦副磨损所致，还有一部分是由于制动鼓热膨胀而直径增大所致；另一方面制动时所需活塞行程增大到超过间隙Δ所限定的数值，原因也不仅是制动器的过量间隙，还有鼓和蹄的弹性变形。为了不使制动踏板行程增加过多，确定Δ值时并没有计入上述种种变形的最大值。因此，当出现过大的上述各项变形时，一次调准式自调装置将不加区别地一律随时加以补偿，导致“调整过头”，当制动器恢复到冷态时，即使完全放松制动踏板，制动器也不会彻底放松，而是发生“拖磨”甚至“抱死”。

(2)阶跃式间隙自调装置

为了避免“调整过头”，许多制动器采用了阶跃式间隙自调装置。这样的制动器在装车后要进行多次(可能达20次以上)制动动作，才能消除所积累的过量间隙。

丰田皇冠轿车双向自增力式制动器(参看图4-11)即具有阶跃式间隙自调装置，它只在若干次倒车制动后方起调整作用。自调装置中包括用以拨转调整螺钉13的拨板11、拉绳6及其导向板5、拉绳弹簧9及其支架8。拉绳6的上端通过吊环19(见$E—E$剖视图)固定在制动蹄支承销上，下端与弹簧支架8相连，中部支靠着导向板5的弧面。导向板以其中央孔的圆筒状卷边(高约3mm)插入后制动蹄7的孔中，形成其自由转动的支点。支架8经弹簧9与自调拨板连接。拨板11以其右臂端部的切口支在后制动蹄的销钉上，可绕此销钉转动。拨板的自由端向上运动时，可以插入调整螺钉13的凸缘棘齿间(参看$F—F$剖视图)。不进行倒车制动时，自调拨板在弹簧8和10的作用下，保持在最下面的平衡位置。此时，拨板与调整螺钉的棘齿完全脱离。

倒车制动时，后制动蹄7的上端离开支承销。整个制动蹄压靠到制动鼓上，并在摩擦力作用下，随制动鼓顺时针(从图上看，下同)转过一个角度。在后蹄(连同导向板和拨板的销轴)相对于支承销位移过程中，套在支承销上的拉绳吊环19被拉离后蹄，支架8上端也被拉上(此时导向板也在拉绳摩擦力作用下逆时针转动，使拉绳不致磨损)，并通过弹簧9将拨板的自由端向上拉起。这一系列零件的位移量取决于当时制动器实际间隙的大小。如果间隙还保持着设定值或增大很少，则自调拨板自由端向上的位移量不足以使之嵌入调整螺钉的棘齿间。只有在制动器过量间隙增大到一定值时，拨板方能嵌入棘齿间。解除倒车制动时，制动蹄回位。自调拨板被弹簧10按回到下平衡位置，同时将调整螺钉拨过相应于一个棘齿距的角度，相应的自可调顶杆体14中旋出一定距离。于是，所累积的制动器过量间隙被完全消除。前进制动时，该自调装置完全不起作用。

以上介绍的各种轮缸式制动器各有利弊。就制动效能而言，在基本结构参数和轮缸工作压力相同的条件下，自增力式制动器由于对摩擦助势作用利用得最为充分而居首位，以下依次为双向助式平衡式、单向助式平衡式、非平衡式。但蹄鼓之间的摩擦因数本身是一个不稳定的因素，随制动鼓和摩擦片的材料、温度和表面状况(如是否沾水、沾油，是否有烧结现象等)的不同，可在很大范围内变化。自增力式制动器的效能对摩擦因数的依赖性最大，因而其效能的热稳定性最差。此外，在制动过程中，自增力式制动器制动力矩的增长在某些情况下显得过于急速。双向自增力式制动器多用于轿车后轮，原因之一是便于兼充驻车制动器。双向助式平衡式制动器的制动效能虽然最低，但却具有最良好的效能稳定性。非平衡式制动器发展较早，其效能及效能稳定性均居中游，且有结构较简单等优点，故目前仍相当广泛地用于各种汽车。

2　盘式车轮制动器

盘式制动器摩擦副中的旋转元件是以端面工作的金属圆盘，称为制动盘，摩擦元件从两侧夹紧制动盘可产生制动。固定元件则有多种结构形式，一般分为两类：钳盘式制动器和全盘式制动器，钳盘式制动器又可分为定钳盘式和浮钳盘式两种。

钳盘式制动器由工作面积不大的摩擦块与其金属背板组成制动块，每个制动器中有 2～4 块，这些制动块及其促动装置都装在横跨制动盘两侧的夹钳形支架中，称为制动钳。钳盘式制动器散热能力强，热稳定性好，故大多数轿车和轻型货车广泛采用这种制动器。

全盘式制动器制动盘的全部工作面可同时与摩擦片接触。全盘式制动器主要用于重型汽车。本节介绍钳盘式制动器。

钳盘式制动器有定钳盘式和浮钳盘式两种形式。

2.1　定钳盘式制动器

如图 4-12 所示，制动盘 1 固定在轮毂上。制动钳 5 固定在车桥上，既不能旋转也不能沿制动盘轴线方向移动。制动钳内装有两个制动轮缸活塞 2，分别压住制动盘两侧的制动块 3。当驾驶员踩下制动踏板使汽车制动时，制动轮缸的液压上升，活塞被微量顶出，制动块夹紧制动盘产生制动。

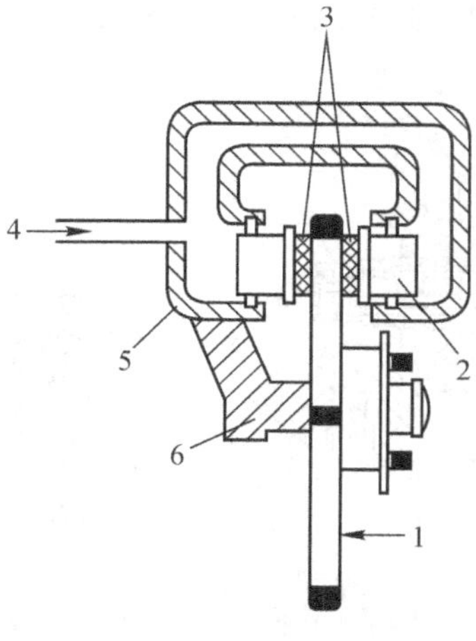

1—制动盘；2—活塞；3—制动块；4—进油口；5—制动钳；6—车桥

图 4-12　定钳盘式制动器

2.2　浮钳盘式制动器

浮钳盘式制动器的结构如图 4-13 所示。制动钳 1 可以相对于制动盘 4 轴向移动；在制动盘的内侧设有液压缸 9，外侧的固定制动块 5 附着在钳体上。制动时，在液压力 F_{p1} 作用

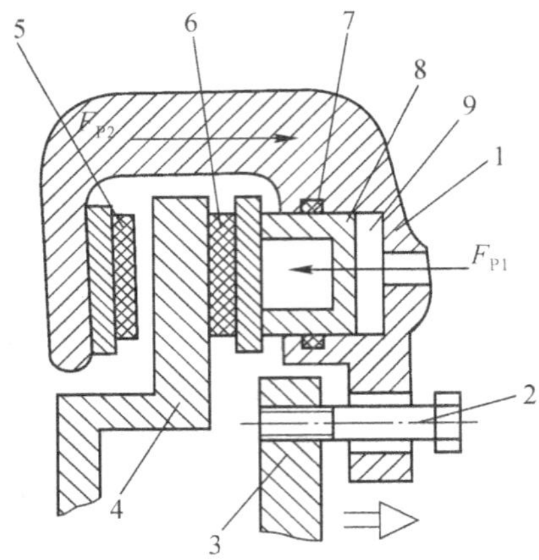

1—制动钳；2—导向销；3—制动钳支架；4—制动盘；5—固定制动块；
6—活动制动块；7—活塞密封圈；8—活塞；9—液压缸

图 4-13　浮钳盘式制动器

下，推动活塞及活动制动块 6 向左移动，并压到制动盘上，于是制动盘给活塞一个向右的反作用力 F_{p2}，使活塞连同制动钳体整体沿导向销 2 向右移动，直到制动盘左侧的固定制动块 5 也压到制动盘上。这时，两侧制动块都压在制动盘上，夹住制动盘产生制动作用。

图 4-14 所示为桑塔纳轿车前轮浮钳盘式制动器，制动钳体 2 用螺栓 5 与支架 1 相连，螺栓同时兼作导向销支架固定在前悬架焊接总成的轴承座凸缘上。壳体可沿导向销与支架作轴向相对移动。内、外摩擦块 11、12 装在支架 1 上，用摩擦块止动弹簧卡住，使内、外摩擦块可以在支架上作轴向移动，但不会上下窜动。制动盘 13 装在内、外摩擦块之间，并通过轮胎螺栓固定在前轮毂上。内、外摩擦衬块是由无石棉金属材料制成的，与钢制背板牢牢粘合在

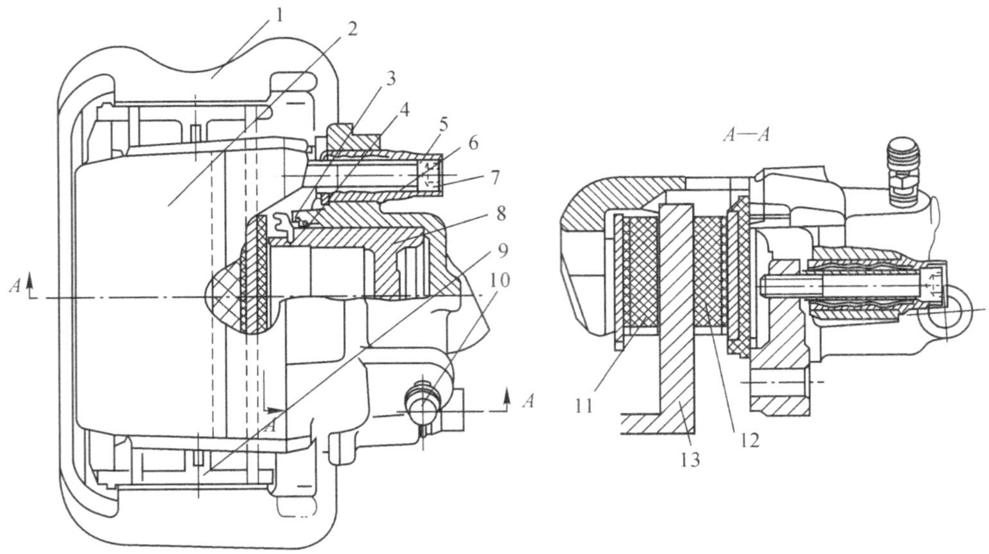

1—支架；2—制动钳壳体；3—活塞防尘罩；4—活塞密封圈；5—螺栓；6—导套；7—导向防尘罩；8—活塞；
9—止动弹簧；10—放气螺钉；11—外摩擦块；12—内摩擦块；13—制动盘

图 4-14　桑塔纳轿车前轮浮钳盘式制动器

一起组成了内、外摩擦块。制动时活塞 8 在制动液压力作用下，推动内摩擦块压向制动盘内侧面，制动钳上的反力则将摩擦块压向制动盘外侧面。于是内、外摩擦块将制动盘的两侧面紧紧夹住，实现了制动。

一汽奥迪 100 型轿车和北京切诺基越野车的前轮制动器也采用浮钳盘式制动器。

这种浮钳盘式制动器具有热稳定性和水稳定性均好的优点，此外结构简单、造价低廉。浮钳的结构还有利于整个制动器靠近车轮轮辐布置，使转向主销的小端点外移，实现负的偏移距（即指主销地点在车轮接地点的外侧），提高汽车抗制动跑偏能力。

2.3　盘式制动器间隙自动调整装置

目前，最常见的钳盘式制动器的间隙自调装置就是活塞密封圈，它能兼起活塞回位弹簧和一次调准式间隙自调装置的作用，如图 4-15 所示。

制动钳体中的活塞上装有橡胶密封圈，在活塞的移动过程中，橡胶密封圈的刃边在摩擦力的作用下随活塞移动，使密封圈产生弹性变形。相应地其极限变形量 Δ 应等于制动器间隙为设定值时的完全制动所需的活塞行程。解除制动时，活塞在密封圈的弹力作用下返回，直到密封圈变形完全消失为止，如图 4-15(b)所示。若制动器存在过量间隙，则制动时活塞密封圈变形量达到极限值后，活塞仍可能在液压力作用下，克服密封圈的摩擦力而继续移动，直到实现完全制动为止。但解除制动后，活塞密封圈将活塞拉回的距离仍然是 Δ，因此制动器间隙又恢复到设定值。这种利用密封圈的弹性和定量变形使活塞回位和自动调整间隙的方法，可使制动器结构简单、成本低。

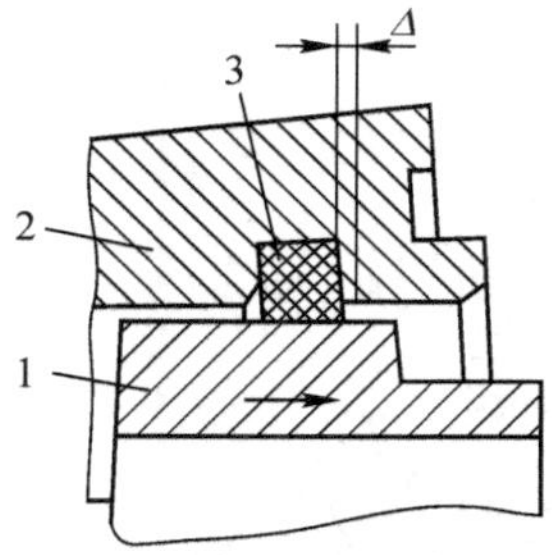

(a)

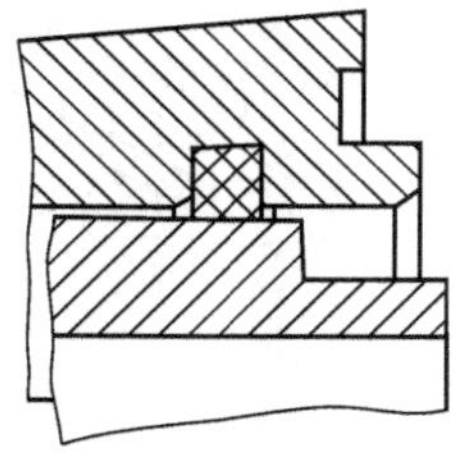
(b)

1—活塞；2—制动钳；3—密封圈

图 4-15　活塞密封圈的工作情况

盘式制动器的优点是：

(1)摩擦表面为平面，不易发生较大变形，制动力矩较稳定。

(2)热稳定性好，受热后制动盘只在径向膨胀，不影响制动间隙。

(3)受水浸渍后，在离心力的作用下水很快被甩干，摩擦片上的剩水也由于压力高而较容易被挤出。

(4)制动力矩与汽车行驶方向无关。

(5)制动间隙小，便于自动调节间隙。

(6)摩擦片容易检查、维护和更换。

盘式制动器不足之处是摩擦副敞开在空气中，易受灰尘侵袭，磨损较大。

3 驻车制动器

驻车制动器又称手制动器，其主要作用是使汽车可靠停驻，便于在坡道上起步；在行车制动器失效后临时使用或配合行车制动器进行紧急制动。

按照安装位置的不同，驻车制动器可分为中央制动式和车轮制动式两种。中央制动式的制动器安装在变速器或分动器之后，制动力矩作用在传动轴上。车轮制动式与行车制动器共用一套制动器总成，而只是传动机构相互独立。

3.1 中央制动式驻车制动器

(1)凸轮张开式驻车制动器

图 4-16 所示为东风 EQ1092 型汽车凸轮张开式驻车制动器结构示意图。制动鼓通过螺栓与变速器第二轴的凸缘盘紧固在一起，制动底板固定在变速器后端壳体上。两制动蹄 8 通过偏心支承销 9 支承在制动底板上，两制动蹄上端装有滚轮 7，在回位弹簧的作用下，滚轮紧靠在凸轮的两侧。

制动时，拉动操纵杆 2，通过拉丝软轴 11 使摇臂绕支承销顺时针转动，拉杆通过摆臂带动凸轮轴转动，使两制动蹄张开而产生制动，用棘爪和齿扇锁柱操纵杆，保持制动状态。

解除制动时，按下棘爪按钮，将操纵杆推向前面的极限位置，两制动蹄片在回位弹簧作用下回位，解除制动。

制动蹄片与制动鼓的间隙通过可调拉杆上的调整螺母进行调整。但若间隙过大，需调整摆臂与凸轮的相对位置。

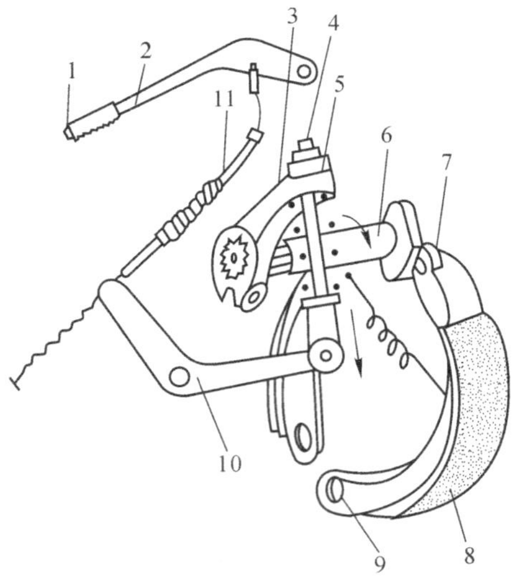

1—按钮；2—操纵杆；3—摆臂；4—拉杆；5—调整螺母；6—凸轮轴；7—滚轮；8—制动蹄；9—偏心支承销；10—摇臂；11—拉丝软轴

图 4-16 凸轮张开式驻车制动器

(2)自动增力式驻车制动器

图 4-17(a)所示为一种自增力式中央制动器，图 4-17(b)为其机械式传动机构。制动鼓 12 借螺杆 14 和螺钉 22 与变速器的第二轴凸缘盘 13 连接，随变速器第二轴转动。制动底板

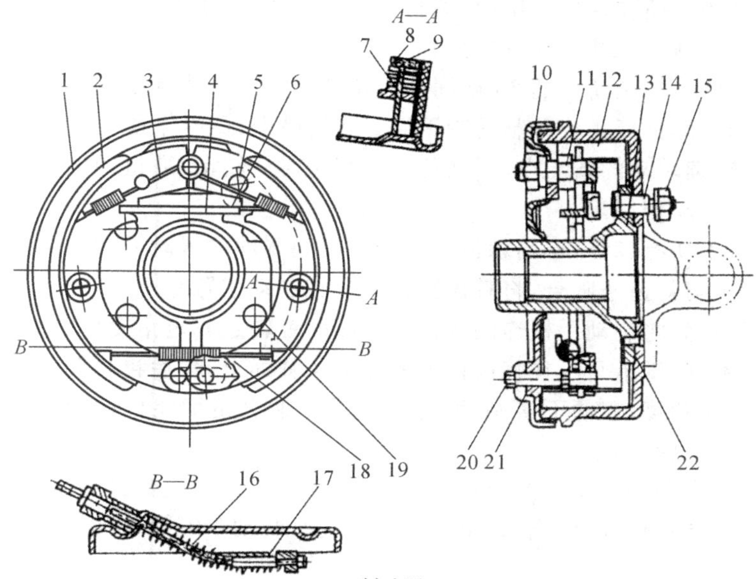

(a) 制动器

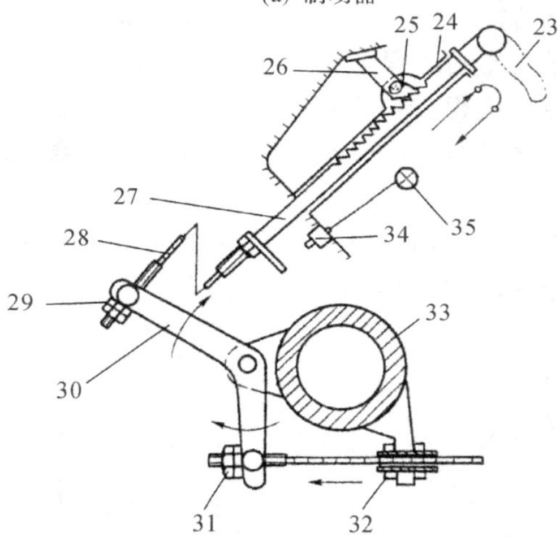

(b) 传动机构

1—制动底板;2—驻车制动蹄;3—拉簧;4—推板;5—销轴;6—驻车制动臂;7—压簧;8—压簧座;9—压簧拉杆;10—螺母;11—驻车制动蹄支承销;12—驻车制动鼓;13—变速器第二轴凸缘盘;14—螺杆;15—螺母;16—钢丝绳;17—回位弹簧;18—拉簧;19—螺杆;20—调整棘轮;21—防尘套;22—埋头螺钉;23—制动手柄;24—导管;25—棘爪;26—支座;27—棘齿拉杆;28—钢丝绳;29—调整螺母;30—摇臂;31—调整螺母;32—导管;33—前桥;34—驻车制动灯开关;35—驻车制动指示灯

图 4-17　自增力式中央制动器及其传动机构

1 与驻车制动蹄支承销 11 通过螺杆 19 固定在变速器外壳上。两制动蹄和调整棘轮 20 等借拉簧 3 浮挂在支承销上,并由压簧 7 等作轴向定位;制动蹄的下端与调整棘轮 20 相互铰接,并用拉簧 18 定位。驻车制动臂 6 上端用销轴 5 与右制动蹄铰接,并通过推板 4 和左制动蹄靠接在一起,制动臂 6 的下端与穿过底板的钢丝绳 16 连接。

制动手柄 23 用支架装在驾驶室内，并通过钢丝绳 28 和摇臂 30 等与制动器连接传力，且钢丝绳的松紧可用螺母 29 和 31 进行调整。

进行驻车制动时，将制动手柄 23 连同棘齿拉杆 27 拉出，使制动器内的驻车制动臂 6 绕销轴 5 顺时针转动，经推板 4 将左制动蹄压靠到制动鼓上；此时不能再左移的推板 4 的右端即成为制动臂 6 继续转动的新支点，制动臂 6 绕其顺时针转动，通过销轴 5 使右制动蹄压靠到制动鼓上，产生制动作用。

棘齿拉杆 27 上切有棘齿条，当棘齿拉杆被拉出到制动位置时，装在导管 24 上的棘爪 25 即在扭簧的作用下与棘齿条啮合，将棘齿拉杆锁止在制动位置。

解除制动时，应先将制动手柄连同棘齿拉杆顺时针转过一定角度（图中虚线位置），使棘齿条与棘爪脱离啮合，棘爪只压在棘齿拉杆的光滑圆柱面上，然后再将制动手柄推回到不制动位置，并转回一定角度，以便下次制动（有的制动手柄有扭簧能自动转动回位或导管上有斜面引导棘齿拉杆转回）。

该驻车制动器在制动手柄下方装有驻车制动灯开关 34。只要将手柄拉到制动位置，仪表板上的驻车制动指示灯 35 即亮，以提醒驾驶员驻车制动未解除，不能起步。

（3）蹄盘式驻车制动器

图 4-18 所示为蹄盘式驻车制动器示意图。制动盘 2 用螺栓与变速器第二轴后端的凸缘盘连接。制动蹄 3 通过销轴与制动蹄臂 7 和 10、支架 1、拉杆臂 11 连接，并利用拉簧 6 和定位弹簧 8 使制动蹄和制动盘之间保持一定的间隙。驻车制动杆 15 用销轴与固定于变速器壳上的齿扇 14 及传动拉杆 12 铰接，其下端装有棘爪 13，利用棘爪拉杆和手柄上的弹簧，能将制动器锁止在某一位置。

不制动时，驻车制动杆 15 处于最前位置。在定位弹簧 8 及拉簧 6 的作用下，两制动蹄摩擦片与制动盘之间保持一定间隙，制动器无制动作用。

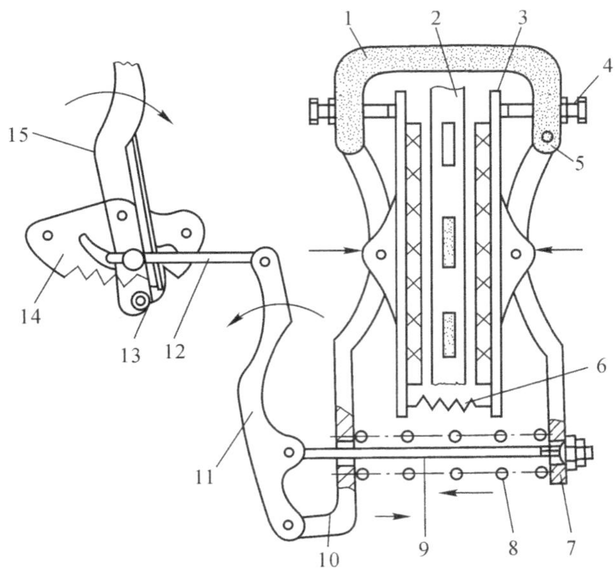

1—支架；2—制动盘；3—制动蹄；4—调整螺钉；5—销；6—拉簧；7—后制动蹄臂；8—定位弹簧；9—蹄臂拉杆；10—前制动蹄臂；11—拉杆臂；12—传动拉杆；13—棘爪；14—齿扇；15—驻车制动杆

图 4-18　蹄盘式制动器及其传动机构示意图

制动时，将制动杆15上端向后扳动，传动拉杆12前移，使拉杆臂11逆时针方向摆动，推动前制动蹄臂10后移压向制动盘。同时通过蹄臂拉杆9拉动后制动蹄臂7压缩定位弹簧8，使后制动蹄前移，两制动蹄即夹紧制动盘，产生制动作用，并由棘爪13将手制动杆锁止在制动位置。

解除制动时，按下制动杆上端的拉杆按钮，使下端棘爪脱出，然后将制动杆扳向最前端位置，前、后两蹄在定位弹簧作用下回位到不制动位置。

3.2 车轮制动式驻车制动器

图4-19所示为桑塔纳的驻车制动器的驻车制动装置，由驻车制动杆1、制动拉索14、拉索调整杆、后制动器及驻车制动杆等组成。

驻车制动装置为机械式、将驻车制动杆1向上拉起，通过驻车操纵拉杆10、调整拉杆12将驻车制动拉索14拉紧。如图4-4所示，由于制动拉索的夹子是套在后制动器内制动杠杆的下端钩槽内的，这样驻车制动杠杆13绕销轴10顺时针旋转，并推动制动推杆12向左移动，从而使左、右制动蹄向外张开，压紧制动鼓内表面，实现了驻车制动。

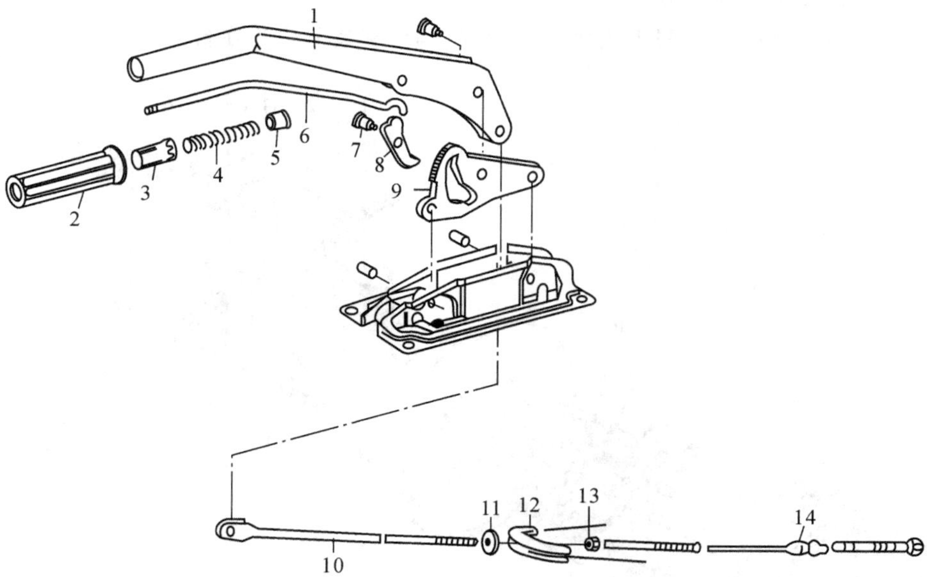

1—驻车制动杆；2—制动手柄套；3—旋钮；4—弹簧；5—弹簧套筒；6—棘轮杆；7—销轴；8—棘轮掣子；9—扇形齿；10—拉杆；11—限位板；12—调整拉杆驻车制动操纵机构；13—螺母；14—驻车制动拉索

图4-19 桑塔纳的驻车制动器的驻车制动装置

任务2 制动器的拆装与调整

1 鼓式制动器的拆装

1.1 东风 EQ1090E 型汽车前轮制动器拆装与调整

(1)制动器总成拆装

前轮制动器总成拆装如图 4-20 所示。其拆装步骤如下:

①将制动鼓和轮毂总成从车轴上拆下。

②拆下制动蹄回位弹簧。

③拆下制动蹄。

④拆下制动凸轮。

⑤拆下制动底板和制动气室支架等。

⑥按与拆卸相反的顺序安装。

由于制动室回动弹簧的张力很大,制动室的解体和装复应当在台虎钳上夹持后进行。

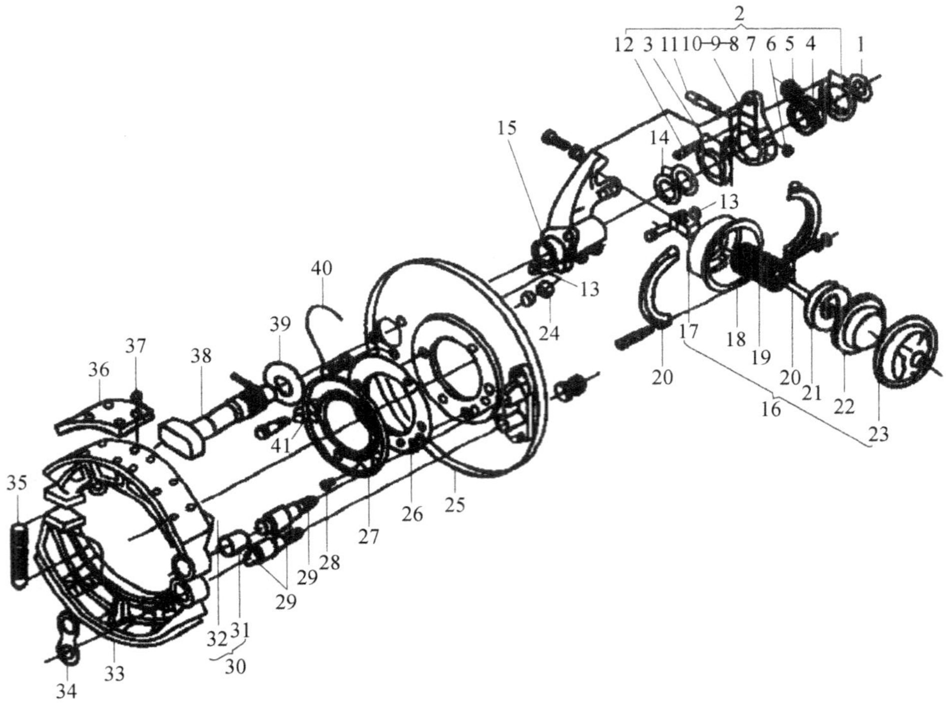

1—制动凸轮垫圈;2—前制动调整臂总成;3—外壳盖;4—蜗轮;5—蜗杆;6—塞片;7—外壳;8—螺塞;9—弹簧;10—滚珠;11—蜗杆轴;12—铆钉;13—润滑脂嘴;14—调整垫片;15—左、右支架;16—前制动室总成;17—连接叉;18—外壳;19—回动弹簧;20—卡箍;21—推杆;22—皮膜;23—外壳盖;24—螺母;25—制动底板;26—衬垫;27—挡尘盘;28—螺栓;29—制动蹄轴;30—制动蹄总成;31—衬套;32—制动蹄;33—蹄片总成;34—垫板;35—回动弹簧;36—摩擦片;37—铆钉;38—制动凸轮;39—支承垫片;40—钢丝锁线;41—回动弹簧挡钩

图 4-20 东风 EQ1090E 型汽车前车轮制动器总成拆装

(2)制动器的调整

前轮制动器的调整按下列步骤进行：

①取下制动鼓上检查孔的盖片，松开制动蹄轴 29 的固定螺母和凸轮轴支架 15 的紧固螺栓的螺母。

②转动制动蹄轴，使两个轴端的标记朝内相对。

③通过反复拧动制动蹄轴 29 和调整臂的蜗杆轴 11，使制动蹄片总成 33 的摩擦片和制动鼓完全贴合，在调整好的这个位置上，拧紧凸轮轴支架 15 的紧固螺母和制动蹄轴的锁紧螺母。可以通过调整臂 2，转动制动凸轮 38，使摩擦片与制动鼓完全贴紧的情况下紧固制动蹄轴与支架。

④将蜗杆轴拧松 1/2～2/3 转，制动鼓应既能自由转动，又不与制动蹄摩擦片或其他零件擦碰。通过调整臂的调整，使摩擦片与制动鼓之间的间隙达到规定的范围：制动蹄轴端为 0.25～0.40mm，凸轮端为 0.40～0.55mm，同一端两蹄之差应小于 0.1mm。

当制动蹄摩擦片磨损后，制动室推杆行程超过 40mm 时，为了减小制动蹄摩擦片和制动鼓的间隙，则需进行局部调整，局部调整时不要松转蹄片轴，以免破坏原来良好的接触状态。调整时，面向调整臂蜗杆；前轮的两处蜗杆顺时针方向拧为紧(制动蹄摩擦片与制动鼓间隙减小)，反时针方向拧为松；后轮的两处反时针方向拧为紧，顺时针方向拧为松。用拧动制动气室推杆 21 的连接叉 17 以改变推杆长度的方法来调整间隙是错误的。

1.2　桑塔纳后轮制动器的拆装

(1) 后轮制动器的拆卸

①如图 4-21 所示为制动鼓的拆卸。用螺丝刀 1 插入制动鼓上的小孔，向上压楔形调节块 2，使其复位，这时制动蹄 3 与制动鼓间隙变大，再取下制动鼓。

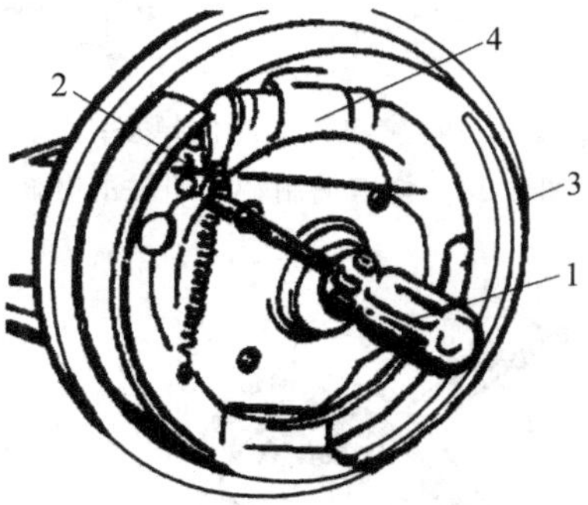

1—螺丝刀；2—楔形调节块；3—制动蹄；4—制动轮缸

图 4-21　桑塔纳后制动鼓的拆装

②如图 4-22 所示为后制动器的分解。拆下弹簧座 10，取出制动蹄定位销 9 及弹簧 11，摘下回位弹簧 13，拆下手制动杠杆 14 的手制动钢索，取下制动蹄组件。

③如图 4-23 所示为制动蹄组件的分解。把制动蹄组件放在虎钳 1 上，摘下楔形调节块 2 的拉簧 3，摘下上回位弹簧 4，分开左、右制动蹄。

④如图 4-24 所示为后制动泵组件的取出。取下螺栓 1，从制动底板 3 上取下后制动轮缸 2。

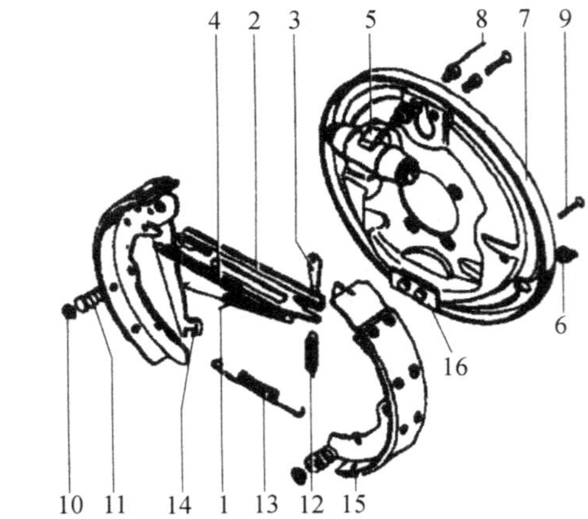

1—上回位弹簧;2—中间杆;3—楔形调节块;4—定位弹簧;5—后制动轮缸;6—观察孔盖;7—制动底板;8—内六角螺栓;9—制动蹄定位销;10—弹簧座;11、12—拉簧;13—下回位弹簧;14—手制动杠杆;15—制动蹄;16—固定块

图 4-22 桑塔纳后制动器的分解

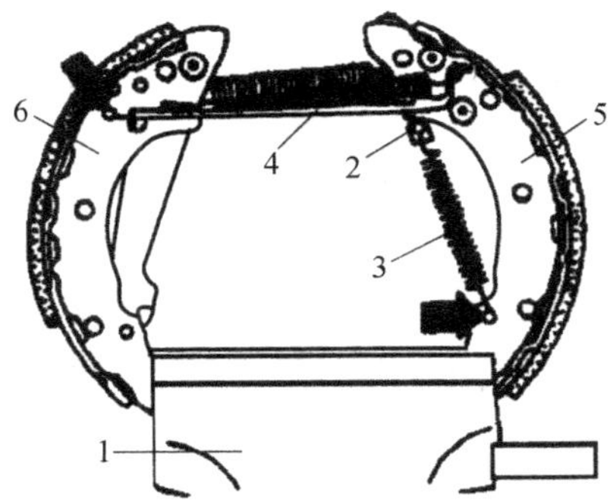

1—虎钳;2—楔形调节块;3—拉簧;4—上回位弹簧;5—左制动蹄;6—右制动蹄

图 4-23 桑塔纳制动蹄组件的分解

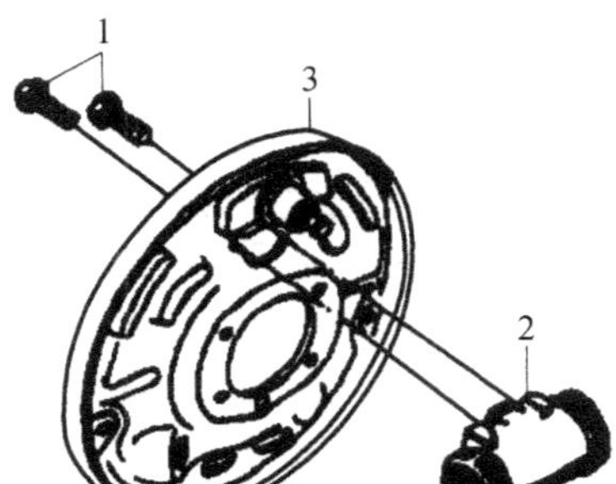

1—螺栓;2—后制动轮缸;3—制动底板

图 4-24 后制动轮缸组件的取出

⑤如图 4-25 所示为后制动轮缸的分解。从后制动轮缸体 8 上取下防尘罩 1,必要时从放气孔中吹入压缩空气顶出活塞 5、弹簧 7,再从活塞 5 上取下密封圈 6,旋下放气阀 4。

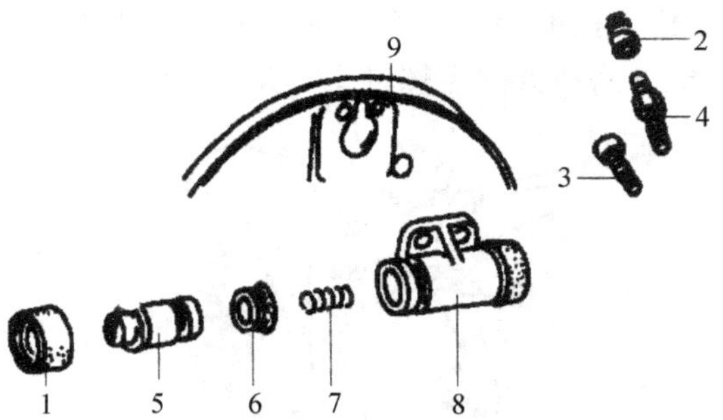

1—防尘罩；2—放气阀帽；3—内六角螺栓；4—放气阀；5—活塞；6—密封圈；7—弹簧；8—后制动轮缸体；9—后制动底板

图 4-25　后制动轮缸的分解

(2)后轮制动器的装配

①如图 4-25 所示，组装后制动轮缸。装配时应在后制动轮缸体 8 内表面、密封圈 6 涂上制动液，将组装好的后制动轮缸装到后制动底板 9 上，旋上螺栓 3，力矩为 20 N・m。

②如图 4-22 所示，将组合好的左、右制动蹄装到制动底板 7 上，上端装在后制动轮缸 5 的活塞上，下端装在固定块 16 上；装上下回位弹簧 13，再在楔形调节块 3 和左制动蹄 15 之间挂上弹簧 12，将制动蹄定位弹簧 11 与弹簧座 10 用制动蹄定位销 9 装到制动底板 7 上。

2　盘式制动器的拆装

桑塔纳轿车前轮制动器为盘式制动器，其拆装方法如下：

(1)拆卸

①如图 4-26 所示，旋下螺栓 5，从下向上摆动制动钳总成 1(如图 4-27)，取出制动钳总成

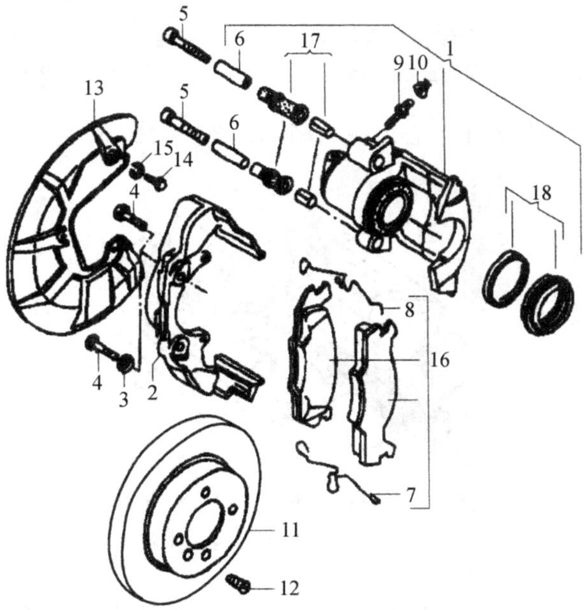

1—制动钳总成；2—制动钳支架；3—垫圈；4、5—螺栓；6—导向销；7、8—防振弹簧；9—放气螺钉；10—防尘套；11—制动盘；12—制动盘固定螺钉；13—防溅盘；14—防溅盘固定螺栓；15—弹簧垫圈；16—制动蹄(衬片)；17—导向销塑料套；18—活塞密封圈和防尘罩

图 4-26　桑塔纳轿车前制动器的拆卸

1 和制动蹄 16。从前减振器支柱上旋下螺栓 4，取下制动钳支架 2；旋下防溅盘固定螺栓 14，取下防溅盘（挡泥板）13；旋下制动盘固定螺钉 12，取下制动盘 11。

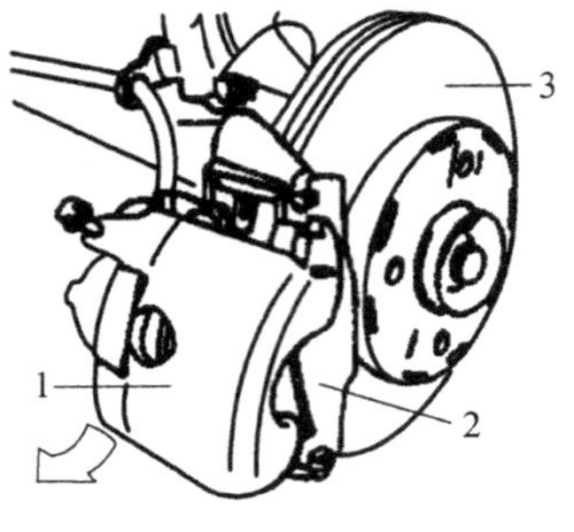

1—前制动钳总成；2—制动钳支架；3—制动盘

图 4-27　桑塔纳轿车前制动钳总成的拆卸

②图 4-28 所示为前制动钳总成的分解。取下防尘罩 1，当取下活塞 2 时，需用压缩空气枪从进液口吹入压缩空气，将活塞 2 吹出（如图 4-29），同时放上一木块，以防碰坏活塞。

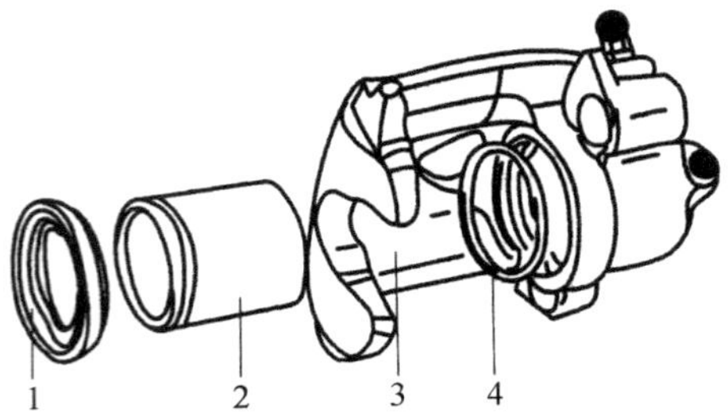

1—防尘罩；2—活塞；3—制动钳壳体；4—密封圈

图 4-28　桑塔纳轿车前制动钳总成的分解

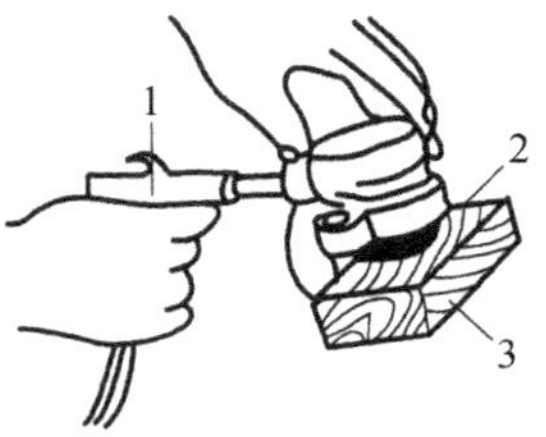

1—压缩空气枪；2—制动钳活塞；3—木块

图 4-29　制动钳活塞的取出

如图 4-30 所示，用螺丝刀 1 小心地挑出制动钳 2 内的密封圈 3。

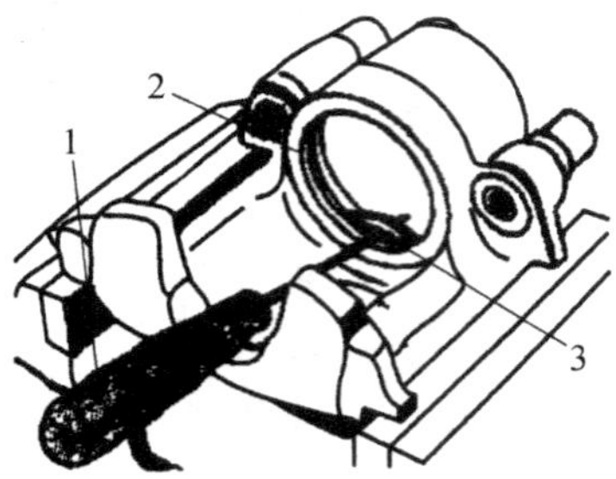

1—螺丝刀；2—制动钳；3—密封圈

图 4-30　制动钳密封圈的取出

（2）装配

①图 4-31 所示为前制动钳活塞的安装。在安装时要注意密封圈 2 和防尘套 4。带外密封唇边的防尘套 4 应先用螺丝刀将内密封唇边揿入前制动钳体 1 的槽口内，利用螺丝刀把密封圈 2 装到前制动钳体 1 的凹槽里，最后使用工具将活塞 3 压入缸筒（如图 4-32 件 1）内。

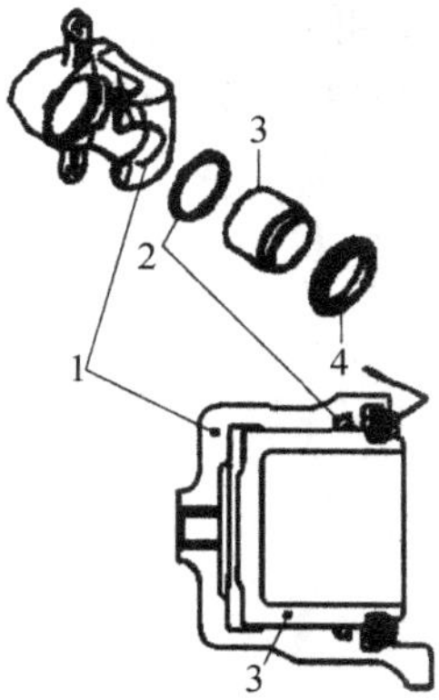

1—前制动钳体；2—密封圈；3—活塞；4—防尘套

图 4-31　前制动钳活塞的安装

1—前制动缸筒；2—活塞压入工具；3—活塞

图 4-32　前制动钳活塞的压入

注意：活塞 3 有底的一端朝内，防尘套 4 外唇边应弹入活塞 3 的凹槽内。

②如图 4-33 所示为内制动衬片（摩擦片）的安装。将内制动衬片 1 和防振弹簧 2 装到制动钳体 3 上。

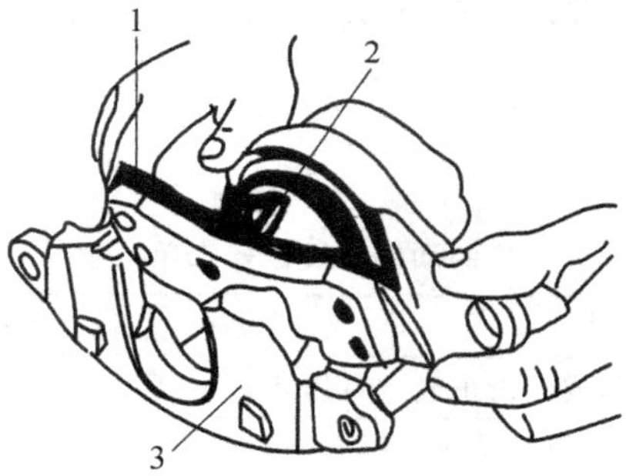

1—内制动衬片；2—防振弹簧；3—制动钳体

图 4-33　前制动器内制动衬片的安装

③如图 4-34 所示，装上前制动钳支架 2，旋上固定螺栓（如图 4-26 件 4），力矩为 70 N·m，再在前轮毂 3 上装上前制动盘 1。

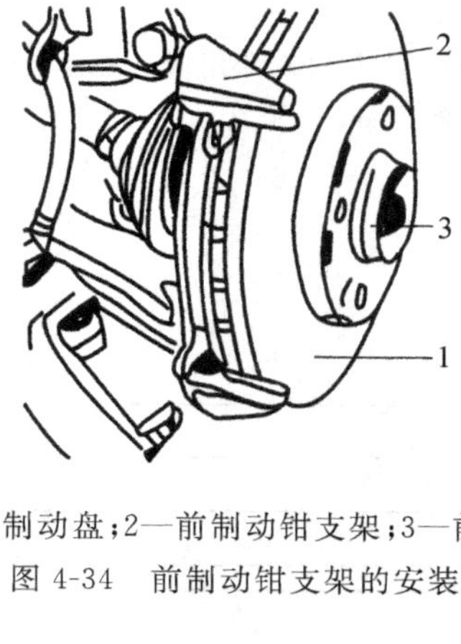

1—前制动盘；2—前制动钳支架；3—前轮毂

图 4-34　前制动钳支架的安装

④如图 4-35 所示，将装上内制动衬片的制动钳 1 装到制动钳支架 3 上，再在制动盘 4 外侧装上外制动衬片 2。不要过分向下压制动钳 1，以免使防振弹簧变形，产生噪声。

最后装上制动钳螺栓(如图 4-26 件 5)，力矩为 40 N・m。

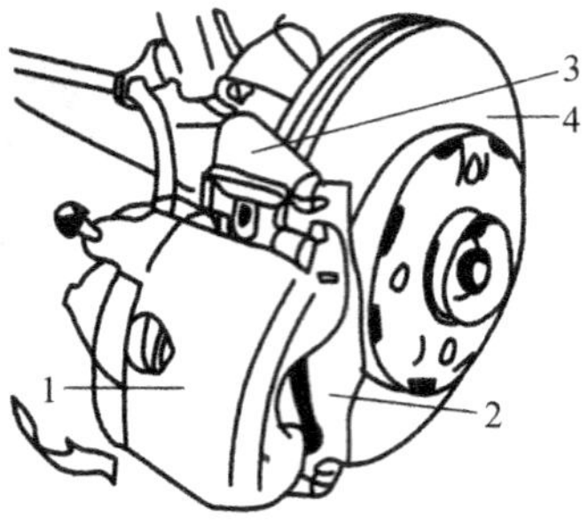

1—制动钳；2—外制动衬片；3—制动钳支架；4—制动盘

图 4-35　前制动钳及外制动衬片的安装

3　任务工单

学生依据实践指导材料的要求及操作步骤，在教师的指导下完成本工作任务，并填写任务工单。

3.1　制动器的拆装

制动器拆装任务工单

任务名称	制动器的拆装	实训设备	被检车辆、专用工具、组合工具
客户任务	某车辆需更换制动器总成。请正确进行拆装。		
任务目的	能正确使用工具，能够根据规范正确拆装制动器 。		
一、资讯 1. 制动器的功用及工作原理。 2. 制动器的结构特点。 二、决策与计划 根据任务要求，确定所需要的设备、工具，并对小组成员进行合理分工，制定详细的工作计划。 1. 讨论确定制动器的拆装所需要的设备、工具。 2. 小组成员分工。 3. 制订制动器拆装的操作步骤。 (1)______ (2)______ (3)______ (4)______			

续 表

三、实施过程记录

1. 分析你所实践用制动器的类型及结构特点。

2. 制动器的拆装应该注意的问题。

3. 记录你所实践用制动器的拆装顺序、规定扭矩等。

四、检查与评估

1. 检查制动器的拆装是否正确。

2. 请根据任务完成的情况，对自己的工作进行自我评估，并提出改进意见。

3. 教师对小组工作情况进行评估，并作出点评。

3.2 制动器的就车检查与调整

制动器就车检查与调整任务工单

任务名称	制动器的就车检查与调整	实训设备	被检车辆、专用工具、组合工具
客户任务	某车辆尽管用力踩下制动踏板，制动效果仍然较差，请正确进行检查与调整。		
任务目的	能正确使用工具，能够根据规范正确检查与调整制动器。		

一、资讯

1. 制动器的作用、类型。

2. 制动器的组成及工作原理。

二、决策与计划

根据任务要求，确定所需要的设备、工具，并对小组成员进行合理分工，制定详细的工作计划。

1. 讨论确定制动器检查的检查与调整所需要的设备、工具。

2. 小组成员分工。

3. 制订制动器检查调整的操作步骤。

(1)________

(2)________

(3)________

(4)________

续 表

三、实施过程记录 1. 分析你所实践车型所用的制动器的结构特点。 2. 就车检查调整制动器时应该注意的问题。 3. 记录你检查制动器的顺序及所检查制动器的检测结果。 4. 正确调整制动器。 四、检查与评估 1. 检查制动效果是否良好。 2. 请根据任务完成的情况，对自己的工作进行自我评估，并提出改进意见。 3. 教师对小组工作情况进行评估，并作出点评。

任务3　制动器的检修

1　鼓式制动器的检修

(1)制动蹄片厚度检查

如图4-36所示，用游标卡尺1测量摩擦片(后制动蹄衬片)2的厚度，标准值为5 mm，磨损极限为2.5 mm，其铆钉3的铆钉头与摩擦片2表面的深度不得小于1 mm，以免铆钉头刮伤制动鼓内表面(解体前其磨损程度可通过制动底板上的观察孔进行检查)。超过磨损极限时，应换用新的摩擦片或制动蹄摩擦片总成。

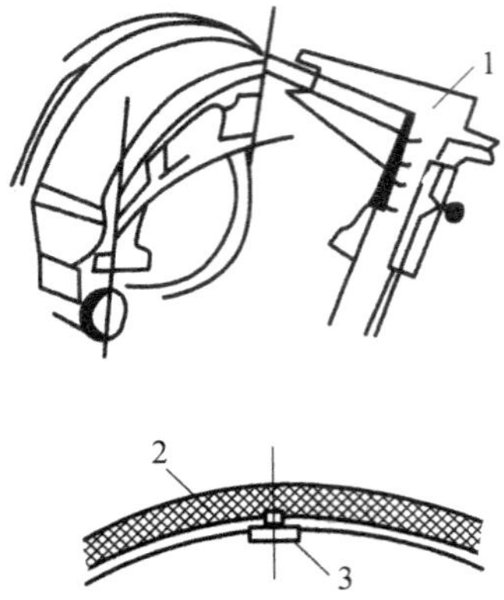

1—游标卡尺；2—摩擦片；3—铆钉

图4-36　后制动蹄衬片(摩擦片)厚度的检查

(2)制动鼓内孔磨损与尺寸的检查

如图4-37所示,用游标卡尺2测量制动鼓内径磨损不得超过1 mm(桑塔纳轿车其标准内径有180 mm和200 mm两种),否则应换用新件。

用测量圆度工具3测量后制动鼓1内孔的不圆度,使用极限为0.03 mm,超过极限应更换后制动鼓1。

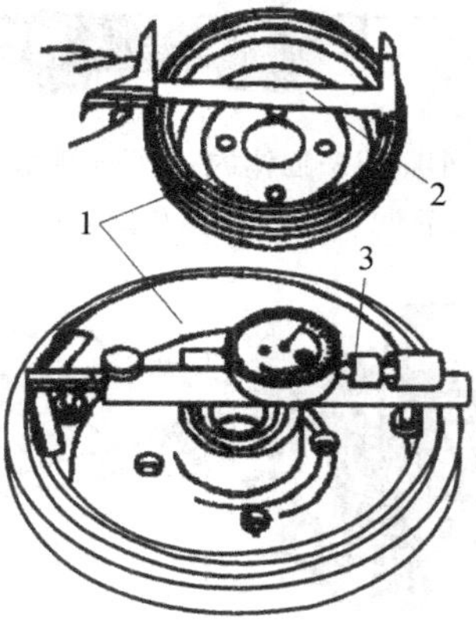

1—后制动鼓;2—游标卡尺;3—测量圆度工具

图4-37　后制动鼓内孔磨损及尺寸的检查

(3)制动器定位弹簧及复位弹簧的检查

检查后制动器定位弹簧、上复位弹簧、下复位弹簧和楔形调整板拉簧的自由长度,若增长率达到5%,则应更换新弹簧。

如图4-38所示,检查上回位弹簧(如图4-22件1)、定位弹簧(如图4-22件4)、楔形调节块拉簧(如图4-22件12)的自由长度,标准值分别为130 mm、120 mm、113 mm(桑塔纳后轮制动器)。

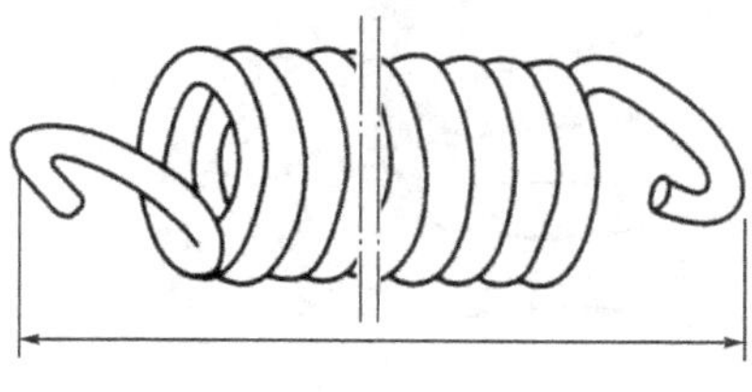

图4-38　后制动器弹簧的检查

(4)制动轮缸泵体与活塞的检查

首先检查后制动轮缸泵体内孔与活塞外圆表面的烧蚀、刮伤和磨损情况,然后测出轮缸泵体内孔孔径、活塞外圆直径,并计算出活塞与泵体的间隙,如图4-39所示。

2　盘式制动器的检修

(1)制动盘表面磨损厚度的检查

如图4-40所示,除检查制动盘2表面的磨损外,可用卡尺1检查制动盘2的厚度,标准值为12 mm,使用极限为10 mm,超过极限应更换。桑塔纳LX型轿车制动盘的磨损极限厚度为8 mm,厚度过小时应换用新件。富康轿车制动盘的标准厚度为10 mm(实体),使用极限为8 mm;或制动盘的标准厚度为20.4 mm(通风型),使用极限为18.4 mm。

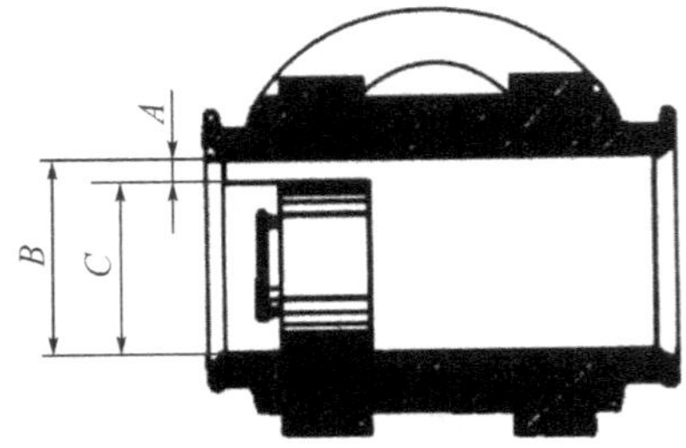

A—间隙;B—缸体内径;C—活塞外径

图 4-39　后制动轮缸活塞与缸体间隙的检查

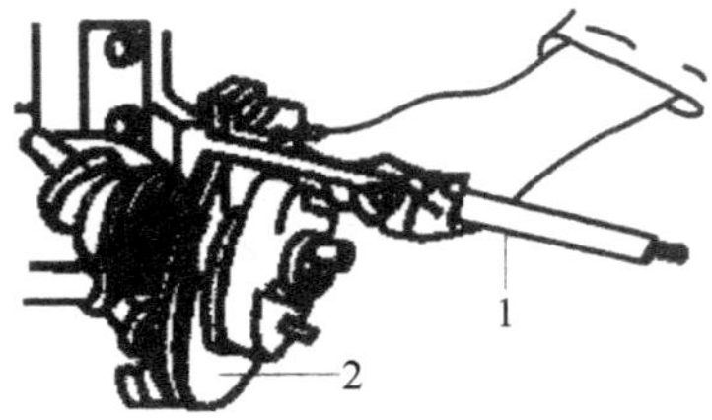

1—卡尺;2—制动盘

图 4-40　制动盘表面磨损及厚度的检查

(2)制动盘跳动的检查

如图 4-41 所示,用百分表 2 检查制动盘 1 端面圆跳动量,使用极限为 0.08 mm。桑塔纳 LX 型轿车,如制动盘的端面圆跳动误差大于 0.06 mm,制动盘表面出现明显的磨损台阶及拉伤沟槽,可进行机加工修复。

1—制动盘;2—百分表

图 4-41　制动盘跳动的检查

(3)制动衬片厚度的检查

如图 4-42 所示,制动衬片的总厚度标准值为 14 mm,使用极限为 7 mm。制动衬片摩擦片厚度磨损极限的残余厚度应不小于 0.8mm。在未拆下时外制动衬片可通过轮辐上的孔检查其厚度,或拆下车轮后检查。

(4)制动钳体与活塞的检查

如图 4-43 所示,用内径表 2 检查制动钳体 1 的内孔直径,用千分尺 4 检查轮缸活塞 3 的外径,并可计算出轮缸活塞 3 与制动钳体 1 的间隙,标准值为 0.04～0.16 mm,使用极限为 0.16mm。制动钳体 1 漏油时,应更换活塞密封圈。

如图 4-44 所示,在不拆下前制动器时也可通过车轮检视孔 1,用手电筒照明检查制动衬

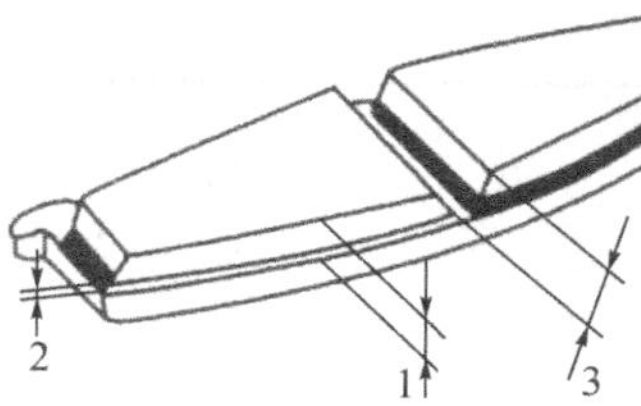

1—制动衬片厚度；2—制动衬片残余厚度；3—衬片带底板的厚度

图 4-42　前制动器制动衬片的检查

1—制动钳体；2—内径表；3—轮缸活塞；4—千分尺

图 4-43　制动钳体与活塞的检查

片厚度。当制动衬片厚度(包括底板)小于 7 mm 时，说明制动衬片已磨损到了极限，必须更换。

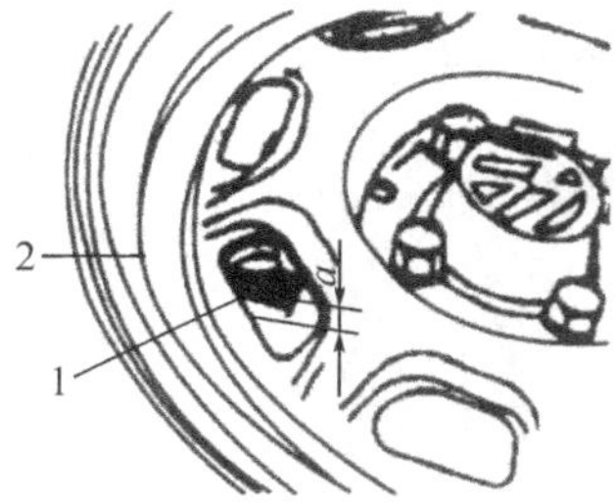

1—车轮检视孔；2—前轮；a—制动衬片(带底板)的厚度

图 4-44　在不拆前制动器时检查前制动衬片厚度

3　任务工单

学生依据实践指导材料的要求及操作步骤，在教师的指导下完成本工作任务，并填写任务工单。

制动器检修任务工单

任务名称	制动器的检修	实训设备	被检制动器、专用工具、组合工具
客户任务	某车辆制动器发生故障，请正确进行检修。		
任务目的	能正确使用工具，并能根据规范正确检修制动器。		
一、资讯 1. 制动器的作用、类型。			

续 表

2. 制动器的结构及工作原理。

二、决策与计划

根据任务要求，确定所需要的设备、工具，并对小组成员进行合理分工，制定详细的工作计划。

1. 讨论确定制动器检修所需要的设备、工具。

2. 小组成员分工。

3. 制订制动器检修的操作步骤。

(1)____________________

(2)____________________

(3)____________________

(4)____________________

三、实施过程记录

1. 分析你所实践用的制动器的结构特点。

2. 制动器的检修过程应该注意的问题。

3. 记录你所实践用制动器的检修方法。

四、检查与评估

1. 检查制动器的检修是否正确。

2. 请根据任务完成的情况，对自己的工作进行自我评估，并提出改进意见。

3. 教师对小组工作情况进行评估，并作出点评。

复习思考题

1. 名词解释：

制动系统　行车制动器　驻车制动器　自增力制动器　鼓式制动器　盘式制动器　制动间隙　制动踏板自由行程

2. 鼓式制动器有几种类型？各有哪些特点？

3. 盘式制动器与鼓式制动器比较有什么特点？
4. 制动器间隙的调整类型有几类？
5. 说明车轮制动器间隙自调装置的类型及其工作原理。
6. 说明驻车制动的类型。

项目2　气压制动传动装置的认知与检修

应知目标：

1. 掌握气压制动系统的特点；
2. 掌握双管路气压制动系统的主要组成、管路布置及工作原理；
3. 掌握气压制动传动装置中各个部件的结构及工作原理。

应会目标：

1. 能对气压制动系统进行拆装与调整；
2. 能对气压制动系统的部件进行检修；
3. 能排除气压制动系统常见故障。

任务1　气压制动传动装置认知

汽车制动传动装置将驾驶员或其他动力源的作用力传到制动器，并控制制动器工作，从而获得所需要的制动力矩。

气压式制动传动装置是利用压缩空气作动力源的动力制动装置。制动时，驾驶员通过控制制动踏板的行程，便可控制制动气压的大小，得到不同的制动强度。其特点是：制动操纵省力、制动强度大、踏板行程小；但需要消耗发动机的动力；制动粗暴而且结构比较复杂。因此，一般在重型和部分中型汽车上采用。

1　双管路气压制动传动装置的组成和管路布置

双管路气压传动装置是利用一个双腔（或三腔）的制动控制阀，两个或三个储气筒，组成两套彼此独立的管路，分别控制两桥（或三桥）的制动器。

图4-45所示为解放CA1092型汽车双管路制动系示意图。发动机驱动的活塞式空气压缩机1将压缩空气经单向阀压入湿储气筒4，筒4上装有安全阀5和供其他系统使用的压缩空气放气阀3。压缩空气在湿储气筒内冷却并进行油水分离，然后进入主储气筒8的前、后腔。主储气筒的前腔与制动控制阀14的上腔相连，以控制后轮制动；同时，通过三通管与气压表15及气压调节器16相连；储气筒后腔与制动控制阀14的下腔相连，以控制前轮制动，并与气压表相连。气压表为双指针式，上指针指示储气筒前腔气压；下指针指示储气筒后腔气压。以上为供气管路，管中常存有压缩空气，储气筒最高气压为0.8MPa。

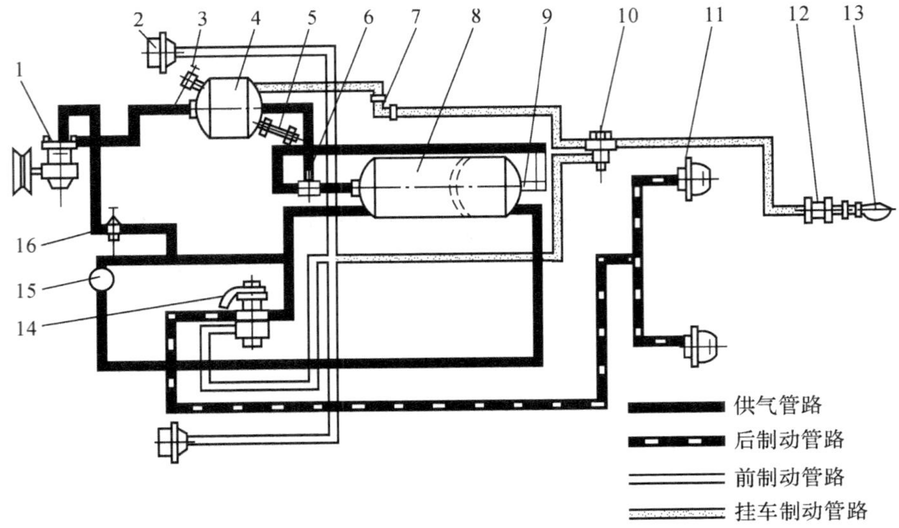

1—空气压缩机；2—前制动气室；3—放气阀；4—湿储气筒；5—安全阀；6—三通管；7—低压警报开关；8—主储气筒；9—单向阀；10—挂车制动阀；11—后制动气室；12—分离开关；13—连接头；14—制动控制阀；15—气压表；16—气压调节器

图 4-45　解放 CA1092 型汽车双管路制动系示意图

2　双管路气压制动传动装置的结构与工作

(1)空气压缩机

空气压缩机的作用是产生压缩空气，是整个制动系统的动力源。最常见的结构是往复活塞式空气压缩机，它与往复活塞式发动机结构相似。空气压缩机按其气缸的数量可分为单缸和双缸两种。空气压缩机固定于发动机一侧的支架上，由曲轴带轮通过 V 带驱动。

单缸空气压缩机结构如图 4-46 所示。主要由缸体、曲轴箱、曲轴、活塞、连杆、气缸阀盖总成、空气滤清器等组成。气缸体是铸铁的，带有散热肋片，气缸有弹簧压闭的进、排气阀门。进气口经气管通向空气滤清器。出气口经气管通向湿储气筒。

发动机运转时，空气压缩机即随之运转。当活塞下行时，吸开进气阀门，外界空气经空气滤清器、进气阀进入气缸。活塞上行时，进气阀在弹簧作用下关闭，气缸内空气被压缩并顶开出气阀门，压缩空气经出气口和气管送到湿储气筒。当储气筒内的气压达到 700～740kPa 时，卸荷柱塞顶开进气阀，使空气压缩机气缸与大气相通不再泵气，卸掉活塞上的载荷，减少了发动机的功率损失。

(2)调压器

调压器的作用是使储气筒保持规定的气体压力，并在超过规定气压后，实现空气压缩机的卸荷空转，以减少发动机的功率消耗。

图 4-47 所示为调压器结构。

当储气筒内气压未达到规定值时，膜片下腔气压较低，不足以克服调压弹簧 4 的力，膜片连同空心管及排气阀被调压弹簧压到极限位置，调压阀不起作用，此时由储气筒至卸荷室的通路被隔断，卸荷室与大气相通，卸荷阀杆在最高位置，进气阀处于密封状态，空气压缩机

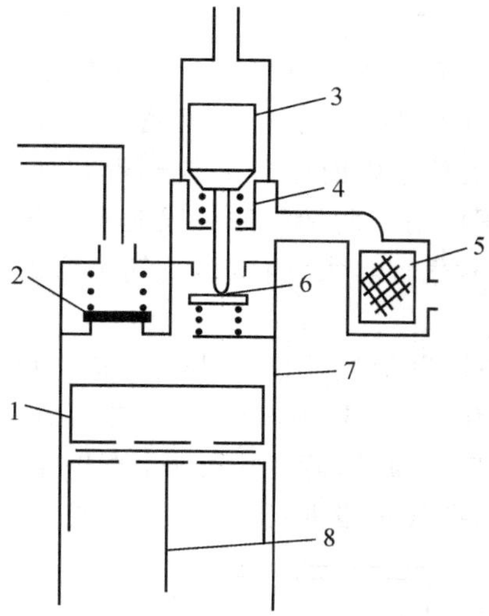

1—活塞；2—出气阀；3—卸荷柱塞；4—柱塞弹簧；5—空气滤清器；6—进气阀；7—缸体；8—连杆

图 4-46　风冷单缸式空气压缩机结构示意图

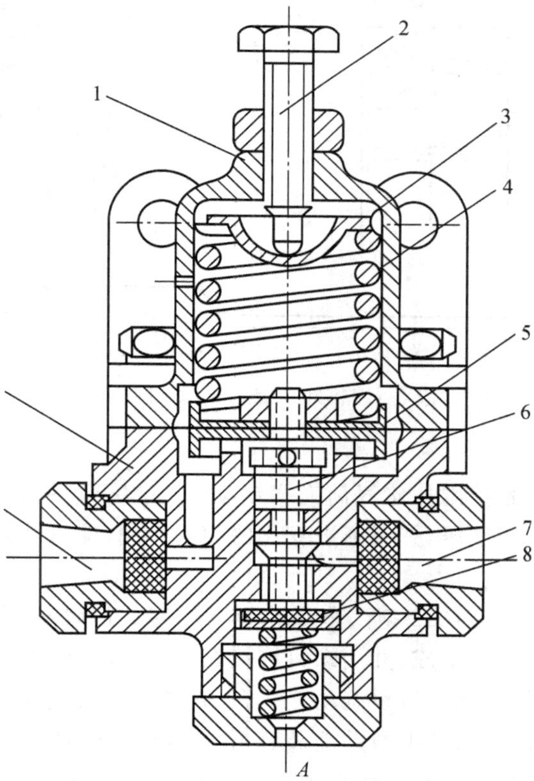

1—盖；2—调压螺钉；3—弹簧座；4—调压弹簧；5—膜片；6—空心管；7—接卸荷室管接头；8—排气阀；9—接储气筒管接头；10—壳体；A—通大气

图 4-47　调压器结构

对储气筒正常充气。

当储气筒气压升高到0.7～0.74MPa时，膜片5下方气压作用力即克服调压弹簧4的预紧力而推动膜片向上拱曲，使空心管6和排气阀随之上移，到排气阀压靠阀座而关闭，切断卸荷室与大气通路，并且空心管下端面也离开排气阀，出现一相应的间隙(见图4-48)。于是储气筒中的压缩空气便沿图中箭头所标明的路线充入空气压缩机的卸荷室，迫使卸荷柱塞下移，使进气阀门开启。这时气缸与大气相通，空气压缩机卸荷空转，湿储气筒内气体压力也不再升高。

随着储气筒内的压缩空气不断消耗，调压阀膜片下面气压降低，膜片和空心管即在调压弹簧的作用下相应下移，当气压为0.56～0.6MPa时，空心管下端将排气阀打开。卸荷室与储气筒的通路被切断，而与大气相通，卸荷室的压缩空气即排入大气。卸荷阀在其弹簧的作用下升高，进气阀又恢复正常，空气压缩机恢复对储气筒充气。

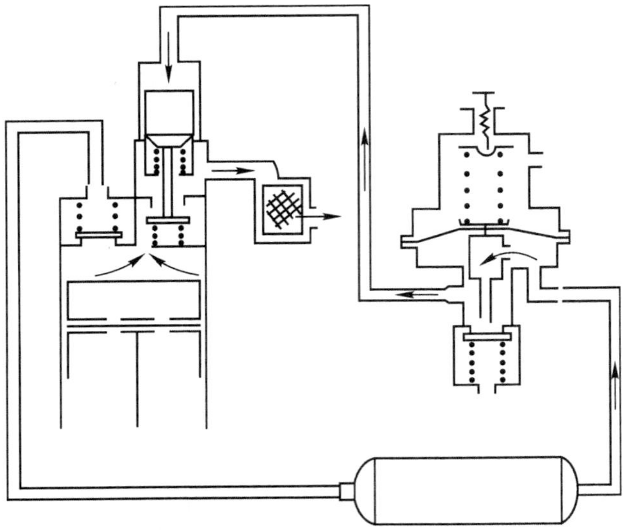

图4-48　空气压缩机卸荷装置与调压阀工作原理示意图

(3)制动控制阀

制动控制阀的作用是控制从储气筒充入制动气室和挂车制动控制阀的压缩空气量，从而控制制动气室中的工作气压，并有渐进变化的随动作用，即保证制动气室的气压与踏板行程有一定的比例关系。

图4-49所示为解放CA1092型汽车双腔串联活塞式制动控制阀。它由上盖6、上壳体7、中壳体10和下壳体14等组成，并用螺钉连接在一起，其间装有密封垫。中壳体上的通气口D和A分别接后桥储气筒和后桥制动气室；下壳体上的通气口E和B分别接前桥储气筒和前桥制动气室。此外，上盖6上滑动地装有挺杆5，其上端面与滚轮压靠在一起，外套有橡胶防尘罩。上下活塞与壳体间装有密封圈。下活塞由大小两个活塞套装在一起，小活塞13对大活塞2能进行单向分离。上阀门11滑动地套装在芯管上，其外圆有密封隔套。下阀门15滑动地套在有密封圈的下壳体14中心孔中，中空的芯管和小活塞13制成一体。

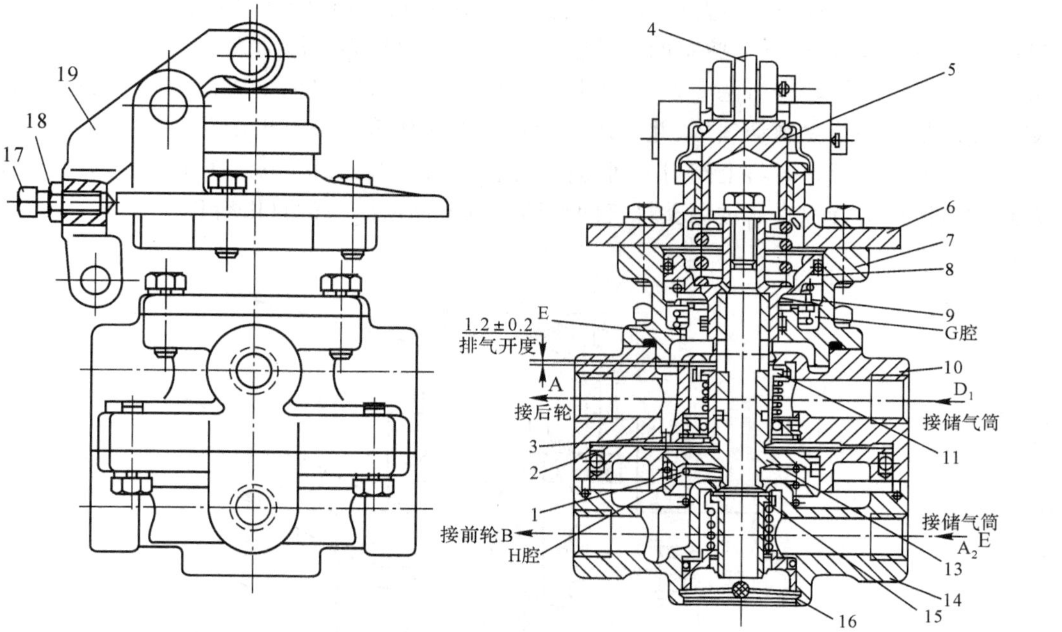

1—小活塞回位弹簧；2—大活塞；3—通气孔；4—滚轮；5—挺杆；6—上盖；7—上壳体；8—上活塞总成；9—上活塞回位弹簧；10—中壳体；11—上阀门；12—卡环；13—小活塞总成；14—下壳体；15—下阀门；16—排气阀；17—调整螺钉；18—锁紧螺母；19—拉臂

D、E—进气口；A、B—出气口

图 4-49　解放 CA1092 型汽车双腔串联活塞式制动控制阀

双腔串联活塞式制动控制阀工作情况见图 4-50。制动时，驾驶员踩下制动踏板，拉臂通过滚轮、挺杆 3 使平衡弹簧 4 及上活塞 5 向下移动，消除排气间隙（上阀门 7 至上活塞 5 之间）而推开上阀门 7。此时，从储气筒前腔来的压缩空气经阀门 7 与中壳体阀座之间的进气间隙进入 G 腔，并经出气口 A 进入后制动气室，使后轮制动。与此同时，进入 G 腔的压缩空气通过通气孔 F 进入大活塞 2 及小活塞 8 的上方，使其下移推开下阀门 9，此时从储气筒后腔来的压缩空气经下阀门 9 与下壳体阀座之间的进气间隙进入 H 腔，并经出气口 B 充入前制动气室，使前轮制动。

当制动踏板保持在某一位置（即维持制动状态）时，压缩空气在进入 G 腔的同时由通气孔 E 进入上活塞 5 的下方，并推动上活塞 5 上移，使 G 腔中的气压作用力与回位弹簧 6 的张力之和与平衡弹簧 4 的压紧力相平衡。与此同时，H 腔中的气压作用力与回位弹簧 1 的张力之和与下腔活塞上方的气压作用力相平衡，此时上阀门 7 和下阀门 9 均关闭，G 和 H 腔中的气压保持稳定状态，即为制动阀的平衡位置。

放松制动踏板时，作用在挺杆上的力消失，在回位弹簧作用下，芯管上移，平衡弹簧恢复到原来装配长度，上活塞 5 上移到使下端与上阀门 7 之间形成排气间隙。后制动气室的压缩空气经 G 腔排气间隙和其下面的排气口 C 排入大气；与此同时，大活塞 2 及小活塞 8 受回位弹簧 1 张力的作用而上升，使下阀门 9 与下壳体阀座接触，从而关闭储气筒与前制动气室的通路；另一方面，由于大活塞 2 及小活塞 8 的上移，使小活塞的下端与下阀门 9 之间也形成排气间隙，前制动气室的压缩空气经 H 腔排气间隙以及下阀门 9 和排气口 C 排入大气中。

若前桥回路失效，控制阀的上腔室仍能按上述方式工作，因此后桥控制回路照常工作。当后桥回路失效时，由于下腔室的下活塞上方建立不起控制气压而无法动作，上腔平衡弹簧将通过上活塞5推动小活塞8及心管使小活塞与大活塞单向地分离而下移，推开下阀门9使前桥控制回路建立制动气压、并利用小活塞和平衡弹簧的张力相互平衡起随动作用。

为了消除上活塞5与上阀门7间的排气间隙(图示1.2±0.2mm)所踩下的踏板行程，称为制动踏板自由行程。通过调整排气间隙即可调整制动踏板的自由行程。

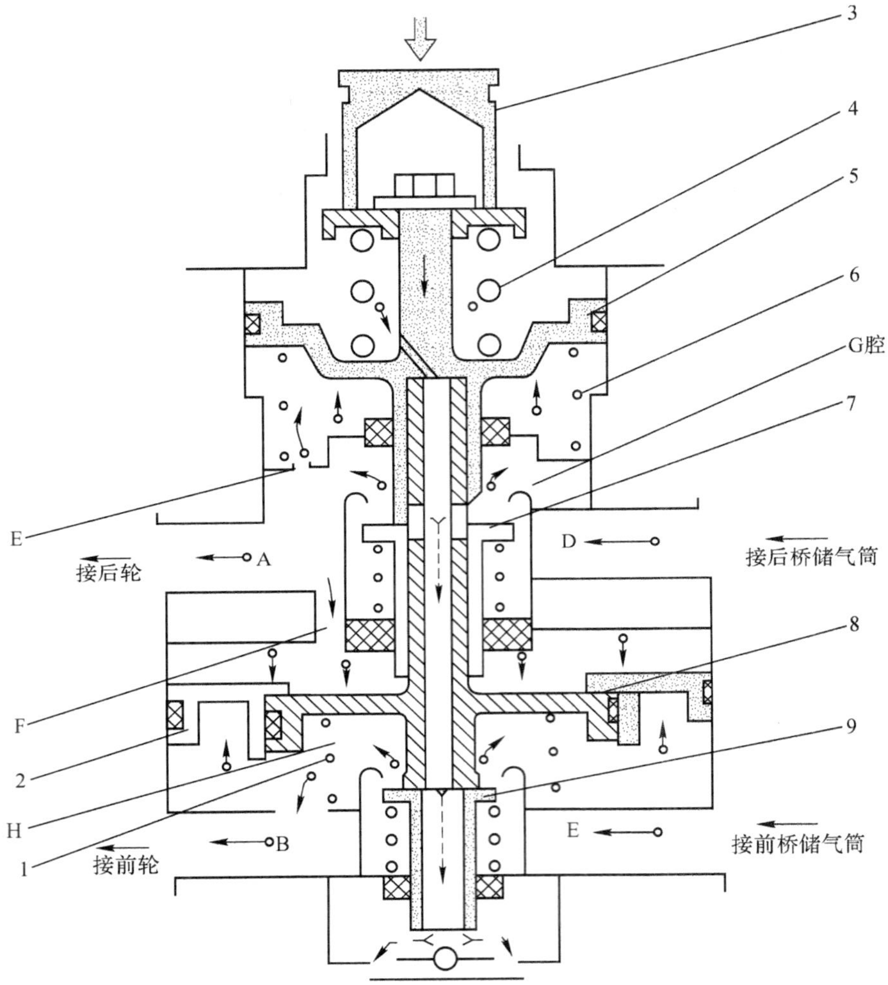

1—小活塞回位弹簧；2—大活塞；3—挺杆；4—平衡弹簧；5—上活塞总成；6—上活塞回位弹簧；
7—上阀门；8—小活塞总成；9—下阀门
D、E—进气口；A、B—出气口；C—排气口；F、I—通气孔

图4-50 双腔串联活塞式制动控制阀工作状况(制动状态)

(4)制动气室

制动气室的作用是将输入的空气压力转变为转动制动凸轮的机械推力，使车轮制动器产生制动力矩。

图4-51所示为解放CA1092型汽车膜片式制动气室，它主要由盖、橡胶膜片、外壳、推杆

以及回位弹簧等组成。夹布层橡胶膜片的周缘用卡箍夹紧在壳体和盖的凸缘之间。盖与膜片之间为工作腔。用橡胶软管与由制动阀接出的钢管连通，膜片右方则通大气。弹簧通过焊接在推杆上的支承盘推动膜片紧靠在盖的极限位置。推杆的外端通过连接叉与制动器的制动调整臂相连。

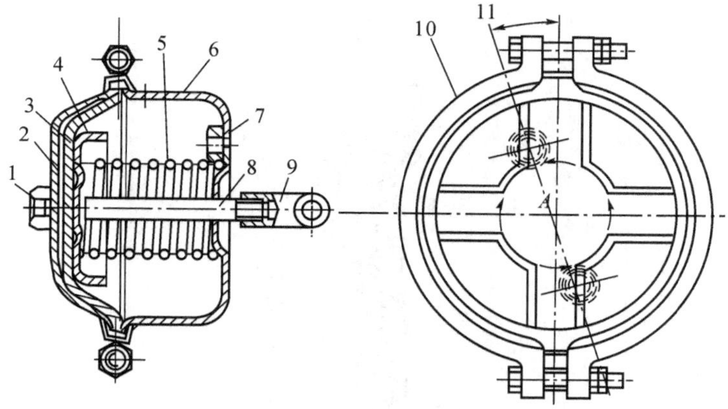

1—进气口；2—盖；3—膜片；4—支承盘；5—弹簧；6—壳体；7—固定螺钉孔；8—推杆；9—连接叉；10—卡箍；11—螺栓

图 4-51　膜片式制动气室

任务 2　气压制动传动装置的拆装与调整

1　空气压缩机的拆装

(1)空气压缩机的拆卸

EQ1092 型汽车的空气压缩机的解体顺序如下：

①从空压机上拆下空气滤清器总成，并按图 4-52 所示进行解体。

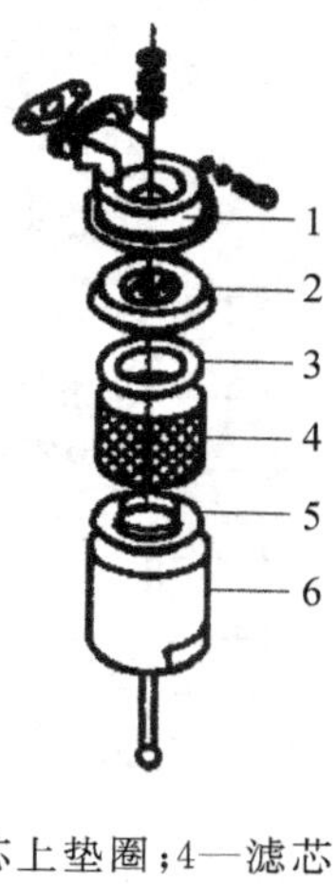

1—底座；2—隔板；3—滤芯上垫圈；4—滤芯；5—滤芯下垫圈；6—外壳

图 4-52　空压机空气滤清器

②拧下缸盖螺栓，取下空压机缸盖总成，并按图 4-53 所示顺序从缸盖上拆下进气阀、排

气阀及松压阀。

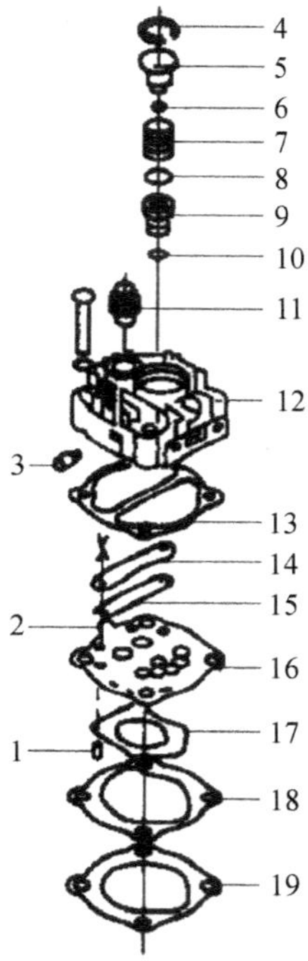

1—销;2—垫圈;3、11—管接头;4—弹性挡圈;5—柱塞限位轴;6、8、10、13—密封圈;7—松压阀复位弹簧;9—柱塞;12—汽缸盖;14—排气阀片限位块;15—排气阀片;16—阀板;17—进气阀片;18—上密封垫;19—下密封垫

图 4-53 空压机缸盖总成

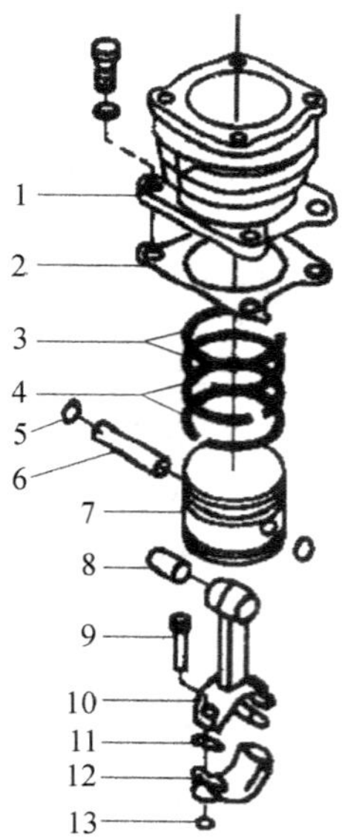

1—汽缸体;2—缸体衬垫;3—气环;4—油环;5—卡簧;6—活塞销;7—活塞;8—连杆衬套;9—连杆螺栓;10—连杆;11—垫片;12—连杆盖;13—螺母

图 4-54 空压机缸体及活塞连杆组

③拆下空压机底盖，转动带轮，使曲轴连杆轴颈处于最下端位置，按照与发动机相同的操作方法拆下活塞连杆组并解体(注意活塞、连杆及连杆盖的安装方向标记，必要时应重新做出标记)，如图 4-54 所示。

④拆下带轮紧固螺母及开口销，用拉器拉下带轮(图 4-55)。

⑤拆下曲轴前、后轴承盖，并取出油堵及油堵弹簧。

⑥拆下轴承卡环，用铜棒或木槌由前向后敲动曲轴，并用拉器拉下曲轴后轴承，然后再向前压动曲轴，使之与曲轴箱分离。

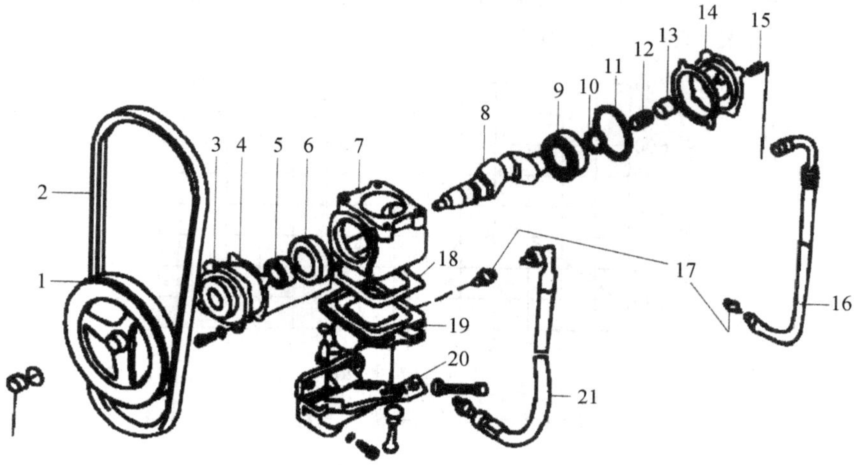

1—带轮；2—皮带；3—前盖；4—衬垫；5—油封；6—前轴承；7—曲轴箱；8—曲轴；9—后轴轴承；10—弹性挡圈；11—钢丝挡圈；12—油堵弹簧；13—油堵；14—后盖；15、17—管接头；16—进油管；18—衬垫；19—底盖；20—支架；21—回油管

图 4-55　空压机曲轴及曲轴箱

(2)空气压缩机的装配

空气压缩机装配前，各零件应清洗干净，装配过程中，各摩擦表面应涂抹适量润滑油。其装配顺序如下：

①将曲轴装入曲轴箱中，并依次装好前、后轴承。

②安装曲轴油堵、油堵弹簧及曲轴箱后盖。

③安装好曲轴油封及曲轴箱前盖，紧固好带轮。

④将汽缸体及其衬垫紧固到曲轴箱上。

⑤组装好活塞连杆组，使活塞环开口相互错开 180°(活塞环的端隙、侧隙、背隙应符合要求)，然后按活塞、连杆及连杆盖上的装配标记将其装入汽缸中，以 15～20 N·m 的力矩拧紧连杆螺栓。此时，曲轴的旋转力矩应不大于 8 N·m，活塞在汽缸内应升降灵活，无卡滞及划伤缸臂现象，否则，应查明原因并予以排除。

⑥将空压机底盖紧固在曲轴箱上。

⑦将松压阀安装到汽缸盖上，并组装好阀板总成，然后将阀板总成、汽缸盖及相应的密封垫用缸盖螺栓紧固在汽缸体上(缸盖螺栓应以 18～22 N·m 的力矩对角均匀拧紧)。

⑧组装好空气滤清器，并将其安装在空压机上。

⑨将空压机装车并拧动调整螺栓调整皮带预紧度:顺时针拧动螺栓时皮带张紧,反之则松弛。调整至用拇指以 40 N 的力垂直按压皮带中部时,其挠度为 10～15 mm 为止,然后拧紧空压机固定螺栓。

(3)空气压缩机的性能试验

空气压缩机的性能试验可在车上进行,启动发动机使之带动空压机转动,当空气压缩机转速达到 1200 r/min(相当于发动机转速为 1714 r/min)时,气压表指示的储气筒气压与充气时间的关系应符合如图 4-56 所示。气压上升到 784 kPa 时,松压阀应能自动卸荷,气压表所指示的气压不再升高。空压机在检验后,如需要镗缸、磨曲轴、换活塞销及衬套等时,为了方便,也可以放弃修复,更换新的空压机。

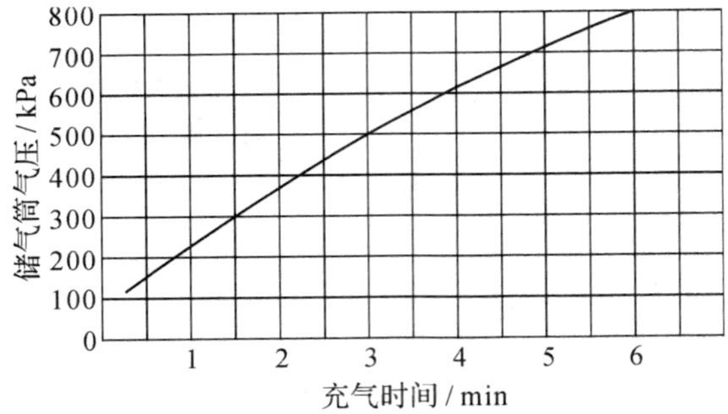

图 4-56　空气压缩机充气特性

2　气压制动阀的拆装

(1)气压制动阀的分解

EQ1091 型汽车采用的是双腔并列膜片式制动阀,如图 4-57 所示。对其进行解体时,可按如下步骤进行操作:

①拆除拉臂轴卡簧,取下拉臂轴、拉臂、平衡弹簧及钢球。

②拧下进气阀阀门座,按图 4-57 所示取出阀门及其复位弹簧等零件。

③拧下上、下壳体连接螺栓,使上、下壳体分离,并取下平衡臂、膜片压紧圈、膜片总成及膜片复位弹簧等零部件。

④用卡环钳拆下膜片挺杆下端的挡圈,使膜片总成分解。

⑤解体后将各零件彻底清洗干净。

(2)气压制动阀的装配

各零件检修完毕后,可按与解体的相反顺序进行装配,装配过程中,应保证各零件运动灵活。装配气压制动阀时,相对运动零件的摩擦表面上应涂抹二硫化钼锂基润滑脂。其基本装配顺序如下:

①按如图 4-57 所示顺序组装好膜片总成。

②安放好平衡臂,上、下壳体之间的垫片及膜片复位弹簧,膜片总成及膜片压紧圈等零件,装合上、下壳体并用螺栓紧固好。

③按如图 4-57 所示顺序将进气阀总成各零件安装到制动阀下壳体上。

④在制动阀上壳体上安装好平衡弹簧组件及制动拉臂。

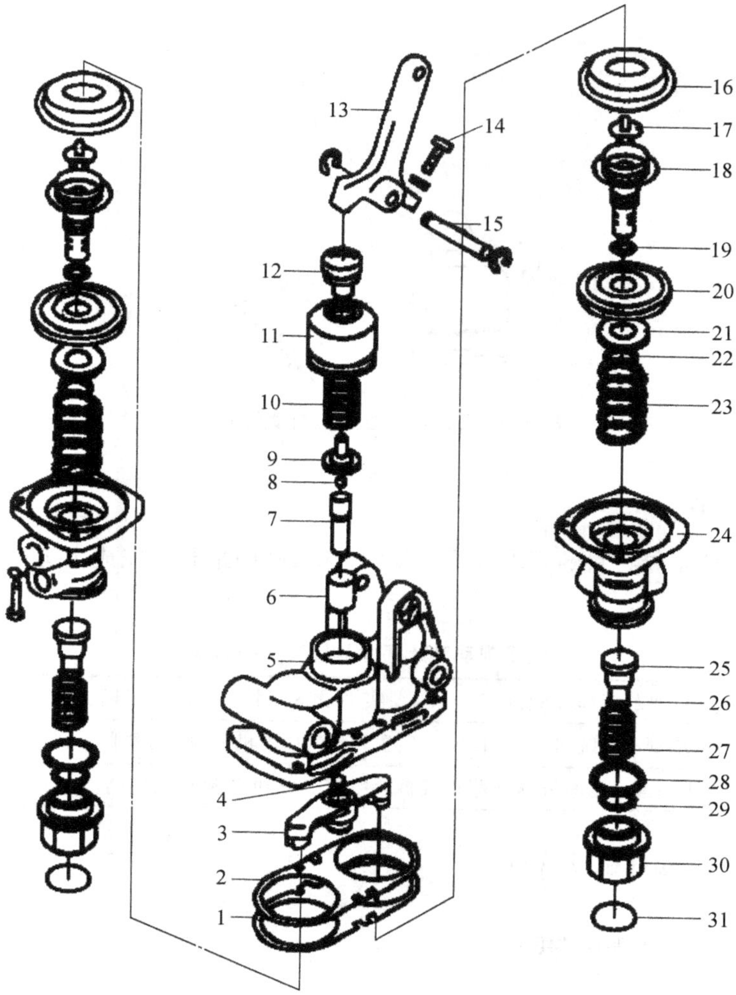

1—钢垫片；2—橡胶垫；3—平衡臂；4、8—钢球；5—上壳体；6—衬套；7—推杆；9—弹簧下座；10—平衡弹簧；11—防尘罩；12—弹簧上座；13—拉臂；14—调整螺钉；15—拉臂轴；16—压紧圈；17—挺杆头；18—挺杆；19—O形密封圈；20—膜片；21—夹片；22—挡圈；23—膜片复位弹簧；24—下壳体；25—进气阀门座总成；26、29—密封圈；27—进气阀复位弹簧；28—密封垫片；30—阀门座；31—防尘堵

图 4-57　双腔制动阀总成

(3)气压制动阀的调整

EQ1091 型汽车制动阀主要是对排气间隙进行调整，其检查与调整可在装车后进行。踩下制动踏板，使制动气压维持在 500kPa(观察制动气压表)，此时制动拉臂上的调整螺钉与制动阀上壳体的间隙应为 3±0.30mm，如图 4-58 所示。

不符合要求时，可松开调整螺钉的锁紧螺母进行调整。调好后，均匀连续地踏下制动踏板时，双针气压表所指示的制动气压应均匀连续上升到最大值，无停、跳现象；慢慢松抬制动踏板时，制动气压应随之缓慢下降到零；制动踏板稳定在某一位置不动时，制动气压也在相应压力下维持不变；在最大制动气压下，制动阀各接合面及各管接头处应无漏气现象(涂肥皂水检查)。

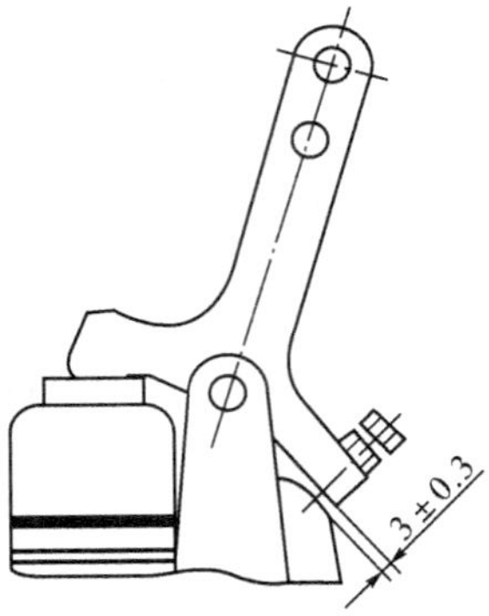

图 4-58　EQ1090 型汽车制动阀的调整

3　任务工单

学生依据实践指导材料的要求及操作步骤，在教师的指导下完成本工作任务，并填写任务工单。

气压制动系统部件的拆装任务工单

任务名称	气压制动系统部件的拆装	实训设备	被检车辆、专用工具、组合工具
客户任务	某车辆(气压制动系统)制动效果不好，需更换空气压缩机及制动控制阀。请进行正确的拆装。		
任务目的	能正确使用工具，能够根据规范正确拆装空气压缩机及制动控制阀。		

一、资讯

1.空气压缩机和制动控制阀的作用。

2.空气压缩机和制动控制阀的组成及工作原理。

二、决策与计划

根据任务要求，确定所需要的设备、工具，并对小组成员进行合理分工，制定详细的工作计划。

1.讨论确定空气压缩机和制动控制阀的拆装所需要的设备、工具。

2.小组成员分工。

3.制订空气压缩机和制动控制阀的拆装的操作步骤。

(1)__________

(2)__________

(3)__________

(4)__________

续　表

三、实施过程记录 1. 分析你所实践车型空气压缩机和制动控制阀的结构特点。 2. 空气压缩机和制动控制阀的拆装，应该注意的问题。 3. 记录你所实践用车型空气压缩机和制动控制阀的拆装顺序。 四、检查与评估 1. 检查制动效果是否良好。 2. 请根据任务完成的情况，对自己的工作进行自我评估，并提出改进意见。 3. 教师对小组工作情况进行评估，并作出点评。

任务3　气压制动传动装置的故障诊断与检修

1　常见故障诊断与排除

气压制动系常见故障有制动效能不良、制动力不足、制动拖滞以及制动时汽车跑偏。

1.1　制动效能不良，制动力不足

(1)故障现象

汽车在行驶过程中，制动力明显不足。在一般制动时，需要比平时早踩和增大踏板行程，才能取得预期的制动效果；而在紧急制动时，制动距离明显增长，制动时间也增大。由于不能在最短的距离内停车，容易产生交通事故。

(2)故障原因

储气筒内压缩空气压力不足、双管路制动系统的某一制动管路断裂而不产生制动作用、制动阀故障；制动器故障；制动管路有漏气处；制动气室皮碗破裂；制动软管老化。

(3)故障诊断排除

①观察气压表

若气压足够 490kPa，则说明空气压缩机、储气筒正常；若气压不足 329kPa，而且长时间行驶也不予上升，可能是下述原因所致：

气压上升缓慢或长时间不上升，发动机熄火后，气压也不下降，大都为压缩机故障，如皮带打滑、压缩机泵气不足、压缩机卸荷压力过低及储气筒安全阀放气压力过低等。

气压上升缓慢，发动机熄火后，气压不断下降，说明存在漏气处，如储气筒安全阀漏气、制动踏板自由行程过小导致进气阀不能关闭而漏气(此时伴随制动拖滞)以及进气阀密封不

严等。

②踩下制动踏板

观察气压表指针，若气压下降过少，说明制动阀不良，如进气阀开度过小或平衡弹簧过软等。若踩住踏板后气压不断下降，说明有漏气处，如排气阀关闭不严、制动气室漏气、制动软管漏气等。踩住制动踏板，靠听的方法找到漏气处。

③察看制动气室推杆外伸情况

若外伸过短，说明气管有堵塞或者凸轮轴有锈蚀卡滞；若外伸过大，很可能是制动间隙过大。

④上述检查均正常，则故障原因在制动器。如制动蹄粘油、太薄、铆钉外露，制动鼓失圆，磨出沟槽等，应拆开制动器检查。

1.2 制动拖滞

(1)故障现象

在汽车正常行驶过程中，虽然不踩制动踏板，但仍产生制动作用，导致行驶阻力增大，行驶跑偏和制动发热等；抬起制动踏板后，制动不能马上解除。

(2)故障原因

制动踏板无自由行程；制动阀故障；制动器故障；轮毂轴承松动、半轴套管松动等。

① 汽车行驶拖滞，多为制动踏板无自由行程所致。

② 观察车轮制动鼓发热情况，若全部车轮发热，则为制动阀故障；若部分车轮发热，则为制动器故障。

③单个车轮拖滞时，可进行下面的检查：

检查制动间隙是否过小。

检查制动踏板，观察制动气室推杆的回位情况。若回位缓慢或者不回位，可能是制动凸轮轴锈蚀或变形所致运动发卡；若回位正常，则可能是制动间隙过小或者制动蹄回位弹簧过软所致。

1.3 制动时汽车跑偏

(1)故障现象

汽车制动时，向一侧跑偏。

(2)故障原因

主要是由于左、右两侧制动力不一样所致。如：左右两轮制动间隙不一；左右两轮制动蹄与鼓的接触面积不一；一侧前轮制动器进水或油污；一侧前轮制动鼓变形严重和磨出沟槽；左右两轮制动凸轮转角相差太大；左右两轮制动气室推杆外露长度不一，伸张长度不等；左右两轮制动软管与制动气室膜片新旧程度不一样；左右两轮轮胎气压不一样；负前束，两钢板弹簧弹力不等，车架变形及前桥移位等。

(3)故障诊断与排除

发生跑偏时，说明方向相反的一侧轮制动力不足。应首先检查制动间隙，同时，对推杆的外伸长度及制动时的伸出长度也应检查。

2　气压制动系的检修

2.1　空气压缩机的检修

空气压缩机工作时，不应有大量润滑油窜入储气筒中，经连续工作 24h 后，储气筒中的润滑油达到 10～15mL 时，应详细检查活塞与活塞环的磨损、后盖与油堵的密封、回油管是否畅通以及连杆大端与曲轴的轴向间隙等，根据发现的问题进行维修。

(1)机体的检修

用直尺、塞尺进行检验或将零件扣在平台上用塞尺检验，缸体、缸盖、曲轴箱及底盖各接合平面的平面度误差应不大于 0.05mm，否则，应换用新件或进行磨削加工。缸体出现裂纹，应换用新件，也可用修理尺寸法修复，EQ1090 型汽车空压机有两级修理尺寸(0.40mm～0.80mm)，超过最后一级修理尺寸时，应重新镶套修复。进行镶套时，其配合过盈量应为 0.03～0.06mm。

(2)曲轴的检修

空压机曲轴出现裂纹或轴颈与前、后支承轴承的配合间隙超过 0.02mm 时，均应换用新件。连杆轴颈的圆柱度误差超过 0.01mm 时，应换新件或磨削修复，超过极限磨损量 0.01mm 时，必须换用新件。

(3)活塞连杆组的检修

连杆出现弯扭变形，应进行校正；连杆衬套与活塞销配合间隙超过 0.10mm 时，应更换衬套。新衬套与连杆承孔的配合过盈量应为 0.06～0.15mm，衬套铰削后与活塞销的配合间隙应为 0.004～0.010mm，连杆出现裂纹、活塞环磨损严重或折断，均应换用新件。连杆轴承与轴颈的配合间隙大于 0.12mm 时(标准配合间隙为 0.020～0.063mm)，应换用新轴承。

(4)其他零件的检修

进、排气阀阀片及松压阀复位弹簧、油堵弹簧弹力减弱或折断，应换用新件。进、排气阀阀板出现磨损凸痕，应更换阀板总成。后盖油堵磨损严重，各密封垫、密封圈及松压阀失效，均应换用新件。空气滤清器滤芯脏污时，可用清洗剂清洗干净。

2.2　储气筒的检修

储气筒内部应清洁，在 1274～1470kPa 压力下作水压试验，储气筒应无渗漏现象，否则应更换。

2.3　制动控制阀的检修

(1)主要零部件的检修

各类制动控制阀的主要失效是膜片破裂和变形，以及进、排气阀磨损或老化、弹簧弹力减退等。

①膜片变形或破裂，应予以更换。

②各弹簧的长度和弹力应符合标准，否则应更换。维护时也可加垫片进行调整。

③排气阀的阀门有较深的擦伤或沟槽密封不严时，可用研磨法修复或更换。

④壳体有裂纹或各接合面不平时应更换。

(2)密封性检查

控制阀装配调整后要进行密封性检查。解放CA1091的控制阀检查方法如下(见图4-50)。

①在制动控制阀上、下腔进气口与储气筒之间各串入一个1L的容器和气压表,并用一个阀门控制气路的通断。

②通入压力为784kPa的压缩空气后再关闭阀门,检查进气口D、E腔的密封性,5min后,气压降低不得大于24.5kPa。

③拉动拉臂至极限位置不动,用同样的方法检查排气口A、B的密封性,5min后压力降低不得大于49kPa。

控制阀的密封性可随车进行检查,停车后,若不踩制动踏板,在排气口处有漏气现象,说明进气阀处不密封;若踩下制动踏板,在排气口有漏气现象,说明排气阀处或膜片不密封。有上述情况,应拆开进行检查,如损坏应更换。

2.4 制动气室的检修

制动气室弹簧断裂、变形或弹力减弱时应更换;膜片有裂纹、变形或老化等应更换;外壳有裂纹、凹陷、变形或推杆磨损过大应更换。

装配制动气室,应分两次均匀地拧紧盖上的固定螺母,以防膜片变形。装合后,推杆应运动灵活;当制动气室气压达到784～882kPa时应不漏气;当压力解除时,推杆应立即回到原位;当充入规定气压时,推杆行程应符合要求。

3 任务工单

学生依据实践指导材料的要求及操作步骤,在教师的指导下完成本工作任务,并填写任务工单。

气压制动系统故障排查任务工单

<table>
<tr><td>任务名称</td><td>气压制动系统故障排查</td><td>实训设备</td><td>被检车辆、专用工具、组合工具</td></tr>
<tr><td>客户任务</td><td colspan="3">某车辆行驶过程中,气压制动系统出现制动力明显不足的现象,请正确排查故障。</td></tr>
<tr><td>任务目的</td><td colspan="3">能正确使用工具,能够根据规范正确排除故障。</td></tr>
<tr><td colspan="4">一、资讯
1.气压制动系统的工作原理。

2.气压制动系统的组成及各个部件的功用、结构。

二、决策与计划
根据任务要求,确定所需要的设备、工具,并对小组成员进行合理分工,制定详细的工作计划。
1.讨论确定检查故障所需要的设备、工具。

</td></tr>
</table>

续　表

2. 小组成员分工。

3. 制订故障排除的步骤。

(1)____________________

(2)____________________

(3)____________________

(4)____________________

三、实施过程记录

1. 分析你所实践用的车型制动系统的结构特点。

2. 应该注意的问题。

3. 记录检查顺序及检测结果。

4. 确定故障部位并进行排除。

四、检查与评估

1. 检查制动效能是否正常。

2. 请根据任务完成的情况，对自己的工作进行自我评估，并提出改进意见。

3. 教师对小组工作情况进行评估，并作出点评。

复习思考题

1. 气压制动传动装置由哪些部件组成？各有何作用？

2. 制动调节阀有哪些类型？各起什么作用？

3. 说明汽车气压制动系统常见故障类型及原因。

项目3　液压制动传动装置的认知与检修

应知目标：

1. 掌握液压制动系统的特点；
2. 掌握液压制动系统的主要组成、管路布置及工作原理；
3. 掌握液压制动传动装置中各个部件的结构及工作原理。

应会目标：

1. 能对液压制动系统进行拆装与调整；
2. 能对液压制动系统的部件进行检修；
3. 能排除液压制动系统常见故障。

任务1　液压制动传动装置认知

1　液压制动传动装置的功用和类型

(1)液压制动传动装置的功用和特点

液压制动传动机构是利用制动油液，将制动踏板力转换为油液压力，通过管路传至车轮制动器，再将油液压力转变为制动蹄张开的机械推力。其功用是将驾驶员或其他动力源的作用力传给制动器，同时控制制动器工作，从而获得所需要的制动力矩。

液力制动具有以下特点：制动柔和灵敏，结构简单，使用简单方便，不消耗发动机功率。但操纵较费力，制动力不大，制动油液低温流动性差，高温易产生气阻，如有空气侵入或漏油会降低制动效能甚至失效。通常在液压制动传动机构中增设制动增压或助力装置，使制动系操纵轻便并增大制动力。

(2)液压制动传动装置的类型

液压制动传动装置按制动管路布置形式不同分为单管路和双管路制动传动装置。

2　液压制动传动装置的组成及工作原理

(1)单管路液压制动传动装置

单管路液压制动传动装置的基本组成和回路如图4-59所示。

作为制动能源的驾驶员所施加的控制力，通过制动踏板机构4传动到容积式制动主缸5，将机械能转变成液压能，液压能通过油管3、6、8输入前、后轮制动器1和7中的制动轮缸2，再将液压能转变成机械能，促使制动器进入工作状态。

单管路液压制动传动装置是利用一个主缸，通过一套相连的管路，控制全车制动器。如果传动装置中有一处漏油，会使整个系统失效。

(2)双管路液压制动传动装置

图4-60所示为上海桑塔纳轿车采用的交叉式双管路液压制动传动装置，主要由制动踏

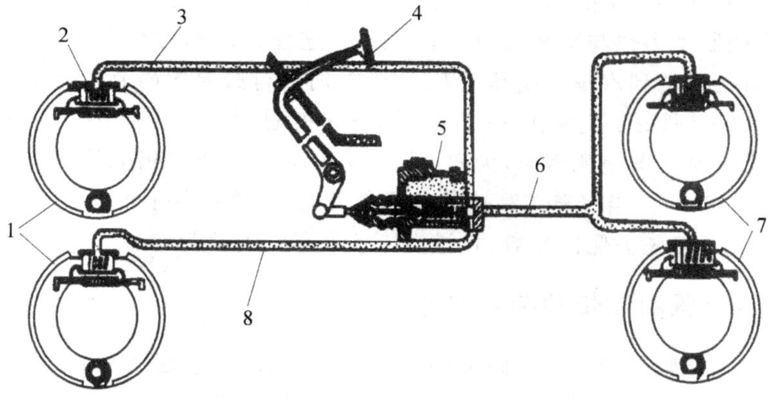

1—前轮制动器;2—制动轮缸;3、6、8—油管;4—制动踏板机构;5—制动主缸;7—后轮制动器

图 4-59　单管路液压制动系统示意图

板 5、串联式双腔制动主缸 2、轮缸(未标出)和油管等组成。制动踏板和制动主缸装在车架上,轮缸装在制动底板上,主缸与轮缸内均装有活塞,并用油管连通。连接油管多用钢管,部分有相对运动的区段则用高强度的橡胶软管连接。制动前整个系统充满了制动油液。

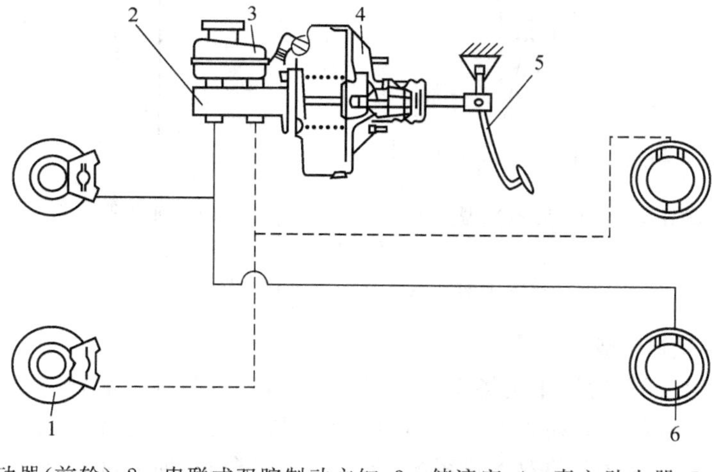

1—盘式制动器(前轮);2—串联式双腔制动主缸;3—储液室;4—真空助力器;5—制动踏板;
6—鼓式制动器(后轮,兼作驻车制动器)

图 4-60　上海桑塔纳轿车液压制动系统

串联式双腔制动主缸 2 利用一个缸体,装入两个活塞,形成两个彼此独立的工作腔,分别与各自的管路连接:左前轮和右后轮,右前轮和左后轮。管路中还有各种管接头和制动灯开关等。

制动时,驾驶员踩下制动踏板 5,先使串联式双腔制动主缸 2 的后腔活塞工作,再使前腔活塞工作,将油液从主缸中压出并经油管同时分别注入前后各车轮轮缸内,使轮缸活塞向外移动,从而将制动蹄压靠到制动鼓(盘)上,使汽车产生制动。

放开制动踏板,制动蹄和轮缸活塞在回位弹簧的作用下回位,将制动油液压回制动主缸,制动作用即行解除。

管路液压和制动器产生的制动力矩与踏板力呈线性关系，若轮胎与路面间的附着力足够，汽车所受到的制动力也与踏板力呈线性关系。这种特性称为制动踏板感，俗称“路感”。由此驾驶员可直接感觉到汽车的制动强度，以便及时进行必要的调节和控制。

这种制动系的特性是：如其中一回路失效，剩余的总制动力仍能保持正常的50%，即使正常工作回路中的制动器抱死侧滑，失效回路中未被制动的车轮仍能传递侧向力，前后轮制动力分配达到3.36∶1。当汽车在高速状态下制动时，均能确保后轮不抱死，或者前轮比后轮先抱死，以避免后轮失去侧向附着力，进而导致汽车失去控制。

3 双管路液压制动传动装置的布置形式

双管路的布置原则是当一套管路发生故障而失效时，只引起制动效能的降低，但其前、后桥制动力分配的比值最好不变，以保持汽车良好的操纵性和稳定性。双管路的布置方案在各型汽车上各不相同，可归纳为一轴对一轴(II)型、交叉(X)型、一轴半对半轴(HI)型、半轴一轮对半轴一轮(LL)型和双半轴对双半轴(HH)型等五种类型，如图4-61所示。

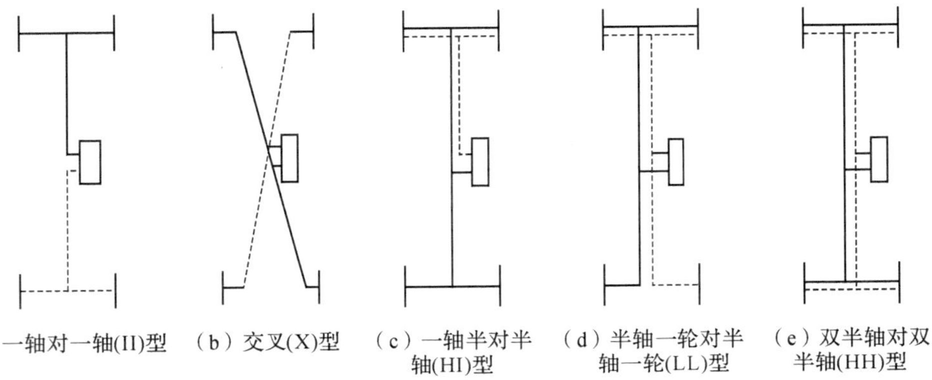

图4-61 双管路分立系统的形式

(1)一轴对一轴(II)型

一轴对一轴型为前、后轴车轮各有一套制动管路，一个车桥一套管路，也称前后独立式。这是典型的发动机前置后驱动式汽车采用的一种布置方案。其主要组成部件有串联式制动主缸、真空助力器、前后分立的双管路系统、压差比例组合阀、前后液压轮缸等。如北京切诺基汽车、南京依维柯汽车等。这种布置形式最为简单，可与单轮缸鼓式制动器配合使用；其缺点是当一套管路失效时，前后桥制动力分配的比值将被破坏。

(2)交叉(X)型

交叉型双管路液压制动传动系统，也称对角线布置系统。其布置方案是一轴的一侧车轮制动器与另一轴对侧车轮制动器同属一个管路。当任一管路失效时剩余总制动力均能保持正常值的50%，且前后桥制动力分配比值保持不变，有利于提高制动稳定性。这种布置形式多用于发动机前置前轮驱动轿车上。这是由于这类轿车的重量分配偏重于前轮，应在后轮上形成更大的制动力。如采用前后轮独立方式，当前制动管路失效时，由于后轮制动力的不足，会使整车应急制动性能下降。因此，发动机前置前驱动的车辆一般均采用双液压回路对角式的制动系统，当一个回路失效时，也能在前后轮两侧维持均匀稳定的制动效果。上海桑塔纳轿车、一汽奥迪100轿车、二汽富康雪铁龙轿车、天津夏利轿车等均采用这种布置。

(3)一轴半对半轴(HI)型

每侧前轮制动器的半数制动轮缸和后轮制动器的全部制动轮缸属于一套管路,其余的前轮制动轮缸属于另一套管路。

(4)半轴一轮对半轴一轮(LL)型

两套管路分别对两侧前轮制动器的半数制动轮缸和一个后轮制动器起作用。

(5)双半轴对双半轴(HH)型

每套管路均只对每个前、后轮制动器的半数制动轮缸起作用。

在以上5种布置形式中,HI、LL、HH型布置形式复杂,应用较少,HH型和LL型在任一套回路失效时,前、后制动力比值均与正常情况相同,HH型剩余总制动力可达正常值的50%左右,LL型则为80%,HI型单用一轴半管路时剩余制动力较大。

4　液压制动系统部件的结构及工作原理

(1)制动主缸

制动主缸的作用是将由踏板输入的机械能转换成液压能。

在双管路液压制动装置中,一般采用串联双腔式制动主缸,相当于两个单腔制动主缸串联在一起而构成。如图4-62所示主缸的壳体装有前缸活塞7、后缸活塞12及前缸弹簧21、后缸弹簧18。前缸活塞用密封圈19密封;后缸活塞用后缸密封圈16密封,并用挡圈13定位。两个储液筒分别与前腔B、后腔A相通,通过各自的出油阀3与前后制动轮缸相通,前缸活塞靠后缸活塞的液力推动,而后缸活塞直接由推杆15推动。

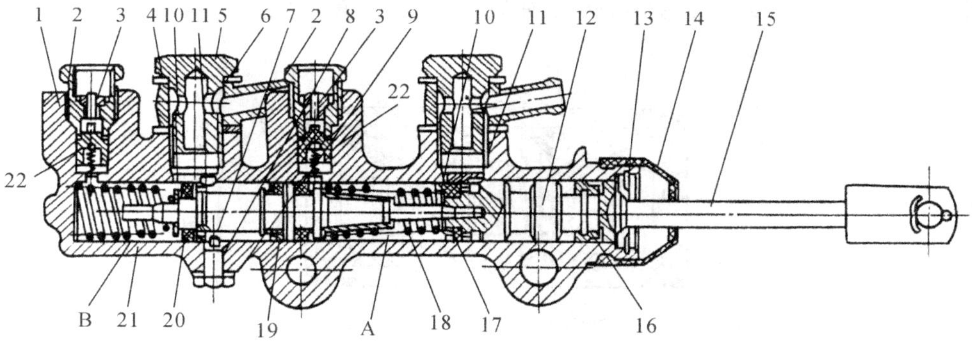

1—主缸缸体;2—出油阀座;3—出油阀;4—进油管接头;5—空心螺栓;6—密封垫;7—前缸(第二)活塞;8—定位螺钉;9—密封垫;10—旁通孔;11—补偿孔;12—后缸(第一)活塞;13—挡圈;14—护罩;15—推杆;16—后缸密封圈;17—后活塞皮碗;18—后缸弹簧;19—前缸密封圈;20—前活塞皮碗;21—前缸弹簧;22—回油阀

A—后腔;B—前腔

图4-62　串联双腔制动主缸

主缸不工作时,前、后腔内的活塞头部与皮碗正好位于各自的旁通孔10和补偿孔11之间。前缸活塞回位弹簧的弹力大于后缸活塞回位弹簧的弹力,以保证两个活塞不工作时都处于正确的位置。

踩下制动踏板制动时,踏板力通过传动机构传到推杆15,并推动后缸活塞12向前移动,皮碗盖住旁通孔后,后腔压力升高。在后腔液压和后缸弹簧力的作用下,推动前缸活塞7向前移动，前腔压力也随之提高。当继续下踩制动踏板时，前、后腔的液压继续提高，使前、后制动器产生制动。

放松制动踏板，在前、后活塞弹簧的作用下，主缸中的活塞和推杆回到初始位置，管路中的油液推开回油阀 22 流回到主缸，从而解除制动。

为了保证制动主缸活塞在解除制动后能退回到适当位置，在不工作时，推杆的头部与活塞背面之间应留有一定的间隙。为了消除这一间隙所需的踏板行程称为制动自由行程。该行程过大将使制动失灵，过小则使制动解除不彻底。

这种制动主缸的特点是：

①若前腔控制的回路发生故障时，前缸活塞不产生液压力，但在后缸活塞液力作用下，前缸活塞被推到最前端，后腔产生的液压力仍使后轮产生制动。

②若后腔控制的回路发生故障时，后腔不产生液压力，但后缸活塞在推杆的作用下前移，并与前缸活塞接触而推动前缸活塞前移，前腔仍能产生液压力来控制前轮产生制动。

③由此可见，当双回路液压制动系中任一管路失效时，主缸均能工作，只是所需踏板行程增大，导致制动距离增长，制动效能降低。

(2)制动轮缸

制动轮缸的作用是将主缸传来的液压力转变为机械推力，以使制动蹄张开。

上海桑塔纳轿车采用的双活塞式制动轮缸结构如图 4-63 所示。缸体 1 用螺栓固定在制动底板上，缸内有两个活塞 2，两个皮碗 3。两个皮碗分别压靠在两活塞上，以保持两皮碗之间的进油孔畅通。活塞外端的凸台孔内压有顶块 5，与制动蹄的上端抵紧。防尘罩 6 用以防止尘土和水分进入，以免活塞与缸体锈蚀而卡死轮缸中的空气。

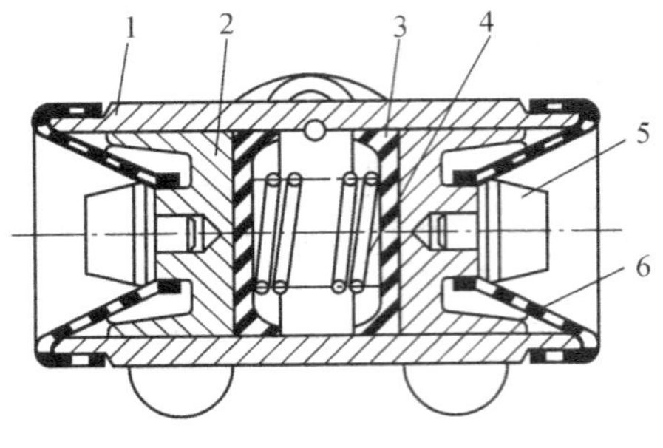

1—缸体；2—活塞；3—皮碗；4—弹簧；5—顶块；6—防护罩

图 4-63　双活塞制动轮缸

5　辅助制动装置

真空液压传动装置是以发动机工作时在进气管中产生的真空度(或利用真空泵)为动力源的动力制动传动装置。在人力液压制动传动机构的基础上，加装一套真空加力装置便构成真空液压制动传动装置，装在踏板与制动主缸之间，利用真空度对制动踏板进行助力的装置称为真空助力器；装在制动主缸之后，利用真空度对制动主缸输出的油液进行增压的装置称为真空增压器。

(1)真空助力器

图 4-64 所示为桑塔纳轿车真空助力器，它由加力气室和控制阀组成，加力气室用螺栓 5

和 17 固定在车身的前围板上，调整叉 13 与制动踏板相连接。加力气室前腔经真空单向阀通向发动机进气歧管(即真空源)，后腔膜片座 8 的毂筒内装有控制阀，控制阀由空气阀 10 和真空阀 9 组成。外界空气经过滤环 11 和毛毡过滤环 14 滤清后进入加力气室后腔。加力气室膜片座 8 上有通道 A 连通加力气室前腔和控制阀；通道 B 连通加力气室后腔和控制阀。膜片座的前端装有制动主缸推杆 2，其间有传递脚感的橡胶反作用盘 7，橡胶反作用盘右面要承受控制阀推杆 12、空气阀 10 及膜片座 8 的推力，左面要承受制动主缸推杆 2 传来的主缸液压的反作用力。

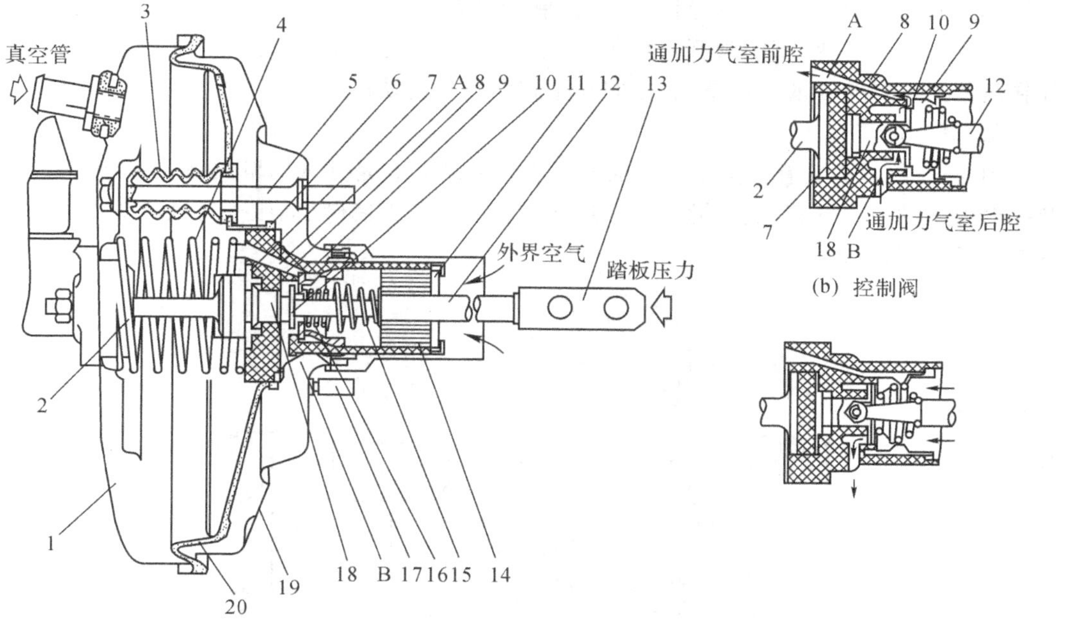

(b) 控制阀

(a) 结构图　　(c) 控制阀

1—加力气室前壳体；2—制动主缸推杆；3—导向螺栓密封圈；4—膜片回位弹簧；5—导向螺栓；6—控制阀；7—橡胶反作用盘；8—膜片座；9—真空阀；10—空气阀；11—过滤环；12—控制阀推杆；13—调整叉；14—毛毡过滤环；15—控制阀推杆弹簧；16—阀门弹簧；17—螺栓；18—控制阀柱塞；19—加力气室后壳体；20—加力气室膜片

图 4-64　真空助力器

真空助力器不工作时，见图 4-64(b)。弹簧 15 将推杆 12 连同柱塞 18 推到右端极限位置，并使真空阀 9 离开膜片座 8 上的阀座，即真空阀开启。而真空阀 9 又被阀门弹簧 16 压紧在空气阀 10 上，即空气阀关闭。此时，加力气室的前后两腔互相连通，并与大气隔绝。在发动机工作时，真空单向阀被吸开，加力气室左右两腔内都有一定的真空度。

制动时，踩下制动踏板，踏板力推动控制阀推杆 12 和控制阀柱塞 18 向前移动，首先消除柱塞与橡胶反作用盘 7 之间的间隙后，再继续推动制动主缸推杆 2，主缸内的制动液以一定压力流入制动轮缸，见图 4-64(c)。与此同时，在阀门弹簧 16 的作用下，真空阀 9 也随之向前移动，直到压靠在膜片座 8 的阀座上，从而使通道 A 与通道 B 隔绝。进而空气阀 10 离开真空阀 9 而开启。空气经过滤环 11、毛毡过滤环 14、空气阀的开口和通道 B 充入加力气室后腔，见图 4-64(a)。随着空气的进入，在加力气室膜片的两侧出现压力差而产生推力，此推力通过膜片座8、橡胶反作用盘7、推动制动主缸推杆2向前移动，此力为压力差所给。维持制动时，随着空气的不断进入，膜片和阀座也不断左移，直到阀门重新与空气阀座接触而达到平衡状态为止。因此在任何一个平衡状态下，加力气室右腔中的稳定真空度均与踏板行程成递增函数关系，从而体现控制阀的随动作用。

加力气室两腔真空度差值造成的作用力，除一部分用来平衡回位弹簧4的力以外，其余部分都作用在反作用盘上。因此制动主缸推杆所受的力为膜片座8和柱塞18两者所施作用力之和。另经反作用盘反馈过来的力，使得驾驶员具有一定的踏板感。

解除制动时，控制阀推杆弹簧15将控制阀推杆12和空气阀10往右推，使真空阀9离开膜片座8上的阀座，真空阀开启。加力气室前、后两腔相通，均为真空状态。膜片座和膜片在膜片回位弹簧4的作用下回位，制动主缸即解除制动作用。

(2)真空增压器

图4-65所示为装有真空增压器的液压制动系统。它是在人力液压制动系统基础上，加装一套由发动机进气管(真空源)、真空单向阀、真空筒、控制阀、伺服气室及辅助缸等组成的真空增压系统构成的。

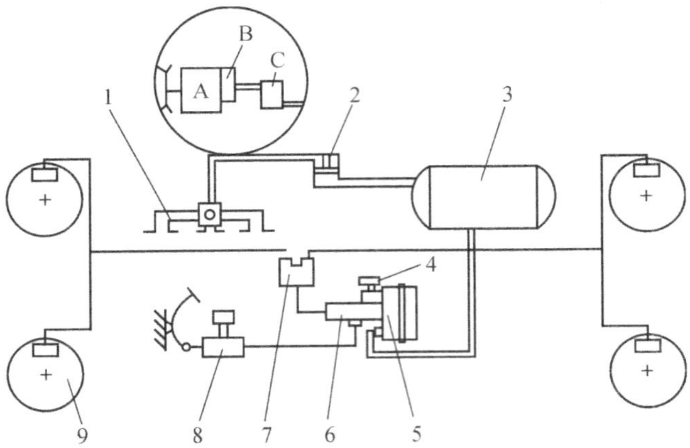

1—进气管；2—单向阀；3—真空筒；4—控制阀；5—真空伺服气室；6—增压缸；7—双活塞安全缸；8—制动主缸；9—车轮制动器；A—发动机；B—真空泵；C—单向阀

图4-65　真空增压式伺服制动系

当踩下制动踏板时，从制动主缸中压出的制动油液先进入增压缸，液压力由此一面传入前、后制动轮缸，一面又作用于控制阀，使真空伺服气室起作用，而对增压缸进行增压，使输送到制动轮缸的液压远远高于制动主缸。控制阀即真空增压器装在制动主缸的后面。

真空增压器的结构如图4-66所示。它由真空伺服气室、控制阀和增压缸组成。其工作原理如图4-67所示。当踩下制动踏板时，制动液压油从制动主缸流入增压缸，此时球阀11处于关闭状态，所以制动液压油可由增压缸上的孔进入各制动轮缸。与此同时，进入到增压缸的压力油还作用在控制阀活塞6上，推动控制阀膜片上移，将真空阀3关闭，使控制阀上腔A与下腔B隔绝。然后打开空气阀1，空气便进入控制阀上腔A和伺服气室右腔D(见图4-67(a))使其压力升高，而控制阀下腔B和伺服气室左腔C的真空度保持不变。在C、D两腔压力差作用下，伺服气室膜片19带动推杆14向左移动，使球阀11抵靠在增压缸活塞7的阀座上，并使制动主缸与增压缸左腔隔绝。这时作用在增压缸活塞上有两个力：一是制动主缸传来的液压作用力；另一个是推杆传来的推力。所以，增压缸左腔和各轮缸液压高于主缸液压，从而起到增压作用。

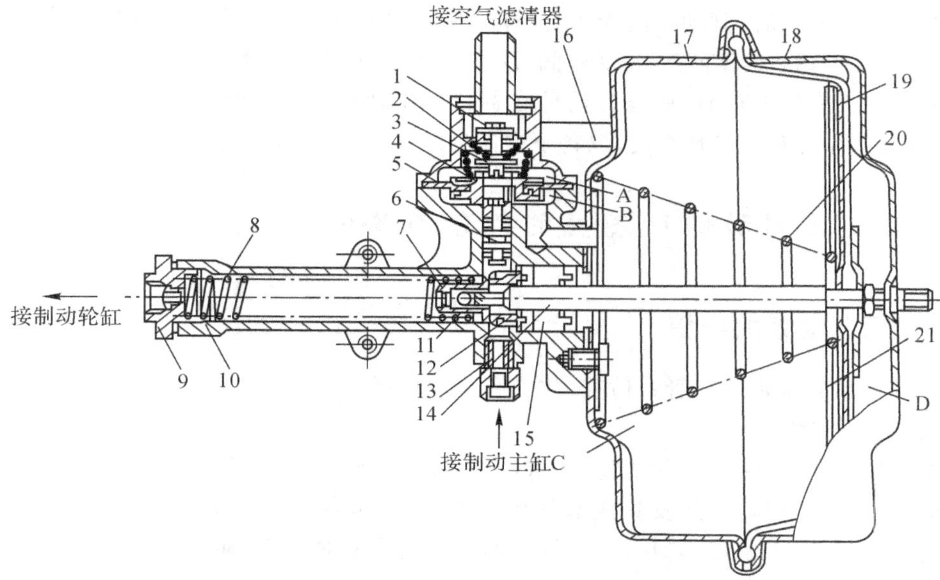

1—空气阀；2—阀门弹簧；3—真空阀；4—控制阀膜片回位弹簧；5—控制阀膜片；6—控制阀活塞；7—增压缸活塞；8—增压缸活塞回位弹簧；9—出油管接头；10—增压缸；11—球阀；12—活塞限位座；13—进油管接头；14—推杆；15—密封圈座；16—通气管；17—伺服气室前壳体；18—伺服气室后壳体；19—伺服气室膜片；20—伺服气室膜片回位弹簧；21—膜片托盘

图 4-66　真空增压器结构示意图

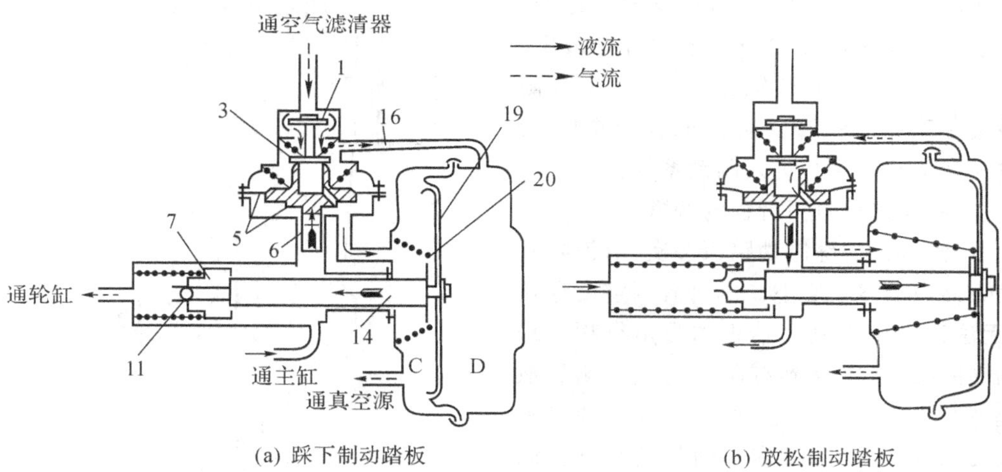

1—空气阀；3—真空阀；5—控制阀膜片；6—控制阀活塞；7—增压缸活塞；11—球阀；14—推杆；16—通气管；19—伺服气室膜片；20—伺服气室膜片回位弹簧

图 4-67　真空增压器工作示意图

在A、D两腔压力升高过程中，控制阀膜片和阀门组件不断下移。当A、D两腔真空度下降到一定数值时，空气阀关闭，此时真空度将保持在某一稳定值上。这一稳定值的大小取决于制动主缸压力。而制动主缸压力又取决于踏板力和踏板行程。

当松开制动踏板时，制动主缸液压力下降，控制阀平衡状态被破坏。控制阀活塞及膜片座下移，真空阀开启，A、D两腔压力降低，D、C两腔压差减小，增压作用降低，制动强度减弱。当制动踏板完全放松时，所有运动件在各自回位弹簧作用下复位(见图4-67(b))，A、B和C、D四腔又都具有一定真空度，以备下次制动之用。

任务2 液压制动传动装置的拆装与检修

1 液压制动系的维护

液压制动系的维护包括管路检查、放气和制动踏板的调整。

(1)管路的检查

整个系统的管路、接头应无凹瘪、严重锈蚀、裂纹现象，连接应可靠无渗漏。金属管路用的管夹固定牢靠，不得与车架及其他部件相碰擦，在行车过程中不得产生较大振幅的振抖。制动软管应无折叠、无脱皮、老化、膨胀等缺陷。否则应采取相应措施进行维修。

(2)放气

液压制动系统在使用过程中发现进入空气或在维修后，应及时放气。

放气时，将一根胶管套在放气螺钉上，胶管另一端插入一个玻璃瓶内。连续踩下制动踏板，在踏板升高后踩下并保持不动。拧松放气螺塞，制动液连同空气一起从胶管流入玻璃瓶内，待制动液排出后，拧紧放气螺塞。再重复以上放气几次，直至将空气完全放出。

放气应由远到近逐缸进行。放气时应随时检查制动主缸中的制动液面不可过低，否则空气会从制动主缸进入制动系统。

(3)制动踏板自由行程的调整

发动机熄火，踩制动踏板多次，以消除真空助力器内的残余真空。因为有真空度存在时，无法正确检查制动踏板的自由行程。踩下制动踏板，直至感到有阻力为止。测量该行程即为踏板自由行程，见图4-68。如果不符合要求，应改变主缸推杆的长度来进行调整。拧松推杆的锁紧螺母1，转动推杆至符合规定，最后将锁紧螺母拧紧。

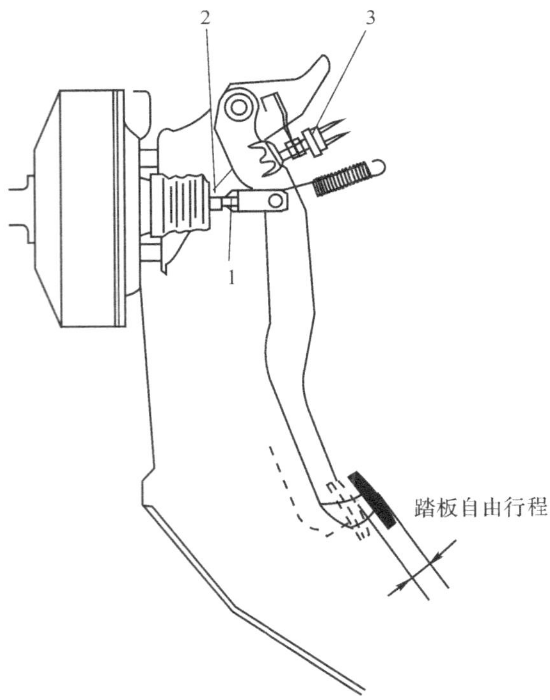

1—锁紧螺母；2—推杆；3—制动灯开关

图4-68 制动踏板自由行程的检查

2　液压制动传动装置主要部件的检修

2.1　制动主缸与真空助力器的检修

上海桑塔纳 LX 型轿车采用的是对角布置的双管路液压制动系统，其制动主缸与真空助力器的结构如图 4-69 所示。

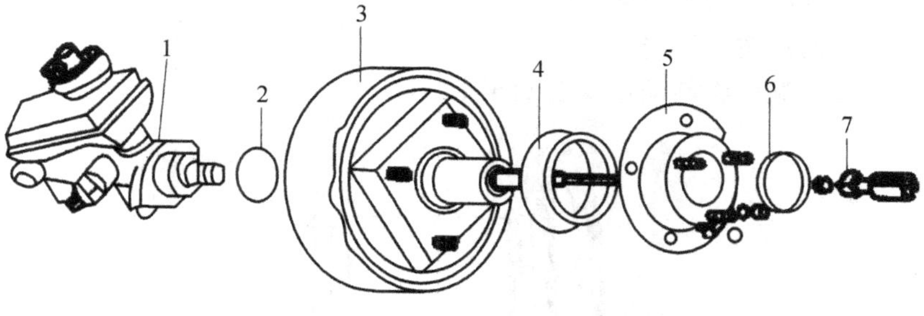

1—制动主缸；2、6—密封圈；3—真空助力器；4—密封垫；5—安装支架；7—连接叉

图 4-69　制动主缸与真空助力器

在制动液充足的情况下，若车辆制动性能不良，松开制动轮缸上的放气阀放气时出油无力，或车辆出现全轮制动卡滞现象，表明制动主缸损坏。使用中制动踏板沉重时，应检查真空助力器的工作性能。其方法是：发动机熄火后，用力踩动制动踏板数次，消除真空助力器中留有的真空，然后将制动踏板踩到一定位置保持不动，启动发动机，此时，若感到制动踏板有所下降，说明真空助力器良好，否则，表明真空助力器工作不良或失效。有条件时，也可用专用仪器对真空助力器进行检验。

2.2　前轮缸的检修

(1) 前轮缸的拆卸

①放出制动液，取出制动钳体。

②拆除制动软管，取下制动钳体及轮缸。

③在活塞对面垫上木块(以防损伤活塞)，然后向轮缸进油口通入压缩空气，将活塞从缸筒中压出，如图 4-70 所示。

④从活塞上取下防尘罩，用螺钉旋具小心地从缸筒中取出密封圈。

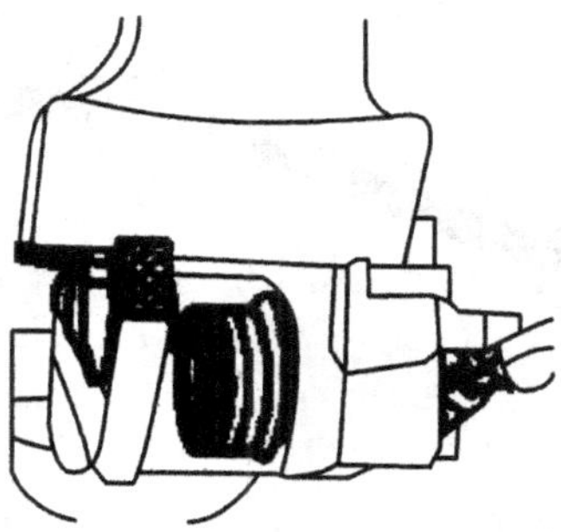

图 4-70　用压缩空气压出活塞

(2)前轮缸主要零件的检修

活塞与缸筒配合面出现划痕、缸筒直径磨损超过 0.10 mm 或缸筒与活塞的配合间隙大于 0.15 mm 时,应更换制动钳总成。拆卸后,活塞密封圈及防尘罩应换用新件。

(3)前轮缸的安装

①在活塞外表面及轮缸工作表面涂抹一层制动液,并将活塞密封圈装入缸筒的切槽中。

②将防尘罩套装到活塞底部(注意安装方向),如图 4-71 所示。然后用螺钉旋具把防尘罩的内密封唇边压入缸筒的槽口内,如图 4-72 所示。

③将活塞压入制动钳缸筒中。

④按拆卸的相反顺序将制动钳安装到车上。

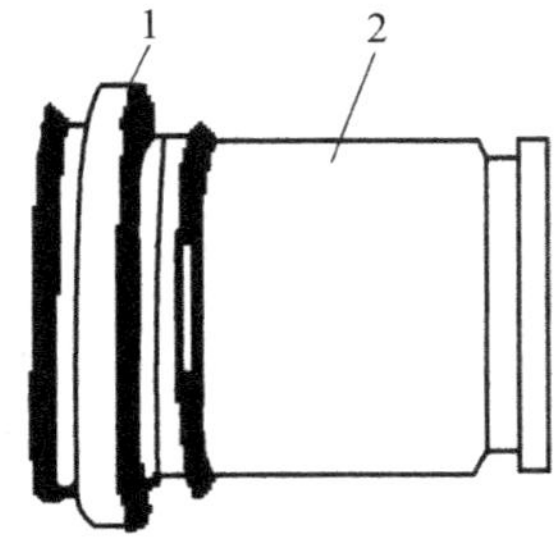

1—防尘罩;2—活塞

图 4-71 在活塞上安装防尘罩

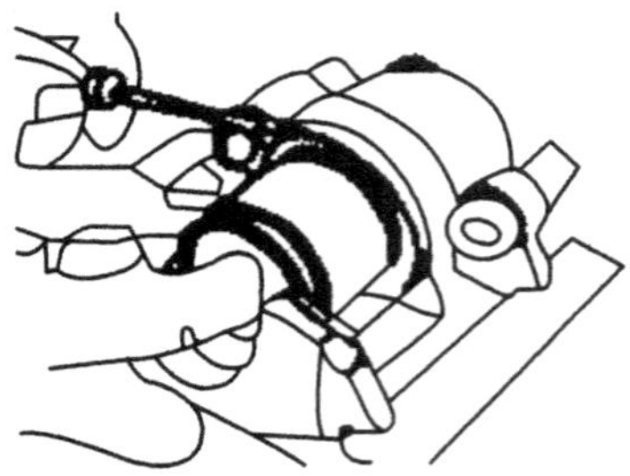

图 4-72 将防尘罩的唇边压入缸筒槽口中

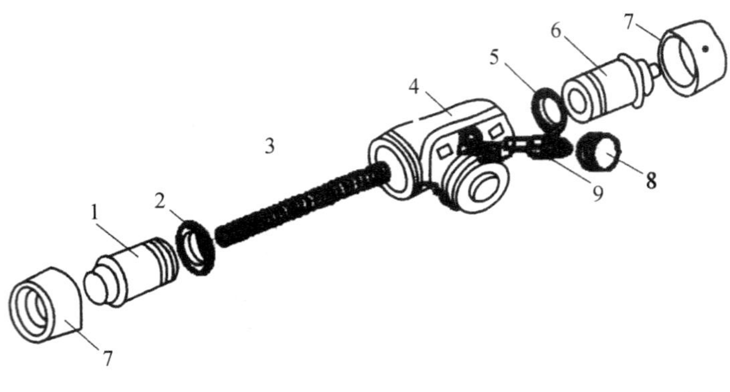

1、6—活塞;2、5—皮圈;3—弹簧;4—泵体;7、8—防尘罩;9—放气阀

图 4-73 后轮缸的分解

2.3　后轮缸的检修

(1)后轮缸的拆卸

①放出制动液后，按照拆卸桑塔纳 LX 型轿车后轮制动器的方法拆除车轮、制动鼓及制动蹄。

②拆下与后轮缸相连的制动管接头，拧下轮缸固定螺栓，从制动底板上取下制动轮缸。

③取下轮缸两端的防尘罩，按图 4-73 所示顺序取出轮缸活塞、皮圈及弹簧。

(2)后轮缸主要零件的检修

橡胶防尘罩破裂、密封圈出现膨胀卡滞或磨损严重造成轮缸漏油时，均应换用新件。缸筒磨损超过 0.08 mm 或缸筒与活塞配合面出现划痕及锈蚀时，应更换轮缸总成。

(3)后轮缸的装配

①将皮圈安装到活塞上(刃口向内)，并在活塞及皮圈表面涂抹一层制动液油，然后将弹簧、轮缸活塞及防尘罩依次安装到缸筒中。

②将后轮缸安装在制动底板上，并接好制动管路。

3　助力装置的检修

3.1　真空增压器的检修

(1)加力气室总成的检修

加力气室膜片或活塞皮圈产生磨损、老化、裂纹等缺陷时应予以更换。端盖油封及皮碗损坏或膨胀变形时，应更换新件。推杆表面有严重腐蚀、生锈现象时，必须更换新件。推杆的弯曲变形(即直线度)不得超过 0.2 mm。推杆在辅助缸内滑动应自如、松紧适度。对于活塞为皮圈式结构的加力气室，其内壁表面锈蚀严重无法修复时，必须更换新件；锈蚀较轻的，可做抛光处理后继续使用。

(2)控制阀的检修

控制阀活塞锈蚀损伤时，应及时更换新件。控制阀膜片破裂后应重新铆接，破裂严重时必须更换新片。控制阀弹簧弹力减弱或损坏时，必须及时更新。真空阀、空气阀产生损伤时，必须更换。阀座损伤时，应进行研磨修理。

(3)辅助缸的检修

辅助缸橡胶皮圈必须按期检查，一旦损伤必须更换。活塞与缸筒的间隙超过使用极限，应及时修理，或者换新件，或者镗缸配活塞，或采用其他修理方法和工艺进行修复。辅助缸单向阀必须密封严密，当密封不好时，应及时检查球阀阀座的配合情况。如果球阀表面有斑痕、剥落现象，应更换新件；如果阀口磨损不均，应用机油混合研磨砂进行研磨修理。

(4)真空单向阀的检修

检查阀杆、阀座有无黏着物，各连接件部位是否密封，橡胶软管是否破裂、漏气，如有故障应及时进行修理或更换。

3.2　气压增压器的检修

①所有缸筒的表面不应有磨损、刮伤和锈蚀。

②推杆不应有磨损、弯曲、锈蚀的现象，推杆在增压器体中心孔内要松紧适度，保持滑动自如，推杆油封应无损坏。

③所有弹簧不应有永久变形或折断，否则应更换，出油阀应保持密封，损坏应更换。

④增压缸活塞顶端球阀与阀座不应刮伤、磨损，进气阀及座不得有损坏或凸凹不平现象。

⑤空气滤清器应畅通，滤网清洁，如损坏应更换。

⑥气压增压器修理后，其输入液压、压缩空气压力、输出液压特性应符合原产品规定。

⑦进行气密性检查：检查加力气室皮碗、各阀门、连接头、管路，不得有漏气现象。

⑧进行油密性检查：检查推杆油封、增压缸皮碗和控制液压缸皮碗，不得有漏油现象。

4 任务工单

学生依据实践指导材料的要求及操作步骤，在教师的指导下完成本工作任务，并填写任务工单。

制动主缸、制动助力器的拆装任务工单

任务名称	制动主缸、制动助力器的拆装	实训设备	被检车辆、专用工具、组合工具
客户任务	某车辆制动时出现踩踏制动踏板费劲、制动迟缓的现象，需更换制动主缸及助力器。请对制动主缸及助力器进行正确的拆装。		
任务目的	能正确使用工具，能够根据规范正确拆装制动主缸及助力器。		

一、资讯

1. 制动主缸的作用、类型、结构及工作原理。

2. 真空助力器的功用、结构及工作原理。

二、决策与计划

根据任务要求，确定所需要的设备、工具，并对小组成员进行合理分工，制定详细的工作计划。

1. 讨论确定制动主缸及助力器的拆装所需要的设备、工具。

2. 小组成员分工。

3. 制订拆装制动主缸及制动助力器的操作步骤。

(1)________________________________

(2)________________________________

(3)________________________________

(4)________________________________

续　表

三、实施过程记录 1. 分析你所实践用型的制动主缸及助力器的结构特点。 2. 制动主缸及助力器的拆装，应该注意的问题。 3. 记录你所实践用车型制动主缸及助力器的拆装顺序。 四、检查与评估 1. 检查制动主缸及助力器的拆装是否正确。 2. 请根据任务完成的情况，对自己的工作进行自我评估，并提出改进意见。 3. 教师对小组工作情况进行评估，并作出点评。

任务3　液压制动传动装置的故障诊断

1　液压制动传动装置的常见故障分析及排除

液压制动系常见故障有制动失灵、制动反应迟缓、制动跑偏、制动拖滞。

1.1　制动失灵

(1)故障现象

汽车在行驶中使用制动时不能减速，连续踏下制动踏板时各车轮不起制动作用。

(2)故障原因

制动主缸(总泵)内无制动油液或缺少制动油液；制动主缸内皮碗破损或踏翻；制动油管破裂或接头漏油；某机械连接部位脱开。

(3)故障诊断与排除

①连续踩下制动踏板不升高，同时感到无阻力。应先检查主缸是否缺油，再检查油管和接头有无破损之处，如有应修理或更换。

②若无漏油之处，应检查各机械连接部位有无脱开，如有应修复。

③若主缸推杆防尘套处严重漏油，大多是主缸皮碗严重损坏或踏翻所致；若车轮制动鼓边缘有大量油液，则是轮缸皮碗损坏或顶翻所致。

1.2　制动反应迟缓

(1)故障现象

汽车行驶中，将制动踏板踩到底后不能立即停车，制动减速度小，制动距离长。

(2)故障原因

制动主缸油液不足或变质;活塞与缸壁磨损严重,配合松旷;制动主缸补偿孔和旁通孔堵塞、主缸阀门损坏;制动鼓磨损失圆、过薄变形或有沟槽;制动踏板摩擦片有油污、硬化或铆钉外露;制动鼓与制动蹄接触面积过小;制动间隙过大;制动管路中渗入空气,油路不畅通,制动油液变质。

(3)故障诊断与排除

①踏板位置踩下很低,制动效果差;连续数次踩下踏板后,踏板高度才渐升起,并有弹性感。这主要是管路中有空气,应予排除。

②踩下踏板,位置高度正常,但制动效果差。这大多是车轮制动鼓失圆,制动蹄接触不良、硬化、油污或铆钉外露等因素所致,应予以检修排除。

③连续踩下踏板,踏板位置能升高,但不能保持,有下沉感觉。这说明制动系统中有漏油处或主缸关闭不严,应检修。

④连续踩下踏板,踏板位置高度升高,制动效果好转。这可能是踏板自由行程太大,或制动间隙过大,或主缸回油阀关闭不严所致。应调整踏板自由行程或制动间隙。必要时检查主缸回油阀,若有损坏应更换。

⑤连续数次踩踏板,踏板位置不能升高。这一般是制动主缸补偿孔或旁通孔堵塞所致,应检查疏通;或油液质量差,易受热蒸发导致严重亏缺。

1.3 制动跑偏

(1)故障现象

汽车制动时,左、右车轮制动力不等或制动生效时间不一致,导致汽车向制动力较大或制动作用较早一侧行驶的现象,紧急制动时出现扎头或甩尾现象。

(2)故障原因

左、右车轮制动间隙大小不一致;接触面积相差太大;摩擦片材料、质量不一样;左、右制动鼓内径相差过多;回位弹簧拉力相差太大;轮胎气压高低不一样。个别车轮摩擦片有油污、硬化或铆钉外露;轮缸内活塞运动不灵活,皮碗发胀或油管堵塞;制动鼓失圆,单边管路凹瘪或有气阻。

(3)故障诊断与排除

①汽车行驶中使用制动,汽车向左偏斜。即为右轮制动性能差;反之则为左轮制动性能差。

②制动停车后,察看轮胎在路面上的拖印情况,拖印短或没有拖印的车轮即为制动有故障的车轮。

③查出有故障的车轮后,先检查该车轮制动管路是否漏油,轮胎气压是否充足,如果正常,检查制动间隙是否合乎规定,不符时予以调整;与此同时,结合排除轮缸里的空气。若仍无效,应拆下制动鼓,按原因逐一检查各件,特别是制动鼓的尺寸和精度等。

④经以上检修后,若各车轮拖印基本符合要求,但制动仍跑偏,则故障不在制动系,应检查车架或前轴的技术状况;如果出现忽左忽右的跑偏现象,则应检查是否有前束或直、横拉杆球头销是否松旷。

1.4　制动拖滞

(1)故障现象

在行车制动中，当抬起制动踏板时，全部或个别车轮仍有制动作用，致使车辆起步困难，行驶阻力大，制动鼓发热。

(2)故障原因

制动踏板没有自由行程、回位弹簧过软、折断；踏板轴锈滞、发卡；主缸皮碗、皮圈发胀，活塞变形或被污物粘住；主缸活塞回位弹簧过软或折断；制动间隙过小；制动蹄回位弹簧过软、失效，制动蹄在支承销上不能自由转动；制动轮缸皮碗胀大，活塞变形或被污物粘住；制动管路凹瘪、堵塞，导致回油不畅；制动油液太脏、黏度太大，回油困难。

(3)故障诊断与排除

①汽车行驶一段路程后，用手抚摸各制动鼓，若全部发热，说明故障在制动主缸；若个别车轮发热，则故障在该车轮制动轮缸。

②若故障在制动主缸，应先检查踏板自由行程。如果无自由行程，一般为主缸推杆与活塞的间隙过小或没有间隙，应调整。如果自由行程符合标准，则应拆下主缸储油室加油螺塞，踩下踏板慢慢回位，看其回油状况。若不回油，则为回油孔堵塞；若回油缓慢，则为皮碗、皮圈发胀或回位弹簧无力；或是油液太脏、黏度太大。此时，应检查油液清洁度。若油液清洁、黏度适当，则应检查主缸，同时检查踏板回位弹簧是否良好无损，必要时进行修理或更换。

③若故障在制动轮缸，可顶起有故障的车轮，旋松制动轮缸放气螺钉，如果制动液随之急速喷出，车轮也立即旋转自如，说明管路堵塞，轮缸不能回油，此时应疏通油管。如果旋转车轮仍有拖滞，可检查制动间隙和回位弹簧，若正常，应拆检制动轮缸，必要时应更换活塞、皮碗。

2　任务工单

学生依据实践指导材料的要求及操作步骤，在教师的指导下完成本工作任务，并填写任务工单。

液压制动系统的故障排查任务工单

任务名称	液压制动系统的故障排查	实训设备	被检车辆、专用工具、组合工具
客户任务	某车辆行驶过程中，液压制动系统反应迟缓，请正确排查故障。		
任务目的	能正确使用工具，能够根据规范正确排除。		
一、资讯 1. 液压制动系统的组成及工作原理。 2. 液压制动系统各个部件的结构及工作原理。			

续　表

二、决策与计划

根据任务要求，确定所需要的设备、工具，并对小组成员进行合理分工，制定详细的工作计划。

1. 讨论确定故障检查及排除所需要的设备、工具。

2. 小组成员分工。

3. 制订故障检排的基本步骤。

(1)____________________

(2)____________________

(3)____________________

(4)____________________

三、实施过程记录

1. 分析你所实践用车型液压制动系统的组成及特点。

2. 故障检排过程应该注意的问题。

3. 记录你所实践用车型故障检查的顺序及检测结果。

4. 确认故障部位，排除故障。

四、检查与评估

1. 检查故障是否排除，制动效能是否正常。

2. 请根据任务完成的情况，对自己的工作进行自我评估，并提出改进意见。

3. 教师对小组工作情况进行评估，并作出点评。

复习思考题

1. 液压制动传动装置有几种布置形式？各有何特点？
2. 说明制动主缸的结构特点。
3. 说明增压式伺服制动系统与助力式伺服制动系统有什么相同点和不同点？
4. 说明液压制动系统常见故障并分析原因。

项目 4　汽车防滑控制系统

应知目标：

1. 掌握防滑控制系统的作用及组成；
2. 掌握防滑控制系统的各个部件的结构；
3. 掌握防滑控制系统的工作原理；
4. 掌握分析防滑控制系统的常见故障的方法；
5. 掌握防滑控制系统的检测方法。

应会目标：

1. 熟悉防滑控制系统各个部件的安装位置；
2. 能借助维修手册和解码仪对主要部件进行检测；
3. 能正确进行故障码的调取和清除。

任务 1　汽车防滑控制系统认知

汽车电控防抱死系统(ABS)与电控驱动防滑系统(ASR)(牵引力控制系统)是目前汽车上装备的主动安全装置，其功用是避免汽车制动时发生事故。

1　电控防抱死系统(ABS)

1.1　普通制动系统存在的问题

(1)制动时车轮制动力分析

图 4-74 所示为汽车在良好的硬路面上制动时车轮制动力分析，图中 M_μ 为制动器摩擦力矩；F_x 为地面制动力；F_z 为地面对车轮的反向反作用力；G 为车轮垂直载荷；T 为车轴对车轮的推力；F_φ 为地面附着力；ω 为车轮的角速度；v 为汽车行驶速度；r 为车轮半径。

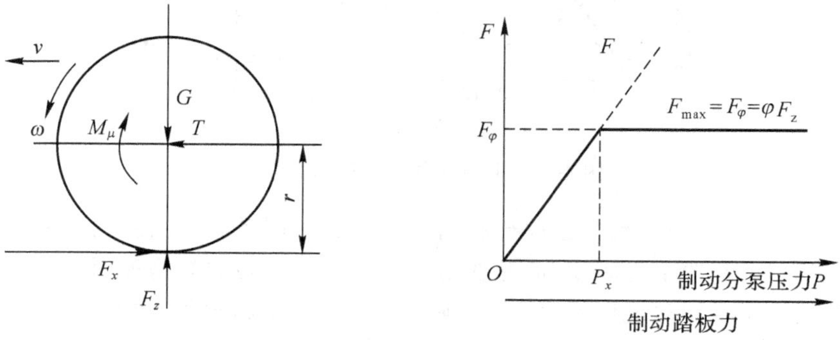

(a)　　(b)

图 4-74　制动时车轮制动力分析

制动器制动力是在轮胎周缘为了克服制动器摩擦力矩所需施加的力，是由制动器的结构参数决定的，即取决于制动器的型式、结构尺寸、制动器摩擦副的摩擦系数和车轮半径，在结构一定的情况下，制动器制动力与制动轮缸的压力成正比。

地面制动力是在制动器的制动力矩作用下产生的，在车轮没有拖滑时，地面制动力主要取决于制动器制动力矩的大小。在这种情况下，制动踏板的压力增大，制动器产生的制动力矩相应增大，地面制动力也就增大，汽车的减速度增加。但是，地面制动力受地面的附着力的限制，最大地面制动力 F_x 为车轮与地面之间的附着力。

(2)滑移率与制动效果

滑移率为：

$$s=\frac{v-r_0\omega}{v}\times 100\%$$

式中：v——车辆相对地面的移动速度；

r_0——车轮的工作半径；

ω——车轮的 角速度。

车轮被完全抱死时：$\omega=0$；$s=100$。

车轮做纯滚动时：$r_0\omega=v$；$s=0$。

图 4-75 所示为附着系数与滑移率的关系，从这有代表性的地面附着系数变化特性中可知，车轮滑移率 20%左右时，纵向附着系数最大，横向附着系数也较大。在紧急制动时，如果适当地控制制动器动力的大小，使车轮处于边滚动边滑移($s=20\%$)的状态，可使地面制动力达到最大，缩短制动距离；同时，可保持良好的防侧滑能力。

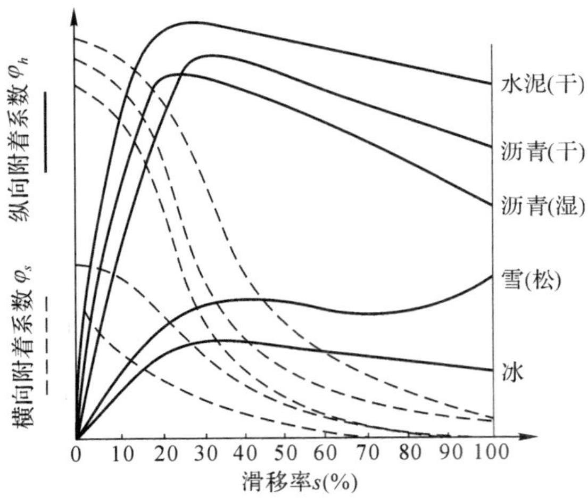

图 4-75 附着系数与滑移率的关系

仅装有常规制动系统的汽车在进行制动特别是紧急制动时，往往会使部分或所有的车轮处于抱死状态，即车轮不再滚动，而是在地面上拖滑。当转向轮抱死时，汽车将失去转向操纵能力，致使汽车在制动过程中无法躲避障碍物、行人或无法沿弯道行驶；当后轮抱死时，后轴易受侧向力干扰出现侧滑，使汽车制动时的方向稳定性变差，严重时会使汽车急剧回转，甚至调头。另外，当车轮处于抱死状态时，轮胎与地面之间的拖滑会破坏地面的附着条件，以至地面无法提供足够大的制动力，加大了制动距离。总之，制动时车轮抱死会降低汽车的制动性能；轮胎与地面的剧烈摩擦，使轮胎的磨损加剧。

1.2　ABS 概述

ABS 的作用是在汽车制动时，自动控制制动器制动力的大小，使车轮不被抱死，处于边滚边滑（滑移率在 20%左右）的状态，以保证车轮与地面的附着力最大。防止车轮抱死，从而获得最佳制动性能（缩短制动距离、提高方向稳定性、增强转向控制能力），减少交通事故。因此，ABS 相比于普通制动系统有以下优点：充分发挥制动器的效能，缩短制动时间和距离；可有效防止紧急制动时车辆侧滑和甩尾，具有良好的行驶稳定性；可在紧急制动时转向，具有良好的转向操纵性；可避免轮胎与地面的剧烈摩擦，减少了轮胎的磨损。

（1）ABS 防抱死制动系统的组成

防抱死制动系统（ABS）是在常规制动装置的基础上，增设由传感器、防抱死制动电控单元（ABS ECU）、制动压力调节器和 ABS 指示灯等构成的电子控制系统，如图 4-76 所示。

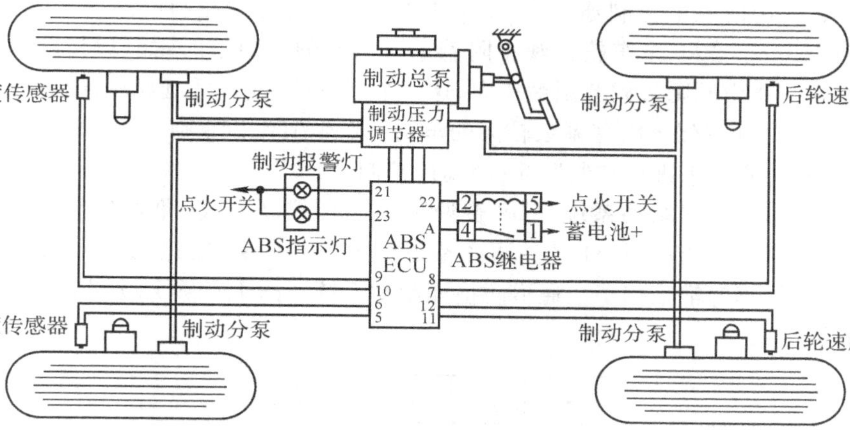

图 4-76　ABS 防抱死制动系统的组成简图

液压控制系统由制动压力调节器和常规制动装置构成，电子控制系统由传感器、控制开关、ABS ECU、ABS 指示灯以及制动压力调节器中的电磁阀和回液泵电动机等构成。电磁阀和回液泵电动机既是电子控制系统的执行元件，也是液压控制系统的始控元件。

ABS 采用的传感器有车轮速度传感器和减速度传感器两种。车轮速度传感器是 ABS 必需的传感器，其功用是检测车轮的运动状态，将车轮转速变换为电信号输入 ABS ECU。一个 ABS 设有 2～4 只车轮速度传感器，目前大多数都设有 4 只车轮速度传感器。减速度传感器又分为纵向减速度传感器和横向减速度传感器。减速度传感器仅在控制精度较高的 ABS 中采用，其功用是检测汽车车身的加减速度，以便 ABS ECU 判别路面状况。

ABS 电控单元 ECU 主要功用是接收轮速传感器、减速度传感器和开关输入信号，计算汽车的轮速、车速、加减速度和滑移率，并输出控制指令控制制动压力调节器等执行元件工作。

ABS ECU 具有失效保护和故障自诊断功能，一旦发现 ABS 故障时，将终止 ABS 工作，恢复常规制动。与此同时，还将控制 ABS 故障指示灯（或 Anti-Lock 故障指示灯）发亮指示，提醒驾驶员及时进行修理。

制动压力调节器是 ABS 的主要执行元件。其功用是接受 ECU 的指令，驱动制动压力调节器中的电磁阀动作，同时驱动回液泵电动机转动等，使制动压力“升高”、“保持”或“降低”，从而实现制动压力自动调节。

ABS 是在原有常规制动装置的基础上增加一套控制装置形成的，其工作也是在常规制动过程的基础上进行的。在制动过程中，当车轮还未趋于抱死时，其制动过程与常规制动过程完全相同。只有当车轮趋于抱死时，ABS 才对制动压力进行调节。因此，当 ABS 发生故障时，如果常规制动装置正常，那么常规制动装置照样具有制动功能。但是，如果常规制动装置发生故障，ABS 将随之失去控制作用。

(2) ABS 防抱死制动系统的控制方案以及布置方式

电子控制防抱死制动系统控制车轮的方式分为“轮控式”与“轴控式”两种。

在制动系统中，制动压力能够独立进行调节的制动管路称为控制通道。每个车轮各占用一个控制通道的称为“轮控式”(独立控制式或单轮控制式)。

两个车轮占用同一个控制通道的称为同时控制。当同时控制的两个车轮在同一轴上时，称为“轴控式”。当左、右车轮行驶在附着系数不同的路面上时，如以保证附着系数较小的车轮不发生抱死为原则来调节制动压力，这两个车轮就是“按低选原则来进行控制”，简称“低选控制(SL)”；如以保证附着系数较大的车轮不发生抱死为原则来调节制动压力，这两个车轮就是“按高选原则来进行控制”，简称“高选控制(SH)”。

目前，小轿车防抱死制动系统 ABS 普遍采用混合控制方式，即对两前轮采用“独立控制”，对两后轮采用“低选控制(SL)”。国产桑塔纳 2000GSi 型、捷达、奥迪 100、奥迪 200、红旗 CA7220E 型轿车等都采用了三通道防抱死制动系统。图 4-77 所示为 ABS 防抱死制动系统的常见布置方式。

┐表示传感器　■表示通道							
四通道		三通道		两通道			单通道
四传感器	四传感器	四传感器	三传感器	三传感器	两传感器	两传感器	一传感器
前一后	交叉	前一后	前一后	前一后	前一后	交叉	后部
形式 1	形式 2	形式 3	形式 4	形式 5	形式 6	形式 7	形式 8

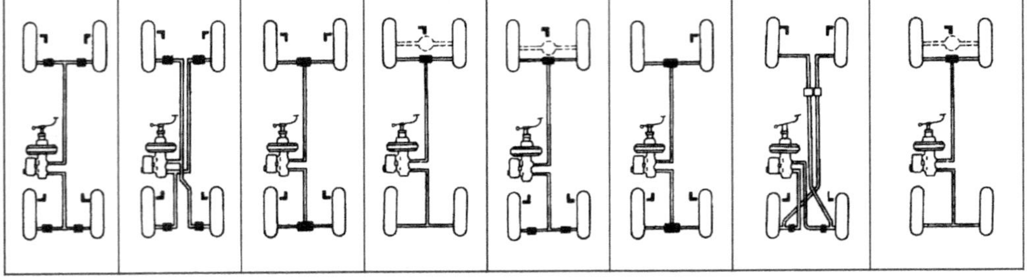

图 4-77　ABS 防抱死制动系统的布置方式

(3) ABS 防抱死制动系统的控制原理

目前绝大多数 ABS 都采用“逻辑门限值控制方法”。在这种方法中，通常是将车轮加速度或减速度作为主要控制参数，而将车轮的滑移率作为辅助控制参数。图 4-78 所示为汽车在高附着系数路面上 ABS 控制过程中的一个控制周期。

车轮加、减速度可由电子控制单元 ECU 根据轮速传感器输入的信号经过计算确定，因为实际车速不易测量，所以可设定一个参考车速 v_{ref}，当制动开始时，若测得角减速度达到设定的角减速度控制门限值时，取此刻车轮速度作为初始参考车速 v_{ref0}，所以此后的参考车速 v_{ref} 便可由 $v_{ref}=v_{ref0}-j\cdot t$ 确定，即可确定任一时间的参考车速，再根据滑移率公式定出参考滑移率，将参考滑移率与设定滑移率下限门限值进行比较，便可将滑移率控制在 20% 附近。

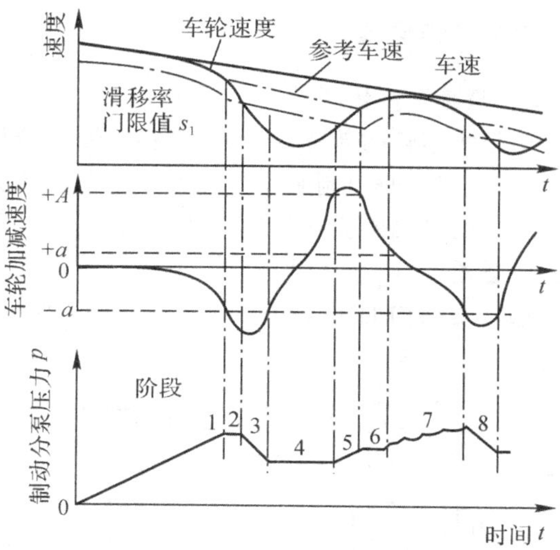

图 4-78　ABS 的控制过程

制动开始阶段，随制动压力 p 的上升，车轮角减速度增大达到设定门限值 $-a$（第 1 阶段），但为了避免车轮在稳定区域滑移率范围内，进入防抱死制动压力减小阶段，需要对车轮的参考滑移率与设定的滑移率下限门限值作比较。

若参考滑移率小于设定的下限门限值 s_1 时，说明车轮的滑移率偏小，需再进行一段压力保持阶段（第 2 阶段），使车轮充分地制动，直到车轮的参考滑移率大于 s_1。

若参考滑移率大于设定的滑移率下限门限值 s_1 时，说明车轮制动已进入不稳定区域，需要减小制动压力，使参考滑移率减小，使其回到稳定区域，制动过程进入第 3 阶段。

由于制动压力减小，车轮在惯性作用下加速，当车轮的角减速度小于角减速度门限值时，制动压力不再减小，需保持一段时间（第 4 阶段）。此后由于汽车惯性作用，车轮仍在加速，会出现下列情况：

①如果在设定的压力“保持”不变时间内，车轮的加速度未能超过第一加速度 $+a$，电子控制单元 ECU 则判定路面情况为低附着系数，此时的控制过程将按低附着系数路面上的控制过程进行。如果车轮的加速度超过第一个加速度 $+a$，则继续“保持”制动压力。

②如果因路面附着系数突然增大而使车轮加速度超过第二个加速度控制门限值 $+A$ 时，应使制动压力再次进入“增大”阶段（第 5 阶段），使车轮加速度下降直至低于 $+A$，而后又进入制动压力保持阶段（第 6 阶段），直至车轮加速度又回落到 $+a$ 以下，表明车轮制动回复

到稳定区域，只是制动力稍有不足。

③当车轮制动恢复到稳定区域后，为了使制动车轮在更长的时限内处于稳定区域且靠近滑移率20%附近，利用制动压力调节器对制动压力进行“增大”和“保持”的快速转换(进入第7阶段)，使制动轮缸的制动压力以较低的升高率增大，直到车轮的角速度再次低于控制门限值$-a$后，又开始进入制动压力减小阶段(第8阶段)，此时不再考虑滑移率是否超过控制门限s_1，从而进入下一个防抱死制动压力调节循环。

ABS控制制动压力由于保压、减压、增压是在瞬间完成的，所以制动压力调节循环频率可达3～20Hz。

1.3　ABS设备的结构及工作原理

(1)车轮转速传感器及车身减速度传感器

车轮转速传感器的作用是将车轮的转速转变为电信号，输送给控制器，以使控制器能准确判断制动时车轮是否被抱死，能及时控制制动力的大小。车轮转速传感器有磁感应式、光电式、水银式等，目前普通采用的是磁感应式车轮转速传感器。

①磁感应式车轮转速传感器

磁感应式车轮转速传感器的结构如图4-79所示。图4-79所示为磁感应车轮转速传感器工作原理。

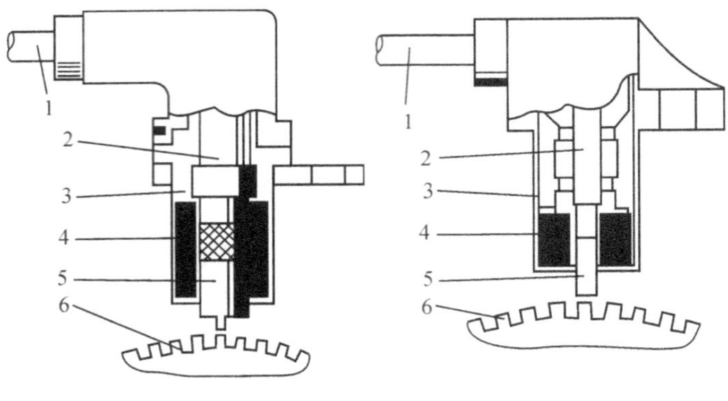

(a) 凿式磁极　　(b) 柱式磁极

1—导线；2—永久磁铁；3—传感器外壳；4—感应线圈；5—磁极；6—齿圈

图4-79　磁感应式车轮转速传感器

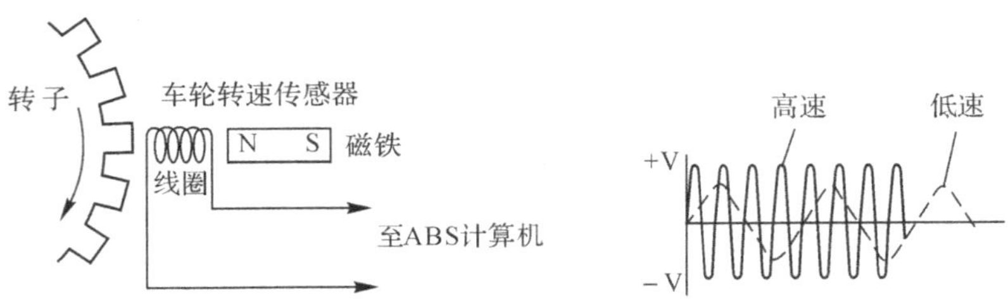

图4-80　磁感应式车轮转速传感器工作原理

由传感器外壳、永久磁铁、感应线圈和磁极组成转速信号探头，与车轮一起旋转的齿圈则为产生感应信号的触发转子。车轮转动时，磁极端部的间隙随齿圈的转动而发生周期性的变化（或者说是齿圈的齿切割了磁力线），使穿过感应线圈的磁通量随之变化，感应线圈便产生了与车轮转速相对应的交变电压信号。

②车身减速度传感器

车身减速度传感器也称为 G 传感器，用于监测汽车制动时的减速度以判断路面情况。

水银式减速度传感器产生开关信号，用于指示汽车制动的减速度界限。其结构如图 4-81 所示，在传感器内通有两导线极柱的玻璃管中装有水银体，由于水银的导电作用，传感器的电路处于导通状态。当汽车制动时，水银在惯性力的作用下向前移动。在低附着系数路面上制动时，由于汽车的减速度较小，玻璃管内的水银移动量小，玻璃管内的电路开关仍处于导通状态；当在高附着系数路面制动时，汽车的减速度大，玻璃管向的水银在惯性力的作用下移动，使电路开关断开。控制器根据电路的通断判断路面的情况，选用不同的控制程序。

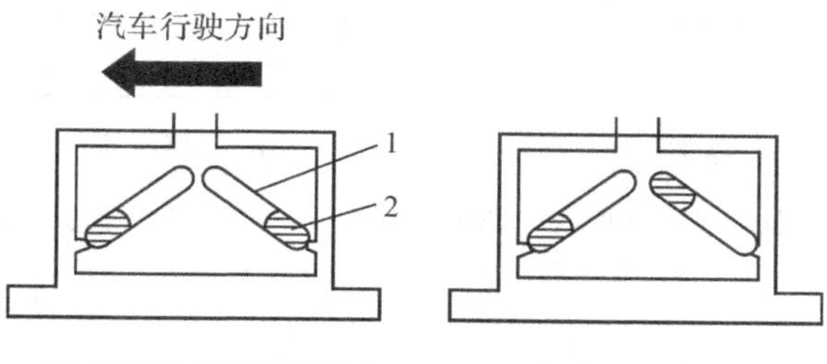

1—玻璃管；2—水银

图 4-81　水银式减速度传感器工作原理

光电式减速度传感器利用发光二极管和光敏晶体管构成的光电耦合器所具有的光电转换效应，以沿径向开有若干条透光窄槽的偏心圆盘作为遮光板，制成了能够随减速度大小而改变电量的传感器（见图 4-82）。遮光板设置在发光二极管和光敏晶体之间，由发光二极管发出的光束可以通过板上窄槽到达光敏晶体管，光敏的晶体管上便会出现感应电流。当汽车制动时，质量偏心的透光板在减速惯性力的作用下绕其转动轴偏转，偏转量与制动强度成正比，在光电式传感器中设置两对光电耦合器，根据两个晶体管上出现电量的不同组合可区分出四种减速度界限，因此，它具有感应多级减速度的能力。

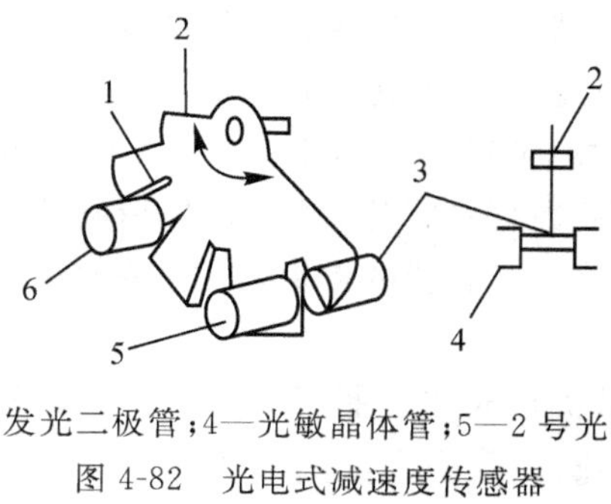

1—投光窄槽；2—遮光板；3—发光二极管；4—光敏晶体管；5—2 号光敏晶体管；6—1 号光敏晶体管

图 4-82　光电式减速度传感器

差动式减速度传感器其结构如图 4-83 所示。汽车在正常行驶时，差动变压器铁芯 1 处于中间位置，变压器次级绕组产生相位相反的电压 u_1、u_2 其大小相同，变压器输出电压 u_o 为 0。当汽车制动时，在惯性力的作用下，差动变压器铁芯移动，使变压器次级绕组产生的 u_1、u_2 一个增大，一个减小，变压器就会有输出电压 u_o 及与汽车的减速度成正比的 u_P，经信号处理电路处理后向 ABS 的 ECU 输出。

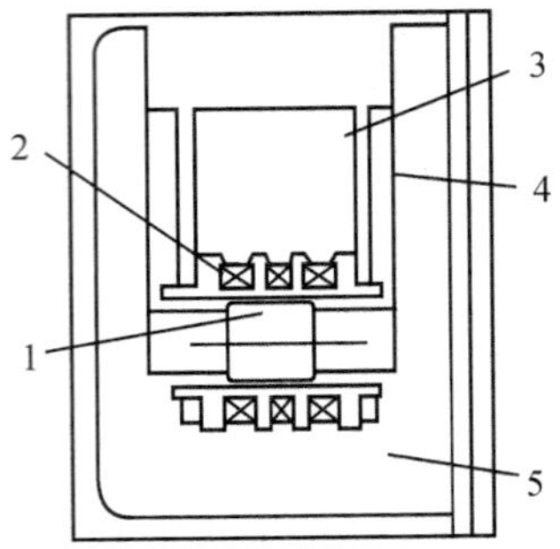

(a) 基础结构

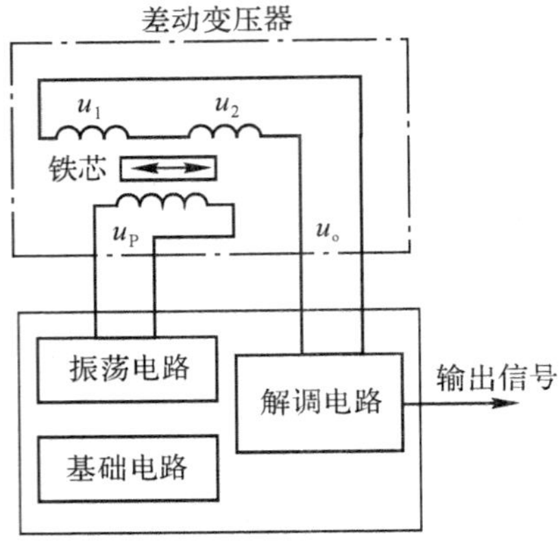

(b) 电路原理

1—铁芯；2—线圈；3—印制电路板；4—弹簧；5—变速器油

图 4-83　差动式减速度传感器

(2)ABS 电控单元

ECU 是 ABS 的控制核心，其作用是接收各车轮转速传感器及其他传感器的输入信号，并对这些信号进行比较、分析、放大和判别处理，然后通过精确的计算，得出制动时的车轮速度与加速度、参考车速及参考滑移率，以判断车轮的运动状态等，并按照特定的控制逻辑发出控制指令，对 ABS 的执行器进行控制，以便汽车获得最佳的制动效果。此外，ECU 还对系统的工作状态进行检测和监控，以免因系统故障造成控制出错，并具有故障自诊断功能。

图 4-84 所示为 ECU 的结构示意图，它由输入电路、A/D 转换器、微机、输出电路、安全监控电路等组成。

输入电路主要由一个低通滤波器和用来抑制干扰并放大车轮转速信号的输入放大器组成。其作用是将车轮转速传感器输入的电压信号滤去杂波，并转换成脉冲方波信号，经整形后送入微机中。

A/D 转换器将各种输入的模拟信号转换成微机能够识别的数字信号。ECU 可以通过它来监控汽车电源电压、制动管路压力等是否正常。

微机主要由 CPU 和存储器(RAM、ROM)组成。其中 CPU 的作用是根据接收到的车轮转速等信号，利用存储器中的数据和程序，进行各种精确的计算、分析、判断及处理，形成相应的控制指令，送至输出电路。存储器的作用是用来存储 CPU 工作时需要的各种程序和数据。

输出电路的作用是接受微机送来的控制指令，采用大功率三极管，向执行器的继电器、电磁阀、电动泵等提供控制电流。

安全监控电路的作用首先是将汽车的电源电压稳定成 ECU 工作所需的标准电压，同时以汽车电源电压是否稳定在规定的范围内进行监控。当汽车电源电压过高或过低时，它就点亮 ABS 警告灯，同时自动切断 ABS 的电源电路，以免因电源电压过高损坏 ECU，因电压过低造成系统工作失常，还将故障信息以故障代码的形式储存在 ECU 的故障存储器中。该电路还对 ABS 的工作状态进行监控，当监测到系统有故障信息时，就部分或全部地关闭 ABS，同时点亮警告灯报警，并储存故障代码。在 ABS 关闭后，ECU 还要将 ABS 恢复到传统制动系统状态，使制动系统具有常规制动功能。

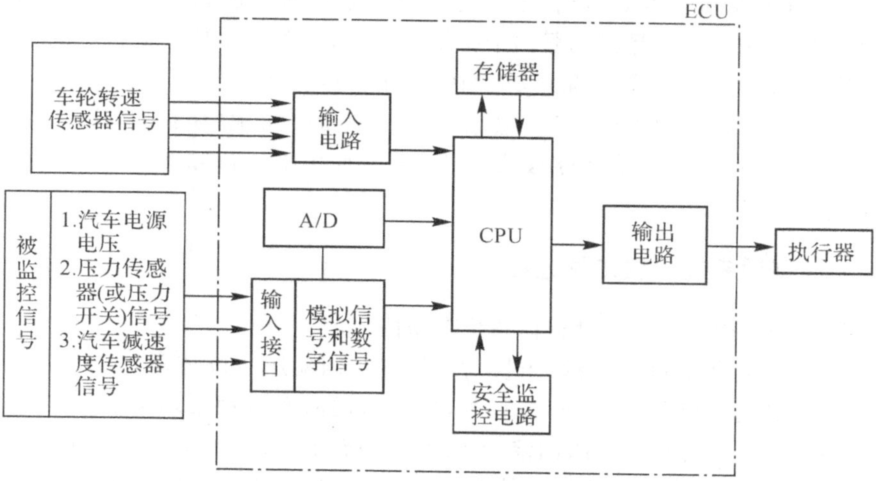

图 4-84　ECU 组成示意图

(3)电磁阀

ABS 所采用的电磁阀有三位三通和二位二通两种。

三位三通电磁阀的结构与工作原理如图 4-85 所示，它主要由阀体、进油阀、卸载阀、检查阀、支架、托盘、主弹簧、副弹簧、无磁支撑环、电磁线圈和油管接头组成。移动架 6 在无磁支撑环 3 的导向下可沿轴向作微小的运动(约 0.25 mm)，由此可以打开卸载阀 4 和将进油阀 5 关闭。主弹簧 13 与副弹簧 12 相对设置，且主弹簧刚度大于副弹簧。

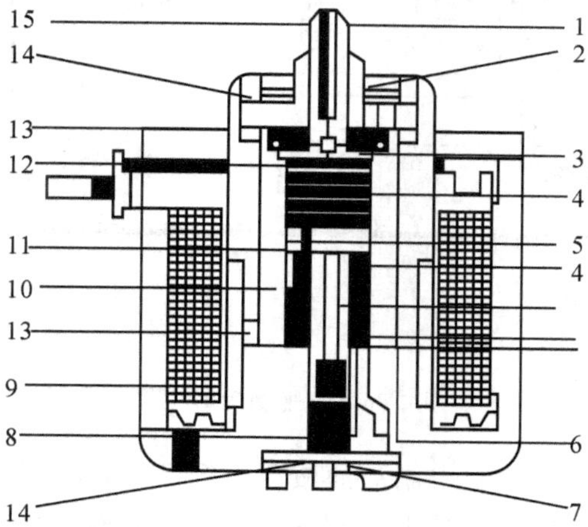

1—回油管路接口；2—滤网；3—无磁支撑环；4—卸载阀；5—进油阀；6—移动架；7—电磁线圈；8—检测阀；9—阀体；10—轮缸接口；11—托盘；12—副弹簧；13—主弹簧；14—凹槽台阶；15—主缸接口

图 4-85　三位三通电磁阀

检测阀 8 与进油阀 5 并联设置，在解除制动时，该阀打开，增大轮缸至主缸的回油通道，以便轮缸压力得以迅速下降，即使在主弹簧断裂或移动架 6 被卡死的情况下，也能使车轮制动器的制动得以解除。

当电磁线圈无电流通过时，由于主弹簧力大于副弹簧，进油阀 5 被打开，卸载阀 4 关闭，制动主缸与轮缸的油路接通，此状态既可以是常规制动，也可以是 ABS 增压。

当 ECU 向电磁阀线圈半通电时，电磁力使移动架 6 向下运动一定距离，将进油阀 5 关闭。由于此时的电磁力尚不足以克服两个弹簧的弹力，移动架 6 被保持在中间位置，卸载阀 4 仍处于关闭状态，即三个阀孔相互封闭，ABS 处于保压状态。

当 ECU 向电磁线圈 7 输入大工作电流时，所产生的大电磁力足以克服主、副两弹簧的弹力，使移动架 6 继续向下运动，将卸载阀 4 打开，从而轮缸通过卸载阀与回油管相通，ABS 处于减压状态。

1.4 ABS 制动系统典型工作过程

(1)常规制动(ABS 不工作)时制动系统工作情况

汽车正常行驶或常规制动(ABS 未投入工作)时，制动压力调节器的工作状态如图 4-86 所示。在防抱死制动电控单元 ABS ECU 控制下，电磁阀和电动泵均不通电，三位三通电磁阀在回位弹簧作用下，进液阀打开、回液阀关闭。进液阀打开将制动主缸与制动轮缸之间的油液管路构成通路；回液阀关闭将制动轮缸与储液器之间的油液管路关闭。

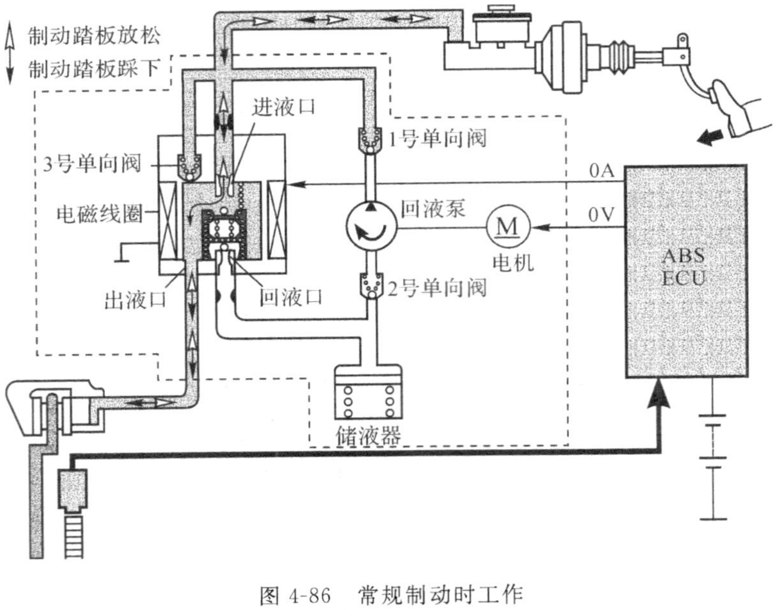

图 4-86 常规制动时工作

当踩下制动踏板时，制动主缸中制动油液压力升高，制动液从制动主缸流入制动轮缸，制动液通道为：制动主缸→三位三通电磁阀进液阀→电磁阀腔室→出液口→制动轮缸。制动轮缸制动液的压力随制动主缸制动液的压力升高而升高。

当放松制动踏板时，制动轮缸中具有一定压力的制动液通过两条通道流回制动主缸。一条通道是：制动轮缸→三位三通电磁阀出液口→电磁阀腔室→进液口→制动主缸；另一条通道是：制动轮缸→三位三通电磁阀出液口→电磁阀腔室→3 号单向阀→制动主缸。

位于回液泵管路中的 2 号单向阀的功用是防止制动液流入回液泵。

(2)制动压力保持(“保压”)时制动系统工作情况

在汽车制动过程中，当四个车轮中的任意一个趋于抱死时，制动压力调节器就会根据 ABS ECU 的控制指令，通过调节该车轮制动轮缸的制动液压力“降压”、“保压”或“升压”来达到防抱死制动的目的。

当车轮制动轮缸管路中的制动液压力升高或降低、传感器信号表明车轮减速度或滑移率达到设定阈值需要保持制动压力时，ABS ECU 便控制电磁阀线圈接通较小电流(约 2A)，使电磁阀的活动铁芯克服回位弹簧弹力移动较小间隙，从而使进液阀和回液阀均处于关闭状态，制动液在管路中不能流动，如图 4-87 所示，压力处于“保持”状态。此时回液泵电机运转将储液器中剩余的制动液泵回制动主缸。

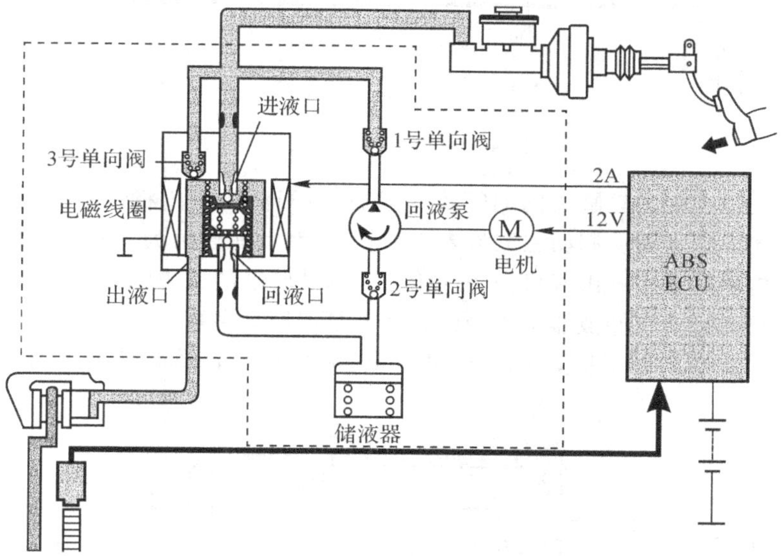

图 4-87　保压时 ABS 工作

(3)制动压力降低(“降压”)时制动系统工作情况

当 ABS ECU 判定某个车轮制动趋于抱死需要降低制动压力时，ABS ECU 便控制电磁阀线圈接通较大电流(约 5A)，产生较强电磁吸力使三位三通电磁阀的活动铁芯移动较大间隙，从而使进液阀关闭、回液阀打开，如图 4-88 所示，制动轮缸中的制动液便从出液口、回液口流入储液器。与此同时，ABS ECU 还将接通回液泵电动机电源，电机和回液泵运转将储液器中的制动液泵回制动主缸。回液通道为：制动轮缸→出液口→电磁阀腔室→回液阀→储液器→2 号单向阀→电动回液泵→1 号单向阀→制动主缸。

随着制动轮缸中的制动液流回制动主缸，其制动管路中制动液的压力随之降低，从而达到防止车轮抱死之目的。

(4)制动压力升高(“升压”)时制动系统工作情况

当需要升高车轮制动轮缸制动液压力时，ABS ECU 将切断三位三通电磁阀线圈电流(0A)，电磁阀在回位弹簧弹力作用下复位，进液阀打开、回液阀关闭，如图 4-89 所示。进液

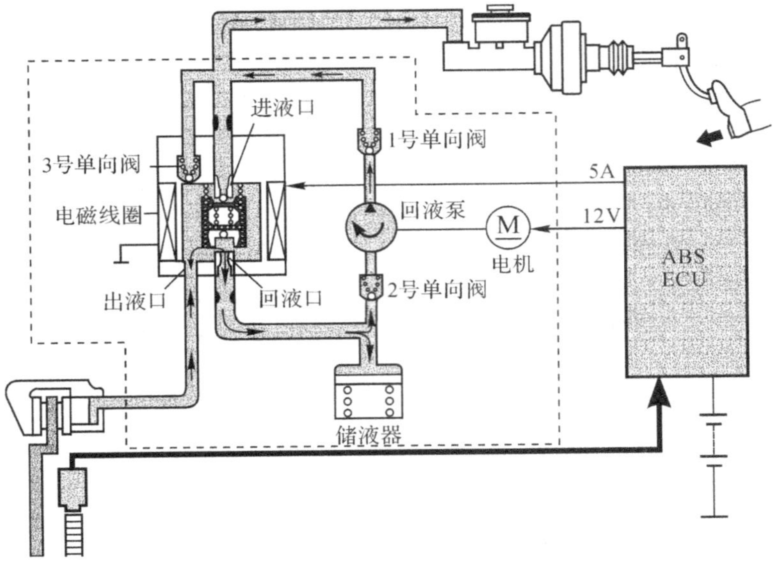

图 4-88　降压时 ABS 工作

阀打开将制动主缸与制动轮缸之间的管路构成通路；回液阀关闭将制动轮缸与储液器之间的油液管路关闭。制动液从制动主缸流入制动轮缸，制动液通道为：制动主缸→三位三通电磁阀进液阀→电磁阀腔室→出液口→制动轮缸。制动轮缸的压力随制动主缸制动液压力升高而升高。泵电机运转将储液器中剩余的制动液泵回制动主缸。

当驾驶员踩下制动踏板时，制动压力"升高"和"降低"的作用力在脚掌上会有抖动的感觉。

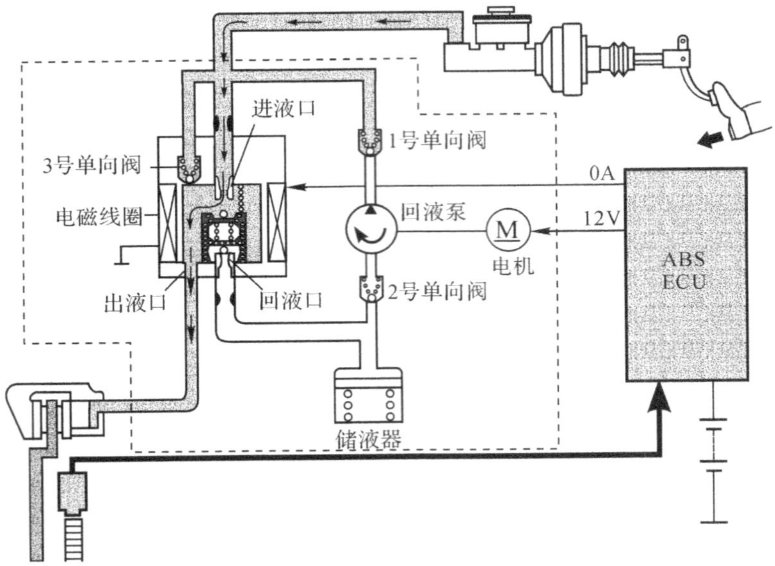

图 4-89　增压时 ABS 工作

1.5　ABS 的工作特点

(1)某些装有 ABS 的汽车,在发动机发动时,踩下的制动踏板会弹起,而在发动机熄火时,制动踏板则会下沉。这属于 ABS 的正常反应。比如,日本丰田皇冠汽车的 ABS 制动压力调节器与动力转向器共用一个油泵,在发动机发动时,动力转向油泵开始工作时,就会使制动踏板上抬;发动机熄火,动力转向油泵停止工作时,则会使制动踏板下沉。

(2)制动时,转动方向,会感到方向盘有轻微的振动。这也是由于制动压力调节器与动力转向器共用一个油泵所引起的正常反应。

(3)制动时,有时会感到制动踏板有轻微下沉。这是由于道路路面附着系数变化 ABS 正常反应所引起的,并非故障现象。

(4)制动时,制动踏板会有轻微的振动。这是 ABS 起作用的正常现象。

(5)高速行驶急转弯时,或冰滑路面上行驶时,有时会出现制动警告灯亮起的现象。这是上述情况中出现了车轮打滑现象,ABS 产生保护动作引起的,并非有故障。

(6)制动时,ABS 继电器不断地动作,这也是 ABS 在起作用的正常现象。

(7)装有 ABS 的汽车,在制动后期,会有车轮被抱死,地面留下拖滑的印痕。这是因为在车速小于 7～10km/h 时,ABS 将不起作用,属正常现象。但是,ABS 紧急制动时留下的短而淡的印痕与普通制动器紧急制动留下的长拖印是截然不同的。

2　电控驱动防滑系统(ASR)

2.1　基本知识

(1)驱动力与附着力的关系

汽车行驶时,驱动力与行驶阻力必须满足下述方程式(即汽车行驶方程式)规定的条件:

$$F_f+F_w+F_i\leqslant F_t\leqslant F_\varphi=F_z\cdot\varphi$$

式中:F_f——滚动阻力;

F_w——空气阻力;

F_i——坡度阻力;

F_t——汽车的驱动力(T_e 为发动机的输出转矩,i_g 为变速器的传动比,i_0 为主减速器的传动比,η_T 为传动系的机械效率,r 为车轮半径);

F_Ψ——附着力;

F_z——地面作用在驱动轮上的法向(垂直)反作用力;

φ——轮胎—道路附着系数,简称附着系数。

可见,驱动力随着发动机输出扭矩的增大而增大。但驱动力的增大受附着力的限制,驱动力的最大值只能等于轮胎与路面之间的附着力。当驱动力超过了附着力,驱动轮将在路面上滑转。当传递给车轮的驱动力超过附着力时,车轮就会发生打滑空转(即滑转)。

(2)滑转率与附着系数的关系

汽车在原地不动打滑空转滑转的程度用滑转率表示:

$$S_d=\frac{v_w-v}{v_w}\times100\%$$

式中：S_d——驱动轮滑转率；

v_w——车轮速度（车轮瞬时圆周速度）；

r——车轮半径(m)；

ω—车轮转动角速度(rad/s)：

v—车速（车轮中心纵向速度，m/s）。

当 $v_w=v$ 时，滑转率 $S_d=0$，车轮自由滚动；

当 $v=0$ 时，滑转率 $S_d=100\%$，车轮完全处于滑转状态；

当 $v_w>v$ 时，滑转率 $0<S_d<100\%$，车轮既滚动又滑动。滑转率越大，车轮滑转程度越大。

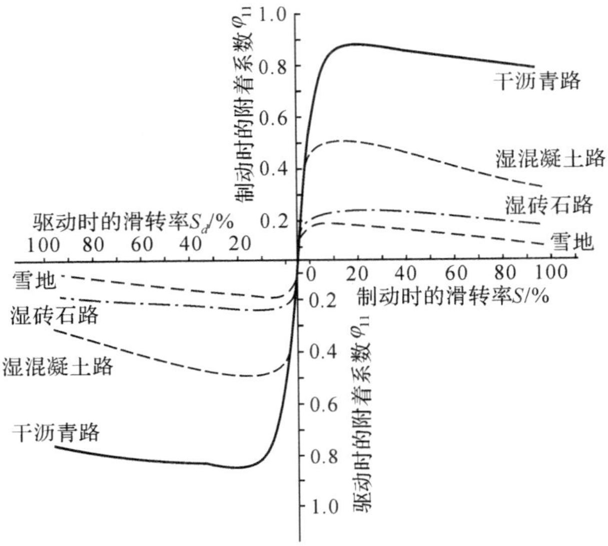

图 4-90 滑移率和滑转率与附着系数的关系

车轮滑移率和滑转率与纵向附着系数的关系如图 4-90 所示。由图可见，附着系数随路面性质的不同而发生大幅度的变化。在各种路面上，附着系数均随滑转率或滑移率的变化而变化，且在各种路面上当滑转率或滑移率为 20%左右时，附着系数达到最大值。若滑转率或滑移率继续增大，则附着系数逐渐减小。

防滑转控制系统 ASR 的基本原理是在车轮滑转时，将滑转率控制在最佳滑转率(10%～30%)范围内，从而获得较大的附着系数，使路面提供较大的附着力，以充分利用车轮的驱动力。汽车在起步加速或冰雪路面上行驶时，司机不必小心踩下加速踏板，系统能够根据路面状况调节驱动力，使驱动轮保持最佳的驱动力。

防滑转控制系统 ASR 能有效地提高车辆在各种路面上的附着能力，能提高车辆行驶的稳定性和乘坐的舒适性，能减少轮胎的磨损与发动机的功率消耗。

2.2 驱动轮防滑转控制系统的控制方法

目前，汽车驱动轮防滑转控制系统 ASR 采用的控制方法主要有以下三种：

(1)发动机输出转矩的控制

通过控制发动机输出转矩来调节驱动轮的驱动力，这种控制系统能够保证发动机输出转矩与地面提供的驱动转矩达到匹配，因此可以改善燃油经济性，减少轮胎磨损。使汽车具有良好的行驶稳定性和乘坐舒适性。对于前轮驱动汽车，能够得到良好的转向操纵性。

控制发动机输出转矩的方法有：减小点火提前角、减小节气门开度、减少喷射时间、个别气缸喷油或断火，即可降低发动机输出转矩。

(2)发动机输出转矩与驱动轮制动力的控制

发动机输出转矩和驱动轮制动力的防滑转控制系统既可调节发动机输出转矩，也可调节驱动轮的制动力。这种控制系统特别适用于装备燃油喷射系统 EFI 和防抱死制动系统 ABS 的汽车。丰田凌志 LS300、LS400 型轿车采用的发动机输出转矩和驱动轮制动力的防滑转控制系统的组成如图 4-91 所示，其防抱死制动与防滑转控制系统 ABS/ASR 组合在一起。发动机输出转矩利用步进电机调节副节气门开度进行控制，驱动轮制动力利用 ASR 执行器结合 ABS 进行控制。

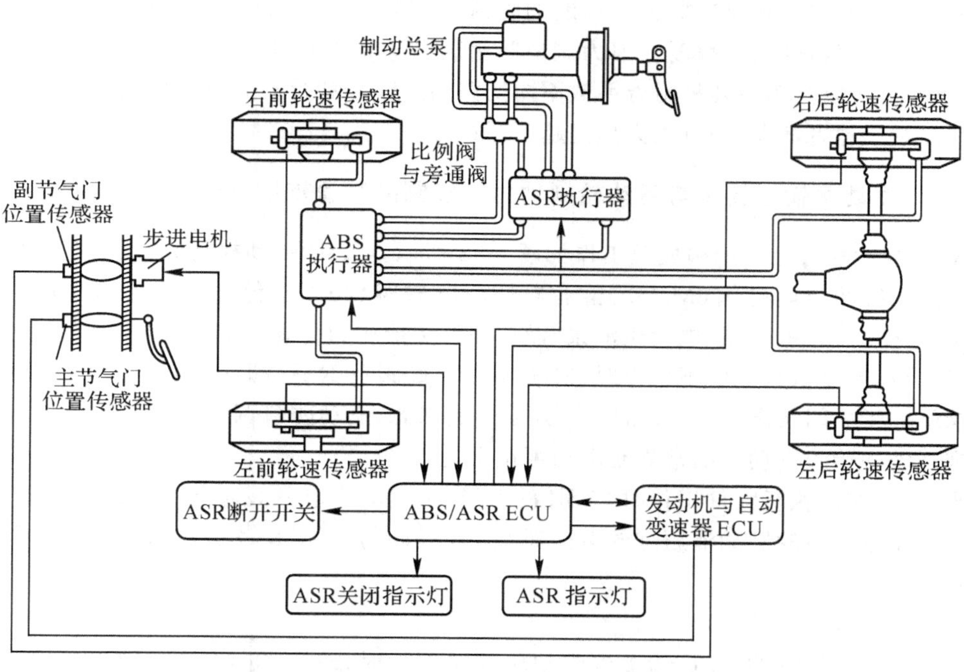

图 4-91　丰田凌志 LS300 ABS/ASR 控制系统组成原理图

由图 4-91 可见，四只轮速传感器为 ABS 和 ASR 公用，ABS ECU 与 ASR ECU 组合为一体，称为 ABS/ASR ECU。在 ABS 的基础上，增设了 ASR 执行器、发动机副节气门控制步进电机以及 ASR 控制开关和显示灯等。在该系统的结构中，把两后轮(即驱动轮)的制动管路分成左、右两个独立的管路结构，在制动主缸与两后制动轮缸的 ABS 执行元件之间，增设了 ASR 制动执行元件，以便在进行驱动控制时，对两后制动轮缸进行加压、保压或减压的工况控制；在发动机上，由加速踏板控制的主节气门的上方设有副节气门，控制副节气门的开启角度，就可以控制进入发动机气缸的进气量，从而达到控制发动机输出功率的目的。该系统不仅能够实现 ABS 功能，而且能够实现 ASR 功能。

当系统工作时，ABS/ASR ECU 根据轮速传感器产生的车轮转速信号，计算确定驱动轮的滑转率以及汽车参考车速。当 ABS/ASR ECU 判定驱动轮的滑转率超过设定门限值时，发动机与自动变速器 ECU 向副节气门执行器(步进电机)发出控制指令,使节气门的开度减小。此时,即使主节气门开度不变,发动机的进气量也会因副节气门开度减小而减小,从而使发动机输出转矩减小,驱动轮的驱动力随之减小。如果驱动轮的滑转率仍未降到设定值范围,ABS/ASR ECU 就会向 ABS 和 ASR 的压力调节装置发出控制指令,向滑转驱动轮断续施加制动。对驱动轮施加断续制动力后,其滑转率进一步降低。当滑转率降低到设定值后,ABS/ASR ECU 便发出减少或停止制动的指令,从而达到防止驱动轮滑转之目的。当驱动轮再次滑转,其滑转率超出设定值范围时,发动机与自动变速器 ECU 和 ABS/ASR ECU 再次发出控制指令,重新开始控制循环,直到滑转率减小到设定值范围为止。

在 ASR 处于防滑转控制过程中,如果驾驶员踩下制动踏板进行制动,ASR 会自动退出控制状态,不会影响防抱死制动正常进行。

(3)发动机输出转矩与差速器锁止程度的控制

发动机输出转矩和差速器锁止程度的防滑转控制系统既可调节发动机输出转矩,也可调节防滑转差速器的锁止程度。因为调节防滑转差速器的锁止程度,即可调节传递给驱动轮的驱动力,所以汽车在各种附着系数不同的路面上起步和行驶时,都具有较好的稳定性和操纵性。对于越野汽车,则可大大提高越野通过性。

2.3 发动机输出转矩与驱动轮制动力的控制的防滑转控制过程

ASR 制动执行元件的构成及工作如图 4-92 所示。ASR 制动执行元件为液压泵之间加设的主液压缸切断电磁阀(M/C)、蓄能器切断电磁阀(ACC)、储油箱切断电磁阀(RSV)、ASR 蓄能器、ASR 电动泵(电动供液泵)及压力开关或压力传感器等。

当 ASR 制动执行元件不工作时,M/C 阀、ACC 阀及 RSV 阀均不通电,ACC 阀与 RSV 阀的阀门处于关闭状态,M/C 阀的阀门处于开启状态,制动防滑调节处于关闭状态,而 ABS 的防抱制动和传统制动系的常规制动均可正常进行。

当 ASR 制动执行元件工作时,ASR 的 ECU 向这 3 个电磁阀通电,M/C 阀的阀门关闭,切断主液压缸与后轮制动液压缸的液压通路,ACC 阀与 RSV 阀均开启,制动防滑调节进入工作状态。

(1)加压工况

当 ASR 与 ABS 的 ECU 检测到驱动轮开始打滑时,ECU 向 M/C、ACC、RSV3 个电磁阀通电,M/C 阀关闭,ACC 阀、RSV 阀开启,ECU 控制后轮(驱动轮)的 ABS 三位电磁阀进入加压工况,蓄能器经过 ACC 阀向后轮液压缸供给制动油液,以实施制动,从而减小后轮的滑转趋势。

(2)保压工况

M/C 阀、ACC 阀、RSV 阀继续处于通电状态,而后轮的 ABS 三位电磁阀进入保压工况,暂时保持后轮液压缸内的油压不变,以控制后轮的滑转率在规定范围内。

(3)减压工况

3 个执行元件继续通电,而后轮的 ABS 三位三通电磁阀进入减压工况,后轮液压缸内的油压经过 ABS 三位三通电磁阀、RSV 阀回流到制动主缸储油箱内,后轮的制动解除,以便在后轮转速过分降低后,又尽快地有所恢复。此时,ABS 的电动泵(回液泵)并不工作。

图中压力传感器的作用是将蓄能器中的压力信息传送给 ASR 与 ABS 的 ECU,ECU 据此

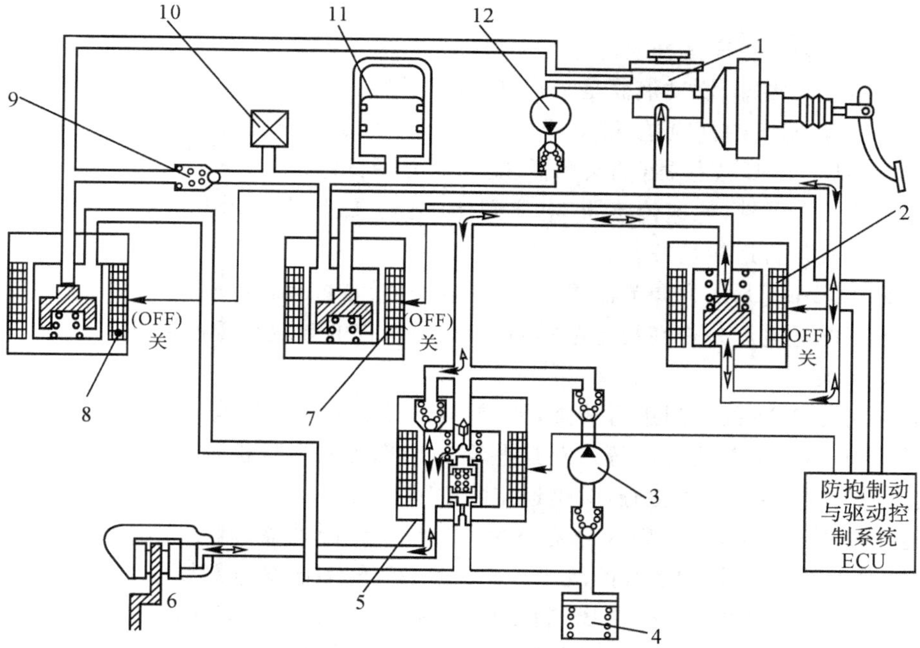

1—制动主缸；2—M/C 电磁阀；3—ABS 电动泵；4—储油箱；5—三位三通电磁阀；6—后轮制动器；7—ACC 电磁阀；8—RSV 电磁阀；9—减压阀；10—压力传感器；11—蓄能器；12—ASR 电动泵

图 4-92　ASR 驱动轮制动控制的工作示意图

来控制 ASR 电动泵的运转。ASR 电动泵从主缸储油箱中提取制动油液，加压后再送往蓄能器，使蓄能器中的制动油液压力保持在一定范围内，为 ASR 的驱动轮制动控制提供制动能源。

汽车的 ABS 与 ASR 共同构成了汽车的防滑控制系统，即汽车的防滑控制系统是对汽车 ABS 和 ASR 的统称。现代汽车特别是一些高级轿车采用了集成 ABS 与 ASR 功能于一体的结构，控制系统可共用一个 ECU，以共享 ECU 的硬件与软件资源，这种结构也简称为 ABS/ASR 防滑控制系统。现在这种结构已成为汽车上防滑控制系统发展的一种趋势，目前已有许多高级轿车将 ABS/ASR 防滑控制系统作为标准件或选装件来装备。

任务 2　汽车防滑控制系统的检修

1　ABS 的检修

对于 ABS 来说故障诊断和检测同样是维修中非常重要的一环。不同车型、甚至同一系列不同年代生产的车型，装用的 ABS 型号不一样，因而故障诊断和检测方法以及程序都可能会有所不同。ABS 的故障大致可分几种情况：一是紧急制动时，车轮被抱死；二是制动效果不良；三是制动警告灯亮起；四是 ABS 出现不正常的现象。通常都采用以下基本方法和步骤：

(1)直观检测

①检测内容

直观检测是在 ABS 出现故障或感觉系统工作不正常时采用的初步目视检测方法。常检测以下内容：

a. 检查手制动是否完全释放。

b. 制动液是否渗漏、制动液面是否在规定的范围内。

c. 检查所有 ABS 的保险丝、继电器是否完好、插接是否牢固。

d. 检测 ABS ECU 连接器(插头和插座)连接是否良好。

e. 检测有关元器件(轮速传感器、电磁阀体、电动泵、压力警示开关和压力控制开关等)的连接器和导线是否连接良好。

f. 检查 ABS ECU、压力调节器等的接地(搭铁)线是否接触可靠。

g. 检测蓄电池电压是否在规定范围内。正、负极柱的导线是否连接可靠。

②注意事项

a. 应首先对 ABS 的外观进行检查，如：导线的接头和插接器有无松脱、制动油路和泵及阀等有无漏损、蓄电池是否亏电等。对这些容易出现的故障且检查方法又很简单的先行检查，确定无异常时，再作系统检查，对迅速排除故障有利。

b. 遇制动不良故障时，应先区分是 ABS 机械部分(制动器、制动主缸或轮缸、制动管路等)不良还是 ABS 电子控制系统的故障。方法是：拆下 ABS 继电器线束插接或 ABS 制动压力调节器电磁阀线束插接器，使 ABS 制动压力调节器电磁阀不能通电工作，让汽车以普通制动器工作方式制动，如果制动不良故障消失，则说明是 ABS 电子控制系统有故障，否则，为 ABS 机械部分的故障。

c. ABS 电子控制系统故障多出现于线束插接器或导线接头松脱、车轮传感器不良等，应先对这些部件和部位进行检查，而制动压力调节器等故障相对较少，ABS 控制器故障更少。所以，一般情况下，不要轻易去拆检 ABS ECU 和制动压力调节器。此外，在检查线路故障时，不应漏检保险器。

d. 在需要拆检 ABS 液压控制器件时，应先进行泄压，以避免高压油喷出伤人，尤其是有蓄压器的 ABS。比如，一些制动压力调节器与制动主缸为一体的整体式 ABS，蓄压器中的压力高达 18MPa。

卸压的方法是：关掉点火开关，然后反复踩制动踏板 20 次以上，直到感觉踩制动踏板力明显增加(无液压助力)时为止。

通常在检修如下部件时需进行泄压：制动压力调节器的各部件；制动轮缸；蓄压器；后轮分配比例阀；电动油泵；制动液管路；压力警告和控制开关。

(2)读取故障代码

ABS 一般都具有故障自诊断功能，电子控制器工作时能对自身和系统中的有关电器元件进行测试。如果电子控制器发现系统中存在故障，一方面使 ABS 警示灯点亮，中断 ABS 工作，恢复常规制动系统。另一方面会将故障信息以代码的形式存入存储器中，然后在检修时由修理人员将故障代码调出(读出)，以便了解故障情况。

故障代码的读取和清除与发动机电子控制系统含义相同，不同车型的故障代码形式和内容也会不同，ABS 故障代码的读取方法大致可归纳为下述三种：

①连接自诊断启动电路读取故障代码

ABS 中设有自诊断插座，维修人员可按规定的方法跨接插座中的相应端子或用其他方法。然后根据 ABS 警示灯、跨接线中的发光二极管(LED)或 ABS ECU 上的发光二极管的闪烁规律，读取故障代码。

②借助专用诊断测试仪读取故障代码

借助专用诊断测试仪（有的叫微机解码器或扫描仪）与 ABS 故障诊断通信接口相连，按照一定的操作规程，通过与 ABS ECU 双向通信，从检测仪的显示器或指示灯上显示故障代码。目前这类测试仪器较多，如美国 SNAP-ON 公司生产的 SCANNER、IAE 公司生产的 OTC、福特公司的 SUPER STARII、通用公司 TECH-I（或 Tech-Ⅱ）、克莱斯勒公司的 DRB-Ⅲ（或 DRB-Ⅱ）、大众公司的 V. A. G1551 或 V. A. G1552，以及国产的电眼睛、修车王等汽车故障微机诊断仪。

③利用汽车仪表板上的信息显示系统读出故障代码

有的汽车仪表板上具有驾驶员信号系统，即中心计算机系统，检修人员可以按照一定的自检操作程序，从信息显示屏上显示 ABS 的故障代码或故障信息。

（3）ABS 主要部件故障的一般检查方法

①车轮转速传感器故障的检查

车轮转速传感器的可能故障：车轮转速传感器感应线圈有短路、断路或接触不良等；车轮转速传感器齿圈上的齿有缺损或脏污；车轮转速传感器信号探头部分安装不牢（松动）或磁极与齿圈之间有脏物。

车辆转速传感器故障的检查方法如下：

a. 直观检查，主要检查传感器安装有无松动，导线及线束插接器有无松脱。

b. 用欧姆表检测传感感应线圈的电阻，如果电阻过大或过小，均说明传感器不良，应更换。

c. 用交流电压表测量传感器的输出信号电压，在车轮转动时，电压表应该有电压指示。

d. 用示波器检测传感器的输出信号电压波形，正常的信号电压波形应是均匀稳定的正弦电压波形。如果电压信号无或有缺损，应拆下传感器作进一步的检查。

②ABS 控制器的检查

ABS 控制器的故障检查方法如下：

a. 检查 ABS 控制器线束接插器有无松动，连接导线有无松脱。

b. 检查 ABS 控制器线束插接器各端子的电压值、波形或电阻，如果与标准值不符，与之相连的部件和线路正常，则应更换控制器再试。

c. 直接采用替换法检验，即在检查传感器、继电器、电磁阀及其线路均无故障时，我们会怀疑是否是 ABS 控制器有故障。这时，可以用个新的控制器替代，如果故障现象消失，怀疑就被证实。

③制动压力调节器的检查

制动压力调节器的可能故障：制动压力调节器电磁阀线圈不足；制动压力调节器中的阀有泄漏。

制动压力调节器故障的检查方法：

a. 用欧姆表检测电磁阀线圈的电阻，如果电阻无穷大或过小等，均说明其电磁阀有故障。

b. 加电压试验，将制动压力调节器电磁阀加上其工作电压，看阀能否正常动作。如果不能正常动作，则应更换制动压力调节器。

c. 解体后检查，如果怀疑是制动压力调节器有问题，则应在制动压力调节器内无高压制动液时，仔细拆开调节器进行检查。

④ABS 控制继电器的检查

继电器的常见故障有触点接触不良、继电器线圈不良等，检查方法如下：

a. 对继电器施加其正常的工作电压，看继电器能否正常动作；若能正常动作，则用欧姆表检测继电器触点间的电压和电阻，正常情况下触点闭合时的电压应为零，若电压大于 0.5V 以上，则说明触点接触不良。

b. 用欧姆表检测继电器线圈的电阻，电阻值应在正常范围之内。

2 ASR 的检修

2.1 驱动防滑系统液压部件的拆卸

当怀疑或诊断出 ASR 液压部件有故障时，需拆下检修或更换。在拆卸和安装时应注意：

①由于蓄压器使管路中的制动液保持着一定的压力，在拆卸油管时要小心高压制动液的喷出。

②安装时要按规定的力矩拧紧管路的螺纹连接和部件连接螺栓。拧得过松容易造成松动和泄漏，拧得过紧又容易造成变形和滑丝。

③与 ABS 和普通制动系统一样，拆动了液压系统部件，安装后一定要按正确的方法排出制动液压系统中的空气。

下面以 LS400 汽车为例，讲述 ASR 液压部件的拆卸与安装。

(1)ASR 泵与蓄压器总成的拆卸与安装

ASR 泵总成的拆卸和安装见图 4-93。拆卸连接蓄压器液压管以前，应放出高压制动液。方法如下：

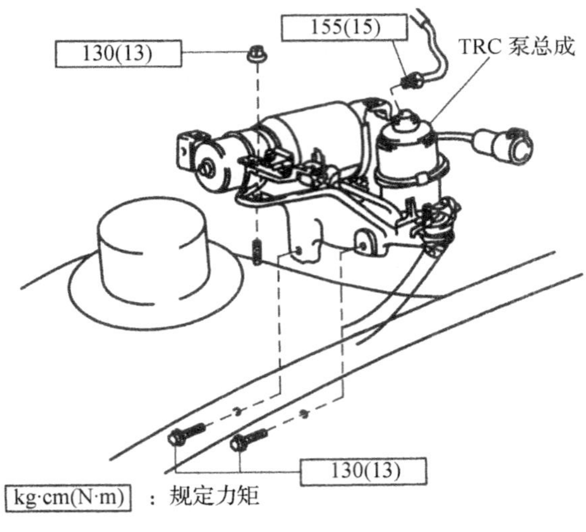

图 4-93 凌志 LS400 ASR 泵总成的拆卸与安装

①拆下空气滤清器。

②在 ASR 压力控制器的放气螺栓上接一软管。

③旋松放气螺栓，将高压制动液放出，见图 4-94 所示。

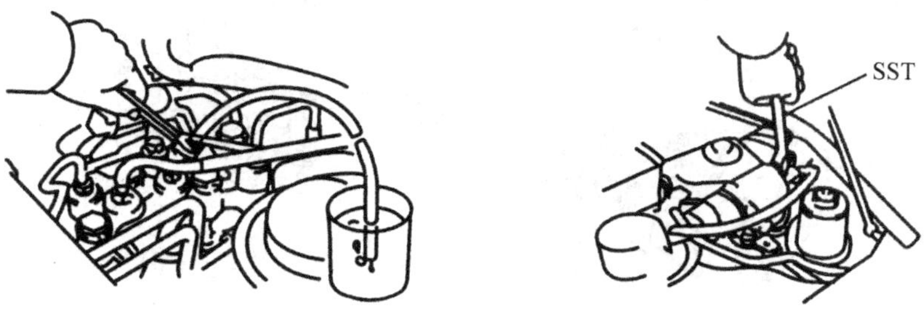

图 4-94　释放管路中的高压制动液

(2)ASR 泵与蓄压器的分解与装配

ASR 泵与蓄压器的分解与装配如图 4-95 所示。其中液压软管的两面都有 O 形圈，安装时不能漏装，其螺栓的拧紧力矩为 46N·m。

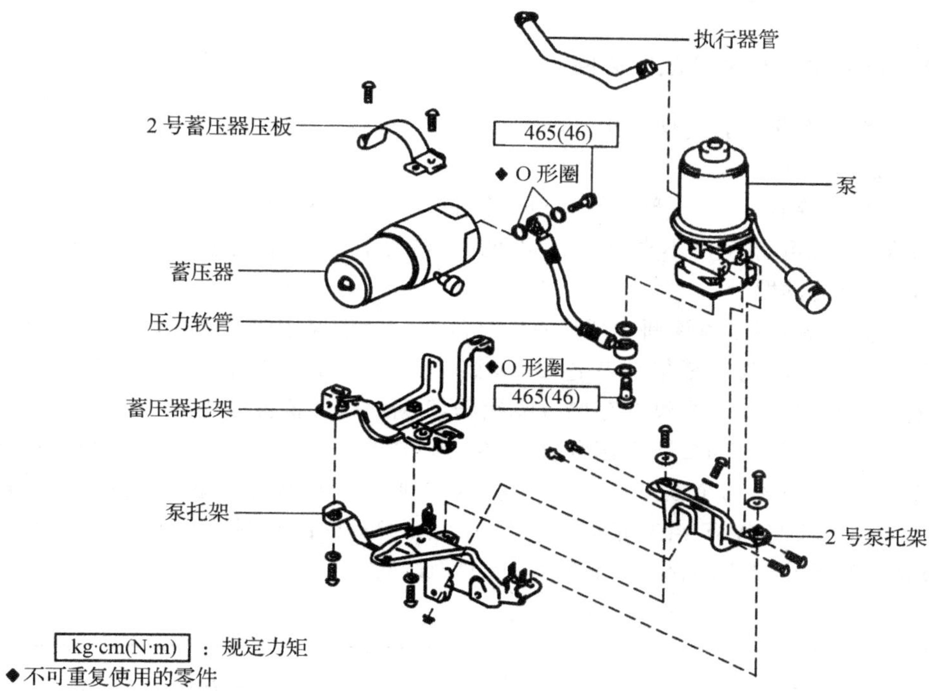

图 4-95　ASR 泵与蓄压器的分解与装配

(3)ASR 制动压力调节器的拆卸与安装

ASR 制动压力调节器的拆卸和安装见图 4-96。在拆卸连接蓄压器液压管以前，同样应放出高压制动液。

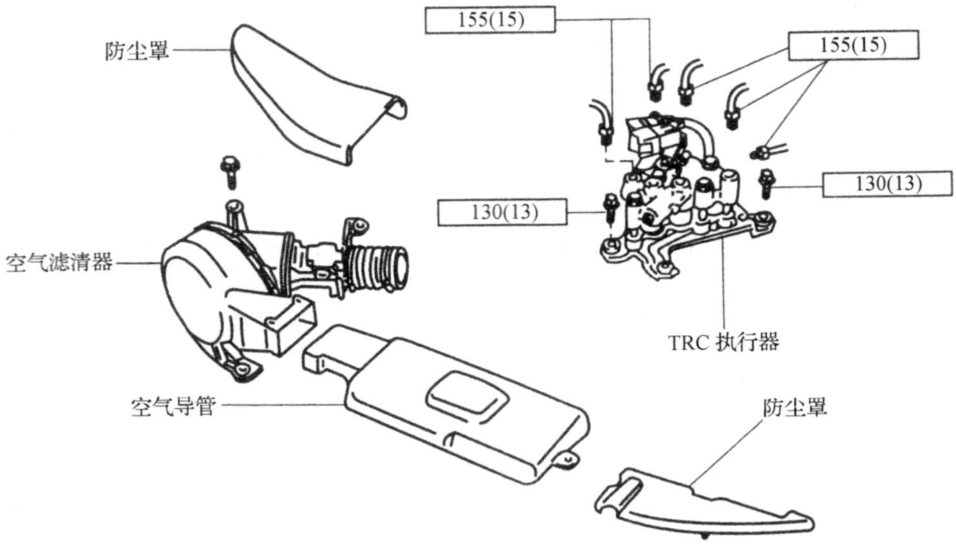

图 4-96　ASR 制动压力调节器的拆卸与安装

2.2　驱动防滑系统的故障诊断与排除

利用故障自诊断功能进行诊断。

(1)系统的自检

当点火开关接通时,仪表盘上的 ASR 指示灯将亮起,3s 后,ASR 指示灯熄灭。如果点火开关接通时,ASR 指示灯不亮或 3s 后不熄灭,均为不正常,需要进行故障检查。

(2)故障码的读取

接通点火开关,用故障诊断专用检查线将故障诊断插座中的 Tc 和 E_1 端子连接起来,或用专用诊断仪(SST)与诊断插座相连接,观察 ASR 警告灯(在仪表盘处)的闪烁规律并记录。若电子控制器(ECU)中没有存储故障代码,2s 后 ASR 警告灯将以 0.25s 的间隔连续闪烁,即显示正常代码。若 ECU 中存有故障,警告灯则在 4s 以后开始闪烁显示故障代码。

如果 ECU 中存有两个以上故障代码时,故障则以故障码的数值由小到大的顺序闪烁,故障码的闪烁方式与 ABS 系统相似。故障码及所指示的故障见表 4-1 所示的凌志 LS400 轿车 ASR 系统的故障代码含义及其警告灯闪烁规律。

表 4-1　ASR 故障代码含义

故障代码	故障原因及所在位置	故障代码	故障原因及所在位置
11	ASR 制动主继电器断路	46	怠速开关关闭时,主节气门开度传感器的信号电压为 4.3V 或更高,或主节气门开度传感器信号电压为 0 或更低
12	ASR 制动主继电器短路		
13	ASR 制动主继电器断路		
14	ASR 制动主继电器短路		

续 表

故障代码	故障原因及所在位置	故障代码	故障原因及所在位置
15	长时间给 ASR 电机供电	47	怠速开关打开时，副节气门开度传感器的信号电压为 1.45V 或更高
16	压力开关断路或压力传感器电路短路		
17	压力开关(或传感器)保持关状态	48	怠速开关关闭时，副节气门开度传感器的信号电压为 4.3V 或更高，副节气门开度传感器信号电压为 0.2V 或更低
19	ASR 泵电机开关运转时间比预规定时间长		
21	制动总泵切断电磁阀电路短路或断路	49	发动机通讯电路短路或断路
22	储压器切断电磁阀电路短路或断路	51	发动机控制系统出现故障
24	副节气门驱动装置电路短路或断路	52	制动液液面高度警告灯打开
25	副节气门驱动步进电机运转未到 ECU 指令位置	54	ASR 泵电动机继电器电路断路
26	ECU 要求副节气门全开，但副节气门没有转动	55	ASR 泵电动机继电器电路短路
27	当停止给副节气门驱动装置(步进电机)供电时，副节气门没有转到全开位置	56	ASR 泵电动机锁死
44	在 ASR 控制过程中，没有给 ECU 提供转动信号	始终亮	ECU 出现故障
45	当怠速开关打开时，主节气门开度传感器的信号电压为 1.5V 或更高		

(3)故障码的清除

ECU 内存储故障码的方法是用故障诊断专用检查线连接诊断插座中的 Tc 和 E_1 两端子，将点火开关置于点火位置，在 3s 内踩动制动踏板 8 次以上即可清除存储在 ECU 内的故障代码。

3 任务工单

学生依据实践指导材料的要求及操作步骤，在教师的指导下完成本工作任务，并填写任务工单。

3.1 ABS 故障诊断与排除

ABS 故障诊断与排除任务工单

任务名称	ABS 故障诊断与排除	实训设备	被检车辆、解码器、万用表、维修手册
客户任务	某车辆 ABS 故障警告灯亮，车主将车开到维修厂检查。请进行故障排除。		
任务目的	能正确使用解码器及其他工具，能够根据规范正确检查和排除故障。		

续　表

一、资讯

1. ABS 的工作原理。

2. ABS 故障诊断的方法及步骤。

二、决策与计划

根据任务要求，确定所需要的设备、工具，并对小组成员进行合理分工，制定详细的工作计划。

1. 讨论确定 ABS 的拆装检查与排除故障所需要的设备、工具。

2. 小组成员分工。

3. 制订 ABS 故障诊断与排除的方法及其操作步骤。

(1)______

(2)______

(3)______

(4)______

三、实施过程记录

1. 分析你所实践用 ABS 的结构特点。

2. ABS 故障诊断与排除过程中应该注意的问题。

3. 记录你所实践用 ABS 的故障码。

四、检查与评估

1. 检查 ABS 故障是否排除。

2. 请根据任务完成的情况，对自己的工作进行自我评估，并提出改进意见。

3. 教师对小组工作情况进行评估，并作出点评。

3.2　ASR 故障诊断与排除

ASR 故障诊断与排除任务工单

任务名称	ASR 故障诊断与排除	实训设备	被检车辆、解码器、万用表、维修手册
客户任务	某车辆仪表板上 ASR 灯常亮，请正确排查故障。		
任务目的	能正确使用解码器及其他工具，按规范排除故障。		

一、资讯

1. ASR 的工作原理。

2. ASR 故障分析方法。

二、决策与计划

根据任务要求，确定所需要的设备、工具，并对小组成员进行合理分工，制定详细的工作计划。

1. 讨论确定 ASR 故障检查所需要的设备、工具。

2. 小组成员分工。

3. 制订 ASR 故障检查方法及操作步骤。

(1)______

(2)______

(3)______

(4)______

三、实施过程记录

1. 分析你所实践用车型 ASR 的特点。

2. 进行 ASR 故障排查应该注意的问题。

3. 记录你所实践用车型 ASR 的故障代码。

4. 排除故障。

5. 清除故障代码。

四、检查与评估

1. 检查 ASR 故障是否排除。

2. 请根据任务完成的情况，对自己的工作进行自我评估，并提出改进意见。

3. 教师对小组工作情况进行评估，并作出点评。

复习思考题

1. 名词解释：

滑移率　滑转率　制动防抱死系统

2. 说明汽车上设置 ABS 与 ASR 的必要性。

3. ABS 有哪些组成？各有什么作用？

4. 说明 ABS 的控制原理。

5. 说明 ABS 的工作过程。

6. ASR 有哪些组成？各有什么作用？

7. 说明 ASR 的控制方式有哪些？

8. 简述 ASR 与 ABS 的区别与联系。

9. 说明 ABS 和 ASR 的常见故障有哪些？

参考文献

[1] 金加龙主编.汽车底盘构造与维修.北京:电子工业出版社,2009
[2] 皮治国,李金学主编.汽车底盘构造与检修.南京:江苏科学技术出版社,2009
[3] 孔令来主编.汽车底盘构造与维修.北京:机械工业出版社,2008
[4] 刘亚东,王清娟主编.汽车底盘构造与维修.北京:北京大学出版社,2009
[5] 沈锦主编,汽车底盘构造与检修任务工单.北京:机械工业出版社,2009
[6] 郑劲,张子成主编.汽车底盘构造与维修.北京:化学工业出版社,2009
[7] 周林福主编.汽车底盘构造与维修.北京:人民交通出版社,2005
[8] 陈家瑞主编.汽车构造.北京:人民交通出版社,2005
[9] 董宝承主编.汽车底盘构造与维修.北京:机械工业出版社,2005
[10] 吴际璋主编.汽车构造.北京:人民交通出版社,2005
[11] 幺居标主编.汽车底盘构造与维修.北京:机械工业出版社,2002
[12] 藏杰,阎岩主编.汽车构造.北京:人民交通出版社,2005
[13] 蔡兴旺主编.汽车构造与原理.北京:机械工业出版社,2004
[14] 屠卫星主编.汽车底盘构造与维修.北京:人民交通出版社,2001
[15] 张红伟,王国林主编.汽车底盘构造及维修.北京:高等教育出版社,2005
[16] 平云光主编.汽车底盘构造与维修.北京:人民交通出版社,2005
[17] 邹小明主编.汽车底盘构造与维修.北京:电子工业出版社,2002
[18] 秦明华主编.汽车电器与电子技术.北京:北京理工大学出版社,2003
[19] 赵学敏主编.汽车电控系统构造与维修.北京:国防工业出版社,2003
[20] 舒华主编.汽车新技术.北京:国防工业出版社,2003
[21] 林晨主编.桑塔纳 2000 轿车维修手册.北京:机械工业出版社,2005
[22] 杨生辉, 舒华,王克才主编.汽车电器与电子技术.北京:国防工业出版社,2004
[23] 徐安, 陈德阳主编.汽车底盘.北京:机械工业出版社,2005
[24] 张朝山主编.汽车拆装与调整.北京:机械工业出版社,2003
[25] 席振鹏主编.汽车底盘结构与维修.哈尔滨:哈尔滨工业大学出版社,2004
[26] 刘德发主编.汽车电控底盘维修实训教程.重庆:重庆大学出版社,2008